教學原理

林進材、林香河　著

五南圖書出版公司 印行

修訂版序

　　《教學原理》這一本書，自從2004年出版之後，受到學術界和教學界的選用和青睞，經過多次的再刷。由於資訊科技的快速變遷，教學理論與方法不斷的更新，教學原則與策略的決定與選擇上更迭，因而需要在原有的專書上，進行修正和調整，教學原理才能趕得上時代的變遷。

　　在幾經思考和參酌國內外有關教學原理的專書，並且配合目前大學校院開設中小學師資培育課程的「教學原理」，以及相關單位的專業需要（如醫療單位的教學方法、事業單位的教學技術等），決定在原來教學原理專書的內容中，增加「教學方法與運用」、「教學設計的做法與實例」、「分組合作學習的理論與應用」、「新興教學議題」、「公開觀課的意義和做法」等五個部分。

　　本次修正的重點，包括教學理論與方法的運用，對教師教學活動的實施，具有決定性的關鍵因素；教學設計的做法隨著十二年國教課綱的修正，強調核心素養和以學生為中心的學習重點；分組合作學習的做法，在於強調以學習共同體和重視學生的同儕學習輔導理念，讓每一位學生成為學習的主人；新興教學議題的內容，將這幾年國內的教學改革風潮，如佐藤學的學習共同體、學思達教學、MAPS教學、心智圖教學、核心素養教學、翻轉教學等做簡要的介紹；公開觀課部分主要在針對教師（校長）公開觀課的實際做法，提供案例的說明。

　　另外，近年來「教學原理」一科，是中小學師資培育單位必修的課程之一，在教師資格檢定考試和教師甄試當中，列為必考科。因此，在專書後面將歷年來的教師資格檢定考試題目，和教學原理有關的題目列出來，提供讓有心成為中小學教師的「師培生」，可

以從歷年考試題目的閱讀中，掌握教學原理的重點知識，作為準備考試的參考。

　　本書的修訂，在時間上相當匆忙，或許仍有不足之處，期盼出書的修訂再版，仍能得到舊雨新知的認可和青睞，為教學活動奉獻一點心力。最後，感謝五南圖書出版公司，多年來的厚愛與提攜，黃副總編與編輯群的支持，讓本書的修訂再版可以及早問世。

林進材、林香河

2019/05/25

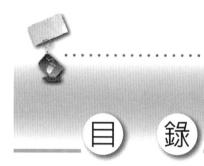

目　錄

修訂版序

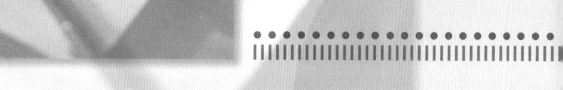

第一章

教學的科學與藝術

教學活動的實施是一種師生雙向互動回饋的過程，在此一過程中，需要教師專業知識的開展，以及學生學習方面的積極參與。教師在教學過程中應該不斷以科學的方法論，透過方法的採用、系統的結合、組織的運作，將教學活動的境界提升至藝術的階段。本章的主旨在於針對教學的科學與藝術、教學的模式、教學的原則與流程、建立一致性的教學要素、教學法與教學效能、教師的角色模式等議題，進行學理與實務的探討，透過教學的科學與藝術意義的探討，提供教師在教學時的參考。

第一節 教學的科學與藝術

一、前言

教學是教育活動的核心，教學往往被視之為意圖引發學生的種種活動，且必須具有導致學生學習成就的實用價值（簡紅珠，1992）。因此，教學活動包括教師的教學行為與學生的學習歷程。有效能的教學必須考慮教學活動所涉及的因素除了學校、班級目標、課程、教法、教學環境等因素，並且了解各種因素對教學可能帶來的正、反面意義（林進材，2001）。

教學活動是一種科學？或是藝術？是探討教學意義與活動者最感到相當興趣的議題。如果將教學活動視之為科學，則教學活動必須追求真實性、系統化、組織化、客觀性高，以達預測與控制的境地；如果將教學活動視之為藝術，則教學活動的目的在追求美，在使個體達到賞心悅目的境地。教師在教學歷程中，如何運用科學方法解決教學上的問題，以系統化組織化將教學活動統整成為例行公事；結合個體成長中的直覺與靈感，強化欣賞與情意層面的主觀意識，以達到教學目標，是現代化教師在教學歷程中必須不斷思考的議題。

教學活動的實施必須在教育專業情境之下進行，方能達到預定的效果。因此，教學活動的實施受到各種內外在情境因素的影響，分析教學活動的影響因素，據以擬定有效教學的策略，作為教師教學活動進行的參考，勢必成為高效能教師在教學進行時的前置作業。了解影響教學活動進行的各種影響因素，方能在教學活動的進行中，針砭教學的缺失，據以改進教學品質。

　　本節即基於教學的科學與藝術意涵、影響教師教學的因素探討教師的教學行為，透過教學脈絡等內外在情境的解讀，提供教師在教學活動實施的參考，期能提升教師的教學品質。

二、教學的科學意涵

　　探討教學的科學與藝術，首先需解析科學與藝術本身的基本意義及其內涵。科學是指有系統、有組織的學科而言，注重實證的精神，科學是一種追求真、系統化、組織化、客觀性高，以預測與控制的活動。科學的精神在於自然法則的建立，以實事求是、一分證據說一分話的態度，面對各種存有的現象。它是可預測的，透過各種實驗過程，描繪真理、公式，預測經由各種過程可形成哪些結果。由科學的意涵分析教學活動，則教學應該具備可預測性，透過各種教學的科學系統與方法論，規劃教學活動並付諸實現，透過教學評鑑可理解教學目標達到的程度。教學的科學意涵應該符合一般科學具備的條件，不能僅憑自由心證與意識型態，依靈感而發，如此教學活動方能達到預定的效果，提升教學的品質。

三、教學的藝術意涵

　　藝術基本上是一種屬於創作的活動，其目的在於追求主觀意識的美，在使個體達到賞心悅目，有賴於直覺與靈感，所要達到境界相當地難以預測（林生傳，1990）。藝術，是客觀社會生活在藝術家頭腦反映的產物。因而，藝術所屬自由心證的成分居多，與科學相較是難以加以描述、預測的，也難以詮釋理解。藝術是屬於欣賞，而理解部分較少，個體的主觀意識較強，主體意識較濃厚。教學活動，如果單純從藝術層面加以分析探討，自不應僅屬於藝術層面。因為教學活動有其意向性、有其預定的規準，它是具體明確的，可以被詮釋、被理解的。然而，從教學活動的情境脈絡加以分析，則教學自然屬於藝術層面，因為教學活動可以引導個體透過追求知識的途徑，融合個體的感性與理解，化不可能為可能。教學活動如果從複合的概念（a complex concept）分析，則教學活動本身同時指涉一組繁複的概念或活動歷程。如果教學是一種繁複的歷程，那麼教學問題大半都是在此種複雜而無法事先預測的情境脈絡之下發生。教學既然是在無法精確預測與控制的情境中進行，其變項相當複雜，變項之間的交互作

用難以完全理解。因此，教學活動本身具備可預知與無法預知的層面。因此，教學的藝術意涵自不容被忽視。

四、教學的科學與藝術

教學的科學與藝術意涵，包含教學活動的主觀與客觀層面，教學活動歷程的精確性與不可預測性。教師預期達到預定的教學目標，必須融合教學的科學與藝術。Gage（1978）在其著作《教學藝術之科學基礎》（*The scientific basis of the art of teaching*）一書中揭櫫，教學活動的最高境界是達到藝術之境，但必須以堅實的科學為基礎，而真正想了解教學的意義或成功地從事教學者必須以堅實的科學為基礎。從Gage對教學活動歷程的詮釋與理解，可以清楚地釐清教學是科學，同時也是藝術。從教學過程而論，教學需要以科學精神與方法為基礎，透過科學的求真、求實、系統化、組織化及客觀性的精神作為教學活動的理論基礎，經由科學新知與研究精神，使教學達到求善、求美的藝術之境（林進材，2001）。

㈠ 以科學方法為主的教學藝術

教師在教學歷程中，應該不斷反省思考自身對教學的關心、教學主張、教學信念及教學哲學是否足以讓自己成為具備專業能力的教師。在以科學方法為主的教學藝術，教師應該主動培養對教學之事的基礎要求、主動反省自己是一位教師的角色需求，並且在遇到教育問題時具備專業解決問題能力；其次，主動從事於擴展對教學實踐的功能，主動從事於有關學習如何教學的永續學習。教師教學藝術的科學基礎，應該透過下列反省加以檢視：

1. 教學計畫形式及影響因素？
2. 教學原理的學習內容？
3. 教學資源的分配如何？
4. 如何修改教學原理及其內容？
5. 教學環境如何規劃及應用？
6. 班級經營如何配合教學活動？
7. 教學策略如何規劃運用？
8. 教學方法與策略如何配合教學活動？
9. 學校革新如何有效的進行？

10. 教學材料如何配合教學活動？

11. 如何滿足學生的個別需求？

12. 如何診斷學生的學習困難？

13. 如何維持適當程度的班級控制？

14. 如何引導學生朝智慧的方向發展？

15. 因應學生的學習動機與差異？

(二) 以藝術鑑賞為主的教學科學

教師在面對教學藝術時，必須不斷與專家教師進行教學經驗的反省與交融，了解教學藝術的科學基礎，培養對教學藝術的知覺，運用鑑賞、欣賞的高層心理理解方式，引導教師進行教學藝術方面的自我實現。以藝術鑑賞為主的教學科學，應該透過下列反省加以檢視：

1. 是否主動培養對教學藝術基礎的要求？

2. 是否主動反省身為教師的角色？

3. 是否主動擴展對教學實踐的功能？

4. 教學的哲學觀何在？

5. 教學的人性論主張何在？

6. 能否培養學生高層次的情意態度？

7. 教學主義是否合乎時代潮流？

8. 覺得當老師已經足夠了嗎？

9. 對自己的教學滿意嗎？

10. 有能力引導學生進行高層次反省思考嗎？

五、影響教師教學的個人因素

教師的教學行為受到各種情境脈絡因素的影響，教學方式的形成受到以往生活經驗影響相當大。Lortie（1975）研究教師的專業社會化指出，從小在教室與教師數千小時的接觸中，每個人已將教學模式內化成為心理的一部分，等到正式任教時，過去的潛在文化（latent culture）即開始發生作用，影響對教師角色及行為的觀念，教師在從事教學決定時，受到早期學習經驗的影響。

㈠ 性別因素

　　相關的研究指出男女教師的教學風格存在些許的差異，這些差異因素截至目前尚未明確地進行分析討論，然而男教師比女教師較占支配地位與權力主義，在教室管理方面比較有組織並且控制得較好；女教師比男教師較能溫暖接納、具傾聽能力、能維持溫暖的教室氣氛，對學生的錯誤行為較有容忍力並給予引導，比男教師較常用讚美、鼓勵的方式。Dunkin（1987）研究指出，男教師比女教師在教學過程中較具決斷力，班級的教學顯得較有組織，學生的秩序較好，教學活動是由教師主控。女教師比男教師較能容忍學生的反社會行為，班級教學較溫暖、接納學生具有同理心。其次，男教師在教學過程中，學生較少有機會提出問題或是發表意見。在班級中，不常稱讚學生，學生不會或不回答的問題，缺乏耐心及引導功夫。男教師在班級教學中，比女教師有組織並且偏重功課導向的教學。女教師的班級教學較會呵護學生，對學生較溫暖及接納的胸襟，對學生的相反意見具有包容力和容忍度。此種因性別形成在教學行為上的差異，值得教學評鑑者參考。性別的差異在教學行為與教室管理方面的運用，對初等教育與高等教育是相當重要的。在教學歷程中，應能掌握不同性別因素所產生的差異，進而作為擬定教學策略的參考。

㈡ 年齡與經驗因素

　　Brans研究教師年齡、服務年資與教學風格、教學效能等關係指出，教師在教學的前幾年有較佳的狀況，隨著年齡的成長而顯現衰退的現象。因此，引導教師接受新的訊息與改變，使教師的教學活動適應時代的潮流。一般人相信新手教師較具控制力和主導性，在班級經營方面顯現出某種程度的焦慮感，無法使教學活動順暢進行。相關的研究指出，資深教師在累積多年的教學經驗之後，形塑自己的教學風格（style），擁有豐富的經驗與一套屬於自己的教學理論，此種理論是顛撲不滅的道理，只要教學者具備某種程度的年資，就足以因應教學活動中的各種情境因素。Brans的研究同時指出，在面對教學改革時，新手教師偏向嘗試新穎的教學方式，也較能接受變革的事實。相對的，年資較深的教師在教育的可塑性方面低，面對改革問題，偏向採取冷漠的態度。此種差異，可能源自資淺教師缺乏實際教學經驗，在理論上未成熟之前，比較敢於去嘗試和改變，而資深教師在教學多年之後，形塑經驗和個人見解而形成獨特的教學理論

（林進材，2001）。

　　教師教學年齡與經驗因素方面的研究，不管是比較專家與新手教師的差異，或是指出不同年資教師在教學行為上的表現，或是指陳年齡與經驗在教學行為上的差異，對提升教師教學品質皆具有啟示性作用，引導教師了解年齡與經驗在教學生涯中的重要性。新手教師可以從不斷淬礪自己的教學經驗中成長，專家教師可以從相互觀摩或是反省性教學活動中，改進自己的教學品質。

㈢ 人格特質

　　人格特質包括個體對事情的想法、感受，以及對事物的價值觀與信念。依據研究指出，性別、年齡、經驗、價值觀、態度、興趣、需求和焦慮等對人格特質產生正負面的影響，並進而影響教師的教學方式（林進材，2001）。Coulter研究比較指出，主修教育課程的學生和未修教育課程的學生對教學的態度與價值觀具有相當的差異。主修教育課程的學生對教學活動充滿自信心，其對於教育的期待是相當高的。在教學活動進行時，比較自由、秉持理想主義和支持性高，對教學具有自信心，從事教學活動時，個人的性格會逐漸地減少。未修過教育課程的學生，對教學活動充滿焦慮，顯得沮喪、無力感，個人的性格在教學中逐漸顯現出來。修過教育課程的學生，在教學歷程中遇到挫折時，針對問題的性質與特徵思索解決問題的方案；未修過教育課程的學生，在教學歷程中遇到挫折時，顯得慌張失措，無法運用思考歷程解決立即性的問題。

　　人格特質對教師教學行為影響的研究，明確指出高效能教師必須具備的人格特質，透過人格特質的分析，建立高效能教師的人格特質指標。同時，指出何種特質較受學生的讚賞，在教學族群中，成功的教師必須具有感情成熟、喜歡嘗試、外向的、社會適應的，對教師的甄選與教師專業成長制度的建立，具有明確的作用。

六、邁向專業化的教學

　　教學活動是教育的核心工作，教育理想必須透過教師與學生雙向互動歷程，才能加以實現並收到既定的效果。教師在熟悉各種教學理論與方法的同時，在教學現場如何有效運用教學的科學方法與藝術鑑賞途徑，促進高品質的教學，實為現代化教師必須不斷成長與思索的議題。在面對複

雜的教學情境時，如何運用科學的系統化、組織化、效率化、客觀化，以精準的自然法則，使教學活動達到預定的效果；運用藝術的求真、求善、求美，透過主觀意識的察覺，使教學活動融合感性與理解，提升學習者高層次的情感等，教師必須透過教學專業成長，方能竟其功。教學專業化的建立，促使教師在教學歷程中，參照教學之知識基礎，揉合教學的科學與藝術，以形成各種成熟的專業行為。教學專業化的建立，使教師在教學前擬定完整的教學計畫、掌握學習者的各種特質、形成教學的參考架構、運用精湛的教師知識，形成專業的思考與決定；在教學中，有效運用教學時間、精熟各科教材教法、統整教學線索、有效控制訊息流程、適時提供學習者各種回饋等，並隨時因應學習者的反應，掌握影響教學因素的內外在線索；在教學後，反省思考自己的教學活動、追蹤學習者的理解情形、掌握學習者的學習特性與教學行為的線索。有效的教學行為，必須基於教學的科學與藝術，透過教學專業化的建立，方能建立以教學科學為基礎的教學藝術。

第二節　教學的模式

　　教學需要模式嗎？模式對教學活動的實施，具有哪些重要的功能？模式意指範例、模範、可資參照的要素與程序。教師在教學活動實施時，會遇到教學究竟應該包括哪些要素，要素與要素之間的關係如何？以及教學活動如何運作等問題。教學模式是作為教師教學實施時，以一個參考架構作為引導，使教師在教學時較能有整體的教學概念，透過工作分析（task analysis）的過程，了解教學活動進行時所產生的問題，並加以改進。教學模式的建立，必須針對教學活動的進行，結合各種教學要素、教學理論與方法、教學目標的訂定、教學評量的進行等建立一個教學的綜合模式。

　　教學模式既然是教師教學活動進行的參考架構，教學模式的建立必須結合相關的教學理論與實際、教學方法與策略、教學研究與發展等，並建立適用於教師的一般模式。Mager（1962）在《教學目標的準備》一書中指出教學模式應該包括四個要素：第一為教學目標，教學目標是教學模式中最重要的一環，教學者應該選擇、分類、分析和詳述教學目標，讓整個教學活動的進行有所依循；第二為預估，教學者應該事先了解學生是否具

備教學活動所需的起點能力、起點行為，學生對教學目標已經具備哪些先備知識？學習的準備度如何？教師在預估之後，據以設計適合學生的教學活動；第三為教學程序，即教師選用或設計教材，設計達成教學目標最有效的教學計畫；第四為評鑑活動，透過評鑑活動的實施，用來確定教學是否達到預定的目標。評鑑結果可以透過回饋環線，了解學習者學習與成長的情形，作為修正教學計畫及形成新教學計畫的依據。

　　Armstrong等人（1978）針對教師教學實施歷程，建立一個教學的綜合模式，適用於各個年級各項科目的教學。指導教師依據教學目標，選擇不同的教學方式，發展教師個人不同的教學風格（teaching style），同時引導學習者得到更高的學習成就。Armstrong等人提出的教學一般模式，包括明確的教學目標、學習者的診斷、教學策略的選擇、師生互動關係的建立、教學活動的評鑑等五項。

一、明確的教學目標

　　明確的教學目標是教學模式的關鍵，教學目標的訂定決定教學活動的方向與重點。教師在教學活動進行時，可以整合各種教學活動的資源、素材、設備，將各種經過篩選的目標做邏輯上的編排，並轉換成具體的目標，依據計畫進行教學，同時需要評鑑教學目標的適切性。

二、學習者的診斷

　　有了明確的教學目標之後，教師必須針對教學目標，了解學習者在學習上的準備度（即學習者會哪些？不會哪些？的問題）、個人需求與興趣、學習的特質，以往舊有的學習經驗，據此訂定新的學習起點，作為教學活動實施的參考。教師在診斷學習者的學習起點之後，較能掌握教學計畫的安排是否能符合學習者的程度與喜好，進而提高學習效能，並可作為調整教學計畫的參考。

三、教學策略的選擇

　　教學策略是教師用來達成教學目標的途徑與方式，教學策略的選擇必須依據既定的教學目標、教學科目與單元主題需要，以及學習者的學習型態選擇適當的教學策略。教師在設計教學時，可以依據本身在教學上的

實際需要與教學經驗的特性，選擇適當的教學策略，發展出屬於自身特性的教學策略，作為教學活動實施的參考。就教師而言，並無一種「最好」（the best）的教學策略適用於任何情境或任何學習者。教師選擇教學策略，如同建立基本假設一般，尋求教學中可能的教學策略，以促進學習者的學習能力，基本假設必須透過教學活動的實施與評鑑加以驗證假設的準確度。良好的教學策略，必須透過教學現場的驗證與修正。

四、師生互動關係的建立

教學模式的選擇與應用，展現在教師與學生的互動關係上。教學活動進行時，教師透過各種教學專業技巧和學生產生互動行為，如發問的技巧、增強技術的運用、班級經營技巧的運用、人際關係的處理等。教師在教學活動進行時，如何有效地與學生進行雙向溝通，產生教學上的互動，是教師在教學活動中最應思考的議題。缺乏良好師生互動關係的教學，則教學效果無法提高，學生的學習效果無法如預期般。

五、教學活動的評鑑

教學活動的評鑑工作涉及教學效能是否能提升的問題。教學評鑑工作的進行應該在教學歷程中的每一階段實施，讓教師可以隨時了解教學活動的進行情形。在教學中、教學後蒐集與教學有關的資料，以評鑑教學活動的優缺點，讓教師針對缺點部分隨時加以改進，並作為調整教學計畫的參考。教學活動的評鑑內容包括具體的教學目標是否適當？診斷教學的相關資訊是否適宜？所選擇的教學策略是否得當？教學中師生關係互動是否可以促進教學效果？透過各種形式的評鑑所得結果是否有效？並足以作為教師調整教學活動計畫的參考？

Briggs等人（1991）在《教學設計原理與應用》一書中，指出教學設計應該包括下列程序：確認需求與目標、組織教學科目、分析擬定教學目標、設計教學策略、設計各課或各單元內容、準備評估學生表現的方法與工具、安置教學科目、實施形成性評鑑和總結性評鑑。詳述如後：

一、確認需求與目標

在教學設計過程中，需求評估的進行有助於教學目標的擬定，以確認後續教學活動的進行。換言之，教學目標內容確定與陳述，涉及相關教學活動、資源、設備、環境等與教學有關的規劃。

二、組織教學科目

在教學目標與需求確認之後，教師可以依據實際的教學需要做學科方面的組織，將學科與學科之間、學科內容與學科內容之間作教學專業方面的統整，以利教學活動的進行。教學科目的組織，對各種教學概念與原則的學習，具有統整作用。

三、分析和擬定教學目標

教學目標是教師選擇教學活動及組織教學資源的依據，可用來研擬評鑑學生的方法，或作為教學評鑑的標準。教學目標在類別方面，包括知識、情意、技能等三方面，三者相輔相成；教學目標的分析和擬定在教學活動實施中，扮演相當重要的角色，並且影響整個教學活動的進行。

四、設計教學策略

教學策略的設計應考量教學目標的內涵和學習者的特性，在設計教學策略時，必須先將教學目標作適當的分類，作為教材呈現的依歸。其次，發展教學內容呈現及加強學習者參與的有效策略。教學策略的設計與應用，決定教學活動實施的成敗與否，因而策略的設計應結合學科性質與教學目標及學習者的特性、才能。

五、設計各課或各單元內容

各課或各單元內容的設計是達成教學目標的要件，教師在進行教學活動規劃時，應統整所有的教學資源與學科性質，針對學習者的學習特性，將各學科的原理原則融入各課（lesson）設計或各單元（unit）設計中，引導教學活動的進行，讓學生學到完整的概念。

六、準備評估學生表現的方法與工具

學生的學習表現與教學目標的達成在教學歷程中,是相輔相成的。因此,教師在評估學生表現的方法與工具上必須針對原先擬定的教學目標及學習者特性的分析,才能選定或編擬適當的方法與工具,深入了解學生在學習與成長方面的改變情形,以及教學目標的達成程度。

七、安置教學科目

教學科目的安置是教學活動實施到相當程度之後,教師在實施教學評鑑之前的重要工作。教師在實施教學評鑑之前,應該針對教學科目作整合與統整的工作,使科目與科目之間能夠在橫向與垂直面作結合,讓評鑑工作和學科性質得以密切結合。

八、實施形成性與總結性評鑑

教學評鑑的主要作用在於確認教學目標達成的程度,在教學活動進行中與結束時,學習者在知識、情意、技能方面的改變情形。在教學設計中,評鑑方式的選擇、評鑑標準的訂定、評鑑本身的信度與效度、評鑑階段的劃分,必須在教學設計階段中就處理好。

綜合以上對教學模式內涵與要素的探討,一般教學模式應該至少包括五個重要的階段(請參見圖1-1)。

教學模式的探討,提供教師在教學設計、教學活動實施、教學策略擬定、教學單元規劃、教學評鑑等方式的參考,讓教師在教學活動進行時有可參考的架構可循。因此,教師在教學生涯中可以依據實際的教學經驗與教學需要,發展屬於自己特性的教學模式。教師在教學歷程中,應該善用教學的一般模式與程序,決定由誰擔任教學,其教學特質與經驗屬性如何?學習對象是誰?有哪些舊經驗、學習能力和需求?其次,考慮教學目標是哪些?在單元教學內容要教給學生哪些重要的概念和原理原則?再則,考慮運用哪些重要的教學策略與方法?哪些是由教師親自講解?哪些是需要引導學生自行觀察?教學過程中需要運用哪些評量工具?需要形成性評量或是總結性評量?評量對教學活動的進行扮演怎樣的角色?如何真正地評量出學生在學習成長方面的變化情形?透過評鑑工作如何形成新的教學計畫?

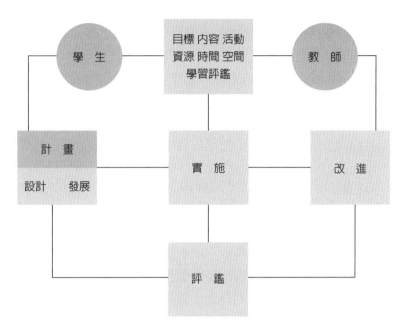

圖1-1 一般教學模式（黃政傑，1997）

名詞釋義 反省性教學（reflective teaching）

反省性教學的概念源自於John Dewey的反省行為觀念，強調教師必須隨時隨地針對自己的教學活動進行「教學反省」，以開放的心靈、負責任與專業的態度，對教學活動中的任何信念與實踐先前基礎與後果，作主動、持久與審慎思考，隨時調整自己的教學活動。例如：自己的教學信念是如何形成的？教學策略是源自於哪些理論與教育哲學？教學行為是如何形成的？受到哪些情境因素的影響？受到哪些重要他人的影響？如何提升自己的教學層次？等問題。反省性教學的主要方法，包括反省札記、個案研究法（case study）、自傳（autobiographic studies）、檔案評鑑法（portfolios）、行動研究法（action studies）。反省性教學並非單純為了教學反省而反省，而是為了確保教學專業自主，使其避免流於教學上的例行公事，讓教師的教學結合教育實務知識與教育理論，使其更合專業的要求。

第三節 教學的原則與流程

在教學原則與教學流程的相關爭議中，學者認為教師應該建立原則用以維持或改善教學活動，缺乏教學原則作為教學活動的參考，容易讓教師在教學歷程中失去方向，無法達到教學的預定目標，提升學生的學習成就；有學者認為教師本身無法在教學反省中準確地提出或陳述教學所秉持的原則，因此，教師應該學習的不是教學原則的建立，而是熟悉教學的一般流程。原則的建立通常源自於艱深的理論探究，並非來自於對實際問題的思考，流程的學習可以讓教師更熟悉在教學進行中如何發揮專業能力，使教學更有效、更流暢。

其實，教學原則與流程的建立，對教師教學活動的進行都有正面的幫助，原則的建立有助於教師了解在教學歷程中「應該做哪些？」、「可以做哪些？」的問題；流程的建立有助於教師明確熟悉在教學歷程中「應該採何種步驟？」、「可以採何種策略？」的問題。有了教學原則，教師可以明確形成新的流程，隨時調整策略以因應各種複雜的教學情境，釐清教學流程可能產生的問題，作為調整教學活動的參考；有了教學流程，教師可以診斷教學原則是否需要調整。

教師在實際教學中，應該隨時學習教學流程，以實際的教學經驗與教學行動，形塑屬於自己風格的教學流程，運用教學流程以適應複雜的教學情境，隨時檢視教學流程的缺失及不足之處，作為修正教學原則的參考；其次，教師也應運用各種教學原則，成為一位熟稔教學理論的教學專業人員。使自己的教學行為更符合專業方面的要求，藉以提升教學效能與學習品質。

一、有效教學的原則

(一)教學活動意義化

有效的教學必須教師運用意義化的策略，鼓勵學生將學習主題與學習舊經驗（包括過去、現在及未來的經驗）進行學理上的連結。使學生的學習和教師的教學活動作橫向的聯繫和縱向的連結。

(二)重視學習的先備條件

教師在教學前，必須了解學習者「已經知道什麼？」、「需要學什

麼？」的議題。透過學生學習先備條件的評估，了解學生的知識與技能水準，作為調整教學以及學生學習的準備。

㈢ 雙向教學溝通原則

　　教學是一種「教」與「學」雙向溝通的活動。教師在教學時，應該以開放的心，確實讓學生了解所要學習的內容，在未來的教學活動需要扮演哪些重要的角色，以專注於學習內容。準此，教師的教學活動計畫，應該由師生共同協商而成。

㈣ 編選與組織教學內容

　　教師在教學歷程中，應該指導學生專注於學習內容，運用有效策略協助學生建構學習的重要內容，使其成為知識的一部分。教學內容的編選與組織，有利於學生作下一個階段學習的準備。

㈤ 善用教學媒體

　　教師在教學活動實施前，應該規劃教學媒體的運用，以利教學活動的推展。教學輔助器材的運用，不但可以增強教學效果，強化學生的學習經驗，同時可以促進學習的成效，教師在教學歷程中，引導學生使用各種教學設施，可以讓學生在學習進行時，減少學習困難的產生，讓學習更快更容易。同時可以降低教師在教學時的焦慮，並增進教學的自信心。

㈥ 運用新奇原則

　　學習的產生係來自對外界訊息的好奇，進而對各種原理原則產生學習的需求和趨力。教師在教學中應該運用各種策略，變化教學刺激以維持學生的學習注意力。新奇原則的運用，可以讓教師的教學充滿「神秘色彩」，導引學生對教學產生好奇心，進而強化學習的效果。

㈦ 教學示範原則

　　教師教學歷程中，應依據教學內容重要的原理原則，向學生展示記憶、思考、行動與解決問題的過程，讓學生了解教師教學思考與決定。良好的教學示範對學生的學習，不但具有正面的意義，同時可以隨時作為學生修正學習行為的參考，對抽象概念的轉化有正面的作用。

⑻ **積極的練習原則**

教學歷程中屬於技能層面的學習，教師必須提供學生正確、適當且足夠的練習時間或機會，讓學生擁有不斷熟練各種知識形式的機會。教師提供記憶、思考、實際操作、與解決問題的練習機會，讓學生可以將學習到的知識應用於實際生活上。透過練習的知識的轉化，解決生活上面臨的各種問題。

⑼ **適性的情境與結果**

教學歷程中，應該提供讓學生可以感受到愉悅的情境與後果，使學生對學習內容感到舒適，而且可以具體明確地了解學習可以達到的成果，學生就能激發對學習的動機並持續練習，將學習應用在日常生活中。相反的，枯燥或過於僵化的教學容易降低學習的興趣和動機，影響學習的品質。

⑽ **一致性原則**

教師應該設法讓教學目標、內容、活動、練習概念等能前後一致，讓學生在練習歷程中，可以收到前後聯貫的效果，引導學生學習需要的內容，並應用於教學情境之外，使其對所學的內容可以收到實質的效果。

高教學效能的教師，可以有意義且快速地將各種教學原則融入教學中，使教學活動快速順利進行，引導學習者從事高品質的學習。透過原理原則的運用，結合教學的科學與藝術，使教學活動達到預定的成效。

二、教學的流程

教師在設計教學、教學中、教學後是否需要建立可供遵循的流程，是最近研究教學者關切的議題。研究者認為教師在教學時，其實早已建立「視為理所當然」（take as given）或「習焉不察」的教學流程，作為教學活動進行的心理參考架構，此種流程主導教學活動的進行；研究者認為教師如果未建立專業性的教學流程，則無法提升教學品質。教學流程可說是教學上的一種計畫或組型，讓教學者在教學情境中可以從容面對教學的相關因素、內容與活動，審慎運用各種教學方法，使教學達到預定的成果。

有關教學的流程，David等人（1989）指出，至少應該包括三個主要階段：即教學計畫階段（planning phase）、教學實施階段（implementing phase）及教學評鑑階段（evaluating phase）：

(一) **教學計畫階段**

在教學計畫階段，教師首要建立明確的教學目標，作為教學活動進行的引導。教師在教學計畫階段的行為決定教師未來的教學活動實施。

(二) **教學實施階段**

教學實施階段中，包括教師預定運用哪些重要的策略？如何運用策略？如何統整各種教學資源於教學活動中？其次，教師應該做好班級管理與經營工作，將阻礙學生學習的各種因素降至最低。

(三) **教學評鑑階段**

在教學評鑑階段，教師應該蒐集教學中的各種資料，作為決定教學是否成功的依據。教師在此階段中，應該不斷作教學反省工作，藉以形成新的教學參考架構與教學設計。在教學評鑑階段中，教師同時應透過總結性評鑑了解學生的學習成果，作為補救教學的參考。

教師在教學過程中，應該熟悉教學的相關流程，使之成為教學活動實施的心理參考架構或腹案，隨時依據教學流程作調整，以活化的教學流程提供學生更彈性的學習空間，並促進教學效果。在教學計畫階段，應該要有事先建立教學設計的概念，並且不斷依據教學實際調整教學設計；在教學實施階段，應該掌握來自教學的各種線索以及影響因素，將教學活動的影響因素降至最低，以教學策略與方法，形成最佳的教學行為與決定；在教學評鑑階段，應該依據教學實施的各種自我反省觀察，作為改進教學的參考。

第四節　建立一致性的教學要素

要成為一位高效能的教師，教師必須在教學的過程中，不斷進行理性的教學決定。高效能教師教學決定的內容包括教學前置知識的運用、教學的整體計畫工作、教學中運用的器材與資源、教材教法、師生之間人際與互動關係的掌握、班級良好學習氣氛的營造等，均需要透過教師不斷且快速的思考與決定，以形成成熟的教學行為。教師在進行教學決定時，必須

分析有效教學的要素，並建立一致性的教學要素，才能在教學歷程中快速掌握各種教學因素，提高教學品質。

一、了解教學原則

Blair（1988）指出，教師的教學原則可粗分成二個主要層面，即為了解學生的能力與興趣、教師實施有效的教學，分析臚列如下：

㈠ 了解學生的能力與興趣

1. **確信學生有能力學習**：教師在教學前必須了解學生的舊經驗，評估學生學習的可行性與可能性，確信學生有能力學習，可以從學習中獲益。

2. **了解學生的情感與情緒**：學生在學習方面的情緒狀態，影響學生的學習成果。教師唯有深入理解學生的學習情感與情緒方面的變化，才能引導學生進行有效的學習。因而，學生情感與情緒方面的引導是相當重要的。

3. **善用學習時間擴充學生的學習知識**：教師在教學歷程中，必須充分掌握時間因素對學習者的影響，讓學習者可以在有效的時間進行有效的學習，學習知識在量的擴充與質的提升方面是相當重要的。

4. **診斷學習情形依據學習特性進行教學**：教師必須透過各種方式診斷學生的學習情形，了解學生在學習方面的優缺點，依據學習者的需要進行教學。

㈡ 進行有效的教學

1. **運用各種教材進行教學活動**：教師在教學歷程中，必須針對教學的特性運用或設計各種教材進行教學活動。

2. **維持有效的班級經營**：班級經營是教學的前置工作，唯有良好的班級經營才能收到教學的預定效果。如果無法在教學前做好班級經營工作，容易使教學雜亂無章，進而影響教學品質與學習成效。

3. **提供不同型態的學習**：教師在教學歷程中，必須透過各種方案的設計，提供學生直接性學習與探究性的學習機會。

二、運用教學要素

　　教師在建立教學原則之後，必須了解從教學原則發展出來有關教學的要素或內涵，據而建立一致性的教學要素。Blair（1988）指出，教師的教學要素應包括十大要項：

㈠ 諮詢與解釋

　　教師在教學歷程中應該提供學習者各種訊息的諮詢機會，進而解釋相關的訊息，以引導學習者進行有效的學習。

㈡ 呈現方法

　　教師在教學歷程中應該清楚明確地了解在何種情形之下運用哪些方法以達到教學目標，將方法明確地呈現出來。

㈢ 補充課程

　　教師在教學進行至某一程度時，應該運用各種形式的評鑑進行教學自我監控活動，結合學習者的學習特性，進行課程補充活動。

㈣ 提供學習者思考與分享所得的機會

　　教師在進行教學時，應該隨時提供學習者思考的機會，並引導學習者將自己學習心得提出來與同儕分享，透過各種雙向回饋，激發學生學習上的動機。

㈤ 幫助學習者形成價值信念

　　教師在教學歷程中應該幫助學習者發展並形成相關的價值信念，針對學生的價值觀給予專業方面的澄清，並進而形成正確的價值觀。

㈥ 使學校與社區相互關聯

　　教師在教學活動中，應該思考如何運用社區資源的問題，將社區的各種資源引進教學中，使學校與社區建立教學互動關係。

㈦ 提供同儕相互尊重與互動的機會

　　教師在教學中，應該引導學生同儕養成相互尊重的態度，彼此可以相互接納，在學習中進行雙向的互動關係，使每一位學習者在同儕中獲得地位與尊敬。

㈧ 創造安全的情緒氣氛以促進學習

教師在教學情境中，必須營造安全且溫暖的學習氣氛，讓學生可以在安全的情緒氣氛中學習，並增進學習的效果。

㈨ 診斷與補救學習

教師在教學進行至結束階段，可以透過各種評量，針對學生的學習進行診斷與補救工作，了解學生在學習方面的情形，作為擬定補救學習的參考。

㈩ 記錄與報告

教師在教學進行時，應該對與教學相關的事件進行詳細的記錄與報告，作為監控教學的依據，更進而形成新的教學計畫，或作為調整教學活動的參考。

教師在教學進行時，依據教學要素間不同的組合關係，據以形成各種不同的教學方式（湯維玲，1996）。針對學生在學習方面的個別差異情形，教師實施的教學方法亦有所不同。教師在面對複雜的教學情境時，應該避免以傳統或一貫相同的方案教育所有的學生。應該在教學活動的實施方面，建立一致性的教學要素。在教學前，應該訂定明確的教學目標，掌握與教學目標有關的教材，熟悉學科知識與學科教學知識，預估學生的先前經驗，進而了解學生在未來的學習歷程是否能夠掌握或精熟所有的教材。教師再依據學生在各方面所展現的個別差異，擬定教學計畫與教學方案，進行有效的教學活動。

第五節 教學法與教學效能

教師在教學情境中如何有效地運用教學專業知能，結合教學理論與實際，依據不同的教學情境與學習者的學習特性，採用不同的教學理論與教學方法，建立適切的教學過程，進而適時提供學習者需要的學習情境，必須教師在教學法的運用方面相當熟悉，運用專業知能與專業知識形成快速且理性的專業決定，並掌握複雜的教學情境，以科學地和藝術地選擇及組織相關的教學效能並加以運用，才能使教學活動的實施達到高效能的境

地。教師在增進教學效能方面，必須更進一步加入教學行動研究的行列，廣泛地思考教學所涉及的問題，援引他人的研究成果並將研究成果運用到教學實務上，結合理論依據教學情境，調整自己的教學活動，考驗本身教學原理與教學方法的有效性，使自己成為教學知識的開發者，而不僅是教學知識的使用者（黃政傑，1993）。茲將教師教學法的應用、教師的教學決定、掌握複雜的教學情境、高效能教師的教學、成為教學研究的參與者等議題，探討臚列如後：

一、教學法的應用

　　教學是一個動態的過程，教學中各種要素的關係也隨著教學情境不斷地發展變化，教學方法也如此。教師在熟悉各種教學方法之後，接下來要面對的問題是哪些方法要在哪些情境中運用？或是如何熟練地運用教學法的問題？教學方法的運用在於協助學生掌握知識、熟練技能、發展智力以達成教學目標。教學方法的使用包括教學者與學習者，教師與學生都是教學活動的主體，因此教學方法的應用是教師在教學過程中，為了完成教學任務，所採用的教導方法以及學生的學習方式（王秀玲，1997）。教學法的應用是教學上的一種計畫或組型，讓教學者設計教室或其他情境中面對教學的目標、內容與活動，選擇或發展教學過程中所需要的各種教材，例如：教科書、影片、幻燈片、電腦輔助教材或編序教材等（黃政傑，1993）。

　　因此，教師在教學過程中面對各種教學理論與方法時，會產生如何採用或採用哪一種的疑慮。教師在教學法的應用方面，必須深入了解各種教學法的理論發展過程與適用情境，熟悉各種教學法的使用步驟、教學法本身的優缺點和限制，以及教學法應用的情境，作為選擇教學法的參考。在運用教學法於實際教學中，教師應該隨時了解各種教學法使用的情況，掌握學生在各種教學法中的反應及學習成果，作為調整教學法的參考；其次，教師在應用教學法於實際教學中，必須隨時了解教學法的實施與學生的學習成果之間的關係，避免過於墨守成規，採用固定的教學法而忽略學生的學習反應，不同的教學法之間或許具有互補的作用，相容性較高的教學法之間可以隨時交替使用，以促進教師的教學成效。

二、教師的教學決定

教師教學決定是教師在教學過程中，從兩種或兩種以上的教學行動變通方案中，所做的意識性選擇。教學決定在考量可行方案時，本身需有明確的參照點與標準，同時有多種變通方案得以相互比較（林進材，1999）。Shavelson（1973）指出，教師最基本的教學技能就是在教室中隨時作決定。教師通常會不斷地評估教學情境以及處理教學情境中所發生的訊息，以決定下一步要做的事情，並依據這些決定引導教學行為。教師在教學中的行為是對現存的訊息依據個人的觀點，作有關認知方面的處理後，所產生的各種決定。因此，教師在教學過程中，具備判斷迅速、訊息分割與善於分辨的認知技能（Doyle, 1977）。教師的每一個行動都是基於教師與學生互動時的決定，而此種決定影響教學行為。

教師在教室實際教學時，必須以理性且專業的態度面對教學所涉及的複雜歷程與結果，尤其是教學活動涉及的師生互動，每一個互動都需要作決定，如怎麼說、怎麼做、如何反應、接下去又要怎麼做等問題。研究指出，教師在教室裡的所作所為都需要經過縝密的計畫，當教師將計畫付諸實現時，即使是一瞬間的反應，都會顯現出潛隱著的心智生活，對教學所持的理念與執著（林進材，1999）。因此，教師在面對各種班級教學情境時，必須模擬各種可能情境的發生，進而思考如何加以因應，作為教學思考與決定的參考。

三、掌握複雜的教學情境

教學研究歷程中，研究者進行相關教學理論與方法的驗證或建立時，往往執著於固定或經過控制的情境，進而考驗教學理論與方法在應用上的價值。當教師在運用各種教學理論與方法於實際教學活動中時，必須了解並非任何理論均可隨意轉移至任何情境中。換言之，任何的方法本身就是一種限制。方法有其限制性，教學情境也具有特殊需要性。教師在教學過程中，運用各種教學專業知識時，必須先了解教學情境的複雜性，充分掌握影響教學實施的各種情境脈絡因素，以及內、外在因素。因為，真正的教學情境，往往比教學模式中所提示的還要複雜，教學者必須能科學地和藝術地選擇及組織相關的教學方法加以運用，才能達到預定的教學效果（黃政傑，1993）。教師在教學歷程中，應該精通教學方法並加以運用，

了解教學方法本身的特性，將各種教學理論與方法加以整合，揉合教學理論基礎與運用情境，使教學活動的進行順暢並達到高效能的教學。

四、高效能教師的教學

相關的研究指出，高效能教師具備嫻熟的教學知識與經驗，能有效融合課程與教學的知識；在教法的運用方面，具有快速理解或判斷線索的能力；在師生方面的關係融洽和諧等。高效能教師的教學是能將專業之能有效地發揮，面對複雜教學情境，能採取審慎的行動，必能批判地檢視行為的後果；其當教師自我效能增加時，高效能教師嘗試新任務的意願隨著增加，願意花更多的時間與努力去完成新的任務；再則，高效能的教師在教學管理技巧（如學習時間的控制、教學內容的管理、班級經營管理、教學速度的控制）、學科知識、學科教學法知識等，均展現出專業的行為（林進材，2000）。

Ashton等人（1983）研究指出，高低效能教師在教學行為上的特徵如下：

1. 低效能教師認為低成就學生對教室情境和班級常規會構成威脅，高效能教師則並不以為然。

2. 低效能教師以潛在的分裂（potential disruption）來定義學生行為，高效能教師則較少以負面情緒和學生互動。

3. 低效能教師較偏向將教學焦點集中在高成就學生身上，高效能教師則否。

4. 低效能教師傾向將班級學生依能力高低來排列，並給予差別待遇（如對高能力學生給予較多的指導、較多互動的機會、讚美和回饋，以及較多的作業）。

5. 高效能教師在學期初和學期末會在班級訂立明確的期望和工作的程序，並執行前述的期望。

6. 高效能教師會讓學生處於工作的狀態中。

7. 高效能教師會與學生建立專業的親近關係，以協助學生學習。

Rosenshine（1986）指出，高效能教師的教學特徵包括：

1. 單元開始時能簡短說明目標。

2. 單元開始時，能複習以前所學的內容，並說明學習的必要條件。

3. 在教學歷程中，按部就班呈現教材，並使學生能逐步練習。

4. 給予學生清楚、詳細的教學和解釋。

5. 提供所有學生自動練習的機會。

6. 提供適當數量的問題供學生回答，以利考察學生了解學習內容情形，可從學生的學習過程中獲得一些反應。

7. 最初練習時要能適度引導學生。

8. 提供學生有系統的回饋和矯正。

9. 不斷練習直到所有學生都能獨立和有信心。

綜合以上論述，高效能教師在教學時，對自身及學習者的肯定及期望比較積極而有信心，願意提供學習者更多的學習機會；相對的，低效能教師對教學工作及學習者均著消極的態度，與學習者保持較大的距離而多挫折感，無法在教學歷程中發揮專業方面的知能。

五、成為教學研究的參與者

教學研究的發展對教師的教學而言，具有相當積極正面的意義。研究成果對教學活動的規劃具有引導性作用，同時引導教師實際的教學情境時，隨時調整修正自身的教學活動。教學研究不僅提供教師教學活動本身的認知，同時指導教師面對各種複雜教學情境中的問題，設法給予解決。教學研究可以促進教師對教學現象的理解，作為改進教學，提升教學品質的參考。隨著教學研究發展對教師教學議題的探討，依據研究結果提供各種教學處方性的建議，並導引教學研究發展的方向。因此，教師在實施教學的同時，應該隨時掌握相關的教學研究訊息，將各種新的研究成果轉化成為革新教學的動力。

一般的教師對於教學相關研究而言，均扮演「消費者」的角色，認為學術研究是學者專家的專利，教師無權也無能力置喙，因而形成理論與實際脫節的現象。現代化的教師在教學之餘，應該勇於投入教學研究的行列，透過「教師行動研究」的理念與實際研究的參與，從實際教學中反思相關教學問題，擬具解決的策略。從「知識的消費者」轉而為「知識的生成者」。

第六節　教師的角色模式

　　教師的角色扮演，向來是從事實際教學活動者最為關心的議題。教師在班級生活中所扮演的角色是相當重要的，教師除了要掌握班級生活各項活動之外，舉凡與學生學習生活有關的各種人、事、時、地、物等，都是教師負責的範圍，此外影響學習生活的各種情境脈絡因素，都是教師必須考慮的要素。

一、教師的角色模式

　　教師在學校教育中應該扮演何種角色較為貼切，相關的研究並無一致的定論。一般而言，教師的角色係指在所處的角色與夥伴互動的社會情境中，教師基於其他特殊的身分、地位，而被期望及實際表現的行為或特質（郭丁熒，2000）。韓愈在〈師說〉一文中明確揭櫫教師的角色至少應該包括「傳道」、「授業」、「解惑」三個重要的任務。Fenstermacher和Soltis（1992）在《邁向教師教學》（*Approach to teaching*）一書中指出，教師至少應該包括三種可辨識的角色模式：執行者（executive）、治療者（therapist）與解放者（liberationalist）。

㈠執行者

　　教師的主要職責在於為學習者安排適合的教學情境與學習情境，讓學習者可以從情境中獲得各種重要的技能與資訊。教師如果可以體認執行者的角色，則教師會將日常生活置於為學習者準備最好的教材，讓學習者可以從教師的教學中不斷地成長與學習。因此，教師的角色在於專業執行者，將各種專業行為發揮到淋漓盡致的境地。

㈡治療者

　　治療者的角色是指教師應該在教學歷程中具備高度的同理心，將自己的職責重心放在促進學習者的健康與快樂，因此教師會將重心放在學習者身上，而不僅止於將重心擺在課程與教學的內容上。了解學習者在學習方面的潛能與可能性，將各種潛在且影響學習進行的負面要素作適當的處理。

㈢ **解放者**

　　教師的解放者角色是指教師的角色在於為學習者解除各種心靈上的束縛，引導學習者具備在學習歷程中的各種正面的態度與情緒，讓學習者了解如何進行有效學習的議題。

　　教師本身對前述三種角色模式所持的信念將會影響教師的教學行為，如果教師的信念固執於執行者的角色，則教師的教學重點將放在幫學生準備各種的教學情境；如果教師的信念擺在治療者的角色，則教師的教學重點將放在促進學習者在學習方面情緒的培養；如果教師將角色重點放在解放者角色上，教師的重點會放在如何促進學生有效的學習議題上。Fenstermacher和Soltis同時指出，教師的角色信念，將影響並決定教師在課堂上進行的活動，同時影響教師對學生學習的信念與師生之間的互動關係。因此，教師在各種角色扮演上，應該糅和上述三種角色，避免拘泥於某種角色而完全忽略其他角色。

二、教師的教學信念

　　教學信念是教師在教學歷程中，對於歷程中所有的相關因素及變項所持有且信以為真的觀點。這些觀點是由個人所持有各種信念單位組織而成的系統。其內涵包括對自我概念、課程發展、教材教法、教學理論、教學方法、教學活動、學生學習活動等方面的信念。教學信念會影響教師本身對教師的評估、知覺、計畫，並且決定教學活動的進行（林進材，1997）。

　　教師本身具備的教學信念，運用於實際的教學中將影響教師對教學任務的界定、教學策略的選擇、教師實務知識的運用及對教學問題的處理。在教學任務的界定方面，教師在教學過程中習慣以用屬於自身所擁有的信念去詮釋情境，解釋新的訊息，並依此決定適當的做法；在教學策略的選擇方面，教學信念影響教師在面對教學情境時，考慮要選擇哪種教學策略作為進行教學活動的依據；在教師實務知識的運用方面，教學信念引導教師對教學之心境、情緒、情意與主觀之評價；在教學問題的處理方面，教學信念協助教師賦予教學意義，透過信念系統融入許多新的事件或經驗，使定義不清的背景與環境變得穩定且具備可預測性。

三、新手教師與專家教師

　　教師想要成為專家教師除了要具備成為教師的客觀條件之外，尚須經歷生手教師、新手教師二個階段。相關的研究指出，新手與專家教師在各方面皆存在相當的差異，詳述如後（林進材，1999：188-193）：

㈠訊息處理歷程方面

　　專家教師在教學時，可以熟練地運用先前經驗作為訊息處理的基礎，以先前經驗作為教學決定的依據。新手教師在教學時，缺乏先前經驗作為對照，處理訊息時顯得相當生疏，無法運用外界的相關知識解釋與詮釋教學活動，經常誤解學生的活動，無法適度且有效地掌握學生。

㈡教學計畫與管理方面

　　專家教師在教學歷程中，能進行有效的教學計畫並善於管理教學時間。在每個教學活動進行時，專家教師可以清楚地了解學生的學習關鍵，掌握學生在學習上的各種特質，並加以指導。新手教師在教學歷程中，通常傾向書面式的教學計畫（俗稱教案），過於著重形式而忽略實質的教學活動，在教學歷程中無法清楚地掌握學習者的學習關鍵，進而隨時調整自己的教學活動。

㈢師生互動關係方面

　　專家教師在教學歷程中，重視師生之間的雙向互動與回饋，採用統整型的教學方法，教師本身扮演引導者的角色，將學生各種先前知識與經驗作專業上的統整，引導學生多元化的學習。新手教師在教學歷程中，往往偏向於「以學生為主」或「以教師為主」的教學活動，師生之間的互動較少，無法聯合各種教學法並彈性地運用。

㈣教學表徵方面

　　專家教師在教學表徵方面，除了明確地掌握教學規範並付諸形式，教學表現卓越、熟悉課程與教學內容，並熟悉教學原理與學習原理。新手教師在教學歷程中，面對教學事件偏向考慮表面細節與單一訊息，無法有效地掌握教學規範，對教學原理與學習原理感到生疏，無法有效地轉化課程，對課程內容與教學內容較生疏。

(五) 解決問題效率方面

專家教師在教學歷程中有較好的效率，能以較少的時間與努力去完成事情。新手教師在處理事情方面，比專家教師缺乏效率。專家教師在教學歷程中，對於問題的解決已非常的熟練，因為專家教師知道如何讓事情順利地運轉，以自己發展出來的慣例（routine）順利地完成各項事物，在教學活動中進行時，可以從心所欲地加以控制。新手教師則忙於處理各種教學歷程中的瑣事，而無法在效率上發揮作用。

(六) 洞察教學歷程的型態與組織方面

專家教師比新手教師較能產生創意及洞察力並加以解決問題。專家教師可以隨時察覺教學歷程中有意義的型態與各組織間的邏輯關係，在教室管理方面，對於學生的各種表現，有較高的敏感度，尤其是存在學習歷程中的各種潛在問題，專家教師得以一一地加以解讀出來，並加以有效運用轉化使其融入教學活動中。新手教師在此方面，無法像專家教師展現出如此成熟的技巧，對於學習歷程中的組織與型態無法在短時間之內，作專業方面的整理，無法釐清教師與學生之間的關係，教學品質自然無法提升。

(七) 處理教學線索方面

專家教師在教學歷程中，對於各種教學線索能迅速地回應學生，並作成有效的教學決策。新手教師在教學歷程中，對於各種教學線索無法作迅速的回應，以致於無法快速地形成教學決策。專家教師比新手教師有更好的效能感，能在短時間之內完成各種教學決定，他們對問題的察覺較迅速，能在短時間之內，釐清教學的潛在線索或因素，運用各種有效的策略使之消失於無形。

(八) 教學問題處理方面

專家教師對教學問題的了解比新手教師更能產生有創造力和洞察力的解決方式。對教學問題的了解方面，比新手教師更深入、貼切地釐清各種教學歷程中所產生的問題。新手教師在教學歷程中，則忙於各種概念及原理原則的傳授，對教學歷程的敏感度較低。

(九) 教學行為的監控與評鑑方面

專家教師比新手教師能深入了解各種教學問題，對於教學歷程中的

各類問題和規律問題具有洞察力，並隨時擬定解決問題的策略。新手教師在教學行為的監控與評鑑方面，無法有效地監控並掌握。專家教師的教學計畫比新手教師更有效，並且自動地與學生互動，對學習者的反應更有彈性，經常性地反省課程內容及教學策略，對教學行為的自我監控較嚴密。新手教師的教學計畫容易淪為抽象而常需調整，和學習者的互動較少，缺乏對課程內容的反省思考活動。

(十) 教學的知識庫方面

專家教師在教學的知識庫方面，經過多年的教學經驗，累積各種專業實踐的知識庫，才能變通使用，運用自如，並且能自動地相互轉化。新手教師在教學經驗方面有限，無法擁有豐富的專業知識庫，在教學歷程中缺乏對照的效應。專家教師在教學歷程中，習於作各項專業的教學決定，有效地控制和處理阻礙教學的內外在因素和壓力，擁有敏銳的觀察力，有效地連結課程、教師和學習者之間的關係。新手教師在教學的知識庫方面，顯得比較缺乏，無法在教學歷程中，作各種專業的決定。

四、教師的任務

教師在教育專業領域中，執行各項工作時，必須對自己所承擔的任務有相當的認知，才能竟其功。有關教師的任務內涵，茲引用Moore和Hanley（1982）指出教師需要幫助的十三項任務依重要性說明如後：

(一) 培養學習者的效能

教師在教學歷程中首要培養有效能的學習者，以及對基本技能的熟練。因此，教師在教學前應該先設法了解學習者在學習歷程中的邏輯思考，分析學習者在學習歷程中的反應，才能針對學習者的特性，增進學習效能。其次，教師要能了解學生學習困難的成因，並針砭時弊，提出可行的因應策略。

(二) 引導學習者達成實際的目標

教學目標使教師對教學內容與程序有更清楚的了解，是教師選擇教學活動及教學資源的依據，可用來研擬評鑑學生的方法。教師在教學中。應該透過各種策略與方法，引導學習者達成實際的目標，唯有目標的達成，才能落實教學成效。換言之，教師目標的達成與否，應是教學品質所繫。

㈢ 篩選效能教學的教材及學校支援

有效教學的活動與學習活動通常需要運用相當的教材，才能發揮預定的成效。教材的篩選有助於教學歷程中激發學習者強烈的學習動機，使學習者獲得有意義的經驗。教師在教學歷程中，應該透過各種管道，篩選並設計有效教學的教材，作為教學活動的輔助。其次，在行政運作方面，應該尋求適當的學校行政支援，強化教學的效果。

㈣ 建立並維持既定的規律

規律的維持攸關教學活動的成敗得失，如同教室常規影響教學品質一般。班級常規的制定與執行是為了使教學活動更暢行無阻，教學更有效率。教師在教學時，必須透過師生共同建立並維持常規，才能確保教學的品質。

㈤ 確認並了解影響學習準備度的各項因素

任何學習活動的開展，學習者的準備度是前置的要件。唯有在學習者處於準備學習，並具備學習的條件，教學才能達到各種預定的效果。教師的教學活動進行，如果為考慮學習者在學習方面的準備度，則教學不容易建立共識，自然降低教學品質。

㈥ 激發學習者的學習動機

動機是行為的原動力，在學習過程中扮演重要的角色。教師在教學歷程中，需找出影響學習者成就動機的因素，並設法提升學習的動機，教學活動的進行才能收到效果。學習者的學習表現欠佳，往往基於潛能未能適時地發揮，學習動機低落而影響學習者活動的進行。教師在教學歷程中必須透過各種管道設法激發學習者的學習動機，才能落實教學成效。

㈦ 設計評量形式與資料的解釋

教學評量的結果可提供教師教學回饋，作為修正教學目標，進行補救教學的重要依據，並做成學校行政上作決定的參考。教學評量的形式，包括安置性評量、診斷性評量、形成性評量、總結性評量、標準參照評量、常模參照評量等，教師需視各種教學時間和需要作不同的調整和運用。教師對教學評量的資料，具有選擇、決定、辨識和專業能力，在資料的解釋方面應該發揮專業的涵養，使教學評量的結果得到適當的解釋。

㈧ 尋求各類教學資源與教材

教學資源的運用有助於教學活動進行中引發學習動機，使學習者獲得有意義的學習經驗，並協助補充解說教學內容及提供學習者個人能力表現的自我評估。教師在教學歷程中，應該透過各種途徑，設法尋求各類教學資源、教材並作有效的整合，使教學活動的進行更為順暢。將教學資源和教材，融入教學活動中，使教學更具彈性。

㈨ 了解影響學習的各種人際關係

在教室的社會體系中，影響教學的因素包羅萬象。班級的次文化象徵班級的價值、規範並凸顯出班級現象背後的價值、道德規範或情境脈絡。教師應從和學習者的互動關係中，了解班級學生的各類次文化，以及學習上的互動關係，了解影響學習的各種人際關係，透過和學習者的對話，化解各種影響學習的阻力並降低對教學的負面影響，凝聚班級的學習氣氛，以提升學習效果。

㈩ 了解複雜的人類行爲

人類的行為發展具有高度複雜性與變異性，並非任何單一理論足以加以描述，尤其是人類的學習行為。心理學、社會學與哲學家對人類行為的產生與發展，各有詳細的論述，期望透過人類行為發展模式的建立，擬出最佳的學習策略。教師在教學歷程中，必須對人類複雜的行為有深刻地了解，才能掌握各種學習者的特質和反應，針對不同的學習群給予不同的適性教育，適時地運用在教學歷程中。

(十一) 更新課程內容與教學方法

教師在教學中除了要了解課程內容之外，也應了解學校的文化、經濟和社會中的特定問題，以超越傳統學科的缺點。其次，教師在課程內容與教學方法方面，應該隨著時代的脈動作適當的調整與更新，不斷地檢討反省教學技巧與能力，學習者才能從學習活動中獲益。

(十二) 改進教室分組技巧

教師在教學歷程中，必須針對不同的教學需求，將學生作學習上的分組，以達到學習的預定效果。其次，在學習需求上教師必須因學生在學習上的異質性，輔導學生從事同儕輔導與成長工作。因此，在教室學習分組

方面必須不斷地改進，透過分組活動增加學生的學習互動，以增進學習上的效果。

㈢ 獲得教學計畫的行政協助

教學計畫是教學活動的前置工作，教學計畫的功能主要在於迎合教師教學歷程中立即性的心理需求、一種達到目標的方法、提供教學的引導、預測和避免教學過程中所生的困難等。因此，教學計畫的擬定是教師教學前的重要工作，在擬定教學計畫之前，教師要能有效地尋求學校行政上的支援，擴充教學活動所需要的各種資源。

第二章

教學的相關理論

　　教學的相關理論，應該建構在學習理論基礎上。學習是訊息與知識、技能與習慣，以及態度與信念的獲得，它總是涉及這些領域的改變，一種由學習者的經驗作造成的改變（林進材，2016）。本篇的主旨，在於說明教學的相關理論，包括行為學派、認知學派、折衷學派、互動學派、人本主義的學習理論與教學，提供教師在教學活動方面的理論基礎。

第一節 行為學派的教學與學習理論及應用

一、學習的論述

　　行為主義學派對於學習的論點，依據對動物的相關實驗，建立「刺激—反應」連結關係的制約學習理論，用來解釋人類學習歷程和獲得經驗的學習歷程。行為主義對學習產生的觀點，主要包括如下（林進材，2016）：

1. 行為的基礎是由個體的反應所構成的。

2. 人類的行為是受到環境因素的影響被動學習來的，可以用來推論或解釋一般人的同類行為。

3. 從動物實驗的研究，所得到的行為準則，可以用來推論或解釋一般人的同類行為。

　　由上述可以得知，行為學派在學習歷程中，強調「刺激」與「反應」之間的連結，增強作用的運用，行為的強化與削弱、類化與辨別、自發恢復、行為改變技術等概念，在學習上的應用。以促進學習者的學習反應，提升學習效果。行為學派的學習理論，強調個體的外顯行為的制約性與可控制性，忽略個體內在動機與潛能的發揮。

二、學習方法

　　行為學派學習理論，主張學習者的學習行為，是對於以往以及現在環境之反應，所有行為都是學習而來，也可以透過學習加以消除、修正或改變。因此，在學習方法方面，包括行為改變技術、鼓勵預期行為、消除非預期的行為等：

1. 行為改變技術

行為改變技術的應用，是由個體行為養成程式，設計各種實驗策略，分析可運用的增強物，安排各種改變行為的原則，進行行為的改變計畫。透過行為改變技術的應用，可以強化或削弱各種預期的行為。

2. 鼓勵預期行為

行為學派主張運用增強作用，來鼓勵個體的預期行為，以讚許、行為塑造、正向練習等方式，鼓勵學習者表現良好的預期行為。在學習者表現出良好或預期的行為時，就透過各種策略加以強化該行為。

3. 消除非預期行為

行為學派對於學習者的學習行為，主張運用負增強、申誡、反應代價、社會孤立、懲罰等學習者感到厭惡的策略，作為消除非預期行為的策略，當學習者表現出非預期行為或反社會行時，教學者立即運用各種策略削弱各種非預期行為。

行為學派對於學習理論的建立，主張個體的學習是受到外在環境的刺激，進而產生行為改變的歷程。因此，學習是行為與刺激連結的歷程，教學者在設計教學時，應該要從行為、刺激、反應等，掌握學習者的學習，進而規劃有效的教學行為。

三、有效學習策略

依據行為學派對學習的主張，在有效教學策略的思考方面，著力於個體的行為與外在環境的刺激。因此，在有效學習策略方面，應該要考慮下列幾點策略的應用（朱敬先，1997）：

1. 標準要一致，使學生了解良好的行為一定會受到讚許。

2. 強調真實做到，不僅要參與，更要達成目標；對消極參與或擾亂班級者絕對不給予獎勵，宜稱許能力進步的學生及真實做到的價值。

3. 稱許標準依據個人目標及能力，如對學生個別努力表現，及成就給予讚許，鼓勵學生專心自己的工作，無須與他人比較。

4. 將學生成功作努力與能力歸因，使有信心並繼續找到成功，避免作「成功是基於幸運、額外幫助、工作容易」暗示，要求學生描述問題，說明解決過程。

5. 以真誠讚許來增強之，可當眾讚許以代替班級影響，勿為平衡挫敗而讚許學生，而宜給予適當認可。

四、教學論

行為主義的發展，對於教學最直接的貢獻，包括行為改變技術和編序教學法的問世。編序教學法的實施，在於鼓勵教師採用連續漸進的教學方法，讓學生主動對學習情境產生有效的反應，而達到學習的效果。其次，後續發展出來的電腦輔助教學、精熟學習、凱勒計畫、個別化系統教學等教學法的理論與實施，都是源自於行為主義論。

行為學派對於教師教學活動的啟示，主張教師應用學習規則時，需要遵守下列的幾個要項（林進材，2016）：

1. 採用行為主義學派的方法，適切增強正向學業及社會學習行為，並兼顧規範之遵循。

2. 鼓勵學生重視並配合行為改變計畫，使學生了解並接受行為改變之理由。

3. 了解學生並使行為策略的擬定，適合每個學生的需要，顧及可能產生的後果，包括增強物的選擇、適當的鼓勵、確認增強設計對學生學習活動的效果。

4. 選擇性使用增強，採用最簡單的、最積極的、最現實的、最內發的方法，引導學生對自己的學習負責任。

5. 儘量採用內發性獎賞與誘因，使學生了解獎勵的主要目的，在於鼓勵學習者本身的行為，而非目的本身。

五、教學應用

行為學派對學習行為的形成，完全以個體行為作為出發點，透過對個體行為的改變，以及個體對外界的刺激與反應之間的關係，推論學習行為的產生，並且進而延伸到教師的教學活動。行為學派對於學習的產生，雖然不是很完善，但是對於學習行為的產生，擁有具體的描述，可以提供教學研究與教學活動豐富的理論基礎，引發教學活動對於學習活動關注。

第二節　認知學派的教學與學習理論及應用

一、學習的論述

　　認知學習論者關心內在知識方面的累積、主動的求知、並察覺如何運用有效策略獲得訊息並處理訊息。認知學派強調個體知覺的整體性，強掉在環境中眾多刺激之間的關係。認知學派對於學習的產生，強調下列三項：

　　1. 新情境與舊經驗相符合的情境。

　　2. 新舊經驗的結合並重組。

　　3. 學習並分是零碎經驗的增加，而是以舊有經驗為基礎，在學習情境中吸收新經驗。

　　認知學派在學習理論方面，強調個體內在的心智架構與知識獲得的關係，認為學習是屬於內在知識方面的改變情形，而並非外在外顯行為的反應或是或然率的改變（甄曉蘭，1997）。

　　認知學派對於個體的學習，認為是一種主動學習的過程，而不是像行為學派將學習，窄化在刺激與反應之間的連結關係。認知學派認為人類是訊息的主動處理者，主定汲取經驗以進行學習，蒐集訊息以解決問題，確認所知以完成新學習，並非被動的接受環境影響，而是主動地從事選擇、練習、專注等反應，以求達成學習目標（朱敬先，1997）。

二、學習方法

　　認知心理學派強調學習是個體內外的歷程，在學習策略與方法的應用方面，重視認知學習策略、教導學習策略與學習技巧，以及閱讀教學策略。

　　1. 學習策略的應用

　　認知心理學強調學習策略的增進方法，對學習者產生的內化作用。如以機械記憶策略、記憶術策略、形成有意義學習等促進學習效果。

　　2. 教導學習策略與學習技巧

　　學習歷程中形成意義化，對於學生的學習影響相當的大。教師應該引導學生主動處理訊息的方法，加強學生發展有效的學習策略與學習技巧，因時因地適當應用不同學習策略，作為強化學習的效果。

3. 閱讀教學策略的應用

閱讀能力的培養對學生學習歷程影響相當大，培養學生養成正確的閱讀習慣與態度，對學生學習成果有正面的幫助。閱讀策略的培養，可以「專家與生手讀者差異」、「精讀的方式」、「交互教學法」等，作為提升學生閱讀效能的策略。

三、有效的學習策略

認知主義在學習方面的論述，強調既有的認知架構，學習反應是一種主動地認知與建構的歷程，而不僅僅是被動的吸收。因此，在有效的學習策略方面，認知主義的有效學習策略，主要包括下列幾項：

1. 引導學生了解各種不同的學習策略，包括一般性學習策略，也包括特殊性的學習方法，如記憶術的運用。

2. 教導適時、適地、適當運用不同的學習策略。

3. 學習策略的使用，必須因時、因地、因物而隨時調整。在策略方面應該包括動機的訓練。

4. 教導基模知識的學習，使學習更為有效。

四、教學論

認知心理學認為學習是一種個體主動參與處理外在訊息，並將訊息加以組織、建構、轉化、編碼，進而吸收的歷程。因此，認知學派的教學理論以Piaget的認知學習、J. S. Bruner的發現學習、Ausubel的意義學習理論為主。

Piaget認為個體在環境中無法用既有的經驗，與認知結構去適應新環境，或是新經驗相互均衡時，就會產生認知失調的現象，則個體必須改變原有的認知結構，調整基模以均衡認知。

Bruner認為個體的學習，是一種自動自發的行為，而不是被動的，透過學習滿足好奇心，而產生增強作用。

Ausubel強調學習活動歷程中各種概念或原理原則，必須對學習者本身具有意義，學習才能產生。學生在進行學習活動之前的先備知識，才是意義學習產生的必要條件。

五、教學應用

　　認知主義的學習理論，強調內在認知的形成，以及認知結構的改變。對於個體的學習歷程，強調主動建構知識的重要性。因此，教師的教學活動設計與實施，必須以學習者在學習上的特性為主，引導學習者做有效的學習。認知學派的學習理論，在教學上的應用包括發現式學習、闡釋教學法、教學要件模式等概念方面的應用。

第三節　折衷主義的教學與學習理論及應用

一、學習的論述

　　折衷學派學習理論以Tolman為代表，認為人類學習的產生是行為與認知的綜合體，而不是單一的行為，或是認知形成的。因此，學習是一種個體的行為和外在環境相關的訊息組合而成的。折衷學習論者，認為行為是一種整體性的，行為是指向一定的目的，行為本身具有認知的性質，行為不是機械性、固定的反應，而是適應性的。因此，學習應該是行為建構與認知形成的綜合。

二、學習方法

　　折衷主義的學習以位置學習引導個體進行有意義的學習，將慾望或預期作為一種學習中的重要中介變項，強調其對學習所產生的作用。其次，在學習歷程中，折衷主義強調潛在學習（latent learning）與信號學習理論。個體的學習受到動機與趨力的影響，剝奪（descrivation）與誘因動機（incentive）策略的運用，對學習具有正面的作用。

三、有效的學習策略

　　折衷主義對學習的論點，融合行為主義與認知主義的論點，認為強化並非學習歷程中必備的條件，學習是由環境與有關訊息組合而構成的。因此，在學習策略方面，折衷主義採行為主義和認知主義的觀點，將學習類型分成形成精力投入與形成等值信念、形成場的預期、形成場認知方式、形成趨力辨別、形成運動等方式。有效的學習策略，應該要針對學習者的

行為及認知方面的特徵，擬定學習策略，並且融入教學歷程中。

四、教學論

折衷主義學習論對教學的主要貢獻，在於連結行為與求知的學習主張，提出學習的中介變量。將行為主義與認知學習二者的優點，做適度的連結，提出信號學習論，使教學者了解行為不僅僅是機械性的、共定的，而是變動的，教學活動的進行應該隨時做適度的調整。

五、教學應用

折衷主義的教學，主張教學者應該採行為主義各種有效的教學策略（如行為改變技術、正增強、行為塑造、社會性隔離等策略），在教學策略的擬定方面，以認知學派學習論的要點，重視學習者「如何學習」的心理歷程，作為擬定各種教學活動的參考。

第四節 互動學習的教學與學習理論及應用

一、學習的論述

互動學習論主張學習除了受到外界環境之影響，個體內在的認知也是一項重要的指標。互動學習論者認為學習活動是由學習者行為、心理歷程及外在環境互相形成的現象，透過個體內在的心理作用和外在環境的刺激互動，才能產生有意義和認知的學習活動。

互動學習論者對於個體學習的主張，以Bandura的社會學習論和Gangé的學習條件為主。Bandura主張學習的產生是由學習者在社會情境中，經由觀察他人行為表現，以及行為後果（得到獎勵或懲罰）間接學到的。人類的心理力城市透過個體與外界環境的決定因素，不斷交互作用而形成的，外界環境必須透過個體的認知歷程才得以影響影行為。

Gangé認為學習不是單一的歷程，不管是刺激與反應的連結、頓悟、問題解決等，都無法對學習做完整的解釋，人類的學習是一種複雜且多層面的歷程，有關學習包括下列幾項：

1. 學習是一種此個體成為有能力社會成員的機制，學習使人獲得技

能、知識、態度和價值產生的能力。

　　2. 學習結果是由人類環境中的刺激和學習者認知歷程所習得。

二、學習方法

　　互動學習理論強調有效的學習策略，必須提供有意義和認知的學習活動，引導學習者觀摩示範者的正向行為和表現，才能內化成為學習的成果。

三、有效的學習策略

　　互動學習論者對學習的論點，認為學習是個體受到外在環境及個體認知的影響。強調社會學習、注意、動機、心理歷程、動作再生等概念。因此，學習策略重點在於教師應展現學習者準備學習的楷模及示範行為。

　　有效學習策略的擬定，要以個體內外行為動機及外在環境影響為主，以強化學習者的學習效果。互動主義學習論者，在學習策略的擬定方面，比較重視外在環境對個體學習的影響，強調外顯性的因素，對學習成果的正向與負向的作用。

四、教學論

　　互動學習論者在教師教學活動的實施中，強調三個重要的層面：

　　1. 確認適當的學習者楷模和示範者。

　　2. 建立行為的功能性價值。

　　3. 引導學習者的認知歷程。

五、教學應用

　　互動學習論者認為教師在教學歷程中，應該引導學生將學習活動，建立在自動自發、自我觀察、自我評價和自我強化中產生自律的學習行為。蓋聶在學習條件論方面，認為「學習成果」與「學習能力」的獲得，都得具備相當的學習條件。教師在教學歷程中，要能掌握學生的內外在因素。內在因素是學習者本身的先備知識與技能、興趣和態度；外在因素是學習氣氛、環境、設備、教材等各種資源。

第五節 人本主義的教學與學習理論及應用

一、學習論述

　　人本主義對學習歷程的解釋，關切人類的獨特性與個體性，勝於發掘解釋人類反應的一般化原理，以人類本身的情感發展，如自我概念、自我價值、自我實現為主要焦點，對於認知事務的訊息處理，或是刺激與反應較不重視。

　　人本主義的學習論，以Rogers為代表，認為學習應該是與一個人的生活、實踐息息相關，學習內容能和生活結合一起，能融入學習者的情感，才能促進學習行動的進行。Rogers對人類學習的概念，認為人生來就有學習的潛能，當學習者察覺到學習內容與自己有關時，意義學習就發生了；涉及到改變自我組織的學識有威脅性的，往往受到抵制；當外部威脅降到最低限度，就比較容易察覺和同化哪些威脅到自我學習的內容；當自我威脅很小時，學習者就會用一種辨別的方式知覺經驗，學習就會取得進展；大多數意義學習是從做中學的；當學習者負責任地參與學習過程時，就會促進學習；涉及整個人的自我發起學習，是最持久、深刻的；當學習者以自我評價為主要依據，將他人評價放在次要地位時，獨立性、創造性和自主性就會得到促進；最有用的學習是了解學習過程，對經驗始終保持開放態度，並將它們結合自己的變化過程中（施良方，1996）。

二、學習方法

　　人本主義學習理論強調以學生中心模式的教學意義與目的，促使個人成長，教師扮演的角色是輔導者，師生建立良好關係，觀念共享、坦誠溝通，引導學生為自己的學習負責任。人本主義在學習方法主張下列步驟：

1. 每個學生設定自己的工作計畫，並簽訂契約。
2. 學生針對自己的計畫，進行工作或研究。
3. 學生經由研究或工作中來教導自己，且彼此相互教導。
4. 針對個人、團體或班級問題進行討論。
5. 評鑑：由學生自己設定標準，自己進行學習活動。

三、有效學習策略

　　人本主義學習論者認為學習應該和生活結合一起，融入學習者的情感，才能促進學習活動的進行。人本論者認為學習和個體的需求、動機、智能有關。因此，學習策略應該著重於個體的注意力、學習知覺，教師應該設法降低個體的學習焦慮及個人成敗歸因的改變方式。例如：支持性策略、降低學習焦慮、適當的學習時間、適當的自我調適方式的設計與擬定。人本學習論者在學習策略方面，強調增進成就動機、內控性、創造思考、人際觀察、自尊肯定等人本功能，引導個體從事有效的學習。

四、教學論

　　人本主義學習論者，強調教學活動的設計與實施，應該要以「學生為中心」的教學模式，屬於個別化教學模式的一種。教學觀是建立在與「存在主義」的哲學觀點，以「我為中心」的個性論和「當事人中心治療法」的實踐依據。

　　在教學論方面，Rogers提出的論點，包括如下：
1. 以生活中所遭遇的問題，作為學習的內容。
2. 提供完善與豐富的資料來源。
3. 運用學習合同或契約，促使學生設定自己的目標與計畫。
4. 運用團體決策來訂定學習目標與內容。
5. 幫助學生學習如何對自己問問題，以及如何自行解決問題。
6. 利用啟發性活動，使學生獲得經驗性學習。
7. 利用邊序教學，依據學生的學習速度，多給予正向增強，使學生獲得經驗性之學習。
8. 採用會心團體及敏感性訓練。
9. 採用自我評鑑方式。

五、教學應用

　　人本主義學習論的觀點，主要是從人性角度出發，將學習定位在「以人為本」的觀點上，引導教學者在規劃教學階段時，將個體周遭生活議題納入教學中，統整各種教學資源；在教學活動進行時，強調應該引導學習者自行面對問題、解決問題；在教學結束階段，採用自我評鑑方式，了解

學習成效，作為檢討教學的依據，更進而成新的教學活動計畫。

第六節 從學習理論分析有效教學

有效教學的規劃與設計，應該要奠基於學習理論與教學方法基礎之上。學習理論研究的演進，隨著研究者對學習的觀點不同，而有不同界定。從行為主義、認知主義、折衷主義、互動學習、人本主義的演進，對學習策略的詮釋和應用，都有不同的著眼點。透過學習理論的研究與實際對話，擬定各種有效學習的策略，從學習理論的研究結論及發現，提供教師在教學上各種處方性的策略。

一、學習理論在教學上的應用

1. 不同理論間的互補與應用

教師在教學過程中，應該要針對不同的學習物件，複雜多變的教學情境，擬定各種教學策略，採用適性的教學方法；學習理論的演進和研究結論，提供教師對學習者學習歷程的思考方向，同時提醒教師在教學措施方面的因應。不同理論之間有其同質性和異質性，如何在各種理論之間取得平衡或和諧，是教師需要在教學應用時考量的議題。

2. 有效運用學習略與教學中

學習策略的研究從行為主義發展至今的人本主義，大致上分成分析性研究、比較性研究及教學性研究等取向。從學習理論的研究中，讓教師深入了解人類學習歷程中的心智生活（mental lives），對學習歷程的了解，使教師在教學前、中、後的策略擬定，有更具體的因應和依據。透過各種有效學習策略的擬定與運用，可以使教師的教學活動更順暢，更容易達到預期的效果。

3. 訓練學習者的學習效能

從學習理論的研究中，了解各種不同主義對學習策略的觀點。如行為主義強調學習者行為改變的方式；認知主義強調學習者主動利用方法及步驟，獲得知識或使用知識的認知歷程；折衷主義者重應該展現學習者行為與認知策略的擬定；互動主義者重視教師應該展現學習者準備學習的楷模及示範行為；人本主義者主張教師應該設法降低個體的學習焦慮及個人成

敗歸因的改變方式。因此，教師可以透過不同的學習理論，因應不同的學習情境，訓練學習者的學習效能，以促進學習效果。

4. 建立內省的學習歷程

學習理論的探究，共同指出影響學習活動中的各種因素，以內在因素最重要。學習者在面對學習情境時，必須以內發的智慧解決各類的問題和情境。因此，教師在教學歷程中，應該培養學生建立內省的學習歷程，引導學習者了解學習過程中，各種自身的動機、決心、想像、計畫和解決問題的能力，以增強自尊、成就目標的自我設定、情緒管理技巧、自我指導的學習方式，建立一個培養自我感的學習環境。其次，教師應該指導學生學習愛自己、設定並完成目標、建立一個允許情緒表達的環境。

5. 擬定並設計有效的教學策略

學習理論的研究過程中，各學習理論均指出有效的學習策略，對學習者在學習上的幫助是相當大的，任何人皆可以透過某種方式完成各種學習活動。有效學習策略的擬定，來自於研究者對學習歷程的探討與解讀，從意義的了解、過程的描繪、實驗的建立、策略的擬定等，提供學習理論建立的堅實科學基礎。教師在教學歷程中，也應針對學習理論的內涵，因應學習者的學習歷程，設計並擬定有效的教學策略加以配合，才能收到預期的效果。

6. 教學與學習之間的對話與辯證

教學活動包括「教學活動」和「學習活動」，在教學活動方面涉及教師的思考歷程與教學表徵，在學習活動方面，涉及學習者的思考歷程與訊息處理過程，此二者之間是否建立互為主體性，成為教學成敗的主要關鍵。

7. 有效控制學習歷程落實教學成果

學習理論的研究，對個體的學習歷程，以及影響因素有很詳細的描述詮釋，從研究中讓教師了解人類的學習行為。教師在教學時，學習有效地控制學習歷程，才能掌握學習者的學習狀況，提升教學的成果，落實學習者的學習效果。

8. 結合學習與教學理論發展行動研究

學習理論的研究與教學理論的研究，大抵上而言，在方法論、研究內容、研究焦點上不同，彼此之間是一體兩面。因此，在教育研究過程中，應該結合學習理論與教學理論的研究，發展出一套教與學的行動研究，各

種不同典範之間產生互補作用，以教學行動研究解決各種教學和學習上的問題。

二、從學習歷程論有效教學

有效的教學應該要顧及教師的教學，也應該重視學生的學習。從學習歷程論述教師的有效教學，可包括教學的前置階段、教學計畫階段、教學互動階段、教學評鑑階段，詳見下表：

表2-1　教師有效教學行為

階段	教學表現與行為	教學策略與方法
前置階段	1. 激發學生的學習動機 2. 良好的學習氣氛營造 3. 精熟各種教材教法 4. 良好的口語表達 5. 了解學習者特質 6. 組織學習情境 7. 營造良好學習氣氛 8. 良好親師溝通 9. 其他	1. 建立制度化班級規則 2. 教導有效學習策略與方法 3. 了解課程內容 4. 熟悉教師相關知識 5. 熟悉教材與策略 6. 擬定並設計各類教材 7. 其他
教學計畫階段	1. 良好的課程銜接 2. 激發學生學習動機 3. 了解學生的舊經驗 4. 充分的教學計畫 5. 擬定各種教學活動 6. 組織學習小組 7. 明確的教學目標 8. 掌握影響教學的因素 9. 統整教學資源 10. 擬具各種教學方案 11. 其他	1. 連結新舊概念 2. 擬定增強策略 3. 運用各種教學理論與方法 4. 兼重高低層次的目標 5. 熟悉教學計畫型態及形式 6. 偵測學習可能形成的困難 7. 結構化的教學活動 8. 擬定各種教學策略方案 9. 其他

（續上表）

階段	教學表現與行為	教學策略與方法
教學互動階段	1. 有效運用教學時間 2. 隨機變換教學技巧 3. 注意教室中的活動 4. 善用發問技巧 5. 善用肢體語言行為 6. 善用教學輔助媒體 7. 良好師生互動與溝通 8. 依據實際需要調整教學 9. 減少干擾教學行為 10. 引導學生做學習探索	1. 有效監控座位中的和動 2. 有效轉化抽象活動 3. 正確回應學生的情緒經驗 4. 運用小組學習型態 5. 運用固定的語言提示 6. 運用各種正向回饋 7. 舉例、譬喻等認知策略的應用 8. 運用自我監控系統 9. 運用各種提示語言 10. 學習趣味性策略的運用
教學評鑑階段	1. 適時統合學生的行為 2. 運用多元評量方式 3. 定期檢查學習情形 4. 擬定補救教學方案 5. 反省自己的教學活動 6. 形成新的教學計畫 7. 提供回饋與評量 8. 提高學生學習成功率 9. 其他	1. 隨時轉達教師的期望 2. 開發多元教材內容 3. 建立學習成果追蹤系統 4. 兼重知識、情意、技能 5. 提供各種練習機會 6. 指導有效補救學習方案 7. 持續改善學習方案 8. 其他

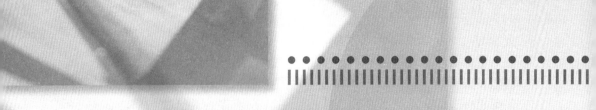

第3章

學習先決條件

　　學習的產生是因經驗而使個體行為或行為潛勢產生改變且維持良久的歷程（張春興，2001），然而在學習歷程中，行為或影響行為的潛在因素究竟如何改變，向為教學研究者關心的焦點所在。教師在教學前必須了解學生如何學習，以及學習歷程中個體所產生的各種變化與心理歷程，才能確定教學的進行程序，有效引導學生學習，進而達成教學目標。本章基於教學活動的進行，必須教學者了解學習的先決條件，透過學理的分析與相關的研究，提供教師教學時的參考。

第一節　學習先決條件

　　教學必須以學生的初始狀況作為它的起點，這牽涉到確認學生的一些特質，例如：他們有關學習或教學主題的知識背景，他們的智力發展程度，他們偏愛的學習風格等（黃銘惇、張慧譯，2000）。教師在教學時應該了解上述的各種學生特質，才能在教學計畫擬定時，預測學生在學習上的可能反應，針對學生的需要調整各種教學活動，或作為教學方案思考的依據，讓教師得以在教學活動進行時隨時調整自己的教學行為，以學生適合的方式進行教學，並確定教學目標的達成；其次，了解學習者的先決條件，可以提供教師在教學評量方式的選擇，及教學評量標準訂定上的參考，了解學生的起點行為有助於預測學生可能達成的改變。

一、學習者的特性分析

　　學習者是教學的主要對象，教學活動的規劃進行、教學程序的決定、教學策略的選擇、教學方法的設計等，都以學習者為主體。因此，教學者必須了解學習者的各種特性，才能使教學活動有更優異的成效，以增進學生的學習成果。學習者的特性通常包括年齡、智能發展、學習風格、學習性向、人格特質等要素，茲分析詳述如下：

㈠年齡

　　學習者的身心發展與年齡的成長有密切的關係。發展心理學的觀點指出影響發展的因素中，年齡是重要的因素之一。此種影響如同發展的關鍵期（critical period）一般，學習者在學習歷程中總會受到年齡成長的影響。相關的研究指出，學習者的注意力與年齡的成長有正面的相關。年齡

越低的學習者，注意力集中的時間就越短；年齡越高的學習者，集中注意力的時間就越長。教學者應該了解學習者的年齡對學習的影響，據以採用不同的教學法以因應學習者的需要。例如：年齡較低的學習者應該在注意力的集中方面多花些心思；反之，則應在教學時加強學習記憶能力。原則上，年級越高的學生越適合採用單一的教學方法；年級越低的學生，必須同時運用各種教學方法，才能達到教學效果（方郁琳，1997）。

(二) 智能發展

　　學習者的智能發展成熟與否影響學習成效及教師的教學成效。由長期的研究所導致的結論指出，許多孩子隨著年齡增長，智能發展有大幅成長的現象，進而影響學習成果。智能發展的程度影響學習的表現，更進而形成學習上的差異現象。教師在面對學習者的智能發展方面，必須因應個體發展上的差異，採用不同的教學方式。例如：面對智能程度較差的學生，比較適合採用傳統式教學法，以講述法、練習法進行教學活動，引導學習者進行學習；面對智能程度較佳的學生，比較適合採用有助於啟迪學生思想的討論、探究、價值澄清等高層次的教學方法，引導學生學習。

(三) 學習風格

　　學習風格是學生在學習歷程中，依據身心發展特質在獲取外界訊息及知識時，因本身接受刺激的敏感程度不同，而出現的各種學習型態。例如：「視覺型」、「聽覺型」、「視聽覺型」及「體覺型」等類型（方郁琳，1997）。視覺型的學生比較擅長於運用閱讀方式進行學習，教師可以採用指導閱讀的方式配合各種教學方法，指導學生進行學習活動；聽覺型的學生比較擅長於各種有聲媒體，教師可以在教學進行時，配合各種教學媒體強化學生的學習成效，讓學生在學習中所有的感覺器官都可以接受外界的刺激；視聽覺型的學生，在學習進行時偏向同時接受兩種感官的刺激，教師可以在教學活動進行時，配合錄影帶教學CD影帶及各種圖表進行教學表徵，透過各種教學資源的運用強化學生的學習效果；體覺型的學生比較偏向運用身體動作進行學習，教師可以在教學中提供學生肢體語言及動作練習的機會，藉以強化教學成效。

(四) 學習性向

　　性向是指個體可發揮的潛能，包括基本的能力（即智力）與特殊的才

能（即音樂、運動、機械等）。學習性向通常指的是學習者在學習歷程中直接顯現出來的獨特性，象徵個體學習的特質或傾向。教師在班級教學中必須先了解學生的學習性向，若學生在學習方面具有特殊的性向，例如：學生對藝術創作特別具有學習方面的潛能，則教師應該在教學方法的採用配合學生的學習性向；如果學生具備實驗、工藝或資訊電腦方面的專長時，教師可以採用協同教學法或個別化教學法引導學生學習，使學生可以在學習歷程中接受較佳的教學。其次，教師可以考慮採用電腦輔助教學或凱勒的學習模式等增強教學效果。

(五) 人格特質

人格通常指的是個性，指一個人所具有的各項比較重要的和相當持久的心理特徵的總和。一般而言，人格特質包括個體的所思、所感、所言、所行等方面的趨向。依據研究指出，性別、年齡、經驗、價值觀、態度、興趣、需求和焦慮等對人格特質產生正負面的影響，進而影響學習。人格特質的分類通常包括焦慮程度與內外向兩種類型。高度焦慮的學生通常自我要求較高，無法因應外在的壓力而產生自然的機轉，教師必須在教學歷程中降低對學生的要求，不宜採用具有時間壓力或競爭性的教學方式，可考慮採用個別化學習的方式進行教學；對於低焦慮的學生，教師可以採用具有時間規定的小組討論法，提供適度的競爭和壓力以提高學習者的學習成效。其次，以內外向的學生而言，面對外向的學生，教師可以在教學活動進行時，適時給予討論或發表的機會，進而滿足學習的成就感；對於內向的學生，教師宜採用個別化學習的方式，減少學生在學習上的壓力。

二、在教學上的意義

(一) 依據學習特性進行教學設計

教師在班級教學時，了解學習者的特性，有助於教師進行教學活動設計。在教學前（指教學計畫階段）可以依據學習者的各種特性，擬定各種適性的教學活動，選擇教學媒體和各種教學資源。考量學習者的特性，可以針對教學活動進行預估，了解學習者可能的反應，減少修正教學計畫的機會，同時提高計畫可行性，有助於教師在教學進行時，因應各種無法掌握的外內因素而產生教學的焦慮和無助感。

(二) 依據學習特性選擇教學方法

　　傳統的教師教學活動，在教學方法的選擇方面往往以「教師為主」或以教師的直覺為採用教學方法的依據，因此教學活動與學生的學習活動無法做專業方面的結合，無助於對教學品質和學習成效的提升。教師在教學方法的選擇時，如果可以立基於學生愉快的學習上，考慮學習者的個別差異，以學習者的特性選擇教學方法，則教學活動的進行勢必可以迎合學習者的特質，提高教學成效。有關依學習者特性而選擇教學方法如表3-1（方郁琳，1997）。

表3-1　依學習者特性選擇教學方法

學習者特性	教學方法	講述法	討論法	探究法	價值澄清法	練習法	發表法	欣賞法	協同法	個別化教學
年齡	三至六歲	*				*	*	*	*	
	六至十二歲	*	*	*	*	*	*	*	*	*
	十三至十八歲	*	*	*	*	*	*	*	*	*
	十九歲至成人	*	*	*	*	*	*	*	*	*
智能	高	*	*	*	*	*	*	*	*	*
	中	*	*	*	*	*	*	*	*	*
	低	*				*		*	*	*
學習方式	視覺型	*				*	*	*	*	*
	聽覺型	*		*	*	*	*	*	*	*
	視聽覺型	*	*			*	*	*	*	
	體驗型				*	*			*	*
性能	特殊專長			*		*	*	*	*	*
人格特質	高焦慮者	*				*		*		*
	低焦慮者		*	*	*	*	*	*		*
	外向型		*	*	*	*	*	*		*
	內向型	*				*				*

㈢依據學習特性訂定評量標準

　　教學評量是評量教學活動是否達成教學目標的一種過程，教師透過各種形式的評量於教學結束之後，了解學生的學習是否達到教學目標。傳統教學評量標準的訂定，大都以教學目標為準，採取教學基本模式中的要素作為考慮的要點。此種完全以教學目標為主的評量標準，容易忽略學習者的特性。因此，教學者在訂定教學評量標準時，應以學習者特性為考慮的標準，有助於教學評量的實施，透過對學習者特性的了解，可以預測學生在未來的評量中可能出現的各種現象，作為教師改進教學的參考，同時作為補救教學的依據。

㈣依據學習特性進行評量活動

　　在教師教學歷程中，不管採用何種類型的評量，皆為教學歷程中重要的一環。教師在訂定教學評量標準之後，接下來是進行教學評量活動。傳統的教學評量標準既然是教師依據教學需要所訂定的，那麼評量活動的實施容易與學生的學習形成乖離的現象，無法真正達到教學評量的真正功能。評量活動的進行，如果能考慮學習者的各種特性，進而在評量活動進行時，能因應各種學習者的個別差異，則教學評量的進行應可使教學評量與教學目標進行緊密的結合。

㈤依據學習特性反省教學活動

　　教師教學反省活動是教師在教學結束之後，依據各種教學中所呈現的線索，考慮實際教學上的需要，進行專業性的反省思考與評鑑，並形成新的教學計畫。研究指出，有經驗的教師或適任的教師會在教學後反省自己的教學和學生的反應，並以此作為檢討教學得失並修正實際教學活動的依據（Schon, 1987）。教師在反省教學活動時，應該以學習者特性作為教學反省的主要線索，如此，有助於教師了解學生在學習之後，需要哪些專業方面的協助和補救，並進而擬定補救方案。

　　學習的先決條件是學習者在為正式進行某種學習狀態和情境時，本身已具備哪些要素。Norman（1980）指出，學生到進入學習情境前，就具有大量預先存在的觀念或想法，並依照先前的觀念或想法解釋所呈現的材料，教學者無法預防這些觀念的存在以及對未來教學的影響，儘管學習者的學習方式是「添加」、「建構」、「調適」或「類推學習」等，教學者

都必須在教學活動進行時，掌握這些存在的特質，了解存在的特質對學習可能產生的影響，並且隨時調整自己的教學方案。教學者如想要提高教學效能或是在教學歷程中，提高學習者的學習成效，就必須了解「什麼在學習者的心靈中進行」的問題，針對學習者的各種特性，擬定教學計畫並進行教學評量及教學反省活動。

第二節　學習者的先前概念

　　學習的訊息處理論者指出學習的歷程，是外界訊息發出後由接收者的感覺受納器接收，暫時保留在感覺記錄器中，在它消失之前，如果接收者有注意到此一訊息，它就會將訊息轉送到接收者的短期記憶裡，短期記憶容量是有限的，如果沒有在工作記憶中加以處理，訊息在一、二十秒內會消失；如果將訊息編碼送入長期記憶裡，部分訊息將會永久保留下來，在適當的時機則會反應到環境中（張景媛，1998）。認知心理學的觀點同時指出，學習者在學習前並非心如白板，而是存在著各種先前概念。教師在教學前必須了解學生在進教室前，已經知道了哪些？而後再考慮學生需要知道哪些的問題，才能針對學習者的特性和需求進行有效的教學活動。基於此，本節的重點在於分析學習者的先前概念，讓教師了解學生學習前的先備知識，作為教學活動進行的參考。

一、學生的認知型態與學習方式

㈠認知型態

　　Shuell（1981）指出，個體的認知型態差異，是個體對四周環境訊息接受與組織的方式不同而形成的。個體處理事務方式不同，不僅會反映出智能水準，同時反映其特殊能力型態，個體對訊息之處理與組織及對環境刺激的反應上，具有不同的喜好方式。學生的認知型態依據Witkin、Moore和Goodenouph（1977）的分類可分成情境依賴與情境獨立兩類型。情境依賴者將整體視覺範圍視為一個整體，無法單獨將其中各要素作抽離，不能專注於其中某一細節，也無法將全體分析為不同部分；情境獨立者，從整體中看出抽離部分，將整體分析為若干部分（朱敬先，1997）。學生的認知型態不同，處理各種問題的方式也顯現出不同風格。教師在教

學活動進行時，應該針對不同特性的學生給予適當的協助。例如：情境依賴型的學生，必須給予整體性的指導，採用結構化情境引導學生學習；情境獨立型的學生，教師可以考慮進行個別指導，提供各種獨立情境讓學生進行學習活動。

㈡ 學習方式

學習方式與學習策略經常被視為同義字。Snowman（1986）指出，個體的學習策略是指有系統增進學習及認知活動的歷程。他認為學習策略的形成包括分析、計畫、方法執行、監控及修正等五個重要步驟，透過這些步驟可以促進學習及認知活動。學習者在學習歷程中會依據自身的特性及學習上的需求，選擇適合自己的方式進行學習。教師應該儘量安排學生喜好的學習方式，引導學生學習。在擬定教學計畫時，必須先了解學生的學習方式及學習風格，進而營造適合學生學習的情境。

二、學習者的先備條件

㈠ 學習信念

信念是我們所確信的看法（意見）或確定某事存在的感覺。我們對各種事物、物質結構、未來應做知識等均有信念（林清財，1990）。信念通常包括四種主要定義：(1)心理傾向或命題：信念代表一個人在某一時刻認為合乎生活世界而接受的種種意識和種種潛意識狀態下的心理傾向、預期或命題，個體可能意識到，也可能未意識到其信念；(2)認知的要素：信念是一個人對某一物體、事件、人、爭論的概念中認知要素的訊息。因此，信念除了認知的意義，尚應有情感的意義，彼此相互關聯，融合成為一個較完整且豐富意義的信念；(3)原則或視之為真：信念是一種原則、事先擬定好的想法、價值、期待、假設或知覺，由個體用來作為決定行為的基礎；(4)評價認定：信念是面對環境中人、事、物時，心中所存在的一種評價及認定，這些評價及認定是個體解釋世界的依據，也是個體行為的準則。

學習信念是指學習者在學習歷程中，對於歷程中所有的相關因素及變項所持且信以為真的觀點。這些觀點是學習者個人所持有各種信念單位組織而成的系統。其內涵包括自我概念、學習方法、學習方式、學習活動等各種信念。學習信念會影響學習者本身對學習的評估、知覺、計畫，並且

決定學習活動的進行。教師在教學歷程中，必須了解學習者的學習信念，作為擬定教學及改變教學活動的參考，如此方能提升學習者的成效。

㈡ 學習先備條件

教師在教學前要了解學生的學習先備條件有哪些？依據決定先備條件的五個問題如後（單文經等，1999）：

1. 要能夠成功的完成課業，有哪些規則學生必須回憶和遵循？
2. 為了要解釋、解決問題或因應新狀況，學生必須要理解哪些原則？
3. 學生在進行某項課業的寫和說的時候，應該知道哪些相關的事實？
4. 學生在進行課業時，要運用哪些概念？
5. 學生應該在課業進行中，表現哪些願意行動的態度？

由此可見，了解學生在進入學習情境前「已經了解什麼」的議題，是教師教學活動進行時相當重要的課題。如同Bruner（1960）指出，教師可以將各種知識結構，以簡單且學習者可以接受的方式，教給準備度較低的學生。依據學生在學習前的各種先備條件，決定教學歷程中所採用的方法與策略。例如：對學習速度緩慢的學生，教師應該多花些時間在抽象概念的講解，並且儘量舉實際例子加以說明；對於學習速度較快的學生，可以多花些時間在原則與原則之間的連結，藉以擴充學習者的知識量。

㈢ 學習先備知識

學習是一種訊息與知識、技能與習慣，以及態度和信念的獲得，它總是涉及這些領域的改變，一種由學習者的經驗所造成的改變（李茂興，1998）。學習者在學習方面的改變情形，必須先了解學習的先備知識（preconception）問題，才能掌握學習者的初始狀態。例如：Piaget描述兒童對規則的理解與使用情形，依不同年齡的發展而有不同的情形（請參見表3-2）。

由表3-2可以了解不同階段的個體對某些概念的學習，會有不同程度的理解，此種對概念的學習或理解情形，可視為學習的先備知識。教師在教學前，必須了解學生已經具備哪些先前經驗、先前想法與先前知識，透過舊經驗與舊知識之間的有效連結，並思索這些先備條件對學習所產生的

表3-2 Piaget描述兒童對規則的理解與使用情形（引自李茂興譯，1998）

大約年齡	理解程度	遊戲行為
三歲前	無法理解規則	遊戲時沒有任何規則
五歲左右	來自上帝（或是高於自己的權威）並且不可改變	不斷地違反與改變規則
十一歲或十二歲	理解規則的社會性本質，以及規則是可以改變的	不改變規則；嚴格遵守
十一歲或十二歲以後	完全理解規則	在彼此同意下，改變規則

影響與成就，了解其在教學歷程中的意義，藉以擬定相關的教學策略，才能提升學習的效果。

第三節 先備知識與學習策略

教師在教學前，必須了解學生並非如白板，對所要學習的各種概念、經驗、原理、原則等一無所知，而是內心已對學習潛隱著各種想法，此種想法或先備條件或稱之為先備知識。教師透過學生先備知識的評估，才能了解學生在學習方面的初始行為，進而擬定教學策略與學習策略。本節重點在於探討學習者的先備知識與學習策略之間的關係，提供教師擬定教學活動的參考。

一、先備知識的概念在教學上的意義

Ausubel（1968）指出，如果要將所有的教育心理學簡化為單一的原則，則影響學生學習最重要的單一因素是「學生已經知道什麼？」。教學者必須確實了解此種現象，然後順此教導學生學習。因此，教學者必須在擬定教學計畫階段中，了解學生的特質即在學生方面的表現，以及未來的學習狀況，作為教學實施的參考。一項以美國十七歲青少年知道什麼的研究文獻指出，並非所有美國十七歲的青少年在學習方面的表現都是一致的，如果教師無法理解此種既存的現象，那麼很難想像教師可以採取因材施教與有教無類的精神進行教學活動。此種現象，如同教師常給每個不同的學生相同的教材與教法，並要求學生達到統一的標準一般。

　　承上例，教師如果要教導美國十七歲的青少年，必須了解該階段學生在各方面的先備知識，作為教學活動設計的參考，才能在教學活動進行時調整教學方法與策略，以迎合學生在學習方面的特質與需求，進而提升教學效能。如果教師不了解前述現象及其形成的意義，而斷然採取各種教學策略，顯然無法在教學中得心應手。

黃銘惇、張慧芝（2000：183）

美國的十七歲青少年知道什麼

百分之百的人可以做二位數的加法和減法。

百分之百的人可以從事簡單的、抽象的閱讀。

百分之百的人知道發生於日常生活中的科學事實。

百分之九十九的人知道簡單的歷史事實。

百分之五十三的人可以說出「溫室效應」的原因。

百分之五十一的人可以從事小數、分數及百分比的運算。

百分之四十六的人了解基本的歷史名詞和相互關係。

百分之二十七的人可以使用標示高度與降雨量的地圖，指出哪些地方可能會有土壤腐蝕的問題。

百分之六的人可以解決較複雜的數學問題，並使用簡單的幾何。

百分之五的人可以對歷史資訊和理念進行詮釋。

美國的十七歲青少年知道什麼？（1990）

二、學習策略的意義在教學上的應用

㈠學習策略的意義

　　學習策略的定義隨著學習理論的不同而產生不同的定義，行為主義者始終認為學習是刺激與反應之間的連結，因此學習策略應該定義為改變學習行為的方法；認知學派則強調學習絕非如行為學派將個體過於化約為低等動物的論點，學習應該是複雜的歷程，個體在自身已存在的認知結構中（cognitive structer），對外界所提供的訊息做反應，主動研判外在訊息對原有結構所產生的影響，進而決定調適或同化，因此學習策略指的是學習者運用方法與步驟來獲得知識或使用知識的認知歷程，其最終目的是增進學習記憶和記憶效果，以及解決問題的能力（陳李綢，1998）。

　　Derry（1989）指出，學習策略（learning strategies）是為了達成學習目標所進行之計畫。因此，教學者在教學進行時，教學方法與策略的運用

之外，也應該考慮學習策略的運用問題。唯有高明的運用學習策略，才能增進學生的學習效果，缺乏學習策略的運用，將使教師的教學活動陷入瓶頸。Woolfolk（1995）研究指出，學習策略應該由教師主動地教導學生，學習策略的教導可以運用下列方法：

1. 讓學生完全了解各種不同的策略，不僅一般性學習策略，同時包括特殊性的學習方法，如各種記憶術。

2. 教導適時、適地應用不同的學習策略，教師常忽略此項步驟之重要性，以為這是學生自己的事，其實，學習策略的應用必須教師配合教學活動內容，引導學生了解哪些內容可以配合哪些策略的應用。

3. 指導學生了解學習策略的使用時機，並且形成舊經驗，以隨時因應各種的學習情境。因此，學生同時必須訓練學習效能感，以高敏感度配合學習的內在趨力，提高學習效果。

4. 學習策略的學習應該將基礎知識也納入考量，以提升學習者的基模（schema）等（Derry, 1989）。有效基模訓練可以提升學生的學習效果，透過各種策略的應用，可以培養學生在學習方面的效能感，進而提高學習效果。

㈡ 教學上的應用

行為學派認為學習是一種刺激與反應的連結，將學習視為被動的歷程；認知學派認為學習是一種訊息處理歷程，學生必須主動處理各種外在訊息，因此學習是一種主動的歷程。教學者必須了解學習形成的歷程，加強協助學習者發展有效的學習策略與學習技巧，成為教學活動設計的重要一環。教師的教學活動如果僅限於教學活動的設計，而忽略學習者本身的學習特性，則教學成效容易打折扣。教師在教學活動進行前，必須針對學科教學性質，教導學生各種學習策略與學習技巧，強化學習者在概念學習方面的認知，並指導學生主動建構學習理論；其次，教師可以透過新手與專家學習者方面的研究，作為教學的參考，透過新手與專家學習方面的差異，在策略運用方面的比較，作為擬定有效學習策略指導的參考。

Baker和Brown（1984）研究指出，新手學習者在閱讀時是採用解碼歷程（decoding process）方式了解每個字的個別意義；專家學習者在閱讀時是採用意義獲得歷程（meaning-getting process）方式了解教材的整體意義。因此，新手學習者在學習過程中，比較無法提升閱讀效率，閱讀速度

無法做整體的改變，閱讀方式無法調整，很難從閱讀中建立結構性的學習形式；專家學習者可以了解閱讀本身的目的何在，從閱讀中掌握整體的意義，建立具有特色的學習型態，學習的風格具有相當的彈性，可以隨時因應各種學習情境改變學習策略，因此在學習效率方面比新手學習者高，容易從學習中獲取完整的概念。

教師在面對新手學習者時，教學方法的採用可以考慮練習型或反覆練習的方式，指導學習者進行有效的學習；對於專家學習者，可以從整體意義的教學著手，建立學習思考邏輯，進而提升學習效率。換言之，教師如果忽略此種情形，無法將學習方面的概念應用在教學上，則教學品質無法提升。

三、先備條件與學習策略

㈠ 先備條件與學習策略的關係及應用

學習上的先備條件指出學習者在各種學習理論與學習發現上所代表的意義，透過學習上先備條件的描述，可以將學習者的各種特徵寫下來，學習的先備條件讓教學者了解學習者「已經知道什麼？」、「已經學過哪些？」的問題。有了學習先備條件上的了解，教師可以透過各種學習者的心理狀態預測學習歷程可能的各種反應，藉以擬定各種有效的學習策略。例如：小學二年級的教師在教學前可以透過各種形式或各種管道，了解一年級的學生在學習上的各種反應、學習狀態、學習上的改變、學習困難之處，有助於二年級學科教學上的應用，並透過學習者的舊經驗或是學習上的改變，擬定有效的教學策略，並進行學科上垂直與縱向的聯繫。Yelon（1985）指出的學習策略與先備條件之間的關係（請參見表3-3），可作為教師在教學設計或教學歷程中的參考，透過各種先備條件的掌握，進行有效的教學活動，提升學生的學習效能。

㈡ 在教學上的意義

先備條件與學習策略的關係在教學上的應用，具有下列意義（黃銘惇、張慧芝譯，2000）：

1. 了解學生先備條件的情形

學生先備條件的了解，可協助教師進行指導活動或補救教學，教師可以在教學前、中、後，針對各類型學生進行各種測驗或是評量，了解學生

表3-3　學習策略與先備條件（Yelon, 1985）

因應策略	學生目前的知識範圍	教學情況	可獲資源	學生數與資源比例	教學內容性質
自我照顧	班級學生缺少或誤解幾個主要概念學生可以為自己的學習負責	稍微幫助所有學生達成目標	只有一位教師和一間教室	學生很少資源很少	簡單安全，但目標重要只有一種方式做這份課業學生目前的知識和目標接近
個別照顧	全班學生具備的知識差異很大	要刻意提升全部學生的成就學生可以為自己的學習負責	有許多教師和個別指導員有個別化的教材資源有媒體使用和個別指導的空間	學生很少資源很多	複雜、重要且可能是危險的學習目標只有一個以上進行課業的方式有些學生目前的知識和目標接近，有些則否學科知識沒有多大改變
小組直接教學	各組學生的具體知識相似	要刻意提升全部學生的成就學生不在意被區分為小組	每一小組有教師也有資料給不同程度和具備不同知識的小組空間	學生數適中，資源也適中	複雜，重要且可能是危險的學習目標只有一個方式進行課業有些學生目前的知識和目標接近，有些則否
小組促進學習	小組學生的知識相近似	要刻意提升全部學生的成就學生不在意表現他們的知識和接受挑戰	有很好的催化員經過仔細選擇小組活動有很多的教學時間	有很多學生而資源很少	複雜、重要但不危險的學習目標進行課業的方式有很多種學生目前的知識與目標接近部分目標是要透過個人對學習策略的掌握而獲得的理解
全班一起複習	學生誤解或缺少幾個主要概念	要適度地提升全部學生的成就學生能獨立學習	有很好的教師正確且具體的預試目前的知識	學生很多資源很少	中度複雜、重要、不危險的目標學生目前的知識和目標接近
向其他資源諮詢	學生之間的差異很大	刻意提升全部學生的成就	該班有前面和後續的教學	學生很多資源很少	複雜重要的目標有些學生距離目標遠，有些學生則超越目標很多

在學習上的變化情形，並且作為形成新教學活動（或計畫）的參考。

2. 了解學生學習不利情況

教師在教學前可以透過對學習者先備條件的掌握，了解學生在學習上可能產生的挫折感或是沮喪。例如：學生在學習中可能產生的心理壓力、反社會行為等。了解學習者的先備條件，可以協助教師進行各種學習前的前置作業，例如：安置性評量、診斷性評量等，藉以擬定有效的教學策略，協助或引導學生進行高效能的學習。先備條件的掌握，有助於教師辨識哪些學生的學習是瀕臨危險的，需要教師額外給予協助的。

3. 確認學生是否需要參與課程

教師在教學前應該了解學生在學習方面的舊經驗，作為課程設計與教學實施的參考。如果學生已然精熟課程的目標，對學習者而言，課程與教學是多餘的，甚至會讓學習者感到挫折或沮喪，不斷重複課程的結果是失去課程對學習者的吸引力。對學習者而言，課程是浪費時間，教學者必須另外擬定變通方案提供學習者更多元的學習機會。

4. 了解學習成果標準的擬定

先備條件的了解有助於教學者作學習成果標準的擬定，將學習者在學習成果的變化情形作為教學策略及教學活動上的參考。教師在教學前，必須了解學生在學習上的定位，以便更確實地監督學生在學習成長方面的情形，如此有利於擬定學習成果的標準。

5. 學習者的描述

針對學習者的描述可以運用各種評量蒐集學習者的知識、技能態度等方面的訊息，協助教師對學習者有更進一步的了解，作為設定教學的參考。有關學習者的描述可以運用前置測驗或是提供相關的量表，請家長填寫學習者在各方面的表現情形。教師透過前述量表可以掌握學習者各種學習方面的特性與先備條件，並作為教學策略擬定與教學方法運用的參考。

6. 作為課程教學上的引導

學習者先備條件的了解，可提供教師在課程與教學上的參考。尤其在教學前，可針對先備條件的描述，用來擬定各種學習的策略，協助學生專注於各種學習上。

學習策略與先備條件的了解，對教師教學活動的進行具有正面的意義。提供教師了解學習者在學習策略的運用情形，以及教師如何運用學習

先備條件，作為新舊經驗之間的有效連結，以符合學習者的學習心理。

第四節 因應個別差異的策略

學習者個別差異的描述，提供教學者在教學前對學習者學習情形的了解，並據此因應學習者的先備知識，擬定適應個別差異的策略。國內外相關文獻針對因應個別差異策略的討論相當豐厚，在內容與探討層面方面相當分歧，截至目前為止尚無定論。本節僅從學習者先備知識的探討，引用相關文獻，作為教師教學前擬定因應個別差異的參考（單文經等，1999：76-80）：

一、運用自我照顧策略

自我照顧策略係依據對學習者課業分析與先備條件的評估，引導學習者接觸各類資源，以便將學習者的先備條件提升至適當的程度。自我照顧策略的運用必須符合下列各要件，才能考慮運用策略於教學中：第一，學習者對課程的相關概念熟悉至某種程度且學習上的迷失概念不多；第二，學習者知道如何進行學習，同時知道修正自己的迷失概念；第三，學習的主題單純，而且可以獲得權威的資源，學習者擁有各種機會奠定必要的基礎學習，並且不會感到困難；第四，學習的主題或內容本身並不會涉及危險性；第五，教師擁有少數的資源，但必須同時照顧較多的學生。自我照顧策略的運用，教師指導學生對自己的學習負責任，在學習歷程中自行蒐集資料、自行負責複習各學習單元所包括的概念，進而建立各類知識。

二、運用個別照顧策略

個別照顧策略的運用是教師提供學生個別照顧的做法，依據學生的先備條件，為學生調整教學內容、教學速度、教學策略與教學方法等。引導學生在學習歷程中，針對各類學習單元與學習概念，採用個別照顧的做法。個別照顧的策略是將一般的文字、將文字用表格和圖表加以組織以便容易快速的閱讀、或是加上解說和附帶活動的編序教材文字。教師在教學活動進行時，可將學習者所要學習的概念或知識，加以有效組織與編製，並採用自足式的套裝教材模組進行教學。

個別照顧策略的方式通常包括個別指導、同儕指導等。教學者可以訓練教學助理，協助教學者進行教學指導工作，採用個別照顧的方式協助學習者進行學習活動。

三、提供小組直接教學

小組直接教學策略的運用，係教師針對學習者本身先備知識與技巧相近的學習者進行學習上的分組，透過小組協同的方式進行學習活動。小組的成員在學習歷程中，可以共同蒐集學習上的資料，運用各種訊息、資料，共同解決學習上的問題。小組直接教學的進行，首先要讓學習者了解學習分組的意義，透過學習指導者、學習資料、時間、空間的運用，達成學習上的目標。

四、運用小組促進學習

教師在教學活動進行時，透過學習小組的運作，指導學習小組解決各種問題，進而形成知識。教師可以在教學活動進行時，將各種抽象或形式知識，安排成各種真實性的活動，引導學生解決問題。從問題的解決中，讓學生了解如何解題，鼓勵提出各種問題並思索問題解決的可行方法。透過上述的學習指導活動，促進學習成效。

五、運用全班共同複習策略

傳統的教學活動進行時，複習活動往往是被忽略的一環。教師引導學生進行全班共同複習的主要目的在於讓學習者了解最重要的先備知識，將重要的先備知識進行學習上的組織，可以避免學生因為缺乏先備條件而對新的學習失去興趣、進而產生學習上的挫折。教師在引導全班進行共同複習時，可以趁機讓學生了解先備知識的重要性，進而將學習概念與原理原則作有效的組織。如果全班的先備知識有不足部分，教師也應作適當的處理。

六、諮詢其他資源

教學活動進行時，教師往往無法將各種與學科概念或知識相關的資源，引介至教學活動中。因此，當無法成功地幫助學生完成學習目標時，

或是無法在教學結束時達成預定目標的學生，教師必須提供學生可以諮詢的各種資源。透過各種資源的資訊，有助於學生先接受一些額外的預備教育，而後再回到教師教學中。

學習者來自於各種社經地位的家庭、文化背景與刺激、社區組型與環境，因而產生學習上的個別差異。教學者如果在設計教學或進行教學活動時，忽略學習上的個別差異，則教學成效往往因而打折扣，無法達成預定的效果。因應個別差異策略的運用，有助於教師了解學習者在學習上的差異情形、學習的舊經驗、學習的變化情形等，進而在擬定教學設計時，預先針對可能發生的情形，預定各種變通方案，以便教學活動進行時的運用。自我照顧策略的運用，引導學習者在學習歷程中得以針對自己的教學，主動蒐集各種資料，以利學習活動的進行；個別照顧策略的運用，讓教師依據學生的先備條件，為學生調整教學內容、教學速度、教學策略與教學方法等。引導學生在學習歷程中，針對各類學習單元與學習概念，採用個別照顧的做法；提供小組直接教學策略的運用，讓教師將學習者採用小組學習的方式，完成學習任務；以小組促進學習策略的運用，在教學活動進行時，將各種知識、概念與真實事件結合，進而引導學生完成學習；全班共同複習策略的運用，讓教師在教學前指導學生了解重要的先備知識，以結合學習活動；最後，則運用各種資源的諮詢方式，提供學生在教學活動中無法獲得的訊息，進而完成學習活動。

教師教學活動的進行，必須考慮學習者的個別差異問題，方能在教學活動的擬定階段，將學習者的各種學習特質、舊經驗、學習困難等要素納入教學計畫中；在教學互動階段中，採取各種因應個別差異的策略，促進教學效能，並提升學習者的學習品質；在教學評鑑階段，針對學習者的個別差異了解學習的變化情形，作為形成新教學的參考。

第四章

教學方法與運用

　　教學活動的實施，必須配合教學理論與方法的運用，才能達成教學的預期效果。一般常用的教學方法，約略分成傳統教學法、適性教學法、創意教學法、多元教學法、資訊教學法等。本篇的主要重點在於將各類型的教學法，做簡要的說明，提供教師教學實施與設計之參考。

第一節　傳統教學法

　　在傳統教學法方面，一般最常用的傳統教學法，包括講述教學法、練習教學法、角色扮演教學法、協同教學法、直接教學法、討論教學法、問題教學法、啟發教學法、發表教學法、發現式教學法等，茲詳加說明分析如下：

一、講述教學法（didactic instruction）

㈠意義

　　「講述教學法」又稱演講法（lecture），一般來說，講述法是依照事先計畫好的腹稿，以口語傳遞知識與訊息，較傾向於單向溝通。教師在教學過程中，除了運用現有的資源、教材、設備之外，還要運用各種教學方法，才能達到預定的教學目標。在傳統教學法中，這是最受教師歡迎的教學法之一。主要原因在進行過程簡單方便，不用外加各種設備和器材。方便、經濟、省時為三大特色。

㈡教學流程

　　講述法在實施流程方面，包括下列幾個要項：

　　1. **引起學習動機**：有學習動機才有學習動力，教師可運用各種有效策略、故事、教材吸引學生注意，而後進行主要教學活動。明示學習目標：學前應讓學習者清楚了解目標，明白重點及內容何在。

　　2. **喚起舊經驗**：任何活動要以此為基礎，引起動機後，將舊經驗有效聯結。從舊經驗中引發對新教材興趣。解釋學習內容：說明內容時，可運用文字、圖解、圖表輔助，提升學習效果。

　　3. **提供學習指引**：這有助於連結新舊經驗，課程內容、概念或使理論性原則更具體化。

　　4. **引導主動學習**：學習者的學習歷程是相當重要的一環。教師應引

導學生主動求知，汲取知識，提供各種選擇的機會，促進學習效率。

5. 提供正確的回饋：透過形成性評量和發問技巧，了解學生理解度。提供雙向回饋，以修正學習行為，且由學習者回饋中修正自己的教學活動。

6. 評鑑學習成果：學習告一段落應立即實施評鑑，透過成效驗收，檢視成果，作為教學檢討依據。

7. 總結或形成新計畫：講述法在成果評鑑結束時，修正自己教學理念，必要時調整，從中形成新的教學活動計畫。

㈢ 教學活動注意要項

1. 速度放慢，時間適當：最常犯的錯就是速度過快，學習者跟不上，尤其是低年級。

2. 充分的教學準備：講述教學法應比其他方法花更多心思。計畫擬定、教材準備、資源統整、環境規劃等事前準備。

3. 清楚的教學表徵：活動成功第一要素為雙方建立共識，互為主體性的融入效果更好。教師講述以生活為準，減少學習者困惑，促進學習效果。

4. 態度合宜適當：保持良好接觸，減少不良言行和口頭禪，以免影響教學品質。

5. 了解並配合學習者的程度：了解學習者的程度是重要的議題，以他們能接受的方式詮釋內容，減少過多的專有名詞。

6. 教學資源的運用：包括板書、各種書面資料、幻燈器、投影機。

㈣ 評量方式

講述教學法在評量方式上，可配合各種教學評量方法，最常使用的是紙筆測驗。

二、練習教學法（practice instruction）

㈠ 意義

「練習教學法」是為了熟練技能而通用的一種教學方法。練習包括演練（drill）和運用（practice），並配合檢討與複習。演練是指重複練習，而運用則強調應用技巧於情境中。練習並非未經思索地重複動作，而是一

種有目的的認識、理解、注意、統整與反省的活動。各種學科的教學都有運用到練習教學法的機會，但大致說來，藝能科目最常使用練習教學法。練習教學法強調學習者將各種動作、技能和需要記憶的概念，養成機械和正確的反應。如：電腦文書、縫紉、機械製圖。

㈡ 教學流程

1. **引起動機並維持興趣**：教師先向學生說明技能練習的目的與價值，以引發學生的動機。

2. **解說重點**：挫折感越低，教學品質越高。

3. **教師示範**：教師示範的目的是提供學生一個正確的反應，讓學生模仿。為使學生有正確的認識，教師先示範技能所涉及的全部程式，然後示範每一步驟，並伴以語文的說明，較困難的地方，教師要加以示範多次。

4. **學生模仿**：教師示範完畢之後，要讓學生有機會馬上模仿練習，以便由認知階段進入定位階段。學生根據教師示範的動作圖解或自行運用視聽器材，模仿正確的反應。

5. **反覆練習**：(1)初步練習要先求正確，再求迅速；(2)選用適當的練習方法。練習方法有整體練習和部分練習，集中練習和分散練習。

6. **評量結果提供學生回饋**：回饋可以糾正學生的錯誤、找出學習困難之處，並把實際的表現和理想的表現標準做一比較。

㈢ 教學活動

練習教學在教學方活動方面，包括：1.了解學習反應；2.增強正確反應；3.實施補救教學等三個重要的步驟。

㈣ 評量方式

在學習評量方面，可以配合各種教學評量方法，最常使用的是問答式評量。

三、角色扮演教學法（role-playing instruction）

㈠ 意義

角色扮演教學法是教師在實施教學時，透過故事情節和問題情境的設計，讓學習者在設身處地類比的情況之下，扮演故事中的人物，理解人物

的心理世界，再經由團體的討論過程，協助學習者練習並熟練各種角色的行為，進而增進對問題情境的理解。

(二) 教學流程

1. **暖身**：先讓團體成員熱絡起來，教師應該製造一種接納的氣氛，將主要的問題做簡短的說明，讓學習者感受問題的存在和重要性。

2. **挑選參與者**：教師將各種問題情境中的角色分配給學生，讓學生依據自己的意願選擇想要扮演的角色，或是由教師從學習者中分派角色。

3. **布置情境**：教師引導學生融入自己的角色，將各種情境以簡要的方式說明，或加以布置情境，讓學習者可以感受到整個演出的真實情境。

4. **安排觀眾**：教師應該事先讓學生了解尊重演出者的重要性，要求觀眾都應專心觀察同學的演出，並決定觀察的重點及分配觀察工作，讓觀察活動包含在整個教學活動之中。

5. **演出**：教師指導學生以自發的方式，進行演出活動，在演出中與其他扮演者互動反應。

6. **討論和評鑑**：演出後，所有的學習者進行討論，教師可用發問方式以增進觀察者對角色扮演的思考。

7. **再扮演**：讓學習者從嘗試錯誤中，學習如何面對問題、解決問題，並促進對人際關係的洞察。

8. **再討論與評鑑**：教師引導學生再次面對問題，思考解決問題的情境與方式。

9. **分享與結論**：使問題情境與真實情境相關聯，教師詢問學習者有無類似的生活經驗或實例，提供大家分享並發表對問題的看法。

(三) 教學技巧

1. **手玩偶**：透過玩偶的操弄，減低親身演出的焦慮，並提供趣味性的情境，讓學習者保持一份心中的安全距離而從中表達個人的真實情感。

2. **問題故事**：教師在教學中選定學生喜歡的童話故事、英雄人物或真實生活中所發生的事件，作為引導探討問題之用。

3. **簡易唱遊**：透過簡單的趣味性歌唱和身體的律動，營造學習者和諧的學習氣氛。

4. **魔術商店**：教師設計一間商店，讓所有的學習者必須以自身現有

的特質為代價，作為換取所渴望的好的特質。

　　5. 幻遊：教師依據某種主題，引導學習者以假想的方式，並置身其境，利用臆想方式探究個人的內心感受。

　　6. 轉身：學習者在演出中如果面對團體時感到羞怯時，教師可以令其轉身，背向群眾。等到心理平靜之後、感到自在時，再轉身面對群眾。

　　7. 角色互換：教師透過角色互換方式讓學習者培養設身處地和洞察的能力，由學生和教師的角色互換中，達到預期的目標。

　　8. 獨白：以獨白的方式呈現問題，可讓學習者更清楚演出的內涵。

　　9. 鏡子技巧：教師利用鏡子的技巧，讓學習者了解自己有哪些行為的習慣，將行為舉止透過鏡子呈現出來，使學習者對自己有更進一步的認識和了解。

　　10.再扮演：教師針對某些模糊情節，讓學習者不斷地再演出，直到所有的成員皆有清晰的體認為止。

㈣ 評量方式

　　角色扮演教學的評量方式，通常包括主題評量與情境問題評量方式。

四、協同教學法（team instruction）

㈠ 意義

　　「協同教學法」是為適應學生個別差異與兼顧教師不同專長而安排的一種教學方法；係由二個或二個以上的教師，和若干助理人員，共同組成一個教學團（teaching team），發揮個人的才能共同計畫，在一個或數個學科中，應用各種教學媒體、合作教學，並經由各種不同的方式，去指導學生學習，且評鑑學生之學習效果及教師之協同情形。協同教學的運作，可以有效整合教師的專業素養，並且運用教師本身的資源。協同教學法在教學活動場所、課程安排、組織分工、時間分配方面，需要周詳的考慮。

㈡ 教學流程

　　1. 教學計畫：由教師發揮集體的力量，完成各項規劃。教學活動計畫的擬定需要經過多次協商，由全體教學團的成員共同參與，透過集體協商達成目標。

　　2. 實施教學：包括大班教學、小組討論及獨立學習三種方式。

　　3. **教學評鑑**：由教師團的成員共同擔任，從不同的學習場所、不同的角度從事評量工作，通常包括學生的學習成績的評鑑、教學成績的評鑑和協同工作的評鑑等三方面。

㈢ 教學活動類型

　　協同教學進行方式包括大班教學、小組討論及獨立學習三種方式。

　　1. **大班教學**：約一百至一百五十人，其內容多屬於一般原理原則或基本概念的介紹、說明教材、深究教材內容並引起學習動機，提高學習興趣，多由一位教師講解。其時間約占全部活動時間的百分之四十。

　　2. **小組討論或活動**：一般以六至十人為佳，其目的在使教材能配合學生需要，讓學生經由大班教學的學習、思考，有發表意見及交換經驗的機會。其時間約占全部活動時間的百分之二十。

　　3. **獨立學習**：目的是希望給予學生個別學習的機會，並養成探究、創造、自動自發學習的精神。其時間約占全部活動時間的百分之四十。

㈣ 教學評量

　　協同教學的評量，可配合各種教學評量方法，最常使用的是主題評量。

五、直接教學法（direct instruction）

㈠ 意義

　　「直接教學法」是由法國學者Gouin及美國學者Sauveur所提倡。Gouin主張透過觀察兒童學習母語的方式，建立外語學習的新方法，而Sauveur主張經由「自然教學法」（natural method）中之會話練習來訓練學生的外語能力。直接教學法要求教師上課時只說第二語言，但可藉道具和圖表說明學生了解語意。

㈡ 實施程序

　　1. 陳述學習目標，將學生導向即將進行的授課。
　　2. 複習先備知識和技能。
　　3. 呈現新材料。
　　4. 進行學習探測。
　　5. 提供獨自練習機會。

6. 評量表現和提供回饋。

7. 提供分散練習和複習的機會。

㈢ **教學活動**

1. 教師依循自然學習的原則設計階段性的課程，讓學生能在不依賴母語的情況下，由簡單到複雜，容易到困難，初級到進階，一步步地學會第二語言（如YES/NO疑問句到WH疑問句之教學）。

2. 透過解釋而非翻譯，讓學生經由第二語言學習新事物或新知識。

3. 學生應在看到文字之前，先聽到第二語言，因此，口語訓練是必要的。

4. 音標規則應納入教學和教師的訓練。

5. 單字應在有意義的上下文中出現，以幫助學生了解其字義。

6. 教師應在學生練習或看過文章後再教文法規則，亦即以歸納性的方式來教文法。

7. 教學的藝術在於有趣味的教學，並引發學生的好奇心，因此，教師有責任提供有趣的活動讓學生學習第二語言。

㈣ **教學評量**

直接教學法在教學評量方面，最常用傳統評量與動態評量的方式。

六、討論教學法（discussion instruction）

㈠ **意義**

「討論教學法」是採用對話形式，使教師與學生、學生與學生，相互交換意見和觀點，達到某一學習目標的教學方法。其主要特色在於教師與學生針對主題進行探討，以形成共識或尋求答案，能為團體成員所接受的意見，重視互動歷程。討論教學法可呈多種型式，如腦力激盪術（brainstorming）、菲立普66（Phillips 66）、任務小組（task group）、討論會（panel discussion）、座談會（symposium）、小組討論、陪審式討論等皆屬之。

㈡ **實施流程**

主持人的角色是教學成功與否關鍵因素，實施流程包括：

1. 準備階段：(1)選擇主題；(2)資料蒐集；(3)成立小組；(4)訂定時

間；(5)排列座位；(6)角色分配。
2. 討論階段：(1)引起動機；(2)說明程式；(3)進行討論。
3. 評鑑階段：(1)綜合歸納；(2)整體評估。

㈢ 教學活動

1. 學習環境的安排。
2. 發問技巧的培養。
3. 肢體語言的運用。
4. 爭議情境及問題處理。

㈣ 教學評量方式

討論教學法的評量方式包括口頭評量與多元評量方式。

七、問題教學法（question instruction）

㈠ 意義

「問題教學法」是應用系統化的步驟，指導學生解決問題，以增進知識、啟發思想和應用所學的教學法。由師生共同合作、計畫、提出問題、解決問題。發展源自Dewey強調解決問題須依循一定步驟：1.發生問題；2.確定問題性質；3.提出可能的解決或假設；4.選合理假設；5.驗證正確性。教師依學生年齡及心理、舊經驗或知識為基礎，強化學習的遷移，增進新知及原理運用獲得。

㈡ 教學要件

1. 重視學生問題解決能力的培養。
2. 慎選問題配合活動。
3. 問題生活化。
4. 方法的靈活運用。
5. 教學者應居引導地位。
6. 由低層次到高層次的學習。

㈢ **教學活動類型**

　1. 演繹法

　(1) 提出問題

　　　① 問題為學生所關心。

　　　② 適合學習包含校外生活問題。

　　　③ 數據要合適的供應。

　　　④ 要在有效範圍內。

　　　⑤ 學習如何取捨資料。

　　　⑥ 值得學習上解決。

　　　⑦ 要有解決的可能。

　　　⑧ 方法可以很多。

　　　⑨ 有激勵性。

　(2) 分析問題：採問答和討論的方式，指導學生分析問題。

　(3) 提出假設：鼓勵學生依知識與經驗，分別提出可能解決問題的假設。

　(4) 選擇假設：依所提的假設加以考查、分析和批評，再選出最合理的假設。

　(5) 驗證假設：將假設驗證到實際情境加以驗證。

　2. 歸納法

　(1) 教師提出問題：同演繹法步驟。

　(2) 分析問題：同演繹法步驟。

　(3) 蒐集資料：教師指導學生分頭蒐集資料。

　(4) 整理資料：將蒐集的資料，加以分析、考查、分析、比較和選擇，並加以取捨。

　(5) 綜合結論：將整理資料歸納出結論，所得的結論就是解決問題的方案。

㈣ **教學評量方式**

　可以配合各種教學評量方法，最常使用的是問答式評量。

八、啓發教學法（heuristic instruction）

㈠ 意義

啟發是一種想法、策略或步驟，用以說明解決問題、探究活動及形成意義。「啟發教學法」系指能啟迪學生思考，發展學生自動學習能力的方法，重視師生互動的歷程，強調雙向回饋。教學過程避免被動接受教師的注入和傳授，重視學習者解決和思考能力，以期積極主動學習。啟發法從開啟和發展觀點加以解釋。針對注入式教學而稱，理論的發展可溯於蘇格拉底的反詰法和孔子的教學法。啟發式教學具下列意義：1.教導前述的想法、策略及步驟；2.教導如何應用這些想法、策略及步驟；3.以啟發的方式教學生，讓學生能使用這些想法、策略或步驟，以增強啟發的意義並能有效的解決問題。

㈡ 實施流程

啟發教學法在實施流程方面，以五段教學法（Ziller及Rein修正德國教育家Herbart理論而成），包括：1.預備；2.提示；3.比較；4.總結；5.應用。

㈢ 教學活動

1. 預備：認識學生、了解班級學生程度、詳細研究教材內容。
2. 提示：製作綱要、依序介紹、隨時發問、善用教具。
3. 比較：(1)對於事物相似性的比較；(2)事物間關聯性的比較；(3)相對的比較；(4)次序改變的比較。
4. 總結：(1)教師採用問答或指導討論，解決問題以獲得結論；(2)指導學生整理，將學習重點整理成簡要綱要，或製成表解，使學生獲得系統知識。
5. 應用：指導學生將學到的知識及技能，作應用的練習。

㈣ 教學評量方式

可配合各種教學評量方法，最常使用的是問題式評量。

九、發表教學法（expressive instruction）

㈠ 意義

「發表教學法」是一種以學生發表為主要教學活動的教學方法，教師在教學過程中，指導學生經由不同途徑和方式，表達自己的知能和情意，以達到預定目標。此方法鼓勵學生將思想、情感、意志，用語言、文字、動作、圖形、工藝、音樂、戲劇表達。用此方法應力求內容創新設計符合學習者的心理策略，滿足學生心理層面。發表教學的類別，依人類學習的成果表現而言，可分為五類：1.心智技能（intellectual skill）的發表教學；2.認知策略（cognitive strategies）的發表教學；3.語文資訊（verbal information or knowledge）的發表教學；4.動作技能（motor skill）的發表教學；5.情意方面（affective domain）的發表教學。

㈡ 教學流程

1. **引起動機**：讓學生確感有發表的需要，所發表的確是「自己」的成果，故所提供之教材必須合適，教師也要能提供適當的情境，營造自由創作氣氛。

2. **準備發表**：發表要有內容，除平日的充實之外，教師要指導學生蒐集資料，成為發表的素材。

3. **充分練習**：發表要有技巧和方法，教師要運用說明、示範、矯正、練習等程式，並鼓勵變化和創新。

4. **布置場所**：發表場所事前需妥加布置，以提高發表的效果。

5. **正式發表**：每位學生均有發表的機會，並能互相欣賞。

6. **評鑑結果**：教師應提供評鑑的標準，作為評量和欣賞的依據，並以欣賞鼓勵的態度，使學生在成功、進步中激發其繼續發表的興趣。

㈢ 教學活動類型

1. 語言表達的發表。
2. 文字創作的發表。
3. 美術創作的發表。
4. 技能動作的發表。
5. 創作發明的發表。
6. 音樂演唱的發表。

7. 戲劇表演的發表。

8. 媒體創作的發表。

㈣ 教學評量形式

在教學評量形式方面，發表教學法可以配合各種教學評量方法，最常使用的是檔案評量與動態評量。

十、發現式教學法（discovery teaching）

㈠ 意義

「發現式教學法」是美國著名教育學者兼認知結構心理學家Bruner，將其認知學習理論應用於教學而提出的教學理論。即是讓學生在自由輕鬆的氣氛下，自行發現事物和情境之間的關係。

1. Bruner認為學習是一種由學習主動參與處理訊息並將訊息加以組織和建構，使納入學習者心目中代表「真實世界的模式」（models of reality）。這裡所謂的模式，就是學習者心目中的外在世界之表徵方式，依次為「動作表徵」（enactive representation）、「影像表徵」（iconic representation）、「符號表徵」（symbolic representation）。

2. 學生學習不是要獲得零星的事實，而是要先了解「結構」（structure），即學科教材的基本概念或觀念，因結構具概括性和類化性，一旦學生掌握住，不但可產生較大的學習遷移，且有助於學生處理類似的問題情境。

3. Bruner認為學生不只是把所有的時間花在學習已知的事實和概念，更強調獲得「過程技能」（process skills），即學習如何發現未知的事象的各種過程和方法。

㈡ 教學流程

1. 發現問題：此階段主要是指導學生觀察、實驗或討論，以發現問題。

2. 分析問題：採分組或集體討論的方式，集思廣益，以釐清問題的重點。教師儘量讓學生提出意見，不可強令學生依照教師的原意去設立預想。

3. 探求問題解決的假設：讓學生個別的自由思考和自由發展，鼓勵

多多提供解決問題的方法，教師應特別留意其解決問題的步驟與方法的指導。

4. **求證假設**：查證工作常因問題性質之不同而異，或實地考察，或觀察實驗，或多方蒐集資料，或進行比較研究。經由查證屬實的結果，即是所發現的基本原則。並將研究加以整理，提出研究報告。

㈢ 教學活動

1. 教師應利用學生的好奇、求知、探索、操弄等內緣動機，來引起學生的學習動機，選擇適合其認知能力的例子，很容易引起學生的注意和興趣。

2. 教學的合理順序，要配合學生的認知發展順序，即依動作表徵、影像表徵、而符號表徵的順序來設計和進行教學。

3. 避免將教材的最後形式直接呈現給學生，要能將教材轉換，使其適合兒童目前認知水準的表徵模式，有助於引導學生把握住「結構」，方能產生最大的學習遷移。

4. 學生需要「學習如何發現」方能有所發現，要使學生學會發現的方法，最好的途徑就是提供學生參與探索過程的機會。教師需要安排適當的學習環境，讓學生去思考、觀察、探索和操作。

㈣ 教學評量方式

可配合各種教學評量方法，最常使用的是問答式評量、主題式評量。

第二節 適性教學法

適性教學的運用主要來自於教育機會均等的延伸，透過適性教學法的運用，可以讓每一位學生學習過程中，不會因為各種先天的條件或後天的環境而形成學習上不平等的現象。適性教學的理念來自於「因材施教」與「個別差異」的教育哲學觀。一般而言，適性教學法包括反思教學法、示範教學法、自學輔導法、社會化教學法、概念獲得教學法、適性教學法、個別化教學法等。

一、反思教學法（reflection instruction）

㈠ 意義

　　「反思教學」，是教學主體（教師和學生）借助行動研究，不斷探究與解決自身和教學目的以及教學工具等方面的問題，將「學會教學」與「學會學習」結合起來，努力提高教學實踐的合理性的過程。反思教學是一種促進教師改進教學策略，不斷提升自己教學專業的有效手段。

㈡ 教學流程

　　1. **教學實踐前的反思**（reflection-on-practice）：針對課堂教學計畫和準備進行反思。

　　2. **教學實踐中的反思**（reflection-in-practice）：在教學活動實施過程中，進行反省思考。

　　3. **教學實踐後的反思**（reflection-for-practice）：在課堂教學後，回顧教學實施的整個歷程，分析其優劣之處。

㈢ 教學活動

　　1. 針對教師的反思部分

　　　(1) 針對上完課的心得體驗，撰寫教學日誌。

　　　(2) 透過同儕學習社群或觀課機制的研討會，進行教學交流活動。

　　　(3) 進行主題式行動研究，解決教學問題並進行反思。

　　　(4) 教學過程，徵詢學生意見或建議。

　　　(5) 建立教學檔案激勵學習，改善教學活動的缺失。

　　2. 針對學生的反思部分

　　　(1) 教師充分備課，營造良好學習情境，誘導學生進行反思。

　　　(2) 課後注重歸納整理與複習，指導學生學習方法，教導學生學習反思。

　　　(3) 強調預習的重要，鼓勵學生提問，培養學生反思。

　　　(4) 及時糾正學生錯誤，透過討論，引導學生進行反思。

㈣ 教學評量方式

　　在教學評量方面，可以配合各種教學評量方法，最常使用的是行動研究進行反思。

二、示範教學（demonstration teaching）

㈠ 意義

　　教學過程為教師或指導人員先示範如何做某件事，並說明其過程知識給學習者，然後讓學習者試著做相同或相似的活動，講座並給予回饋，告訴學習者其表現成功及失敗之處，再視學習者的學習表現修正示範的動作，並且重複這個程式。

㈡ 教學流程

　　1. 講座或示範者會先展示一個完整的動作，讓學習者先得到一個全面性的概念而知道哪些為期待的行為表現。

　　2. 然後再分解動作將行為細分為幾個部分。

　　3. 接著學習者須模仿所觀察到的動作或表現。

　　4. 講座或指導人員會注意其模仿行為而給予鼓勵或評論。

　　5. 學習者亦可以使用錄影帶錄下教學示範和模仿學習的過程，然後再重複播放以練習和檢討。

㈢ 適用時機

　　1. 示範可用於同儕小組的模仿及反思教學（reflective teaching）。

　　2. 示範也適用於學校內的試教或微型教學（microteaching）。

㈣ 教學評量方式

　　示範教學的教學評量可以結合各種形式的評量方式，最主要的評量方式有表演評量。

三、自學輔導法（supervised study method）

㈠ 意義

　　「自學輔導法」系指學生在教師的輔導之下，運用有效的學習方法，自行學習教師所指定之功課或作業的一種教學方法。活動進行依據學生本身經驗做出的反應，自己掌握活動進行。道爾頓制和文納特卡制是透過自學與指導的個別化教學法。教師教學責任是激發學生學習興趣，指定作業、提供資料、指示方法、解答疑難、評定學習成就。學生則準備學習所需工具書、根據教師所指定的作業，按照教師所指示學習方法，進行自

學。

(二) **教學流程**

1. **引起動機**：教師需先引起學生自學的興趣。

2. **指定作業**：指示學生作業的範圍與重點，並指導學生學習方法。

3. **指導自學**：學生自學過程，教師巡視輔導，遇到學生疑難之處即協助其解決。

4. **評鑑成績**：自學完成後，教師針對學習結果之作業或報告，加以訂正，並將訂正結果發給學生，必要時實施補救教學。

(三) **學習評量方法**

可配合各種教學評量方法，最常使用的是問答式評量。

四、社會化教學法（socialization instruction）

(一) **意義**

「社會化教學法」又稱為團體教學法，係利用團體活動的方式，由教師指導學生進行學習活動的一種方法。社會化教學法屬於情意陶冶的教學方法，目的在於發展群性，培養學生社會道德，以訓練民主風度和合作精神。

(二) **實施類型**

1. 全班活動式的社會化教學法：(1)擬定討論議程；(2)開始討論；(3)主席報告；(4)進行討論；(5)主席結論；(6)講評；(7)散會。

2. 分組活動式的教學法：(1)決定討論的問題；(2)指導小組分工；(3)分配工作；(4)進行討論；(5)綜合報告；(6)評鑑。

3. 全班、分組混合活動式的社會化教學法：(1)準備活動；(2)全班活動；(3)分組討論；(4)綜合報告；(5)綜合討論；(6)評鑑。

(三) **教學活動特性**

1. 學習者有濃厚的學習興趣。

2. 培養獨立學習的能力。

3. 強調師生間互動。

4. 重視教學環境與氣氛。

5. 學習者具備問題分析能力。

6. 學習者具備問題解決能力。

7. 適用固定學科。

8. 適用於程度較高學生。

9. 時間運用上的限制。

10. 時間花費較多。

㈣ 教學評量方式

可配合各種教學評量方法，最常使用的是主題式評量。

五、概念獲得教學法（concept attainment instruction）

㈠ 意義

「概念獲得教學法」適用於概念的教導；概念獲得教學法策略源自 Bruner 所提出「教材結構」及「直觀思考」的教學理念。所謂概念，是指具有共同特徵（又稱屬性）的某一類事物的總稱。當教學目標要求學生能自行界定新概念、理解並應用該概念時，可選用概念獲得法。所以，有人說概念的學習就是學習分類，就是把具有共同屬性的事物集合在一起並冠以一個名稱，把不具有此類屬性的事物排除出去。概念的一個基本特徵就是每個概念都有其「定義性特徵」，那個將事物集合在一起的共同屬性，又可被稱為「關鍵特徵」或「標準屬性」。

㈡ 教學流程

1. 資料的提供和概念的確認

    (1) 老師成對地呈現分類的實例。

    (2) 學生比較正例和反例的屬性。

    (3) 學生產生和試驗假設。

    (4) 學生根據必要的屬性，描述定義。

2. 概念獲得的測試

    (1) 學生確認額外的、未分類的例子是「是」或「否」。

    (2) 老師確認假設、概念名稱，並再次根據必要的屬性敘述定義。

    (3) 學生產生自己的例子。

3. 思考策略的分析

(1) 學生描述思考過程。

(2) 學生討論假設和屬性在辨識概念中所扮演的角色。

(3) 學生討論所出現的假設的種類和數量。

六、適性教學法（adaptive instruction）

㈠ 意義

　　「適性教學」是適性教育（adaptive education）的一種措施，其基本的涵義是指應用不同的教學措施以配合一群體中個別學習者的能力、需要或興趣。適性教學的定義來自於教育機會均等理念的延伸。教育機會均等的理念是提供每一位學生適性教育的機會，讓每個學習者在學習過程中，不會因為各種先天的條件和後天的環境而造成學習上的不平等現象。適性教學的理念，最早源於孔子的因材施教和Socrates的詰問法，針對不同的學生所提出的問題和回饋的內容因人而異，教師對學生的期望因不同的物件、不同的情境而有不同的表現。適性教學的實施源自於早期的個別化的概念，讓每個學習者依據自己的學習狀況、需求而選擇學習或教學的方式和模式。適性教學是以學生為主軸，教學為輔助的教學法。

㈡ 實施步驟

　　適性教學法的實施步驟分成四個基本步驟：1.工作分析與科目分析；2.單元工作分析和主題分析；3.知識和技能的分析；4.學習行為及問題的分析。

㈢ 教學活動

　　實施過程中，強調師生互動。實施適性教學時，以家教式的教學實施最為理想。家教式的教學在人數的控制方面，不像一般傳統式的教學，應以少數教學為主。較著名的模式有：

1. 個別化引導教育

　　重組教師的工作，組成教學單位，教師決定「相同終點目標」和「不同終點目標」，目標決定後，依據目標的內容發展單元教材和學習策略。

2. 精熟學習方案

　　教師針對班級學生的學習實施診斷測驗及補救教學措施之後，針對明

確的單元目標進行分析教學細目，並發展形成性測驗和編序教材，以協助學生達到精熟程度的教學策略。

3. 適性教育計畫

包括九個主要的工作層面：

(1) 開發和管理教學材料。

(2) 發展學生自己負責的能力。

(3) 診斷學生學習的需要。

(4) 個別的、小組的、大班級的教學。

(5) 互動式教學（對個別學生的指導、校正、增強和作業調整）。

(6) 追蹤學生的進步情形。

(7) 引起動機（鼓勵和回饋）。

(8) 設計教學計畫（團體的和個別的）。

(9) 檔案紀錄。

適性教學計畫需要將教室的規劃重新調整，才能符合教學和學習上的需求。教學的進行是以個別的和小團體為主，讓學生完成學習任務。

㈣ 教學評量方式

可配合各種教學評量方法，最常使用的是個別化評量。

七、個別化教學法（individualized instruction）

㈠ 意義

「個別化教學」是一種尋求適應每一個學生學習需求的教學策略或設計，旨在透過教學的設計，試圖打破僵化的班級教學，運用創新的教學方法、靈活的教學活動，以適應學習者的個別差異，達到因材施教的效果。

個別化教學是1950年代中期所發展出來的教學方法，其理論基礎建立在B. F. Skinner的行為主義心理學之上。

早期的個別化教學是由編序教學（programmed instruction）發展而來，教師先決定教學目標，再依工作分析編排適當的教材順序，由學生自學並在通過測驗後進行新單元的學習，歷程中記錄學生的學習進度與成績表現；而個別化教學（individualized instruction）則是指教師依據各學生不同的特質與需求，以不同的方式、內容和時間等進行教學活動。

㈡ 教學程序

　　個別化教學法在某些情況下，可採用個別教學的形式，但不等於個別教學，而是從學生編組、課程組織（教材結構組織）、教學方法、課表安排及成績評量等方面來適應學生，而個別化教學大致上涵蓋三個意義：1.學習能力個別診斷；2.教材個別設計與提供；3.個別的成績評鑑。

㈢ 教學活動

　　個別化教學方法強調以學生為中心的教學，其實施重點在於設計及編制合適的、成套的學習材料。主要可以分成以學校為中心的體系、地區性教學系統及隔空教學系統三大類：

　　1. **以學校為中心的體系**：強調於正規教育體系中，在班級教學的型態下，採取個別化學習方式以適應學生的個別需要，包括個別化學習材料的提供，個別化學習指導法及凱利氏個人化教學系統（Kelly's Personalized System of Instruction）等。

　　2. **地區性教學體系**：是由教育機構提供給社區民眾就讀的一種開放性學習制度。社區民眾由於種種原因不能到學校參加課堂教學的課程，乃由學校開設彈性學習的制度。通常由主辦學校提供：(1)學習材料與資源；(2)個別化指導；(3)行政支持措施；(4)學習支持措施。學生在學校輔導下自行學習。

　　3. **隔空學習**：這是師生間不直接互動，而透過教育機構的設計，使學習者與教材產生互動的學習方式。隔空學習通常透過媒體來實施，包括提供書面教材，並配合廣播、電視、微電腦、直播衛星、電子會議、電傳視訊及資訊公路（information highway）等媒體。

㈣ 教學評量方式

　　可配合各種教學評量方法，最常使用的是問題式評量。

第三節　創意教學法

　　創意教學法和一般的教學法有所不同，主要的差異在於從傳統教學法中，設計學生更有學習興趣與創造思考的元素，加入教學活動中。創意教學法包括欣賞教學法、建構式教學法、創造思考教學法、合作學習教學法

等。

一、欣賞教學法（appreciation instruction）

㈠ 意義

　　「欣賞教學法」是情意領域的重要教學法之一，係教師在教學過程中，教導學生對於自然、人生、藝術等方面認知，並了解其評價的標準；進而發揮想像力，使其身歷其境，激發其深摯的感情，以建立自己在這些方面的理想或陶融自己的心性。

㈡ 實施程序

　　1. 對「真」的欣賞：所謂「真」又分為科學的真和藝術的真：
　　　(1) 科學之真：又稱為理智的欣賞，是對於一切真知、正確之原理原則、科學上之發明創造、一個成功的實驗、一個精確的數理論證等的欣賞。此欣賞教學有助於學生革除粗心大意之習性，養成細心驗證之習慣和潛心求知之興趣。
　　　(2) 藝術之真：藝術之知識成於假言判斷，審美的判斷和名理的判斷不同，因此藝術家或美學家指導學生欣賞藝術真理時，由其概括之普遍性和必然性中，而領悟出藝術作品之真，應是形似不如神似、神肖優於形肖之道理。
　　2. 對「善」的欣賞：又可稱為道德的欣賞，若依其欣賞的物件而言，又可分為品德的欣賞、風範的欣賞以及理想的欣賞：
　　　(1) 品德的欣賞：對於某人的品性、德性和人格方面的欣賞。
　　　(2) 風範的欣賞：前賢名人的做人處事與高尚志節。
　　　(3) 理想的欣賞：大同世界與桃花源等之理想觀。
　　3. 對「美」的欣賞：可分為自然美的欣賞與藝術美的欣賞。

㈢ 教學活動

　　1. 引起學生欣賞的興趣：欣賞是種情感的反應，因此實施欣賞教學之前，應先引起學生欣賞的心向。介紹作品產生的背景，作者的生平或作品中與學生經驗有關的故事，都可以引起學生產生欣賞的心向。
　　2. 講解說明並指導方法：欣賞必須以了解為基礎，因此教師須先講解說明欣賞作品或人物的背景與意境，而後就欣賞的內容、特色與技巧等

方面作指導，以培養其欣賞的知能及進一步評價的標準。

　　3. 誘發強烈情感反應：教師隨時利用適當的情境，誘發學生產生強烈的情感反應。

　　4. 發表感想及評鑑：在欣賞之後，教師指導學生發表個人感想，經討論交換意見之後，針對學生觀點予以適當的評鑑。

　　5. 指導學生身體力行：在欣賞教學法實施之後，最重要的是讓學生將欣賞帶到生活中，並實踐其理想，因此教師仍應有後續之活動安排，讓學生有機會身體力行。

㈣ 教學評量方式

　　可配合各種教學評量方法，最常使用的是動態評量。

二、建構式教學法 （constructivist instruction）

㈠ 意義

　　「建構式教學」係以學生為主體，讓每位學生均能依據原有的先備知識與想法，主動去建構新的概念，而達到有意義學習的一種教學方法。建構式教學乃是源自教育心理學二位大師Piaget與Vygotsky的教育思想理念所發展出之教育教學的新典範（paradigm），對後世的教育影響相當深遠。

㈡ 教學流程

1. 教學的目標

　　就建構主義論者而言，學習者的知識成長是一種「質」的改變，而非「量」的增加。因此，建構式教學可說是一種知識的創造或發明，能夠解決問題的知識便是有用的知識。所以，建構式教學的目標應該以協助學習者參與知識的創造與發明，及解決問題能力的培養上，而不是知識的複製與記憶而已。

2. 教學的活動

　　建構主義主張「認知的功能是用來組織經驗世界」，因此教學應設計、安排具有啟發性的情境學習，強調真實化的學習情境，激發學生的動機，喚起其先前經驗，讓學生感受到認知衝突，進而刺激學生反覆思考。

　　建構式教學的學習情境是「自由的」、「開放的」和「合作的」。因

此，教學方式不限於傳統的講述、練習、說明等活動，可以採取多元的、非正式的學習方式；甚至學生的學習空間、地點，都可以視實際的教學需要而靈活調整。

依社會建構主義的觀點，「知識的成長是透過個人與別人磋商與和解的社會建構」。因此，同儕、師生間的互動就顯得非常重要。建構教學強調師生辯證、互動及協商的歷程，透過小組合作學習的方式，讓學生在小組中討論、發表意見、相互檢視、論辯，進而達成共識。

3. 教師的角色

在建構教學中，教師不再是教學活動中唯一的主角，教師是教學環境的設計者、教學氣氛的維持者、教材內容的提供者、學生學習的輔助者，而非學習知識的傳授者。

4. 學生的角色

建構主義認為學習者是主動的，因此學生是建構教學中的主角。在教學的過程中，學生應主動、積極的參與，以其原有的經驗和知識與同儕或教師進行討論，進而反省自己原有的知識，並建構出更適當的知識。所以，在建構教學中，學生不再是被動的吸收，而是主動的為自己的學習負責。

5. 教學的評量

建構主義認為「知識是創造出來的」，因此，教學評量應從學生建構知識的過程來看。由於建構教學的評量重點不在學生學得多少，而是學習過程中，學生如何接觸問題情境、如何產生了意義、如何處理所面對的問題等程式及行動的解釋與主張。因此，評量應採用多元動態評量，除了紙筆測驗外，學生的日誌、檔案、觀察與討論紀錄、實作結果等都可作為評量的方式。

(三) 教學活動

1. 小學數學的建構式教學法

Carpenter與其同事（1994）曾說明小學低年級數學教學的四個方法（STST、CBI、PCMP、CGI）都有以下特徵：學生在小組中一起學習；老師提出問題，然後巡迴各組，幫助這組討論策略，和學生一起質問學生所提的有關策略的問題。而當學生遇到瓶頸時，老師偶爾建議一些替代策略。

建構式數學教學法都強調：老師一開始就讓學生以直覺思考來解決真實問題；讓學生有機會運用既有知識，並使用他們能想到的任何方式來解決問題。只有在整個歷程結束，學生在概念上有清楚了解時，老師才教導他們如何對進行中的數學歷程作形式的、抽象的表徵。

2. 自然科學的建構式教學法

在自然科學中，建構主義轉化為強調下列各點：實際動手做和探究性的實驗活動；找出錯誤概念，並用實驗法來修正；以及合作學習。

三、創造思考教學法（creative thinking instruction）

㈠意義

「創造思考教學法」係教師在實施教學過程中，依據創造和思考發展的學理和原則，運用適當的教育方法和技術，安排合理有效的教學情境與態度，刺激並鼓勵學生主動地在學習中思考，以助長其創造思考發展的教學活動（張玉成，1991）。其特質包括：1.重視學生的思考能力；2.民主開放的學習；3.自由輕鬆的學習氣氛；4.自動自發的學習態度；5.高層次認知能力的培養；6.重視情意教學；7.強調個別差異；8.潛能的有效激發。

㈡教學流程

創造思考教學實施程式常隨方法的採用而調整。以腦力激盪法為例，至少應該有下列五個步驟：

1. 選擇適當問題

針對學生的學習內容，擬定或選擇適當的問題，提供學生進行創造思考以尋求解決的答案。

2. 組成腦力激盪小組

每小組人數至少要五至六人，以十至二十人為理想，小組成員以男女混合為原則。

3. 說明應遵守規則

學習規則對學習成效的影響很大，因此教師應該在學習前向學生詳細說明應遵守的規則。

4. 進行腦力激盪

由教師提出問題，讓學生進行腦力思考回應。

5. 評估各類構想

由全體成員進行評估，並選出最有價值的構想。

㈢ 教學活動

腦力激盪法、分合法、聯想技巧、夢想法、屬性列舉、型態分析、目錄檢查法、檢核表技術、六W檢討法等。

㈣ 教學評量方式

可配合各種教學評量方法，最常使用的是口頭評量。

四、合作學習教學法（cooperative learning instruction）

㈠ 意義

「合作學習」是指一些特定的群體活動，在此活動中，學生以小團體的方式一同工作，以達到共同設定的目標。合作學習教學則是教師運用團體氣氛，促使學習者相互幫助、利益與共、團結一致，使每位學習者皆能達到學習效果的教學方法。在合作教學中，每個學習者不只對自己的學習負責，也對其他學習者的學習負責，讓每個學習者都有成功的機會，對團體都有貢獻，能為小組的學習成功進一份心力。因而，合作學習教學是建立在以團體方式，達到學習目標的教學策略之上。合作學習教學在教學原理方面，主要的構成因素，包括任務結構、酬賞結構、權威結構。

㈡ 教學流程

合作學習教學的實施，對於增進學習者的學習氣氛有正面的效益。實施步驟如下：

1. 教學前的準備

(1) 小組人數的決定：通常以四至六人較為適當。

(2) 進行學生分組：通常以異質性分組為主，使每組成員皆有不同背景的學生。

(3) 分配組內角色：組內角色可以針對實際的需要而重新組合，以符合小組分工的需要。教師在角色上的安排，可以依據學生本身的特質或學習上的表現而定。

(4) 學習空間的安排：小組成員的座位應該儘量接近，小組和小組之間應該儘量加大空間。

(5) 準備教材：教師依據教學目標做準備。

2. **實施教學**

(1) 說明學習任務：教師在學習開始前，應明確說明學習目標作業安排，讓學生了解。

(2) 說明學習標準：教師在教學時，應該讓學生了解學習表現標準、學習的最終目標和努力的方向。

(3) 建立積極互賴關係：教師在教學時，應該營造小組積極互賴的關係，使小組之間的成員為自己也為團體的學習負責任。

(4) 設計個別績效評鑑：教師透過小組學習後的評鑑活動，確保個別的學習績效。

(5) 指出期許的合作行為：教師在實施教學時，應該讓學生了解具體的合作行為。

(6) 進行合作學習教學。

3. **學習評鑑與表揚**

(1) 追蹤學生的學習行為：教師在教學進行時，應該隨時觀察小組成員之間的互動關係，評鑑學生的學習情形。

(2) 提供學習任務和社會技巧方面的協助：教師在教學中，應指導學生學習的錯誤，協助學生減少學習上的障礙，觀察學生的社會技巧，隨時給予各種指導。

(3) 評鑑學習結果：經由評鑑的實施了解學生的學習績效，並適時提供回饋，作為修正教學的參考。

(4) 進行學習表揚：教師對於小組的學習表現應該給予適當、共同的表揚，以鼓勵學習者在學習上的努力，並激勵小組成員之間的互賴關係。

4. **團體歷程與教學反省**

(1) 反省團體歷程：教師在教學結束後，應該針對自己的教學行為作反省工作。

(2) 反省及改進教學：教學完成之後，應該進行檢討活動，作為反省教學是否適當的參考。

㈢ **教學活動**

合作教學在實施方面，因不同的教學設計而呈現出不同的策略，最常使用的是：

1. 小組成就區分法

最典型的一種，是一種異質性的編組教學法。學生學習的進行以組為單位，教學評量也以組為單位。學生學習的表現和自己過去的學習表現相互比較，以了解進步的情形，個人進步的情形作為小組計分的依據，各組的學習積分，只記團體的積分。

2. 小組遊戲競賽法

小組的行程目的在於共同準備每週一次的學習競賽，小組成員必須同心協力，才能以團體的力量完成競賽的準備。在學藝競賽方面，為了求公平起見，採用能力分級法，各小組同級的學生彼此競賽，每個學生競賽結果轉換成團體分數，作為決定小組的優勝名次。

3. 拼圖法

由學生形成學習上的共同體，經由同儕學習的關係，完成預定的學習目標。

㈣ 教學評量方式

可配合各種教學評量方法，最常使用的是動態評量。

第四節 多元教學法

多元教學法的運用，主要在於提供教師教學法運用的多元策略，以利教學活動的進行，提升學生的學習效能。一般而言，多元教學法包括全語言教學法、多元文化教學法、多元智能教學法、探究教學法、價值澄清教學法等。茲將多元教學法的實施、流程與步驟，詳加說明如下：

一、全語言教學法（whole language instruction）

㈠ 意義

「全語言教學」尊重學習者為一個完整的個體去學習整體的語言，所以強調以學習者為教學設計的中心，從學習者的生活經驗出發，以跨學科方式在真實情境的脈絡下進行學習。為近幾年來在美、加、紐、澳語文教學上的一個教育流行熱潮。全語言教學的教師們主張不願再做教科書、考試與教師手冊的奴隸，而是重新定位教師的專業權威與責任，由教師本身自己決定什麼是最適合學生的教學方式與內容。

㈡ **教學要項**

　　1. 學習語言課程必須建立在既有的學習之上，並利用學習者內發之動機。

　　2. 讀寫能力的發展從整體到局部、從模糊到明確、從大約到細部、從具體到抽象。

　　3. 學習材料必須是有意義的、遠離切割成小片段的語言學習。

㈢ **教學活動**

　　全語言教學認為，選擇好的閱讀教材是非常重要的。它不採用統一的教科書，而選擇使用讓學生覺得有用、有趣，並適切的教材。而一個適切的課程須具備統整、相關，和跨科際的特質。

　　全語言教學主張課程的雙重目的為語言發展和內容學習。舉例來說，讓學生進行一項社區研究或科學實驗時，研究探討的本身是第一目的，提供機會讓學生介入真實的語言事件，讓聽說讀寫發生在探索的經驗中則是第二重目的。教師的課程計畫目的在延伸、拓展學生的語言能力、效力、知識，即對整個社會世界的了解。

㈣ **教學評量方式**

　　強調聽說讀寫的評量方式，最常採用情境式評量方式。

二、多元文化教學 （multi-cultural instruction）

㈠ **意義**

　　「多元文化教學」強調「多元」、「差異」與「社會行動」等概念，希望培養學生對不同文化的理解與欣賞，對差異觀點的尊重與包容，消除優勢族群的偏見與刻板印象，提升弱勢族群的自我概念。Gay（1995）認為多元文化教育的目標包括個人與社會二大面向，個人目標包括自我肯定、認同差異、不同文化團體增能；社會目標則是提升對不同文化團體的理解與態度，使社會呈現多樣化並響應文化差異。

㈡ **教學要素**

　　多元文化教育是一個複雜的概念，學者從不同的角度，對多元文化教育的目標有不同的看法。

1. 認知方面

(1)了解與認同己文化

多元文化教育希望培養學生的文化意識，文化意識包括對自己文化的歷史、傳統、價值、族群貢獻的了解。透過對自己傳統文化的認識，認同自己的文化，並願意為保存文化盡一份心力。此外，透過文化學習，了解文化的基本概念，例如：文化接觸、文化差異等，達到多元文化教育的認知目標。

(2)了解文化多樣性

多元文化教育希望學生透過對異文化的學習，了解不同族群的歷史、貢獻、文化背景、生活方式與觀點，進而了解國家與世界文化的多樣性，以及不同文化的平等地位。

2. 情意方面

(1)培養自我概念

研究發現原住民學童的自我認同較低落，造成這種現象的原因是原住民的社經地位低落，競爭力不如優勢族群，許多原住民學童認為自己是較差的民族，無法認同原住民的身分。時間一久，對原住民學生的人格發展造成許多不良的影響，例如：造成原住民學童的自卑感與心理退縮等情結。因此，多元文化教育希望弱勢族群學生培養積極的自我意象，進而肯定自我，培養自尊自重感。

(2)消除刻板印象與偏見

刻板印象、偏見與歧視會影響不同族群間的相處與對待，多元文化教育希望學生了解刻板印象、偏見與歧視的形成及其影響，再透過省思的過程，檢視自己是否具有偏見、刻板印象與歧視，並進而消除種族、性別與階級中心主義，培養角色取替的能力。

3. 技能方面

(1)培養群際關係能力

群際關係是一種跨文化能力，它的基礎形式就是一般的人際關係。多元文化教育希望提供學生與不同族群學生合作的機會，進而促進不同文化背景學生相處的能力。

(2)培養多元觀點

由於文化背景的差異，不同的族群或文化團體對同一事件會有不同的解讀與看法，多元觀點係指從不同族群與文化的角度分析事件與議題，也

是一種批判思考能力。

(3)培養社會行動能力

由於價值觀之差異，不同族群或文化之間常有衝突的情形發生，多元文化教育在培養學生關心族群議題、做理性決定，並解決族群衝突等問題的能力。此外，培養學生關心弱勢族群的態度，並願意與弱勢族群共用資源與權力。

4. 培養適應現代民主社會的能力

多元文化教育希望學生了解並參與民主過程，肯定人性的價值，尊重人權，培養公民責任感，以及建立開闊的世界觀。

上述八項目標可以區分為自我文化意識、多元文化意識、跨文化能力、公民意識與責任四個層面。

(三) 教學活動

課程組織要素，並選定連結概念的通則後，就要依據主題發展教學活動。教學活動可以依據多元文化教育的目標設計，例如：促進族群關係的合作學習法，了解知識建構過程的認知教學與討論教學，強調作決定及社會行動能力的批判取向教學等。多元文化社會科強調以學生為中心的教學模式，重視知識重建過程與參與社會行動能力的培養。

(四) 教學評量方式

1. 運用各式各樣的評量方式，配合的學習、習作、工作，以及呈現方式，用來評量學生學習精熟程度，且評估學生是否能將學習結果適切地應用在多元文化社會中。

2. 評量方式可結合觀察、實作表現、自我反思、卷宗評量、寫作練習、個案研究分析、批判思考、問題解決、創意思考、跨文化關懷與分享行為等多元評量方式。

三、多元智能教學法（multiple intelligences instruction）

(一) 意義

「多元智能教學」是以美國哈佛大學Howard Gardner提出的多元智能理論（Theory of Multiple Intelligence）為核心的教學活動，透過多元智能

所提供的哲學觀和課程架構，引導教學活動的實施。

1. 語文智能（linguistic intelligence）

主要擅長於運用語言或書寫文字，如文字思考，語言表達的作家、記者、新聞播報員等。

2. 邏輯數學智能（logic-mathematical intelligence）

主要是數學思考和科學思考能力，能有效運用數位或推理，做抽象思考。如計算、量化、考慮命題和假設和複雜的數學運算的科學家、數學家、工程師、電腦設計師等。

3. 空間智能（spatial intelligence）

即對視覺世界的敏銳感受和理解能力，能準確的辨識各種視覺，也係以三度空間方式來思考的能力，對色彩、線條、空間具敏感性，並能把所知覺的適當地表現出來。如航海員、飛行員、雕塑家、畫家、建築師等。

4. 肢體－動覺智能（bodily-kinesthetic intelligence）

善於用身體或雙手表達想法及感覺，巧妙處理物體和調整身體的技能，如運動員、舞蹈家、外科醫生、手工藝家等。

5. 音樂智能（musical intelligence）

主要是對音準、旋律、節奏和音質等的敏銳度和感受、欣賞創作的能力。如作曲家、指揮、樂師、樂評、樂器製造者、喜歡音樂的聽眾等。

6. 人際智能（interpersonal intelligence）

易影響他人並敏察他人的情緒及意向，係能夠善解人意，表現在與人有效交往的才能，如成功的教師、社工人員、政治家等。

7. 內省智能（intrapersonal intelligence）

是一種能建構正確自我知覺，具自知之明，並善用這些知識來計畫和引導自己的人生的智能，如神學家、心理學家、哲學家等。

8. 自然觀察者智能（naturalists intelligence）

能觀察自然界中的各種型態，辨認並分類物體，且能洞悉自然的或人造的系統，如農夫、植物學家、生態學家、景觀或庭園設計師等。

㈡ 教學方式

1. 以智能去研討智能本身

針對多元智能而實施教學，其是要幫助學生了解他們自己的多種智能：如何接觸它們、如何強化它們、如何應用在日常生活中來解決日常生

活問題，並運用他們學習及根據其強勢智能達到人盡其才。

2. 以智能為手段去獲取知識

用多元智能而實施教學，每種智能都可以被當作手段以獲取此智能領域之外的知識，如：利用藝術作品來顯示歷史時代的文化特色。運用韻律、節奏幫助學生背誦課文等，利用遊戲或演戲學習語文發表或團隊合作之精神等。

3. 以智能本身為教學主題

為多元智能而實施教學。每種智能本身都可當作一門學科而實施教學，諸如語言、數學、音樂等皆可以智能本身有關活動或材料作為課程內容。但這些學科的教學必須與各種智能的發展階段密切配合，也強調在每一學科領域之中，所累積下的文化智能結晶，包含正式的知識基礎和該種智能的運用方式、技能和技術。

教學生了解多元智能，是幫助他們加強這些智能，運用這些智能，在推動多元智能策略教學，除了遵循四步驟：喚醒智能、擴展智能、實施教學、遷移智能，更要注意學童的理解與學習。在教導上也不是教條式的動用所有智能，以教導所有觀念與課題才能獲得很好的學習結果，教師要針對學習內容而有不同設計。

(三) **教學活動**

Gardner（1993）非常重視學徒制的教學方式，他認為在學徒制學習中可以保持主動且持久的參與，提供更佳的學習理解的機會。在長期的關係中，學生每天可以觀察到學長或成人……等師傅在某項訓練或技藝上的專精。他們開始嘗試自己的途徑，此時專家會給予支持或批評。這種方案通常存在於兩種形式，一是作為正規學校課程的一部分，或是作為課外強化充實的機會。Gardner建議學校提供三種「學徒制」來發展學生的天賦，包括藝術領域、學術領域和肢體動覺領域。其所以推薦學徒制並不是要在小時候就把學生納進職場中，而是要使課程能夠個人化。透過學徒制的經驗，學生在研讀的學科中獲取能力，他們會用自己的方法和創意來努力，師傅和老師都應鼓勵並培育學生自我表現和創造力（郭俊賢、陳淑惠譯，2000）。

㈣ **教學評量方式**

可配合各種教學評量方法，最常使用的是檔案評量與動態評量。

四、探究教學法（inquiry instruction）

㈠ **意義**

「探究教學法」是一種有系統、有組織的教學策略，乃利用循序漸進的問題技巧，設計周密的教學歷程，以培養兒童明確的認知概念、客觀的處事態度、獨立的思考能力，以及正確的價值觀念。教師在探究教學過程中，指導學生主動探究問題並解決問題的教學法，強調以學習者的探究活動為主，培養學生高層次的思考能力及建立正確的價值體系。探究教學法中，教師的主要角色是引導學生從事探究活動，教師是引導者，學生是積極的思考者。美國教育學者Bruner是近代提倡探究教學最力的一位，認為求知是一個過程而非成果，學生並非只是知識的接受者，更應該是主動的探究者。

㈡ **教學流程**

1. 引起動機及概念分析

此階段的主要活動在於引起學生的學習動機，建立對探究的基本概念，作為學習的基礎。教師在教學時包括四個步驟——列舉事實、形成概念、比較分析、確定分類。

2. 歸納通則

此階段的教學重點在於引導學生培養並發展分析和歸納的思考能力。教師在教學時包括三個主要步驟——蒐集資料、發現關係、形成假設。

3. 證明及應用階段

此階段包括二個步驟——驗證假設、應用通則。

4. 價值判斷與選擇階段

此階段是一種情意方面的培養，以及思考能力的發揮。教師在此階段中，隨時掌握學生的表現，適時的創造各種機會。

㈢ **教學活動形式**

1. 指導式探究

主要目的在於教導學生學習「如何學習」。此種學習方式是教師引

導學生實際針對某一個議題，進行學術性的探究，教師隨時給予引導、提示。

2. 非指導式探究

學生扮演主動積極的角色，教師居於協助的地位，不給學生任何的指導。在探究過程中，由學生自行蒐集所需要的資料，並加以整理，透過資料的分析、歸納，獲得答案以解決問題。

㈣ 教學評量形式

可配合各種教學評量方法，最常使用的是紙筆測驗、卷宗評量、檔案評量。

五、價值澄清教學法（values clarification instruction）

㈠ 意義

「價值澄清教學法」為情意領域的教學方法之一，強調教導學生一系列價值形成的過程，以預先設計之活動，協助學生反省、分析其信念、情感與行為，以便發現或形成其個人價值觀。1957年美國紐約大學教授Louis Raths首先使用價值澄清法，到1966年Raths與人合著的《價值與教學》（*Values and Teaching*）出版後，價值澄清法才漸受重視。

㈡ 教學時期

價值澄清教學程式可分成幾個時期：

1. 了解期

本時期主要重點在於讓學習者了解將學習或使用的概念、理念及相關的學習資源。教學者應該指導學習者蒐集各種學習資源，並且提出個人對這些資源的想法和意見。

2. 關聯期

此時期的重點在於指導學習者將了解期所蒐集的資料和個人的觀點做一適性的聯結，將學習有關的資料、理論和個人的經驗做有效的聯結，並進一步澄清二者之間的關聯。

3. 評價期

此時期的重點在於指導學習者反省自己所經驗過的價值或感情，並公開表露前三個階段的某些部分，引導學習者評價自己的喜好和情緒。

㈢ 教學活動

要達到預定的教學目標，必須教師在教學過程中不斷提供學習者表達自己的想法和意見的機會，指導學習者建立屬於自己的價值觀。

1. 引起動機。
2. 呈現課程與教材內容。
3. 價值澄清活動

(1) **書寫活動**：此活動是利用紙筆形式的活動讓學生回答特定的問題，以激發學生的思考，了解學生的想法。

(2) **澄清反應**：教師在教學中依據學生對各種問題的反應，以問答方式刺激學生思考，引導學生作各種判斷和選擇，並讓學生在無形中作選擇，澄清學生的理念和態度。

(3) **分組活動**：教師採用分組方式，引導學生分享自己的舊經驗和想法，彼此觀摩和討論。

(4) **角色扮演**：教師引導學生從臨摹各種不同的角色，以達到產生價值觀聯的情感和同理心，體會各種不同角色的心境，從同情、領悟到同理、尊重。

(5) **討論活動**：透過討論活動釐清學生心中錯誤的信念，或建立屬於個人的價值觀。教師在此階段通常利用兩難問題或情境，讓學生進行討論。教師在討論活動中應該扮演統整和指導的角色，將學生不同的意見做統整和歸納工作。

(6) **反省與實踐活動**：教師要引導學生從事反省活動，讓學生了解自己的價值，釐清並建立自身的價值觀。

㈣ 教學評量方式

可配合各種教學評量方法，最常使用的是動態評量。

第五節 資訊教學法

資訊教學源起於電腦輔助教學以及資訊科技的進步，教師在教學歷程中，透過資訊媒體與電腦的使用，提升教學效能與學習品質。一般而言，資訊教學法包括設計教學法、電腦輔助教學、編序教學法等。有關上述三種資訊教學法的實施、優缺點等，詳細說明如下：

一、設計教學法（project instruction）

㈠ 意義

「設計教學法」是指以一個大設計項目為中心，或以一系列設計項目為一教學單元，從事教學活動的過程。設計教學法源於本世紀初，最早源於Dewey的反省思考歷程，經Richards命名為設計教學法，後經美國教育家William H. Kilpatrick（1871-1965）極力提倡而定型。設計教學法的主要目的是讓知識返回生活，返回人類的共同需要，將人類所關心的問題變為教學課題。因此，學生在自己決定的學習工作中，發現實際問題，自己擬定目標，設計工作計畫，運用具體材料，從實際活動中完成工作。設計教學法是一種解決問題，培養創造能力的教學法。

㈡ 教學流程

1. 界定教學目標。
2. 依據教學目標選擇學習經驗。
3. 針對學習經驗進行活動設計，依學科方式分為：(1)單科設計；(2)合科設計；(3)大單元設計。
4. 實施教學活動。
5. 進行評量活動。

㈢ 教學活動

教學活動包括：1.引起動機；2.決定目的；3.擬定計畫；4.實際進行；5.評鑑結果。

㈣ 教學評量方式

可配合各種教學評量方法，最常使用的是檔案評量。

二、電腦輔助教學法（computer-aided instruction）

㈠ 意義

「電腦輔助教學」（Computer-Aided Instruction或Computer-Assisted Instruction，簡稱CAI）就是利用電腦直接來說明學習者學習的交談式（interactive）教學方法，以電腦來提供課程內容，利用練習（drill and practice）、個別指導（tutorials）和類比（simulations）等方式進行教學，以達

教學之目的。

㈡ **教學流程**

　　電腦輔助教學是事先將一些經過縝密設計的教材存入電腦，學生可以經由終端機按一定的步驟，以自己的進度或需要將某一課程內容「叫出」，進行一連串的自我學習。此種學習活動不但可以隨時中止、自動記錄學習歷程及結果、考核學生的學習結果，並且師生亦可經由電腦達到問答溝通。

㈢ **教學類型**

1. 練習模式

　　教師將學生所要學習的重要概念、名詞、技能、問題解決，作為學習需求上的安排。由電腦將前述的訊息，轉換成電腦相關語言，呈現在學習者面前，讓學習者透過不斷的反覆練習，達到學習目標。學習者面對電腦做出學習反應，電腦提供學習者即時的回饋和增強作，讓學習者隨時得到立即性的回饋，修正自己的學習。

2. 家教模式

　　又稱之為個別指導模式。教師將學生的學習內容，轉換成電腦軟體，提供學生個別指導，教師與學生的溝通僅限於電腦和學習者之間。家教模式的教學，不但讓學生可以隨時決定學習時機，也可以適應學生的個別差異。

3. 遊戲模式

　　教師將學生需要學習的內容，以各種有趣的遊戲和比賽的方式呈現，提高學生的學習興趣。學生從遊戲中完成學習目標，在無壓力的情境之下，學習效果較佳。學生從電腦遊戲中，熟悉各種原理原則，學習各種經驗和事實。

4. 模擬模式

　　學生面對電腦中所出現的模擬實物或情境，提出因應對策。此種模式主要提供學生在面對各種情境時，思考因應行為，以形塑實際的生活經驗。

5. 發現模式

　　由電腦呈現問題要求學生解決，又稱之為探究模式。由學生在面對電

腦時，用嘗試錯誤和歸納的方式向電腦提出詢問，由電腦資料庫中讀取資料，作為解決問題的參考。

㈣ 教學評量方式

可配合各種教學評量方法，最常使用的是線上評量。

三、編序教學法（programmed instruction）

㈠ 意義

「編序教學法」是根據操作制約理論中的增強原理所設計的一種循序漸進的教學方法。編序教學法屬於自學的教學方法之一，實施重點在於教材組織的改進，採循序漸進方式進行學習。主要特色在於利於學生學習，在學習過程中可以得到立即性的回饋。編序教學法是根據學習原理中聯結論的理論發展而成，將教材內容按照由簡而繁、由淺入深的順序排列，循次漸進達到預定學習目標。編序教學法的發展是採用聯結理論中的操作制約學習，使個體反應受到增強或使個體針對反應與相對的刺激建立正確聯結，而達到學習目標。

㈡ 教學流程

編序教學的實施通常包括三個主要歷程：

1. **教師提示教材**：教師在教學前實施編序工作，逐次提示，配合學生程度。

2. **學生作答**：學生依據教師所呈現的教材逐次作答。

3. **核對正誤**：學生在作答完成之後，可以立即得到回饋。

編序教材在編寫過程中，必須遵循下列程序：

1. **界定範圍**：針對教學的需要和學習的特性，將範圍做有效的界定。

2. **蒐集相關的原理原則**：針對目標蒐集相關資料。

3. **確定原理原則之間的邏輯問題**：將各類蒐集的原理原則作「直線」式的順序加以安排。

4. **將教材的細目分布均勻**：讓學習者精通所學的內容。

5. **透過增強作用強化學習效果**：運用各種增強作用，選擇學習者所出現的各種反應加以增強。

6. **各類知識有效地呈現在細目中**：將先前所學的術語或知識，加以

整理並間歇地出現在各類細目中。

㈢ 教學活動類型

教師事先將學生所要學習的知識或原理原則，依據知識的分類或學習上的需要，作組織、歸類、分析，以利於學習活動的進行。呈現方式包括三種：

1. **卡片式**：將學習者所要學習的內容，以問題的方式印在卡片上，標準答案印在卡片另一面。

2. **書本式**：將學習者所要學習的內容，以問題的形式依次排列印成書本或教科書的方式，通常在正面印上問題，反面印上問題的標準答案。

3. **教學機**：將各類教材的細目和標準答案，依據分類或教學上的特性置於教學機內。

㈣ 教學評量形式

1. 可配合各種教學評量方法。
2. 最常使用的是問題式評量。

▌第五章▐

適應個別差異的教學策略

　　個體在發展過程中，肇因各種內外在的因素或條件而產生個別差異。個體與個體之間的差異性相當大，其中包括智能、性向、學習經驗、學習形式、文化、經驗、語言技巧等各種差異。學校教育在各方面應該考慮個別差異，了解個別差異在教育上的意義，更進而實施適性教育，才能減少個體在發展上所產生的差異性。本章針對個別差異現象，探討個體的智能、性向、學習經驗、學習形式等，進而提供學校教學上策略與方法考慮的參考。

第一節　個別差異的意義與應用

　　個體在發展過程中因內在與外在的因素，所產生的差異現象稱之為個別差異。來自於不同的環境，不同情境的個體，所產生的各種差異現象，對教師教學活動的實施具有正面的意義。教師必須了解個體成長的差異現象，進而擬定因應策略，才能使教學活動的實施更為順暢。本節針對人類發展的概念與意義、人格發展、認知發展、個別差異的意義及個別差異的應用等層面探討其對教學的意義，提供教師教學實施參考。

一、人類發展的概念與意義

　　人類的發展隱含發育、成長、分化、成熟、改變、長大、轉變、蛻變等多重意義。個體的發展與年齡的增長密切關聯，在不同年齡階段可以看到個體不同的面貌，個體也會在不同人生歷程中遭遇各種不同的人生事件。基本上，人類的發展是有規律的、有順序的、可預測的、有方向的（黃德祥，2000）。發展心理學針對人類發展所進行的研究，從出生至死亡所發生各種改變，描述不同年齡層與不同性別之間可預測的差異，以及解釋哪些導致發展改變的歷程，對教師教學實施而言，具有相當正面的意義。教學者必須了解個體發展發生於不同時期，發展階段中最大與最小的急遽改變期，個體具有哪些特徵，以及這些特徵對教學產生哪些正面的意義。例如：Piaget的認知發展研究，將兒童期對規則的理解與使用描述得相當詳細（請參見表3-2），教學者可以針對個體在規則的理解與使用，設計有效的教學策略。

　　教學者在了解兒童對規則的理解與使用狀況之後，可以關心學習者的

心理狀況，以及在發展上的情形，進而提供學生一些有興趣或是可以關心的議題，作為教學實施的策略參考。人類發展的相關理論與研究，提供人類發展的順序，在不同階段可能發生的行為，以及包括促進階段轉變的因素等，引導教學者關注發展對教學實施的意義。如果教學者對個體的發展問題，以漠不關心的心態，則教學策略與方法的擬定，容易忽略個體的差異而失之偏頗。

二、認知發展

　　認知發展理論者關心人類如何獲取、處理與使用訊息的議題。認知發展指的是個體在智力發展中所涉及的階段與歷程方面的描述。認知學派的發展源自於早期的「完形心理學」（Gestalt Psychology）理性主義知識論及認知發展論的思想。認知學派認為個體在面對學習情境時，學習的產生有賴於：(1)新情境與舊經驗相符合程度；(2)新舊經驗的結合並重組。學習並非是零碎經驗的增加，而是以舊經驗為基礎在學習情境中吸收新經驗（林進材，2001）。認知發展的研究，在學習方面強調心靈的內在歷程，著重個體主動學習的趨力。例如：依據Piaget的理論，各個體的成熟實際上並不能決定發展，而僅會使各類學習變得可能發生。Piaget指出塑造發展的四大因素（請參見表5-1），提供教學者在教學策略運用與擬定方面的參考。

表5-1　Piaget塑造發展的四大因素（李茂興譯，1998）

知識建構的決定	
1. 平衡	指平衡同化（以過去的學習來做出反應）與調適（因應環境改變行為）
2. 成熟	基因的力量雖不能決定行為，但跟潛能的逐漸釋放有密切關係
3. 主動的經驗	跟真實的物體與事件互動之後，個體能夠發現事物及建構出對世界的心智表徵
4. 社會互動	與其他人們的互動，導致對事物、人們及自我形成概念

　　認知發展的理論提供個體在心智發展上的各種特徵，明確地將個體在心智方面的成長與成熟現象列出來，引導教學者了解個體在心智方面的各種發展特徵，作為教學策略擬定的參考。同時，揭櫫認知發展的各種訊息，可作為教學活動實施的參考。

表5-2 Piaget的認知發展階段論（李茂興譯，1998）

階段	大約年齡	一些主要特徵
感覺運動智力期	出生至二歲	具有運動的智力；只顧及此時此地的世界；早期沒有語言與思想；對於客觀的現實沒有概念
前運思期	二至七歲	自我中心的思考
前概念思考期	二至四歲	推理的知覺支配
直覺式思考期	四至七歲	依直覺而不是邏輯來解決問題；沒有守恆的觀念
具體運思期	七至十一、十二歲	有守恆的觀念；有類別與關係的邏輯觀念；思考傾向於具體化；了解數字；逐漸發展逆向思考
形式運思期	十一、十二至十四、十五歲	思考的全面概括性；能作命題思考；有能力處理假設性問題；形成強烈的理想主義

依據Piaget的理論指出，個體的認知發展是具有階段性的，每個不同階段所展現出來的特性，值得教育工作者特別的關注。了解個體的認知發展之後，才能在教學過程中重視知識的形成與建構問題，重視個體的心智現象與心智生活，引導教學者盡可能提供學習者充足的心智活動，教學者應該提供與真實物體和事件相關的學習活動，尤其是個體在形式運思期階段更需要真實與事件的結合，才能在學習中駕輕就熟。

三、個別差異的意義

個別差異的論述除了讓教學者了解個體的發展之外，同時提供個體在認知發展上的各種訊息。將個別差異的意義運用在教學或學習上，則衍生下列意義：

㈠ 了解發展在學習上的意義

如前所述，個體的發展人類的發展是有規律的、有順序的、可預測的、有方向的。因此，在教學上必須正視發展決定平衡、成熟、活動經驗與社會互動等因素。教學活動的實施必須了解個體的發展處於哪一個階段？有哪些特徵？心智的成熟度如何？認知的發展有哪些需要特別注意的？哪些策略對學習者可以收到最大的效果？等等。教學者在教學策略的

擬定方面如果可以將上述的各種訊息融入教學設計中，或是有效運用上列
訊息於教學活動實施中，則在遇到教學困難時，可以隨時運用各種策略加
以因應。

㈡ 提供有意義的活動

　　個體的發展每個階段具有不同的特徵，來自於不同社經背景或社區環
境的學習者，在發展上也呈現出不同的差異現象。因此，教學者必須在教
學過程中，針對學習者各種差異現象，提供學習者有意義的活動。讓學習
者的心智發展與身心發展可以開發至極限。教學活動歷程中應該提供學習
者各種心智的活動，並且提供與真實物體和事件有關的學習，將各種學習
活動意義化，引導學習者在學習活動中獲益。

㈢ 提供適度的困難

　　認知發展指出，知識的建構來自於平衡與同化等因素。因此，教學
者應該提供足以促進同化與平衡的各種學習活動。針對學習者在平衡與同
化的心智建構現象，設計適當的教學活動。依據平衡與同化的相關理論，
教學者在學習者的新舊經驗連結之間，必須多花些心思，尤其在新舊經驗
的學習、新舊教材的連結、新舊課程的轉化等，都必須針對個體的認知發
展，設計適當的學習活動。

㈣ 了解學習者的心智生活

　　學習者心智生活的了解使教師對學習者的思考歷程（thought pro-
cess）有比較深入的了解，了解學習者的學習思考與決定方面的問題，透
過學習思考歷程的描述，可以針對認知學習作詳細的描寫，進而作為擬定
教學策略的參考。學習者在教學活動進行時，對於外界的刺激或是各種訊
息的處理，如何將短期記憶轉化成為長期記憶，學習者為何會產生學習困
難，受到哪些外界與情境因素的影響等等，都是教學實施者必須加以釐清
的課題。

㈤ 提供各種社會互動

　　學習者在各發展階段中，經常秉持著自我中心觀點，缺乏對周遭人物
的尊重，透過各種社會互動歷程，可以教導學習者尊重同儕的各種意見，
並且在意見相左時，可以採用協商與溝通的方式進行意見的整合。教學者

在採用教學方法時，應該設計足以提供學習者與學習者以及教師和學習者之間各種互動活動。透過各種互動活動，可以引導學習者了解他人的思考邏輯，發展更為成熟的邏輯思考模型。

㈥ 了解學習者的起點行為

發展上的個別差異現象可提供教學者了解各個發展階段的特徵，以及每一個發展階段可能產生的問題。個體發展上的差異現象，提供教學者在教學前評鑑學習者的預備程度之必要性。教學者應該了解學習者的起點行為、舊經驗、學習特質等，作為正式實施教學活動的參考。

發展心理學與認知心理學皆提示個體在發展過程中的差異現象，以及個體在不同階段具有發展上的特徵。此種因內外在及情境因素所產生的差異現象，是教育工作者必須給予高度重視的議題。教學者如果在教學前可以針對發展上所產生的特徵，以及個體在發展上所產生的個別差異現象作各種的因應，據此擬定可行的策略，對教學活動的實施具有正面且積極的意義。任何教學活動如果忽略個體發展上的意義，則任何的策略與方法上的應用終將淪為空談。

第二節 學習的智能與性向

個體在智能方面的表現與反應，心理學者向來有不同的解釋與說明，儘管智能的意義不容易取得共識。然而，智能與學習成就、智能與學習性向、智能與學習反應方面的相關及其在教育上的意義卻不容忽視。研究指出，智能和學校各項學習任務的成功表現有高度的相關。換言之，智能的表現決定學習者未來的學習反應與表現。有鑑於此，本節針對個體發展過程中的智能、學習性向做淺顯式的討論，提供教學者擬定教學策略與方法的參考。

一、智能的意義與觀點

智能的觀點依據文獻方面的探討，至少包括下列四個論點：

㈠ 在測驗上所反應出來的就是智力

依據Boring（1923）的論點指出，智力就是測驗所測量的。此種定義說明了智力是相當難加以定義的概念，在智力測驗中所呈現出來的成績或分數，本身就是智力的象徵。以上的論點並未加智力的意義和本質作詳細的說明與詮釋，因此智力的本質是未知的。

㈡ 智力為一種綜合能力

依據Weschsler的觀點指出，智力為一種綜合能力，我們可以透過清楚的思考、有意圖的活動，以及個體和環境的有效互動說明智力的意義和內涵。Spearman（1927）、Thurstone（1983）和Guilford（1959）等提出智力的意義時指出，智力並非指單一的特質，智力本身是由各種不同的能力或因素所組成的。我們在分析智力本身的意義時，應該從各種層面或能力加以說明個體在智力方面的表現或反應。

㈢ 智力為認知發展的內在潛力

將智力定義為認知發展的內在潛力者，Hebb（1966）指出，智力應該分成二個主要的層面：第一為認知發展的內在潛力；第二為知覺、學習、解決問題、思考適應等能力發展的概括性或平均程度。持此一定義者，將智力發展視之為個體未來發展的一種潛力。透過此種潛力的發展可以使個體在解決問題方面，形成各種模式並適應外在的問題。

㈣ 智力為未來行為發展的潛力

此一論點將智力視為個體發展的潛力，將智力視為流動能力（fluid abilities），包括一般性推理、記憶、注意廣度與圖形分析等測驗。智力在個體未來的表現上，扮演主要的關鍵地位，並受到情境與經驗、文化等要素的影響。

二、Gardner的多元智能理論

Gardner（1983）提出多元智能理論，強調智力是人類用來學習、解決問題以及創造的工具，智能的構成應該包括以下八種（林進材，2003）：

㈠語文智能（linguistic intelligence）

包括以文字思考、以語言表達和欣賞語言深奧意義的相關能力。例如：作家、記者、演講家等均需要高度的語文智能。

㈡數學邏輯思考（logical-mathematical intelligence）

包含使人計算、量化及命題思考和假設的能力。例如：科學家、數學家、工程師、電腦程式設計師等均需要強的數學邏輯思考智能。

㈢空間智能（spatial intelligence）

指的是人類具有三度空間的方式進行思考活動，此種智能使人感到外界與內在的影像，可以隨心所欲地對各種訊息產生因應行為。

㈣運動性智能（bodily-kinesthetic intelligence）

使個體具備處理各種物體和調整身體的技能。例如：運動家、外科醫師、手工藝者均具備此種能力。

㈤音樂智能（musical intelligence）

指的是對音階、旋律、節奏、音質較敏感者。例如：指揮家、作曲家、愛好音樂者。

㈥人際智能（interpersonal intelligence）

指的是具備善解人意，和與他人有效互動的能力。例如：教師、政治人物、社會工作者。

㈦內省智能（intrsoersonal intelligence）

指的是正確建構自我知覺的能力，並且運用此種能力計畫和導引人生。例如：宗教家、神學家、心理學家、哲學家等。

㈧自然觀察者智能（naturalists intelligence）

能觀察自然界中的各種型態，辨認並分類物體，且能洞悉自然的或人造的系統，如農夫、植物學家、生態學家、景觀或庭園設計師等。

Gardner的多元智能理論打破了傳統對智能理論的兩種基本假定：第一，人類的認知歷程是一元化的；第二，只要用單一可量化的智能就可以正確地描述每個個體。多元智能理論對於人類認知歷程的描述，採用更多

元的途徑，承認每個個體在認知方面的文化差異，指出每個個體都是獨特的，具有各種發展的潛能和可能性，此種發展和學習上的無限性，提供教育學者更多思考的方向，在教育歷程中應該以更寬廣的方式，指導學生依據個體的獨特性進行適性的學習活動。

三、多元智能理論在教學上的應用

多元智能理論的提出，對教師教學活動的進行具有相當的意義，提供教學活動更多的思考空間和彈性做法，其追求理解的教學理念有別於一般傳統教學的一元、單向灌輸的教學策略（林進材，2003）。多元智能理論在教學上的應用包括教學設計與教學策略的應用：

㈠ 教學設計方面

多元智能理論重視教學內容的多樣性，強調教學的有效轉化、學習者的正確了解，因此在教學設計方面應該以協助學習者將現有的知識體系或各種概念，轉化成多元模式的學習機會。在教學設計方面，多元智能理論提示教學者應該重視下列幾個要點：

1. 確認學習者的學習切入點

多元智能理論教學設計強調教師應該了解學習者多元智力層面，確認有效的引導方向，在教學活動實施時，引導學生充滿信心地選擇學習的管道。教師在設計教學時，應該以學生智能發展為參考，從學生最感興趣的議題或學習方式找到學習的切入點。

2. 引導學習者選擇自己熟悉的學習方式

教師教學設計階段應該秉持面對學習問題的是學習者本身而非教學者，因此應該引導學習者選擇自己最熟悉的學習方式學習。多元智能的教學設計應該以學習者的舊經驗、社經背景、文化刺激等作為教學設計的依據。讓學生以自己獨特的方式進行學習活動，才能達到預期的教學目標。

3. 引導學習者理解教學設計原則

多元智能的理論強調學習者對課程與教學的理解性，以追求理解的教學設計為主。換言之，教師教學設計應該以學習者可以理解的方式進行，讓學習者可以透過自己建構學習知識的方式，達到預定的教學目標。因此，教師在設計教學活動時，應該深入了解學習者的學習特質、認知歷程，作為教學設計的主要依據。

4. 教師有效教學轉化

多元智能的理論隱含教學者與學習者互動關係對教學活動的重要性，強調教師必須從和學生的互動中更深入了解學生，才能提供多元而且有效的課程架構供學生學習。其次，教師在教學轉化時，如何運用嫻熟的專業知識，才能協助學生進行有效的學習等，是教師教學設計的重要議題。

5. 追求智能發展的教學活動實施

多元智能的理論強調學習者本身應該具有追求智能發展與成長的功能，因此教師透過教學實施，同時引導學習者從教學中得到更多的智能成長，從教學轉化中涵養更成熟的智能，開展更多元的智能成長。換言之，教學活動的實施，同時引導學習者展開智能方面的多元成長。

(二) 教學策略方面

多元智能的發展在教學上的應用，強調追求理解的教學，學習者在理解中學習才能將新知識、技能、概念運用在各種生活情境中。多元智能的教學理念對於傳統學校教育的成效，將學生棄置於一種知識分裂、機械性記憶、死記、死背，教材與現實生活嚴重脫軌的教育體制中，頗不以為然（李咏吟，1999）。多元智能理念的教學，引導教師在教學過程中，以博物館的學習方式（museums as learning model），讓學習者在具有豐富資源的情境中進行學習。因此，學習情境與生活情境是相互結合的，學習情境是在資源豐富的情況之下進行的。透過各種不同的學習情境，讓學習者不同的智能特質，擁有較多不同的機會並能運用在各種認知的優勢中，透過學習活動讓智能得以發展。多元智能的教學策略，強調學習者對各種抽象概念、原理原則的理解，以個人的學習特質與方式，進行有效的學習。因此，學習與成長並非抽離的，而是緊密結合的。教學者在教學實施過程中，除了將各種原理原則、概念知識傳授給學習者之外，同時必須注意學習者智能發展的情形。

四、學習的性向與意義

(一) 性向的意義

性向（aptitude）指的是個體可以發揮的潛力，其中包括基本的能力與特殊的才能。一般研究個別差異的學者均將性向與人格相並列，事實上能力只是一項主要的人格特質，一個人在某方面的能力表現直接顯示出他

的獨特性，而對事物的領悟程度也間接影響他個性的發展（袁之琦、游恆
山編譯，1990）。其次，依據Warren的解釋，性向是象徵個人能力的特質
或傾向，此種特質經過訓練就可以獲得某種知識、技能、或一組能力，例
如說某種語言、音樂演奏的能力等。性向可說是遺傳與環境交互作用的結
果，個人與生俱來往往具有幾種潛在能力，以後接受訓練學習而獲得許多
新的技能。

(二) 學習的性向與意義

　　學習的性向指的是個體在學習方面可以發揮的潛力，透過教學者適當
的引導可以使學習者提升各種獲得某種知識、技能的能力。因此，教學者
在擬定教學計畫時，必須透過各種形式的評量，了解學習者在學習方面的
性向，作為教學活動實施的參考。如此，才能引導學習者在學習進行中獲
得最大的幫助。唯有了解學習者的學習性向，教師才能透過適性的教學，
將學習效果提升，同時引導學習者進行有意義的學習。

五、教學上的應用

　　相關的研究指出學習者在智能、性向、興趣、認知發展、心理特質、
訊息處理、人格發展、動機等各方面的不同影響學習成果的差異，因此教
學者必須了解學習者在心理特質方面的情形，作為教學上的參考。因此，
單一形式或傳統的教學活動並無法回應學生在智能與性向方面的發展情
形。教學活動的進行，必須考量學習者在智能與性向方面的發展情形，作
適當的因應。

(一) 性向與處理交互作用

　　性向與處理交互作用（Aptitude-Treatment Interactions, ATI）指的是教
師運用個別差異與特殊教學方法於教學情境中。此種教學規劃設計是運用
學生個別差異與教學法之間交互作用的情形，作為教學活動實施的參考。
因而，教師應該在教學實施歷程中，了解學習者各項特殊需求，採用適當
的教學方法，在教學中不斷調整策略，並加以彈性適應，提供學習者適性
的教學，方能提高學習成效。

(二) 先備知識與個別差異

　　不同階段的個體對某些概念的學習，會有不同程度的理解，此種對

概念的學習或理解情形,稱之為學習的先備知識。教師在教學前,必須了解學生已經具備哪些先前經驗、先前想法與先前知識,透過舊經驗與舊知識之間的有效連結,並思索這些先備條件對學習所產生的影響與成就,了解其在教學歷程中的意義,藉以擬定相關的教學策略,才能提升學習的效果。其次,教師也應了解學習者的個別差異現象,藉以擬定教學策略與方法。透過適當的教材教法,協助學生組織訊息,指導學生隨時注意學習重點,以降低來自學習記憶方面的負荷。

(三) 高低學習成就的教學

學生在學業成就方面的表現,通常會依據遺傳、環境、成熟、學習等交互作用的結果而表現出學業成就高低的情形。教師教學活動的進行,必須依據學生的學習成就而採取不同的教學策略或方法。針對高學業成就的學生,教師必須提供具有挑戰性的學習活動,以發問方式或高層次思考性問題進行教學活動,設定比較高的教學目標,採用多元的評量方式,以因應高學業成就學生的需求;對於低學業成就的學生,教師應採取直接教學法,將教學概念或原理原則細分成學生可以接受的形式,以小組完成作業的方式進行教學,降低教學評量的標準等。

(四) 多元智能形式的教學

多元智能理論指出個體智慧發展的多元性與多向性,個體在學習歷程中同時對智能的發展有正面的作用。因此,教師的教學活動必須針對個體智能發展的多元性,提供學生多樣的學習機會,在教學活動策略與方法選擇方面,必須擁有各種多樣的策略或方案供選擇,如此才能因應學習者智慧發展多元的特性。

發展心理學的理論依據個體在智能與性向的差異情形,提出相關的研究指出此種差異情形在教育上的應用及意義。教師在教學活動計畫擬定時,必須考慮個體在智能與性向方面的情形,作為教學活動實施的參考。缺乏以發展生理與心理為基礎的教學活動,將使教學效果打折扣,無法達成預定的教育目標。

第三節　學習經驗與學習風格

　　學習的定義向來分歧，而缺乏比較公正或為研究者可以接受的定義。Kimble（1961）將學習定義為：「學習是行為潛力較具持久性的改變，此種改變係由增強練習而獲得的結果。」此種定義將學習定義為行為的改變以及行為的持久性。上述的學習定義至少包括五個重要的意義：第一，學習是行為改變的結果；第二，行為的改變是具有較持久的特性；第三，行為的改變不必然在學習經驗之後立即改變；第四，行為改變是經驗或練習的結果；第五，前項經驗或練習予以增強，亦即獲得獎賞的反應才能學得。Kimble對學習的定義，顯然是由個體的行為出發，進而將學習作操作型的定義。殊不論此種定義是否為教育學者所認同，至少此種定義重視學習者在學習經驗與學習形式方面的意義。有鑑於此，本節從個體的學習經驗與學習風格方面著手，針對此二者的定義論述在教學上的應用及意義，作為教學者的參考。

一、學習理論的分類

　　歷來心理學者對個體的學習有不同的解釋和主張，因而產生不同的學習理論（甄曉蘭，1997）。學習理論通常區分成行為學習理論（behavior learning theory）、認知學習論（cognitive learning theory）、互動學習論（interactive learning theory）。

㈠行為學習論

　　行為學習理論對學習的定義包括：1.行為的基礎是個體反應所構成；2.個體的行為是受到環境因素的影響而被動學習來的，不是與生俱來的或是受到遺傳因素的影響；3.從動物實驗的研究所得到的行為原則，可用來推論或解釋一般人的同類行為。行為學派論者認為學習的形成是來自於「刺激」與「反應」的連結，因此又稱之為「連結論」。此學派將個體的學習定義在刺激與反應之間的連結，並指出此種連結受到「增強作用」與練習等因素的影響。行為學派指出，教學是運用適當的增強作用，使學習者產生適當的行為。因此，有效的學習取決於增強作用的安排。教學者在教學過程中，預先設定學習者的預期行為，針對行為選擇或擬定增強策略，並分析學習者的反應，以達到學習效果（林進材，2003）。

㈡ 認知學習論

認知學派對學習的解釋強調個體在面對學習情境時，學習的產生有賴於：1.新情境與舊經驗相符合的情形；2.新舊經驗的結合並重組。學習並非是零碎經驗的增加，而是以舊經驗為基礎在學習情境中吸收新經驗（張春興，1992）。認知學派學習理論的發展，顯然是對行為理論的補充與批判，認知學派否定行為學派將個體的學習窄化為行為的改變，而忽略心靈方面的變化。認知學派認為學習是一種心靈內在歷程，著重於個體主動的學習趨力，在教學方面重視個體學習能力的教學，如認知策略、學習策略等。認知學派將學習視為內發的、主動的、整體的，並且強調知識結構形式以及學習策略在學習過程中的重要性。認知學習理論強調個體內在心智架構（internal mental structure）與知識獲得（acquisition of knowledge）的關係，認為學習是個體內在知識狀態的改變而非外顯行為反應或然率的改變（甄曉蘭，1997）。

㈢ 互動學習論

互動學習理論對學習的看法介於行為主義與認知主義之間，認為學習行為、心理歷程和環境因素是相關聯的，透過內在心理歷程和外在環境刺激的互動，才能產生認知活動和學習行為（甄曉蘭，1997）。換言之，互動學習理論認為個體的學習不單只是行為上的改變，而不僅僅是認知方面的問題，而是前兩者與外在環境互動之後的結果。因此，教學者應該了解個體在學習歷程中內在心理架構與知識架構方面的改變情形，作為擬定教學活動的參考，使教學活動的進行和個體內外在因素可以相結合，進而提升教學效果。互動學習論者主要的代表人物為班杜拉的社會學習論與蓋聶的學習條件論，互動學習論對教學的影響，結合行為學習論與認知學習論的優缺點，引導教學者從內外在環境、因素了解學習的形成進而實施教學。

二、學習經驗的涵義

學習經驗通常指的是個體在進行學習狀態之前，舉凡與學習活動有關的各種生活經驗，統稱之為學習經驗。例如：教學者在引導學生了解同儕團體成員彼此差異性的存在，學習者會以過去的經驗作為學習的起點，或是察覺此種差異性存在的道理。有些學生來自充滿愛與感情的家庭，有

些人的家庭背景則充滿各種肢體與婚姻暴力，這些生活上的經驗，就會成為學生詮釋理解學習現象的參照點。在學習前。個體過去的生活經驗往往支配學習者對學習的看法，甚至於影響學習者的學習動機（黃銘惇、張慧芝，2000）。承上所論，學習者的學習經驗對教學而言是相當重要的，如同先備經驗一般，教師必須在教學前，了解學生的舊經驗、學習經驗，進而思考在新舊經驗之間如何作有效的連結，引導學習者強化學習動機，將新舊經驗、知識作各種同化與調適的心理機轉，如此才能使教學活動更順暢的進行。

三、學習風格的涵義

　　學習風格或稱之為學習形式，指的是學習者在學習過程中會偏向使用自己比較喜歡或是比較習慣的方式進行學習。例如：相關的研究指出，學習者如果在學習環境與學習效果方面有明顯的關聯的話，教師可以運用學習者的學習形式進行高效能的教學活動。唯有教學活動配合學生的學習形式（學習風格），方能提高學習動機，激發學習的趨力。如果學生喜歡在有背景音樂的環境下學習，教師可以選擇比較柔和的音樂配合教學活動的進行，學生如果喜歡在安靜的環境下學習，教師應該設法使教室的氣氛維持在安靜的情境之下，輔導學生進行學習活動。高學習焦慮的學生，教師必須在教學活動中降低學生的學習焦慮，低焦慮的學生，教師必須設法在教學中提高對學生的要求。

　　學習風格的理論基礎在於認清每個不同的學生都會用不同的方式學習，部分學生習慣於夜間學習，部分學生則白天學習效果更佳，每個學生都會有自己的學習方式（通常是最佳的方式），有些學生適合用個別閱讀方式，有些學生必須集體閱讀效果才會凸顯出來；有些學生比較適合用小組學習的方式，有些學生必須單獨完成作業才會將能力發揮出來；有些學生喜歡待在教室中進行學習活動，有些學生則寧可在戶外進行學習；有些學生對音樂有固定的偏好，有些學生對體能活動充滿興趣等，教師必須在教學中正視這些不同的學習風格。

　　學習風格的了解，對教師教學活動設計或教學活動實施具有正面的意義，因此教師必須透過各種形式的評量，了解學生的學習風格，進而調整對學習比較不利的學習風格，調整學生的學習習慣，以最適合學習的風格

呈現，對教學效果的提升有積極的意義。此外，教師在教學活動進行時，必須針對學生的學習風格調整教學活動或策略，使教學方式與教學目標作緊密的配合。

四、在教學上的應用

學習理論對學習形成歷程的探討，提供相關的研究與論點讓教學者作為教學活動設計與實施的參考，不同的理論與觀點之間，雖然對學習的看法不盡相同，然而針對學習的探討，可以引導教師進行有效的教學。透過學習經驗與學習風格的探討，提供教學上的參考如後。

(一) 以學習理論為基礎，擬定各種教學方案

行為學派、認知理論、互動理論的學習理論，針對個體的學習歷程作深入的探討，並提供教學者在教學上的參考。不同的理論之間，各有其優缺點及運用上的限制，然而教師在運用各學習理論於教學歷程中，必須考慮理論的實用性與有效性問題，了解不同的理論運用於不同的情境脈絡的事實，相機運用各種理論於教學中。例如：對於高學習成就的學生，互動理論的運用似乎比行為學派或認知學派來得理想；對於低學習成就的學生，行為學派與認知學派的運用比較恰當。教師在設計教學或是進行教學時，不可一廂情願地篤信某一學派的理論而放諸四海皆準，必須在教學現場中，針對教學上的需要作各種的因應。

(二) 運用學習者各種經驗以促進學習成果

教師在教學前應該了解學習者的舊經驗，以及舊經驗在教學中所代表的意義，有效組織運用學生的舊經驗，在教學轉化時將新舊經驗作統整，引導學習者在新舊經驗之間作適當的同化，如此才能提高學習成效。傳統的教師在教學前，過於偏向倚賴教科書（林進材，1997），缺乏對課程單元的深入了解，尤其是單元教學概念與概念之間的相對關係與連結，因此無法運用學習者的舊經驗，並使之和新概念作連結。

教師在教學前，應該了解單元教學中各種重要的概念，學生在學習前已經學會了哪些？有哪些學習舊經驗？學生過去的生活經驗如何？未來的單元教學哪些是和此次的教學有關聯的？如果學生對舊單元的學習仍有不熟之處，教師如何因應等問題，必須在教學前作適當的釐清，才能展開新

的教學活動，進而提高學習者的學習效果。

(三)配合學習風格的教學理念調整教學

　　教師在擬定教學活動時，應該透過各種形式的評量了解學習者的學習風格，作為調整與運用教學策略的參考。倘若學習者的風格是屬於好動型的，則教師應該在教學活動中安排多樣的活動，以滿足學習者的內在需求；如學習者傾向安靜型的學習風格，則教師可以考慮在教學中增加閱讀的時間。唯有結合學習風格的教學，教師的教學活動才能達到預期的目標，學習者的學習動機才能被有效地激發。如果學習者對教學內容或教學活動缺乏高度的動機，則學習參與感就降低，影響學習者在教學活動中的學習成果。教師在教學上可以整合各種不同文化取向或學習方格的學生，考慮各種變通方案，作為教學活動實施過程中的策略，運用各種適性的策略，提供學習者最佳的學習活動，促進教學成效。

　　教學活動的進行不僅應考慮教師本身的素養與專業能力，同時也要兼顧學習者身心發展狀況，忽略學習者本身條件的教學，如同盲目地引導學習者往一個陌生的環境一般，教學活動無法達到預定的目標，同時容易增加教學者的挫折感。Bolgen（1970）在其著作《每個個體都是充滿希望的》揭櫫教學者不可隨意放棄學生，因為每個孩子都是充滿希望的。

每個孩子都是充滿希望的

沒有一種方法可以讓我們達到無法達到的東西，除了不遺餘力的努力、機會、以及所有人類進行溝通的各種天龍八部；接觸、感覺、歌唱、圖畫、音樂、心理學、遊戲、詞句、物品、案例、寓言、故事、行動、表演、計畫、嗜好、運動、生理與心理的運動、笑譚、幽默感、自然風光、動物感情、愛、英雄崇拜、父親形象、認同感、暗示、自我提示、催眠、酬賞、夢想、科學、歷史、邏輯、語意學。只要用心去作，就是最佳方法。

Bolgen, K. (1970). There are no hopeless children.

第四節　因應個別差異的教學活動與策略

　　個體發展過程中因為各種內外在而產生的差異（individual difference），稱之為個別差異。由於發展中的個別差異現象，包括種族差異、興趣差異、性別差異、智力差異、性向差異、特殊能力差異、性格差異、

體格差異等,對教師教學活動的實施與指導學生有了很大的助力(高廣孚,1989)。此種差異現象的研究與描述,引導教師了解教學活動必須以多樣式的方式呈現,提供不同學生多重的選擇機會;在教學互動中必須了解個別差異現象,變化各種教學策略方法,以達到個體在學習上需求上的差異現象;在教學結束之後,儘量避免以統一的標準要求不同的學生,以多元化評量方式了解學生的學習狀況,作為教師調整改進教學的參考。本節的主要目的在於針對個別差異現象,整合相關的研究與文獻,引導教學者了解個別差異的現象,作為教學活動與策略運用的參考。

一、適應個別差異的教學

㈠能力分組教學

能力分組教學的實施源自於對國內傳統教學的反思,當前學校教育系統無法真正適應學生的個別差異。目前班級教學活動是由教師一人主導,並且要掌握三、四十位異質性高的學生,教師往往在班級經營方面已經感到沮喪疲憊了,還要規劃教學活動、教學評量,在有限的時間下,還要準備教材、教學資源、教學媒體、規劃教學評量等,根本無法擁有更多的時間改進教學品質。在各種限制之下,只好以相同的教材、相同的教法、統一標準要求不同的學生。因而無法在教學中適應個別差異,資質優異的學生無法得到充分發展才能的機會,遲鈍的學生無法得到特別的照顧。能力分組教學的實施,是基於將學生以各種不同的型態(例如:以文化因素為準、以社會階級為準、以學業成就為準)作教學上的分組或分班教學。其目的在於使學校的資源和學生的能力、程度作更緊密的結合。如此一來,學業成就較高的學生,可以擁有更多的時間學習較高層次的概念;學業成就較低的學生也可以擁有比較多的時間進行補救教學。

能力分組教學的實施,雖然可以讓各類學生充分的學習,但其效果往往受到質疑。例如:George(1993)針對能力分組教學提出可能衍生的後遺症:1.部分學生受到不公平與不正確的編班處置(例如:編班的評量工具效度問題);2.不管學生在學習上的表現如何,能力分組教學會將學生綁住一段長時間,學生容易被貼上不會學習的不當標籤;3.分組教學強調能力的表現,卻忽略努力的重要性,此種強調結果忽略過程的策略,容易受到訾議;4.學生的社經地位背景和家庭收入的高低容易被凸顯出來;

5.編入低能力班級的學生容易因此喪失自尊而自怨自艾；6.在低能力班級學習的學生，課程與教學往往失去高度挑戰性，讓學生感到學習上的平淡乏味。

㈡ 個別化教學方案

　　個別化教學方案的實施是定基於有些學生學習速度較快，有些學生學習速度較慢的假定之上。個別化教學方案是依據學習者的學習差異而擬定的各種教學方案，教師可以透過個別化教學方案的實施，使教學配合個別差異。有關個別化教學方案如Bloom的精熟學習、Keller的個別化教學系統（PSI）、個別指定教學（IPI）、個別引導教育（IGE）等教學方案。教師可以依據班級教學實際上的需要，配合學生的各項學習特質，選擇不同的學習方案。個別化教學方案對學習者的學習而言，並非每個方案都是無懈可擊的，教師必須了解方案的優缺點及適用情境，採取對學生比較有利的教學方案，才能達到真正適應個別差異的理想。

二、教學上的一些現實問題

　　學習者因各種內外在因素形成的個別差異現象，教學者必須重視、了解這些影響學習的潛在因素，並且將這些影響學習的因素作適當的因應，才能激發學習動機，提高學習者的興趣，收到預期效果。來自於個別差異現象的研究與討論，提供教師處方性的教學建議，促使教師重視個別化的現象。

㈠ 教學應該適合學生程度的問題

　　有實際教學經驗的教師都了解，教學活動無法真正適應每個不同的學習者，除非班級學生經過特殊篩選，以同質性編班的方式，才可能達到適應個別差異的理想。教師在教學轉化過程中，不管是教學舉例、意義說明、例子的講解、明諭與暗諭的運用，要讓每個學生都了解教師的教學意涵，是相當困難的一件事。教師在教學轉化時，必然面對抉擇問題，例如：教學要舉哪些例子？在何種情況下，可以進行下一個概念的教學？必須要有多少學生精熟概念之後才可以進行下一單元的教學？對於無法趕上進度的學生，教師要不要再講解一遍？哪些學生的學習是具有指標性意義？教學內容與課程內容對學生而言是不是過於艱難？如果學生的程度仍

停留在上一單元，教師要不要先整理學生的舊經驗？等等問題。儘管如此，教師在教學中應該了解學生的學習需求、興趣、經驗、特質，以學生可以接受的方式進行教學，提高學生在學習上的動機，以學生適合的程度進行教學活動。

㈡ 該不該能力分班的議題

論及學習者個別差異問題，學校教育面臨的問題是該不該將學生能力分班以方便教學活動的進行。國內有關能力編班的問題，教育學者相關人員以進行多年的爭論，教育行政機關以三令五申方式，規定全國國中必須實施常態編班，避免能力分班而剝奪學生的學習權力。將學生作能力分班的優點在於使學校的資源與教師的教學活動可以和學生的個別差異作更緊密的結合，同時性高的學生在一起學習可以減少教師在教學上的負擔，對於教學活動的評量也比較容易，採取補救教學時可以同進行，學習者在學習上的需求比較容易有效地滿足。能力編班的缺點在於低學業成就學生的家長無法接受自己的子女編在低成就班，無法有效地提升子女的學習；再則能力較低的學生在同質的班級學習缺乏挑戰性，容易產生自我應驗的負面效果。如果從實際教學層面分析，能力分組教學對教師的教學、學生的學習理應有正面的意義，然而要說服家長或改變一般傳統社會的價值觀，是相當不容易的，除非國內大環境有改變。否則的話，要實施能力分班教學，恐怕還有一段漫長的路要走。

㈢ 教師教學難爲之處

因應個別差異的教學口號已經喊了好幾年，從理想層面而論教學本就該回應學生的個別差異，才能使每個學生在學習歷程中得到最好的照顧。然而，適應個別差異的教學遲遲無法收到既定的成效，除了大環境的因素之外，教師是一重要的因素。因為，在好的教學理想、在完整的教學方案，到最後都要落實到教師層面的教學轉化，必須教師在教學過程中熟悉個別化的教學，對適應個別差異的教學策略，有相當熟稔的認知，並且在教學活動中忠實地落實，才能收到預定的效果。然而，從教師實際教學現場而論，在繁忙的班級生活中（life in classroom），教師面對複雜的班級經營，都已經感到疲憊了，更無暇顧及適應個別差異的問題。其次，多數教師本身並未具備適應個別差異教學策略或認知，導致無法將適應個別差

異的理想融入教學中。因此，在未來的教師進修或教師職前教育，應該將
適應個別差異的教學策略例如重要的課題，融入相關的課程設計中，使教
師本身具備適應個別差異教學的知能，方能收到預定的效果。

㈣ 教師的應爲與可爲

依據個體在發展上的個別差異現象，每個不同的個體在學習歷程中有
不同的需求，相異的學習經驗、不同的學習需求，教師必須了解學習者在
學習上的個別差異現象，深思教學上的因應。在面對不同個體時，應該作
教學活動實施上的參考。掌握來自於時間、情境、班級經營、評量、進度
等方面的因素，提供學習者不同的學習機會，以適性的教學處方因應個別
差異現象。其次，教師可以在教學活動實施中，採用同儕學習輔導，或採
用個別化教學策略、自學輔導法等個別化教學方案，引導學生針對自己的
學習情形，達到預定的學習目標。再則，新手教師可以參酌專家教師在適
應個別差異時，所使用的各種方案或策略，理解專家教師在面對個體個別
差異時，如何作教學上的調整與因應。據此作為教學的參考。透過專業反
省自己的教學活動，將教學活動因應個別差異上的需要。

㈤ 精熟的問題

因應個別差異的教學活動，另外必須面對精熟的問題。換言之，再
以精熟為目標的教學活動中，教師如果要將教學活動適應學習者的個別差
異，勢必影響教學活動的實施或是教學進度問題。教學活動如果要達到全
班學生全盤吸收的程度，可能要耗費相當長的時間，教師在面對教學進度
或課程壓力時，如何因應是相當困難的。相關的理論與研究指出，教師的
教學活動精熟度應該以百分之八十為參照的標準。因此，教師教學活動的
進行，在考慮個別差異時，也應將精熟學習的理念融入教學中，如果學習
者的精熟度已經達到預定的百分之八十，則教師可以進入下一單元的教
學。對於未能在教學活動中達到精熟的學習者，教師也應設計相關的補救
教學方案，幫助學生達到精熟的程度。

第五節 如何進行適性的教學活動

個體因成長與發展而形成的個別差異，教學者必須加以關注並在教學中給予因應，才能達到適性教學的效果。適性教學的定義源自於教育機會均等與個別差異教學理念的延伸。教育機會均等的理念是提供每一位學生適性教育（adaptive education）的機會，讓每個學習者在學習過程中，不會因為各種先天條件和後天的環境而造成學習上的不平等現象。適性教學的實施源自於早期個別化教學（individualization）的概念，讓每個學習者依據自己的學習狀況、需求而選擇學習或教學的方式和模式（林進材，2003）。本節在於探討適性教學的意義、類型與實施模式，引導教師進行適性的教學活動，讓每一個學習者都可以在學習中得到應有的知識。

一、適性教學的意涵

適性教學是依據學習者在學習方面的性向，決定每個學生所需要的學習時間和學習水準，教師可以針對各種教學變項、學習的機會及教學品質加以控制，讓每個學生都能達到事先擬定的精熟水準之學習（Bloon, 1976）。Gagné和Briggs（1974）指出適性教學的特性如下：

1. 教師本身提供較少的教學活動。
2. 教材本身提供較多的活動。
3. 教師在教學中的時間比較自由，因而有更多的機會進行個別指導，決定個別學生應該學哪些或如何進行學習；教師同樣擁有更多的時間仔細觀察學生的學習情形，以從事學習困難的診斷和補救教學工作。
4. 教師要給學生更多的機會選擇和決定自己的學習內容，要學些什麼、如何學、用什麼教材學習。
5. 學生可以依據自己的進度學習，取代所有學生以同一進度學習。

適性教學的意義主要在於依據學習者在學習方面的需求、學習狀況、學習表現、學習性向，教師設計符合學習者的學習情境、有效的策略，以達到教學目標和精熟程度。因此，適性教學是以學習者為主軸，教學為輔助的教學法。

二、適性教學的類型

適性教學的發展主要以學習者為中心，讓學習者在教學歷程中，能夠依據自己的需求，完成學習的目標。適性教學的類型，以Walberg（1975）的論點，包括三種主要的基本形式，即選擇（selection）、充實（enrichment）和加速（acceleraction）。選擇是以學生的資源或表現作為篩選學生的參考。充實制是在固定的學習時間之內，設法增加學習的內涵以達到不同的學習目標。加速制是以相同的學習目標，觀察學生完成目標所需要的時間。

三、適性教學的實施程序

適性教學在實施過程中，強調教師與學生之間的互動，藉以達到教學目標。教師在實施適性教學時，以家教式的教學實施最為理想。有關適性教學的實施程序如下（李咏吟、單文經，1995）：

㈠ 個別化引導教育

個別化引導教育是Klausmeier在1960年發展出來的。教學實施首先重組教師的工作，組成教學單位（instructional aides）。教學單位由五個教師、一位專業助理和六十至一百二十位學生所組成。教師決定學習的「相同終點目標」和「不同終點目標」。目標決定之後，依據目標的內容發展單元教材和學習策略。

㈡ 精熟學習方案

精熟學習方案是教師對班級學生的學習實施診斷測驗及補救教學措施之後，針對明確的單元目標進行分教學細目，並發展形成適性測驗和編序教材，以協助學生達到精熟程度的教學策略。

㈢ 適性教育計畫

適性教育計畫是由美國賓州大學（Temple University）的人類發展和教育研究中心主任Margaret Wang所領導的適性教育措施發展出來的。適性教育計畫在實施過程中，包括九個主要的工作層面：

1. 開發和管理教學材料。
2. 發展學生自己負責的能力。

3. 診斷學生學習的需要。

4. 個別的、小組的、大班級的教學活動。

5. 交互式教學（對個別學生的指導、校正、增強和作業調整）。

6. 追蹤學生的進步情形。

7. 引起動機（鼓勵和回饋）。

8. 設計教學計畫（團體的和個別的）。

9. 檔案記錄。

適性教學計畫的實施，通常和一般教學法有所差異；適性教學計畫需要將教室的規劃重新再調整，作局部的改變才能迎合教學和學習上特殊的需要。教師在運用適性的教學策略時以個別的和小團體的學習為主，引導學生完成各項學習任務，並且達到學習目標。

四、適性教學的實施程序

適性教學的理念運用在教學中，教師必須了解教學實施程序（Romiszowski, 1982）。

㈠ 工作分析與科目分析

工作分析與科目分析指的是教師在教學前，應該針對課程與教學內容或科目的性質，分析課程與教學的起點目標與終點目標，作為教學歷程中方法、策略、評量、活動設計的考量。換言之，教師的教學活動必須結合教學起點目標與終點目標，並了解預期達到目標應用哪些重要的策略。

㈡ 單元工作分析和主題分析

在工作分析與科目分析之後，教師必須進一步分析單元學習的知識結構，單元內容與內容之間的邏輯關係，作為診斷工具的擬定與篩選、單元教學法的採用、教學輔助媒體的選擇參考等。

㈢ 知識和技能的分析

教師在單元工作分析和主題分析之後，必須針對教學的知識與技能進行目標及內容的分析，透過知識與技能的分析活動，讓教師了解教學實施過程中知識、技能等方面的結構，作為擬定教學策略的參考。

㈣ 學習行為及問題的分析

教師學習程序的分析包括合適媒體的選擇，有效教學活動的擬定，練習活動、電化用品、教學策略的運用等。

教師在採用適性教學時，必須依據實際上的教學需要，詳細考慮各種相關的因素，隨時了解學習者的特質，學習活動的進行程序，作為修正教學的參考。

適性教學的實施，教師必須針對學習者的特質和需要，配合各種教學方法，以學習者最適合學習的方式進行教學活動。在教學情境上，必須考慮學校的組織氣氛、物理環境、心理環境及教材教法的編選等，才能落實適性教學的成效。

第六節　文化差異學生的教學策略

維果斯基指出人類使用工具和象徵，結果人類創造文化。文化是強勁的事物，他們會改變，自有其生命力，並且對每個個體產生深遠的影響。文化指出成功發展的最終結果，並且決定人類的內容，以及我們必須培養哪些基本能力（Bronfenbrenner, 1989）。文化發展與刺激對個體學習產生相當深遠的影響，如果個體在文化刺激方面不足，則容易形成學習上某種程度的障礙。本節主要針對文化差異學生的教學策略，作學理與實際上的探討，提供教師在教學活動進行中，隨時注意學生文化差異上的現象，作為調整或實施教學活動的參考。

一、文化多元與差異的意義

文化差異所展現出來的不僅僅是種族方面的問題，同時是社會階級、社經地位、語言、信仰、社區文化等方面的問題。來自於不同文化族群的學習者，因成長環境的關係，或許受到早年生活經驗與文化背景的影響，在學習性向與學習動機方面也會有所差異。美國1960年代的教育改革運動，主要目的在於改變學校的教育內容與歷程，此教育改革運動最為專著者即在於文化差異的問題上面。相關的統計指出，美國在教育改革最需要著力的即在於多元文化教育（multicultural education）方面的議題。

學習者來自於不同的種族，擁有屬於自己種族的語言、文化、生活習

慣、行為模式，在學習上所表現出來的自然屬於不同的次文化。如果學校教育忽略此種既存的現象，而貿然地實施各種教育活動，容易使教育生活嚴重地脫離。其次，學習者如果來自於不同社經地位的家庭，擁有屬於自己或慣用的價值觀，對人、事、物的觀點不同，反映在行為上的即為不同的觀點。學校教育系統倘使以統一的標準要求不同的學生，容易使學生在學習過程中產生疏離感。因此，文化差異的現象，必然是教育學者在進行課程教學設計時，必須正視的問題。

多元文化教育的發展，即針對個體在文化差異方面所提出的教育遠景。如同莊明貞（1997）指出：「一種教育改革的理念，和教育改革的運動，它要透過持續不斷的課程改革、和其他教育改革的途徑，引導學生熟悉自己的文化，能夠學習自尊自信，同時教導學生去理解其他微型文化、國家文化、世界文化，消除性別、種族、民族、宗教、社會階級、年齡、特殊性等存在的偏見與歧視，使每個人皆有同等的學習機會，去體驗成功的學習經驗，使族群間關係和諧，並促使人類共存共容於世界的理想。」因此，學校教育必須針對文化差異的現象，設計各種多元、多樣的教育方案。

Ramsay、Sneddon、Grenfell和Ford（1983）指出，不同族群的文化應該被視為活生生的、不斷轉變的、變遷的，人們對不同文化總習慣於採取同情的態度，然而此種態度反映在各種立場上卻是不盡相同的。事實上，在當今的時日下，我們所觀察到的是文化互動與其過程中相當具有生命力的表現；文化的接觸是互惠的，每一個文化族群持續地影響另一個文化族群。因此，不同的文化間需要的是相互包容與交互作用，並非膚淺的同情或是特殊化（或給予更多的優惠）。教育改革除了要回應文化差異問題，同時也應重視多元文化存在的現象。教師在教學實施過程中，應該了解文化差異的意義以及本身在教育上的意涵，進而強化本身多元文化的觀念，提供學生多元的學習策略。

二、文化差異學生的教學策略

㈠ 教學觀點多元化

多元文化教學的主要意義在於「同中求異、異中求同」，教師在教學中必須融合各種因素，包括引導學習者如何體驗學校課堂中的情境、如何

以先前經驗和信念去詮釋學校和課堂中的經驗、以及如何將各種詮釋以行為顯現出來。其次，教師本身的多元文化教學觀，深深地影響教師的教學活動，因為教師的教學信念對教學活動的影響是相當深遠的。教師在教學活動進行時，應該儘量避免以自己所屬的文化、生活經驗、文化屬性詮釋課程與教學中的各種概念而應該提供學習者多元的學習經驗與各種不同的例子，加以解釋單元教學中的原理原則或概念。

㈡ 學習學生的文化

教師本身來自於各種不同文化背景的社區，在教學中自然將自己所屬的文化融入教學中而不自知。教師在面對學習者不同文化屬性時，也應該嘗試性地學習或了解學生文化，包括學生的宗教信仰、生活習俗、傳統、假期、節慶、藝術、以及各種文學。教師也可以學習學生各種母語作為教學轉化之用，運用母語中的一些文字強化教學效果。一般的教師在教學中，習慣於用統一的語言（例如：國語）教學，而忽略學生的語言文化，導致教學效果打折扣。例如：在原住民地區教學的教師，如果可以對原住民的語言有深入的了解，在教學過程中必然可以強化教學效果。

㈢ 反映各族群文化教學

教師在教學中可以將各不同族群的文化、生活藝術、各種次文化，布置在教室中，提供學生另類的學習。讓學生了解除了自己的主流文化之外，還有少數或特殊的族群，擁有和自己不同的文化。教師也可以考慮在課程之外，引導學生規劃各種班級特別活動，提供少數族群重要節日的慶典活動，或是邀請少數族群成功的人物到班級來，以現身說法的方式，引導學生了解不同族群之間的差異。

㈣ 運用各族群的材料與活動

教師可以在教學中以去刻板印象的方式，提供各族群的材料與活動，促使教學活動的進行多元化，提供學生各種不同的學習經驗與機會。例如：提供同年齡群中各族群不同的成功典範，教導學生各種不同族群中成功的案例和經驗。將各種不同族群的奮鬥故事，以案例的方式融入教學中，使學生對教材與活動更有興趣，激發學生的學習動機。其次，教師可以教導學生透過各種網路、資料蒐集等方式，蒐集各種不同族群方面的資料，作為教學補充資料。

㈤ 整合各文化取向的教學策略

　　教師在教學中可以運用整合不同文化取向的教學策略，幫助學習者了解每個人都有屬於自己的文化，並不是少數民族才有屬於自己的文化。在教學中，可以透過強調不同文化族群的家庭和日常生活來建立集體的認同感，而不適在日常生活中強調差異和外來性質的文化。透過各種教學方案與教學策略，引導學生了解各種不同文化的刻板印象、偏見、民族自大、我族為王的錯誤觀念。透過教學活動的進行，同時讓學生了解錯誤刻板印象對不同族群所產生的傷害。例如：早期社會課本《吳鳳的故事》對原住民的傷害是相當深遠的，容易讓一般人對原住民產生錯誤的刻板印象。

三、教學上的一些想法

㈠ 多元文化的教學理想

　　教師在面對教科書時究竟應該採「忠實觀」或「調適觀」的紛爭，一直是課程與教學研究者相當關心的議題。前者強調教師只要將課程內容原原本本教給學生就可以了，後者強調教師應該依據現實將課程內容作適當的調整，才不至於淪為意識型態的幫兇。教師應該透過在職進修或是其他管道，了解多元文化的意涵及其在教學上的應用，並造就多元文化教學實踐的脈絡。在面對學習者來自不同文化背景時，可以透過各種教學策略，協助學習者得到最佳的學習成果。就臺灣而言，近年來由於政治經濟局勢的變化，許多原住民家庭離開原居地而大量往他縣市或都市移居，而對學校教育產生相當的衝擊（蔡克容，2000）。不僅學校教育系統必須有所因應，教師的教學也應該以多元文化教學的理想，縮短文化差異現象。

㈡ 教師教學信念上的問題

　　教學信念是教師教學決定的潛在因素，是教師在教學歷程中，對於歷程中所有的相關因素及變項所持有信以為真的觀點。這些觀點是由個人所持有各種信念單位組織而成的系統。教師來自於不同的家庭、社經地位、社區族群，本身擁有自己的成長文化，對自己成長的文化具有特殊的情感。因此，在面對不同家庭背景、社經地位、族群的學生，應該摒除以同情的眼光看待學生，在教學上更應以多元文化觀點，引導學生學習。多元文化教學想要真正落實到教師的教學活動中，唯有不斷透過研習進修活動，改變教師根深柢固的信念，提供教師多元文化教學的經驗，進行相關

經驗的傳承，才能在文化多元的社會中，落實高品質的教學理想。

㈢ 除了同情，還能怎樣的問題

如同Ramsay、Sneddon、Grenfell和Ford（1983）指出，不同族群的文化應該被視為活生生的、不斷轉變的、變遷的，人們對不同文化總習慣於採取同情的態度，然而此種態度反映在各種立場上卻是不盡相同的。教育系統中對於少數族群文化的態度，截至今日仍以同情的眼光看待之，教師在教學中無法真正落實多元文化教學，以弭平文化族群間的差距。不同文化之間的相容，仍須教育工作者不斷地努力。教師每天生活在班級中（life in classroom），除了複雜的班級生活情境之外，還得檢視學生的文化背景，先不論教師是否對多元文化有深入的認知，教師本身是否有能力提供學生多元文化的學習機會，尚待觀察。

㈣ 教師素質不足問題

一般而論，教師面對教學產生困難時，通常有二種反省途徑，第一為學生不足；其次為教師不足。當教師在教學過程中遇到困難時，往往將學生不足擺在檢討的第一位，進而針對學生本身能力、智力、學習經驗、動機、學習參與，檢討在教學上如何因應；其次才針對教師本身的素質、能力、經驗、學科專門知識等自我反省。多元文化的教學無法真正落實在教師教學中，主要的原因不外學校行政工作負擔中，教師缺乏一套真正落實多元文化的教學設計或課程，然而教師本身的素質也是多元文化教學在落實中的重要影響因素。

㈤ 意識型態上的紛爭

學校是由一群來自不同社區、不同社經背景、不同族群的教師與學生所組成的，在教學中必須考慮組成成員之間的差異性。如果忽略此種既存的差異性，教學活動的實施往往無法達到預定的效果。學校教育教導學生去理解其他微型文化、國家文化、世界文化，消除性別、種族、民族、宗教、社會階級、年齡、特殊性等存在的偏見與歧視時，容易淪為意識型態的紛爭。主流族群在實施教育時，或有抑或無意地透過教育工具、活動，將意識型態融入教育中。因此，教師在進行多元文化教學時，難免因意識型態的紛爭而產生矛盾情節，究竟教學活動應該以強勢文化為主，或是偏向弱勢族群文化。如果以強勢文化為主的教學，相對於弱勢族群學生是相

當不公平的；如果強調弱勢文化則對學生未來生活適應是否形成困難。有鑑於此，教師的教學應該以文化融合的理念，提供學生不同文化之間的經驗，讓學生使每個人皆有同等的學習機會，去體驗成功的學習經驗，使族群間關係和諧，文化與文化間的以相容相存，並且達到融合的境界。

第七節　需要補救教學學生的因應

　　教師在教學評量結束之後，應該針對學生的學習變化情性，了解學生在學習方面是否需要加強或進行補救教學。通常形成學生長期學習表現不佳的原因可分成十種成因：一、智能的因素；二、感官缺陷；三、中樞神經系統失常；四、學習動機及信心不足；五、學習方法及習慣欠佳；六、行為及情緒困擾；七、同儕及人際關係不良；八、教學措施及安排不當；九、家庭因素；十、環境及社會文化因素（張鐸嚴，2002）。學生在學習表現方面不佳，通常是因為各種內外在因素交互的結果，此類學生通常需要額外的補救教學，教師在教學結束之後，應該針對學習困難的學生進行補救教學。本節主旨在於探討學習表現不佳的類型，進而提供教師進行補救教學的參考。

一、學習表現不佳學生類型

　　學生在學習過程中的表現，可能因為各種因素的影響而形成學習上的問題，學生在學習困擾方面包括下列三項，詳述如後：

(一)學習困擾的學生

　　通常所謂學習困擾指的是學習者因為生理、心理情緒、行為困擾、同儕關係、人際關係、家庭生活、社區文化等影響學習進而形成學習困擾的學生。教師在面對此類學生時，必須依據學習困擾的本身提供學習者各種補救教學方案。學習困擾的學生在補救教學方面，重點通常會擺在心理諮商輔導、學習行為適應、補救教學方案的擬定以及學習情境的改善，引導學習者降低來自學習方面的困擾，進而提高學習成果。

(二)學習困難的學生

　　學習困難的學生通常是因為本身在學習策略、學習方法、學習習慣等

方面所形成的困難，並且影響學習成效的學生。此外，學生學習困難也可能是因為教師本身教學實施歷程所形成的。因此，在學習困難方面的補救教學教師必須在教學活動方面重新檢討設計，針對學習困難的學生教師必須運用各種資源教學方案，進行補救教學，使學生學習效果提升。

㈢ 學習障礙的學生

　　通常學習障礙的學生指的是因為生理或心理因素而影響學習的學生，最常見的是生理因素，例如：因為學習者大腦因素、感官缺陷、中樞神經系統、器質性疾病等足以影響學習的生理病。因此，教師在面對學習障礙的學生，應該以個別教育方案或其他特殊安置計畫。

　　教師在教學過程中，面對來自不同家庭背景的學生，必須隨時了解學生在學習方面的變化情形，透過各種評量工具了解學生學習困難的成因，作為擬定補救教學的參考，唯有隨時了解學生學習困難的影響因素，並且從教育層面幫助學生，才能減少學生的學習困擾。

表5-3　三種學習問題類型之成因及補救教學計畫重點（張鐸嚴，2003）

類　型	形成因素	補救計畫重點
學習困擾	心理、情緒、行為適應及家庭、社會文化等非教學因素	心理諮商輔導、行為適應、補救教學以及情境改善
學習困難	課程、教材、教法、學習方法、習慣等教學因素	教學活動重新設計檢討、補救教學以及資源教育方案
學習障礙	大腦、感官缺陷、中樞神經系統生理性、器質性因素	個別教育方案或其他特殊安置計畫

二、補救教學的實施與理想

　　面對學習困難或需要補救教學的學生，教師可以在教學歷程中，運用各種補救方案，協助學生學習。國內有關的補救教學方案，通常由學習者的角度出發，透過有效學習策略的擬定，協助學習者進行有效的學習活動。毛連塭（1989）在《學習障礙兒童的成長與教育》中指出，學習困難學生的補救教學方案步驟如下：

㈠工作分析教學法

工作分析法的運用是教師將學習者的主要缺陷視為工作（task），再將工作分成各種次要工作，將各種主要工作及次要工作做成關聯性，引導學生學會各種主次要工作，進而學習次要工作，再進而學會主要工作。如此循環使學生學會重要的概念為止。

㈡觀念分析教學法

觀念分析教學法是教師將各種教學上的概念或原理原則，以學習者可以理解的方式進行教學。因此，教師在教學中必須分析各種觀念的必備特性和不相關聯特性，而後依據觀念的特性引導學生進行學習。

㈢診斷—處方教學法

診斷—處方教學法是運用各種評量工具，了解學生學習困難的情形，作為擬定補救教學的參考。在評量工具施測完成之後，教師可以透過工具的解說，了解學習者學習困難的情形，針對施測結果實施教學計畫。

㈣精確教學法

精確教學法的實施是教學者將教學歷程作精確分析，以便控制影響教學的因素，並安排有利於學習的條件。教師在教學前應該詳細分析教學活動，了解如何作有效的教學轉化才能幫助學習者學習。

㈤應用行為分析法

行為分析法的運用是引自實驗室研究分析行為的原理原則，並將各種分析結果運用於實驗教學情境中。教師可以透過將行為作細部分析，作為補救教學進行的參考。

㈥知覺動做法

知覺動作教學法是教師運用個體在肢體方面的變化，作為教學實施參考。例如：傳統的物理治療、過動兒教學、學前教育等，都是運用知覺動作教學法提高學習效果的例子。

㈦環境控制法

環境控制法是教師控制學習環境，以提高學習者的效果，此種教學法通常和知覺動做法並用。

㈧ 特殊能力法

特殊能力法是教師針對學習障礙或困難的學生,所設計的各種特殊教學法。在教學策略上的應用,必須配合學生身心特殊情形,作為補救教學的參考。

㈨ 訊息處理法

訊息處理法是了解學習障礙學生和一般學生在訊息的選擇、摘取、儲存和記憶等方面有何不同,作為教學設計的參考。

補救教學的實施對學習困難的學生,無異的是一種福音,尤其是在學習過程中因生理或心理所產生的學習障礙。教師在面對班級教學時,應該撥些時間了解少數學習困難的學生,透過各種評量工具,了解形成學習困難的原因,作為擬定補救教學的參考。

第六章

教學設計

　　教學設計（又稱教學計畫、教案、教學規劃）可以讓教師在教學活動實施時，有一個明確的心理參考架構，讓教師的教學有方向感，可以確保教學目標的達成和教學品質的提升。本篇的主旨，在於說明教學設計的意義、類型、寫法、應用，提供教學設計的理論與實際，讓教師在教學規劃中，有依循的方向。

第一節　教學設計的意涵

一、教學設計的意義

　　一般而言，教學設計本身含有計畫的意義（林進材，2006），教學設計有兩方面的意義：1.是教學活動的藍圖；2.為教學處方。針對特定的對象與目標，選擇應用特定的方法、內容及策略。教學活動如果缺乏良好的設計，容易造成時間與資源的浪費，更會帶來學習無效的後果。

　　教學設計在理論與應用上。包括三個重要的議題：1.我們要往哪裡去？（教學目標）；2.我們怎麼去？（教學理論、策略與方法）；3.如何了解自己已經達到目的地？（教學評量與修正）。

　　教學設計是一種多面向且持續的歷程，它的範圍幾乎囊括教師教學中的每一個層面，不僅僅是教師對未來課程的計畫，也包含教學中的每一個層面，對於教師的教學與學生的學習，應該充分的掌握。教學設計的歷程，是一種循環的歷程，每一個評價的訊息或資料，都影響教師教學的下一步計畫，以及接下來的教學行動（林進材，2016）。

二、教學設計的基本假定

　　教學設計的基本假定，依據Gagné、Briggs和Wangeer指出，教學設計的基本假定有五項（林進材，2016）：

　　1. 協助個人學習

　　教學識學習者個人導向，即使學習的型態是團體，教學設計的重點仍是個人學習為主。

　　2. 教學設計包括短期的和長期的

　　短期的教學設計是教師每天每一節教學前的規劃；長期的教學設計，

是較為複雜多變，包括各種不同主題或科目，由多位教師參與，以集體或多科的方式進行的教學設計。

3. 系統設計的教學影響個人的發展

教學設計者認為缺乏計畫及指引的學習無法帶來滿意的學習結果；每個學習者都應擁有同樣發展潛能的機會。

4. 教學設計應以系統方式進行

系統方式的教學設計，是一系列步驟，如需求及目標分析及評量系統；擬定這些應依經驗證據，且每一個步驟的有效性均可由下一個步驟的回饋來檢證。

5. 教學依人類如何學習的知識而設計

討論個人能力如何發展，僅提出應具備哪些能力還不夠，應檢視如何獲得；教材不僅反應作者知道什麼，還應考慮學習者如何習得這些知識，是以必須考慮學習條件。

教師在進行單元（或課）設計時，應該了解教學設計的假定，包括教師的教學活動與學生的學習活動，透過對於教學因素的掌握，引導教學活動與實施的進行，以提升教學成效與學習成果。

第二節　教學設計的功能與成效

一、教學設計的功能

教學設計的主要目的，在於提供教師教學活動實施的參考和依據，引導教師考慮與教學目標、教學過程、理論、方法、材料及評量等有關的各項事宜。

教學設計的功能，主要包括下列功能（林進材，2016）：

1. 教學目標

教學設計的首要功能，在於使教學目標明確周全，提供教師在教學活動實施的心理參考架構，確實具體達成教學目標。教學目標的擬定提供教師教學活動實施的具體方針，教師在教學活動實施時，應該不斷依據教學目標調整教學活動。

2. 教材準備

教學設計有助於教師在教學前針對學習議題，選取合適的教材，以適應在教學活動中的需求。教材準備的完整性有助於教學活動進行時，提高學生的學習興趣和動機，媒觸教學效果以達成目標。

3. 教學方法

教學設計引導教師依據教學目標、教材性質及學習者的特性（例如：舊經驗、學習風格、學習成效），採取適當的教學方法，配合充分的教學策略、教學器材，安排合適的教學活動。

4. 教學時間

教學設計有助於教師在教學時間的安排方面，依據教學過程分配時間，以提高教學校率。在教學活動實施過程中，教學時間的安排與運用，影響教學活動的進行，教師如果缺乏教學時間的有效管理，教學活動的進行就無法達成預期的目標。

5. 教學對象

教學設計活動讓教師了解學生的起點行為、舊經驗、學習興趣、學習成就、能力及需要，作為教學上的因應。教師對教學對象的了解，可以提供教師各種學習者心理歷程的相關訊息，作為調整教學計畫的參考。

6. 教學評量

教學設計可以用來記錄班級的教學活動，以及教師各種觀念的運作，作為為來教學活動修正與調整，提供教師教學與評量關係的參考架構。例如：教師在教學活動進行時如何運用各種評量，包括形成性評量、總結性評量，以確定教學目標的達成情形。

7. 教學行政

在教學行政方面，教學設計的功能有助於迎合教師個人在教學過程中，立即性的心理需求，降低教師對教學的焦慮。增加信心與安全感。此外，可以提供其他對教師教學活動的構想、藍圖及運作，當教師無法親自擔任教學工作時，代理教師可以透過教學設計的內容，掌握教師對教學活動的規劃設計。

二、教學設計的成效

教學設計的擬定，對於教師的教學活動，具有引導與提示作用。完

善的計畫，可以提供教師在教學實施的方向感，讓教師對學生的學習有更深入的了解，對未來教學動的研擬隅策略、理論方面的應用，可以更有把握和信心；教學設計能夠幫助學生對學習目標和任務有更清楚的察覺，同時可以讓教師對學生的需求和想法預作準備，透過教學計畫的實施，可以讓班級的教學活動實施更加順暢，學習氣氛更為和緩。明確的教學目標與主題，對教師的教學活動實施具有下列主要的成效（改寫自林進材，2006）：

1. 提供教學歷程方向

完善的教學計畫，可以提供教師在教學實施過程中的方向。因為教學計畫包括教學目標、教學時間、教學對象、教學方法、教學場所、教學媒體、教學評量等內容，可以讓教師在教學實施中，具有心理參考架構，提供教師教學活動實施的方向感。

2. 提供學生與家長教學意圖

教學計畫的擬定可以供學生和家長，了解教師未來教學活動如何實施，從教學活動的實施可以學到哪些原理原則和概念，在未來的學習中評量的方式和評量的標準何在等問題。家長和學生可以從教師的教學計畫中，明確了解教師的教學意圖，作為學習準備的參考。

3. 使教室教學運順暢

教師如果在教學前擬定完善的教學計畫，不但對教師本身教學活動的進行有藍圖可以參考，同時可以透過教學計畫的實施，讓教室教學活動的運作順暢。有了完整的教學計畫，教學活動的實施就不至於雜亂無章，學生的學習活動進行就可以在有計畫的情形下實施。

4. 提供評量學習成果的方式

教學計畫在內容方面，包括教學評量與學習成果評量方式的設計。因此，教學計畫本身會針對教學目標的達成，擬定各種教學評量的形式和標準。所以教學評量的實施，並不是臨時決定的，也不是針對個別學生而研擬的標準。

第三節 教學設計的類型

　　教學設計的類型依據內容、時間及教材的範圍，而有不同的類型。教學設計依據形式分，有內心式與書面式的教學設計；從內容分，教學設計有簡單式設計與詳案式設計；依據型態分，有單元、每課、每日、每週、每月、短期、長期、學期、學年等（林進材，2016）：

一、教學設計形式

1. 書面式教學設計

　　教師在教學前，將教學所要達成的目標、使用的教學方法與策略、師生的活動與教學資源，事先作妥善的規劃，作為教學上的參考。部分教師在進行教學設計時，會以書面設計呈現，將教學設計過程中的主要因素（如學習者、方法、目標、評鑑）等以文字呈現出來，就稱之為書面式教學設計（或稱教案）。書面式的教學設計有簡案與詳案之分。詳案通常包括單元主題名稱、一般學目標的敘述、教學內容主要的概念、具體行為目標、單元活動順序、時間的安排、評量活動的實施等完整的教學設計。簡案是教師以簡單書面文字所做的教學設計，用意在於提醒教師主要的教學流程或概念。

2. 內心式教學設計

　　內心式教學設計是相對於書面式設計的方式，教師在從事教學設計時，僅在腦海中構思教學，是一種心理思考方式的教學設計。教師在教學前，構思與教學活動有關有關的熱和事件或歷程，都是屬於思考形式的教學設計形式。此種形式的教學設計，通常需要靠教學經驗的累積，在教學多年之後，教師才會採用的教學設計形式。

二、教學設計型態

　　教學設計依據不同性質的教學，而有不同型態的教學設計：

1. 單元教學計畫

　　單元計畫是以一個單元教材為範圍，以較大單元為主，且以活動的方式進行教學設計。單元計畫通常包括一個比較完整的學習經驗或學習活動，完整的單元教學通常需要比較長的教學時間。例如：小學數學領域的

數學課，主要是以「單元」為單位，教師的教學計畫，就必須以完整的單元教學進行設計。

2. 每課教學計畫

每課計畫使教師最常使用的一種教學設計，又稱之為「教案」。此種設計是以一課或一節的時間為範圍所做的教學設計。通常完整的每課計畫應該具備教學目標、教學主題內容、教學策略、教學資源、教學評量活動等。教師的每課計畫通常是以自己可以理解的方式進行，此為每位教師未必將教學設計訴諸文字的主因。完整的每課計畫應該具備可以用來作為教學依據，有效引導教學活動及未來教學中仍然有用的特質。

3. 每週教學計畫

每週教學計畫使以時間為考量因素的教學計畫，每週計畫通常是由幾個每課計畫所構成的。教師事先做為期一週的教學計畫，有助於教師請假或缺席時，代理教師方便處理教學上的問題。

4. 學期或學年教學計畫

學期或學年教學計畫，通常與學校的行事曆相互配合，以「教學進度表」的型態呈現。它是以週為單位，屬於整個學期或學年的教學計畫。學期或學年的擬定，通常是由學校教學研究會、教務單位或學年主任召開相關的會議，邀請教師共同協商，形式上的意義大於實質上的意義。此種形式的教學計畫，提供教師在大方向的教學規範，教師需要配合實際的需要，進行教學計畫方面的修改或調整。

第四節　教學設計的內容

教學設計是引導教師教學活動進行的規劃，教學活動是否順利，需要依賴完整的教學設計。一般的教學設計，在內容方面需要包括下列幾項（林進材，2016）：

一、教學目標

教學目標使教師對教學內容與程序有更清楚的了解，引導教師從事教學活動，是教師選擇教學活動及組織教學資源的依據，可以用來研擬評鑑學生的方法與標準。教師將教學目標名確定出來，才知道要教些什麼；並

且依據教學目標評量教學成果。一般的教學目標必須包含：1.「誰」要完成此項合宜的行為；2.用來證實熟達目標的「實際行為」；3.用來評鑑以確定目標是否熟達的行為「結果」；4.完成行為的「有關條件」；5.用來評鑑結果或行為表現成功的標準等（黃光雄，1988）。

二、教學內容

教學內容在教學過程是屬於「教什麼」的部分，通常是指有關課程與教材的部分，是依據教學目標以及任教對象的特性編製而成。教學內容的決定有助於教師選擇教材教法以及決定教具，並作為教學成果評鑑的依據。一般而言，教學內容之選擇應符合適切性與多樣性，依據教學目標而定，考量學習者能力與興趣，並提供多樣性的學習經驗。學習內容應以有意義的次序安排，依照邏輯性及複雜程度合理得分配，學習才會有所進展。

三、教學對象

教學對象是教學設計中，有關學生學習的部分。教師在從事教學設計時，必須先了解學生的能力、興趣、需求、起點行為、舊經驗、成熟度、特殊才能、身心狀況、對教學內容所具有的動機與態度、先前的工作經驗等方面的資料，才能決定主題的選擇、想要達到的目標，前述目標的優先性、主題的難易度，以及各種有關學習活動的決定等。

四、教學方法

教學方法是達成教學目標的途徑與手段，通常教學方法的選擇，取決於三個先決條件：一是以教學目標為依據；二是以學習者的狀態及特性為主；三是視教材的性質而定。

五、教學資源

有效的教學活動與學習活動需要運用相當的教學資源，教學資源的運用有助於教學進行中引發學習動機，使學習者或的有意義的學習經驗，並協助補充教學內容及提供學習者個人能力表現的評估。教師在教學前蒐集與教學有關的資源，並融入教學活動中，可使教學更具有彈性化，更適應個別差異。一般而言，教學資源泛指教師用來作為輔助教學活動進行的

各種實務、非放映性教材（如圖書、圖解、表、圖表、相片等）、錄音器材、教學媒體等各種設備。

六、教學環境

教學環境包括教學的心理環境與物理環境，教學的心理環境通常指的是班級教室氣氛或班級學習環境、班級的心理社會環境，是一種無形的心理環境。由班級學生相互間的關係、師生間的關係、學生與課程教學籍學習活度的關係，以及對班級組織特性得知覺所構成。教學的物理環境指的是班級教室及其他可供教學活動進行的場所，及相關的教學設施而言，包教室配備、地點、外觀等。

七、教學活動

教學活動的安排，是教學設計過程的要素之一。主要目的是依據教學內容與教學目標，選擇與安排各項「教」與「學」的活動，以達到最高的學習成效與預定的目標。教師在從事教學設計時，教學活動應該包括：1.教師將要做什麼；2.學習者將要做什麼？等問題。

八、教學時間

教師在從事教學設計時，應該要掌握時間的要素，了解多少時間做多少事。時間的變化與消逝使教師了解教學活動的進行情形：改變時間與控制時間，同時改變並支配教學行動。

九、教學評量

教學評量是當學習者完成一個教學單元時，評鑑學習者以確定教學是否成功的達成該單元的目標。教學評量的實施運用科學方法，蒐集有關學生學習行為其成就的正確資料。在依據教學目標，就學生學習表現的情形，予以分析、研究與評斷的一系列工作。教學評量的功用是教師在教學活動前，先衡量學生的起點行為，而後配合教學目標，依據學生的學習需求，提供各項學習活動，學習活動結束之後，再加以評量學生學習成果，作為修正教學目標，改進教學活動及使用的教材教法。因此，教學評量並不是教學活動的結束，而是屬於起承轉合的關鍵部分。

第五節 教學設計的撰寫

教學設計是教師的教學規劃與未來發展的方向,因此在撰寫教學設計時,需要掌握與教學有關的因素,才能擬定完善的教學設計。

一、教案要包括哪些內容

教案的撰寫,除了要符合一般教學計畫的格式和規範之外,也要了解一般的教案內容,必須包含哪些重要的項目。教案的主要目的,在於提醒教師單元教學(或課教學)的目標在哪裡,讓教師了解教學活動的實施,需要哪些重要的步驟,確認教學目標的達成。一般教案在內容方面,大略分成課程與教學研究、學生的學習經驗、引起動機、教學理論與方法的採用、教學目標的擬定、教學活動與流程、教學資源的運用、教學時間管理、教學評量方法與標準的擬定等。茲將一般教案的內容,簡要說明與舉例如下(林進材、林香河,2016):

㈠ 課程與教學研究 —— 前人有哪些叮嚀

課程與教學研究主要目的,在提供教師有關單元教學活動,在課程與教學方面的研究,有哪些重要的結論、哪些重要的經驗、對本單元(或課)的教學有哪些重要的意義。教師在撰寫教案時,有關課程與教學研究方面的訊息,可以參考採用的參考書版本,出版社所附贈的教師手冊中(或教學指引),都會提供課程與教學研究方面的訊息。

1. 教案中課程研究的意義

在教案撰寫歷程中,課程研究的定義通常指的是該學科領域中,有關該單元的課程內容分析、課程組成的分析、課程實施的分析等方面的訊息。課程的概念是由幾個單元(或幾節課)組成的,透過各單元的組成,形成該學科領域的課程研究。例如:國小五年級上學期數學領域的教學,在課程方面的研究,指的是五年級上學期數學領域所有單元教學的總和。在課程研究中,針對每一個單元教學設計,在教案中會提供該單元(例如:分數的除法)的課程意義,以及在該單元教學前,教師教過哪些相關的概念,未來的教學會教哪些相關的概念。換言之,課程研究提供該單元概念的過去、現在與未來方面的課程與教學訊息。

2. 教案中課程研究舉例

教案中的課程研究說明，提供教師該單元教學的整體課程概念。教師可以透過課程研究舉例，了解該單元教學在整體課程中，所扮演的角色和教學上的意義。

例　　子：國小三年級上學期數學領域教學教案設計
單元名稱：第二單元：加法
教材來源：南一版第五冊
課程研究

課程研究	**一、課程內容分析** 1.讓學生熟練三位數的加法直式計算 2.讓學生熟練四位數的加法直式計算。 3.讓學生熟練三個數的連加。 4.讓學生熟練三位數的加法估算。 **二、課程實施分析** 1.在第四冊的單元三中，學生已經學過三個數的連加、連減與加減混合，並能用直式解決問題。 2.學生學習本單元之前，應以熟練二位數的加減直式計算。 **三、課程準備** 教師：情境圖、數字卡、數字版。 學生：小白板、白板筆。

3. 教案中教學研究的意義

在教案撰寫中，教學研究與課程研究的意義相當接近。課程研究通常囊括所有的教學研究，教學研究指的是該單元在課程實施上的意義。一般教學研究的內容，大略包括教材分析、教材的地位、學生經驗分析、教材準備等與教學有關的性質和內容，通常會在教案中的教學研究標示出來。教師可以在教師手冊與教學指引等相關簿冊中，了解單元教學教案的教學研究資料。

4. 教案中教學研究舉例

教案中的教學研究，提供教師在教學中的訊息，引導教學活動的實施。因此，教師在教學前，應該先了解教案中的教學研究，作為教學活動實施的修正參考，同時作為教學評鑑的依據。

例　　子：國小五年級鄉土教育教學
單元名稱：永華偎海邊
教材來源：自編（謝佳柔編）
教學研究

教學研究	一、教材分析
	1.認識臺灣形成的過程。
	2.說出臺江內海涵蓋的範圍。
	3.說出陳永華在臺灣的事蹟。
	4.培養愛鄉愛土的情懷，珍惜腳下的土地。
	二、學生經驗分析
	五年級國語課本與社會課本均有提到陳永華相關資訊，但對於永華國小的前身—瀨口鹽場，曾聽聞過的學生甚少。
	三、教學準備（教材）
	1.單槍投影機。
	2.實務投影機。
	3.教材簡報PPT。

(二) 學生的學習經驗 —— 凡走過必留下痕跡

在教案撰寫項目中所指的學生學習經驗，一般指的是在單元教學前，學生與單元知識概念有關的經驗。教師在撰寫教案時，應該要先了解學生如何學習，以及學習歷程中，個體所產生的各種變化與心理歷程，才能確定教學進行程序，有效引導學生學習。

1. 學習經驗的意涵

學生的學習經驗，一般指的是學生在單元學習方面的起始狀況，包括學生的舊經驗、起點行為、學習狀況、單元知識學習情形、學習潛能等。例如：在國小數學領域的單元學習上，學生如果想要學習梯形面積的計算方法，必須先了解長方形面積的計算方法、三角形面積的計算方法等，才能學習梯形面積的計算方法。因此，長方形面積和三角形面積的計算方法，就稱之為梯形面積計算方法學習的學習經驗。

教師撰寫教案時，必須先參考學科領域教學的教科書、教師手冊（或教學指引）等資料，了解單元教學時學生的學習經驗，透過學習經驗的分析和了解，可以擬定單元教學方法和策略，作為規劃教學的參考。有了學生的學習經驗，教師就可以在教案撰寫時，針對學生的舊經驗，決定單元

教學所需要的時間、教學理論與方法的運用、教學資源的運用、教學評量方法與標準等。

2. 學習經驗的例子

教案中的教學經驗項目，提供教師在教學前的參考，提供教師教學實施的切入點。有關教學經驗的教案撰寫，舉例說明如下：

例　　子：國小六年級上學期數學領域教學
單元名稱：第五單元第一課：放大與縮小
教材來源：翰林版第十一冊
學習經驗

1. 第四冊學過幾何：第八單元　角、邊、面。
2. 第五冊學過幾何：第二單元　平面圖形。
3. 第七冊學過幾何：數與量第九單元　角與量角器。
4. 第八冊學過幾何：第六單元　全等、三角形與四邊形。
5. 第九冊學過幾何：第五單元　長方體與正多面體。

(三) 引起動機的實施 —— 點燃學習熱情

引起動機是教學活動的起始階段，透過引起動機的運用，點燃學生的學習熱情，英文名詞譯為warm up。引起動機通常會放在「準備活動」階段，透過3至5分鐘的教學活動，提升學生對單元教學的興趣。

1. 引起動機的意義

引起動機的主要意義，在於透過教學活動方式，激發學生對該單元學習的興趣，將舊經驗與新概念的學習，作有效的連結。教師在教學活動實施前，應該針對單元學習的重要概念，設計各種具有教學意義的趣味活動，藉以激發學生的學習心向。

2. 引起動機設計的要領

(1) 配合單元教學目標選取活動內容

引起動機是教學活動中的「暖身運動」，在活動的設計時，要能配合單元教學目標，選取活動的內容以提升學生的學習動力。

(2) 引起動機以3至5分鐘為原則

在撰寫教案時，引起動機在時間的分配上，以3至5分鐘為原則，不可以超過5分鐘，以免占用過多時間而影響教學進度。

(3) 引起動機必須銜接發展活動

引起動機的活動，本身要和教學發展活動的內容，或是概念學習內容有關，才能在引起動機時，和單元教學重要概念進行連結。

(4) 引起動機的活動要全班一起來

引起動機活動的進行，通常要以全班學生為對象，避免採用單一活動或是分組活動的方式，影響全體學生對於學習的興趣。

(5) 引起動機要能激發學習興趣

引起動機本身要能結合學生的學習新舊經驗，讓學生從引起動機中了解新舊概念之間的相互關係，以達到良好的學習成效。

(6) 引起動機以活動設計為原則

引起動機的設計，一般以活動設計為原則，一來可以集中學生的注意力，其次可以讓學生積極參與學習活動。

3. 引起動機的案例與說明

例　　子：國小五年級下學期數學領域教學教案設計

單元名稱：第三單元

教材來源：南一版　第十冊

引起動機

	圖卡	3'	
一、引起動機 1. 課本P.24 利用圖片引起學生興趣，並以學生之生活經驗為基礎，引導其以前所見之建築物為對稱圖形，使其踴躍回答問題，藉此引起共鳴。 圖1、2為對稱圖形 圖3為不對稱圖形			
圖1　巴黎艾菲爾鐵塔			

 圖2　中正紀念堂			
圖3　日月潭風景			
2. 課本P.25 請學生拿出鏡子嘗試使課本上圖形的另一半映在鏡子裡，此可建立學生對對圖形的雛形，亦可發展對稱軸的概念。	鏡子 課本、圖卡	2' 5'	

㈣ 教學方法的採用——教學要用對方法

　　教學方法的採用，影響教師教學實施的成效。透過教學方法的採用，可以引導教師在教學活動實施時的專業思考，教學方法在於系統的提供學生各種概念的學習，以及經驗的驗證。有關教學法的類型，一般將教學法分成下列幾個重要的方法：

1. 教學法的類型

(1) 傳統教學法

一般的傳統教學法，包括講述法、觀察法、問題教學法、啟發法、討論法、自學輔導法、社會化教學法、練習法、設計教學法、發表教學法、單元教學法。

(2) 個別化教學法

個別化教學法包括文納特卡計畫、道爾敦計畫、莫禮生的精熟理念、卡羅的學校學習模式、凱勒的學習模式、編序教學法、精熟學習法、個別處方教學、適性教學模式等。

(3) 群性發展教學法

群性發展教學法，包括群性化教學模式、合作教學法、協同教學法、分組探索教學法。

(4) 概念與思考教學法

概念與思考教學法包括創造思考教學法、批判思考教學法、多元智慧課程與教學法。

(5) 認知發展教學法

認知發展教學法包括道德討論教學法、價值澄清法、角色扮演教學法、探究教學法、電腦輔助教學法。

2. 教學法的運用

教學法的採用在教學設計中，扮演重要的角色。單元教學目標決定之後，教師應該依據目標決定採用的教學方法，以達到教學目標。教學方法的採用，一般會依據學科的性質，採用不同的教學方法。例如：國語領域和數學領域的教學方法，比較會偏向傳統教學法；藝能領域科目的教學法，偏向採用個別化教學法。

在教案中，如果決定採用哪一種教學方法，教師在設計教學活動時，就要依據該教學方法，決定教學流程與教學步驟。不同的教學方法，決定不同的教學流程。有關教學方法的定義與教學步驟，請參見本書第四章教學方法與運用。

㈤ 教學目標的擬定

教學目標是教學計畫的指引方針，使教師對教學內容與程序有更清楚的了解。教學目標是教師選擇教學活動及組織教學資源的依據，可用來研

擬評鑑學生的方法。

1. 教學目標的地位

教學目標是教學活動的重要關鍵，引導教師了解教學活動實施所要達成的預期效果。透過教學目標的掌握，有助於教師在教學中，隨時修正教學活動的內容，引導學生朝向既定的目標學習。教案中的教學目標，所包含的內容是相當廣泛的，教案中的單元目標、具體目標、行為目標、能力指標等，都是屬於教學目標的範疇。

在撰寫教案時，要先了解該單元所要達成的教學目標是哪些？這些目標可以透過哪些理論與策略、活動與方法，達到預期的目標。如果忽略教學目標的重要性，在撰寫教案時無法依據目標而選擇教學理論與方法、教學資源與策略、教學時間與評量指標。

2. 教學目標的要素

一般而言，教學目標使教師對教學內容與程序有更清楚的了解，引導教師從事教學活動。教學目標包含五個要素（黃光雄，1988）：

(1)「誰」要完成此項合宜的行為。

(2)用來證實熟達目標的「實際行為」。

(3)用來評鑑以確定目標是否熟達的行為「結果」。

(4)完成行為的「有關條件」。

(5)用來評鑑結果或行為表現成功的「標準」等。

3. 教學目標的領域

教學目標的分類，依據Bloom的論點，分成認知領域、情意領域與技能領域（胡怡謙，2007）。

(1)認知領域（cognitive domain）

認知領域的教學目標，包括所有對人事物的思考、記憶、辨認、運用等。在內容方面，包括知識、理解、應用、分析、評鑑等。

(2)情意領域（affective domain）

情意領域的教學目標，包括態度、興趣、信仰、價值觀及情感上的風格等。

(3)技能領域（psychomotor domain）

技能領域的教學目標，包括可見的外在表現動作或行為。

4. 教學目標的撰寫

教學目標在撰寫時，應該要注意目標本身的特性，並且以大家都可以

了解的方式，將教學目標轉化成為行為目標。在撰寫教學目標時，應該要遵守下列事項（胡怡謙，2007）：

① 以具體可觀察的行為動詞呈現，避免語意不清的動詞。

② 儘量以學習者的角度撰寫目標。

③ 以學習者的學習最終結果撰寫目標。

④ 目標的可行性要高，避免訂出超越教學者與學習者能力所及的範圍。

⑤ 目標的用語要單純易懂，一項目標以一個具體行為為主。

⑥ 目標的內容要周延完整。

有關教學目標的詳細內容，請參考本書第三章教學目標要怎麼定。

5. 教學目標的例子

例 子 一：國中二年級地球科學教案設計

單元名稱：多變的天氣

教材來源：國民中學翰林版「地球科學」（全一冊）

教學目標

	單元目標	具體目標
教學目標	**一、認知方面** 1-1 了解幾個常見的氣象名詞。	1-1-1 使學生了解天氣、氣候的意義。 1-1-2 學生能簡單說出何謂氣壓與等壓線。 1-1-3 學生能簡單說出何謂高氣壓與低氣壓。 1-1-4 學生能簡單說出何謂氣團。 1-1-5 學生能簡單說出鋒面，與鋒面的類型。
	1-2 了解臺灣常見的天氣與氣象現象。	1-2-1 學生能簡單說出季風的成因。 1-2-2 學生能簡單說出何謂梅雨 1-2-3 學生能簡單說出何謂颱風，以及它的成因與發生地點
	1-3 了解地面觀測常見的氣象儀器。	1-3-1 使學生了解幾種常見儀器的用途。
	二、技能方面 2-1 了解如何使用天氣圖	2-1-1 了解如何使用天氣圖，以獲得資訊。
	三、情意方面 3-1 使學生了解我們可能碰到的現象，也對一般媒體所見的名詞有所認識，避免發生不知道或誤解的情形	3-1-1 藉由老師與學生的討論之間，提供學生對氣象的基本認識。

㈥ 教學活動與流程 —— 掌握活動掌握流程

　　教學活動與流程在教案撰寫時，指的是準備活動、發展活動與綜合活動三個階段的教學活動與流程。教師在教學設計階段，要先了解教學目標或單元目標的主要內涵，結合教材來源、教學資源等，做系統化、科學化的教案設計。將教學活動中的教學目標、教學方法、教學理論、教學策略、教學資源、教學評量等，在教學活動與流程中呈現。讓使用教案的教學者，可以了解教案中的教學活動與流程，所代表的意義。

1. 教學活動的項目

　　一般教案中的教學活動與流程，包括準備活動、發展活動與綜合活動。有關教學活動的項目，簡要說明如下：

(1) 準備活動

　　教學的準備活動階段，包括教學前的準備活動與教學後的準備活動。教學前的準備活動，指的是在進行教學設計時，撰寫教案階段所構思的各種教學準備活動；教學後的準備活動，指的是每一節（或課）結束後，課與課間的準備活動。在教案中的準備活動，包括「課前準備」與「引起動機」二項。

(2) 發展活動

　　教學的發展活動階段，包括實際單元內容的教與學活動，在發展活動階段教師必須掌握與教學有關的各種要素，透過各種預定的活動（或現場修正的活動），引導學生進行學習，以達到預期的教學目標。發展活動的內容，包括各種認知方法、學習方法與教學活動等。每一個概念（或小單元）的教學，都會在發展活動階段呈現。

(3) 綜合活動

　　教學的綜合活動階段，指的是教學歷程中的最後一個階段，在該階段的活動，通常包括「綜合該節課教學」、「總結性評量」、「提示下一節課重點」等三個主要的步驟。在教學綜合活動階段，教師除了提醒學生該節課的重點，進行歸納外，也應提示下一單元（或下一節課）的教學重點。

2. 教學活動的撰寫原則

　　教學活動與流程在教案撰寫時，應該要以教師教學活動名稱或學生學習活動名稱為主，讓每一位教學者可以了解教案的實質意義。有關教學活動的撰寫原則，簡要說明如下：

(1) **以教師教學活動名稱為主**

教案撰寫時在教學活動方面，儘量以教師教學活動名稱為主，讓每一位教學者，可以依據教案的內容進行教學。避免以教師在教學中要講的話，作為教學活動的主體。

正例：教師透過問題引導學生閱讀的意義？

反例：師：你認識這些東西嗎？你有讀過其中哪幾種呢？為什麼要讀它呢？它有什麼用處？平常你喜歡讀什麼書呢?為什麼？最近一個星期讀了什麼呢？為什麼？

(2) **以學生學習活動名稱為主**

教師在進行學習活動規劃時，應該以學生的學習活動名稱作為規劃設計的主軸，避免將學生要回答的話，或是教師要講的話，作為教案設計的重點。

正例：教師引導學生進行「水的三態」實驗活動。

反例：師：你們知道水有固態、液態、氣態三種形式嗎？我們今天要做的實驗，就是要了解水有哪三種狀態？每一組同學要將實驗器材準備好，……

(3) **提示重要的概念學習**

教案中教學活動流程的研擬，要適時地提示重要的學習概念，讓教學者可以了解該概念教學的重點和關鍵點。

(4) **提示重要的教學概念**

教學活動流程的研擬，要配合單元教學目標與行為目標的內容，將重要的教學概念呈現出來，讓教學者可以了解教學流程的重要概念，配合實際的教學活動需要與學生的反應，隨時進行修正。

(5) **以簡要為原則，避免繁瑣的字句**

教學活動流程儘量以簡要原則呈現，避免使用過於繁瑣的字句，或是將教師在教學中所要講的話，一一地寫出來，造成教師在備課時的時間負擔，使得每一位教學者在課前花太多的時間，在背誦教案中註記的教學活動所要講的話。

3. **教學活動的例子**

教學活動在教學設計與教案撰寫中，是相當重要的一項，影響教學活動的實施與教學目標達成的效果。一般不同學科的教學活動與流程，在規劃設計上大都以教學活動與概念教學為主。有關教學活動與流程的研擬，

舉例如下：

例　　子：國小三年級上學期數學領域教學教案設計

單元名稱：第二單元10,000以內的數，第一節幾個千

教材來源：部編版　第五冊

教學活動與流程

教學活動與流程
壹、準備活動
一、課前準備
教師：課本習作的題目條、百格板、千格版、數線圖兩張、黑板
學生：附件二、三代表百、千的積木卡、課本、習作、小白板
二、引起動機
教師透過複習以前學過的連續數字概念，讓學生回憶幾個十是百、幾個百是千的概念。
貳、發展活動
一、從0開始，每100個一數，數到1,000
1. 教師請學生拿出附件二的圖卡，開始每100個一數，數到1,000共有幾張圖卡。
2. 教師會問，請學生解答，並帶到下一個活動。
二、從0開始，每1,000個一數，數到10,000
1. 教師請學生拿出附件二的圖卡，開始每1,000個一數，數到10,000共有幾張圖卡。
2. 教師會發問，請學生解答，並帶到下一個活動。
三、 請畫畫看數線圖
1. 　教師指導千和萬的阿拉伯數字寫法，請學生小組合作，把百、千、萬的數線圖畫出來。
2. 教師請學生回想十、百、千、萬的數數中有何特點？
參、綜合活動
一、教師歸納本節課的教學重點，並帶到下堂課上課概念。
二、教師會用1、10、100、1,000教導個十百千位的位置，並請學生記起來。
三、提示下一節課重點

㈦ 教學資源的運用 —— 怎樣讓教學左右逢源

　　教學資源的運用，有助於教學效果與學習效能的提升，在教學設計階段，教師應該針對教學目標，規劃教學資源的運用。教學資源的內容是相當廣的，舉凡對教師的教學活動進行與學生學習活動進行，有任何幫助或有輔助作用的，都是教學資源的內容。

1. 教學資源的內容

一般在教學設計時，考量的教學資源，包括：(1)人的資源；(2)事的資源；(3)時的資源；(4)地的資源；(5)物的資源；(6)團體與組織的資源；(7)資訊與科技。在教案設計中，教學資源的運用，要考量教學目標與學習效果的達成。

2. 教學資源的選擇

教學資源的選擇依據教師在實際教學中的需要，而做各種不同的選擇，通常選擇教學資源會依據下列要點而定（林進材，2010）：(1)依據教學目標而選擇；(2)依據學科性質而選擇；(3)依據學習者的特質而選擇；(4)依據實用性而選擇；(5)依據資源特性而選擇；(6)依據資源內容而選擇；(7)以周邊可運用的資源為優先；(8)依據學習者的成熟度而選擇。

3. 選擇教學資源考量的因素

教學資源的選擇由教師依據個人的喜好或受限於各種現實條件而作不同的決定。教師在選擇教學資源時應該考量的因素，包括：(1)教學要件；(2)媒體的特性；(3)外在條件等。教學資源的選擇與應用，攸關教學活動實施的成效，優質的教學資源對教學活動具有相輔相成的作用，對教學目標的達成有正面的效果。有關教學資源的運用，請參考本書第十四章。

⑻ 教學時間的管理——多少時間作多少事

教學時間的運用，在教學活動計畫中，是屬於比較彈性的一環。教師可以依據教學實際上的需要，決定單元教學時間的多寡。目前國小階段的教學活動，一節課為40分鐘；國中階段的教學活動，一節課為45分鐘；高中及大學階段的教學活動，一節課為50分鐘。教師在設計教學活動時，可以依據教學活動內容，以及單元教學目標上的需要等，決定教學時間的管理與運用。

1. 教學時間的管理

教學時間的管理，攸關教學活動的進行，以及教學成效的評估問題。教師在學期開始階段，就應該要先規劃設計學期計畫，進而規劃單元教學計畫。依據學校的行事曆，作為時間規劃管理的參考，避免教學進度和學校的行事曆，出現執行上的問題。

2. 教案設計中的教學時間分配原則

在教案設計中的教學分配，有一些共同性的原則，需要教師遵守，茲簡要說明如下：

(1) 引起動機以3至5分鐘為原則

在教案撰寫時，引起動機的時間規劃，以3至5分鐘為原則，不可以超過5分鐘，避免影響正式教學活動的進行。

(2) 概念教學活動以5分鐘為原則

在教案設計時，教師的教學活動，每一概念的教學時間，以5分鐘為原則，不可以超過5分鐘。在教案中的教學活動與流程，時間的分配以合理合宜為主。

(3) 準備階段的時間，不可超過發展活動

在準備階段，時間的管理和運用。不可超過發展活動。準備階段一般會分成二個階段，一個是教學前的準備，另一個是引起動機。通常引起動機的作用在於點燃學習熱情，應該以3至5分鐘為原則。

(4) 綜合活動以5分鐘為原則

綜合活動的主要用意，在於歸納該節課的重點，讓學生了解該節課的教學與概念，並且透過綜合活動提示新的教學計畫。因此，一般的綜合活動時間以5分鐘為原則。

3. 教學時間的運用

教案中的教學時間分配，一般僅供教師在教學實施時的參考，教師可以依據實際上的需要，作時間的管理和運用。如果教學進度緩慢，或學生的學習落後，無法和教案的進度配合，教師就應該在時間上，作適度的修正；如果，學生的學習進度超前的話，在時間的運用上，教師就必須調整單元教學進度，以符合實際教學上的需要。

(九) 教學評量方法與標準的決定 —— 確定教學目標的達成

教學評量活動是在完成每個教學單元時，評鑑學生以確定教學是否成功達成該單元的目標。教學評量協助教師了解學生的學習變化情形，同時引導教師反省教學活動的實施情形，作為改進教學的參考，並據而形成新的教學計畫（林進材，2010）。

1. 教學評量的功能

一般教學評量在教學活動中，至少具備幾個主要的功能：

(1) 了解教學目標的達成情形。

(2) 理解學生學習的變化情形。

(3) 作為是否補救教學的依據。

(4) 了解學生的學習特質、性向與學習成就，以判斷學習效果。

(5) 作為診斷、治療與補救教學措施。

(6) 發展與研究的功能。

(7) 媒觸學習動機。

2. 教學評量的類型

教學評量從性能和時間方面來看，教學評量分成形成性評量、總結性評量、標準參照評量、常模參照評量、最大表現評量、典型表現評量、安置性評量與診斷性評量等。

3. 有效的教學評量

有效的教學評量應該包括三個重要層面，(1)教師的教學效率之評量；(2)學生的學習成就之評量；(3)課程的設計與實施之評量。

4. 教學評量與教學活動

教學評量與教學活動的關係是相當密切的，教學活動透過評量方式，了解教學實施的成效，以及教學需要修改的地方；教學評量透過教學活動，了解評量本身的特性，以及評量方法與標準需要調整之處。

5. 教案中的教學評量

教案中的教學評量，所指涉的範圍是比較狹隘的，因為評量方法與標準的擬定，必須依據教學目標而定。教學評量方法的決定，必須針對不同學科與不同單元的性質，決定採用的教學評量方法；教學評量標準的擬定，需要配合該單元的行為目標，擬定教學評量的標準。

例　　子：國小三年級上學期數學領域教學教案設計

單元名稱：第二單元　加法

教材來源：南一版　第五冊

教學目標：1-1-1認識三位數加法問題。

評量標準：學生能正確進行三位數的加法。

教案的格式舉例

臺南市東區○○國小104學年度第二學期五年○班　國語科　教案設計

教學領域	語文	單元名稱	第二課帶箭的花鳧		單元節數	5(3)
教學班級	五年一班	教材來源	翰林版			
教學者	高○○	指導者	林進材		教學日期	105.2.25

能力指標	1-2-2　能了解注音符號和語調的變化，並應用於朗讀文學作品。 2-1-1　能培養良好的聆聽態度。 2-2-1　能培養良好的聆聽態度。 2-2-3-1　能聽出他人優美的表達技巧。 3-1-1-1　能清楚明白的口述一件事情。 3-2-1-1　在討論問題或交換意見時，能清楚說出自己的意思。 3-4-4　能自然從容發表、討論和演說。 3-4-1-11　能明白說出一篇作品的優缺點。 4-1-4　能認識楷書基本筆畫的名稱、筆順，並掌握運筆原則，練習用硬筆書寫。 5-1-2-2　能概略了解課文的內容與大意。 5-2-1　能掌握文章要點，並熟習字詞句型。 5-4-3　能欣賞作品的寫作風格、特色及修辭技巧。 6-1-1　能經由觀摩、分享與欣賞，培養良好的寫作態度與興趣 6-3-6-1　能理解簡單的修辭技巧，並練習應用在實際寫作。 6-3-1-1　能應用各種句型，安排段落、組織成篇。

單元教學目標		具體行為目標

知識	1-1 了解「箭」、「陸陸續續」、「揉」等生難詞語的意義及用法。 1-2 了解並運用「既……又……」、「要……不然……」、「一有……隨即……」等句型。 1-3 能了解本課修辭方法：「譬喻法」、「感嘆法」、「摹聽法」、「類疊法」。 1-4 了解夏婉雲的寫作方式。	0-0-1 說出「箭」的、「陸陸續續」、「揉」等生難辭語的意思，及造詞並造句。 1-2-1 解釋說出「既……又……」、「要……不然……」、「一有……隨即……」使用時機，並運用這些詞造句。 1-3-1 能說出修辭法「譬喻法」、「感嘆法」、「摹聽法」、「類疊法」的定義。 1-3-2 能運用「譬喻法」、「感嘆法」、「摹聽法」、「類疊法」來造句。 1-4-1 上臺分享夏婉雲作者其他的作品。
技能	2-1 以記敘文的形式，描寫搶救野生動物過程的寫作方式。 2-2 運用「既……又……」、「要……不然……」、「一有……隨即……」等句型。 2-3 能把握說話的主題。	2-1-1 適用記敘文文體，寫出一篇與搶救野生動物相關作文。 2-2-1 用這些詞造出「既……又……」、「要……不然……」、「一有……隨即……」等句型。 2-3-1 能依主題表達出想分享的內容。

情意	3-1	學會愛護小動物的方法，並能養成尊重然生態的情操。	3-1-1	說出愛護小動物的方式。
	3-2	尊重其他同學的發表。	3-1-2	舉例說出環境保護等方式。
			3-2-1	能在聆聽時專注的看著發表者。

教學重點	學生學習表現
1. 注音：「鼰」、「潛」、「嘎」、「蠻」等發音方法。 　能運用電腦「注音」輸入方法，處理資料，提升語文學習效能。 2. 聆聽：能聽出課文中各段的情緒表示。 3. 說話：複述課文，說出本課大意。 4. 識字與寫字：指導「蘆」的筆劃與筆順。 　查找字典，查「歸」的部首與字義。 　糾正易錯字：「蹟」、「嘎」。 5. 閱讀：摘取大意。 　詞語解釋，以圖片示等方式解釋本課詞語。 　課文深究。 　朗讀指導，語調高亢代表興奮之意等語氣表達。 6. 作文：觀察想像。 　修辭運用。 　語句敘寫。 　選材寫作。	各組都很踴躍的討論由誰代表發表文章，在分享文中內容時，可以靈活運用各種語氣來朗讀文章，投票時，展現民主風度，由表現最優秀的組別獲得加分機會。 寫作學習單時，十分認真的聽講，對老師的舉例都可以舉一反三，對於教義搞混的修辭法顯得較陌生，再經過老師講解後，都可以舉出適當的例子應用。

教學前準備	
教師準備事項	學生準備事項
黑板、粉筆、記分板、學習單。 全班25人，五人一組，分為五組進行討論。 教學資源為電腦設備進行影片播放、自備教具進行生字的一字多義、句型、作文教學。 教師準備其他關於花鳥的照片或是資料。	搜尋夏婉雲作者的其他文章、並列印。 課程前一天需告知預習範圍，讓學生對課程有初步概念。 攜帶習作、欲分享之內容。

教學活動流程				
目標代號	教學活動	時間分配	教學資源	評量方式與表現標準
	教學前準備： 請學生先自行搜尋作者夏婉雲的其他作品 5(3)			

	壹、引起動機 每組選出一位同學上臺朗讀、發表，經過全班舉手表決選出表現優秀的組別加分。	5	文章、記分板	
	貳、發展活動 介紹修辭及句型運用：			
1-3-1	修辭部分→運用學習單教導：頂真、譬喻、借 　代、映襯、設問、摹寫，也請學生動動腦舉出課 　文中修辭的句子。（附件一）	5 5	學習單、記分板、粉筆	能完成學習單。
1-3-2	句型部分→（附件二）	5		能完成學習單。
	(1)「既……又」：「既」、「又」運用表示兩種 　　　情況兼有。	5		
	(2)「要……不然」：條件複句，先提出要怎麼做 　　　的情況，再說明不照做的結果。	5		
	(3)「一有……隨即」：承接複句，分句間表示動 　　　作或事件連續發生，彼此有承接。 　也請學生動動腦造出此兩句型造句。	5		
	參、綜合活動 教師帶學生練習：習作P.15～P.17修辭、句型的各一 題。分派作業：習作第二課。 　　　　　　　　5(3)	4 1	習作、黑板、粉筆	能完成習作內容的例題。

第七章

教學技巧與運用

　　教師教學活動的進行，必須教師本身擁有豐富的教學專業知能，配合教師的教學專業知能與專門知能，才能使教學活動進行順暢。其中教學技巧的運用更左右教師教學活動進行是否順暢，學生的學習活動是否能收到預定的效果。本章的主要目的在於探討與教學技巧有關的議題，針對教師教學活動實施中可能運用的技巧如提高學生的學習動機、吸引並維持學習者的注意力、激發學生學習上的需要、激發學生學習上的好奇心、教學程序的變化與運用、教學技巧的變化與應用、教學方法的變化與應用、教導學生如何專注以及激發學生產生學習上的問題等作深入淺出的探討，提供教師在教學活動實施的參考，藉以提高教學效果。

第一節　提高學生的學習動機

　　動機是激發、引導及持續行為之一種內在狀態（朱敬先，1997）。心理學家對動機的研究探討重點在於：一、激發個體行為的初始原因為何？二、何種原因使個體導向特定目標？三、什麼原因支持個體達成該項目標？不管研究者對動機意義及理論的探討重點何在，動機理論的運用對教師教學活動的進行是相當重要的，尤其在班級生活中如何透過學習動機的激發，促使學習者願意花更多的時間在學習活動上，往往是教師最關心的話題。本節針對動機的意義與理論基礎、學生學習動機低落的成因，探討如何提升學習動機與提高學生學習動機的有效策略，作為教師教學的參考。

一、動機的意義與理論基礎

㈠動機的意義

　　動機的意義依據心理學名詞辭典（袁之琦、游恒山，1990）的解釋：「是推動人類行為的內在力量。它是引起和維持個體行為、並將此行為導向某一目標的願望或意念。動機是人的活動的推動者，體現著所需要的客觀事物對人的活動的激勵作用。動機可由當前具體事物和道德理想等引起。動機與目的有時是一致的，特別是在簡單行為活動中常直接相符。」由前者解釋可得知，動機是個體行為表現的內在心理趨力。它是驅使個體表現各種行為以及願意參與各項活動的一種趨力。

㈡ **動機理論**

　　心理學家對動機的探討截至目前為止，包括行為取向的動機理論、人本取向的動機理論、認知取向的動機理論及社會學習取向的動機理論，詳述如下：

　　1. 行為取向的動機理論（behavior approaches to motivation）

　　行為取向的動機理論源自於行為學派的學習論，認為個體的學習是外界刺激與反應之間的連結關係，此種關係的建立受到增強、懲罰、模仿抑制等的影響。因此，激勵學生就可以運用各種增強策略、懲罰策略以及行為塑造的策略。行為學派認為透過外爍增強，提供學生各種等級、酬賞、分數等可以激勵學生的學習動機進而增進學習效果。

　　2. 人本取向的動機理論（humanistic approaches to motivation）

　　人本取向的動機理論認為個體行為的養成並非如行為學派強調的被動性，而應該是個體主動積極、強調個體自由選擇、自我決定以及自我實現、自我成長而來。人本學派對學習行為的養成強調主動的觀點，強調激發內在心理趨力的重要性，學習應該是滿足個體內在心理需求與內在自我實現，並非如行為學派強調外在因素的影響。教學活動的進行應該著重個體的心理需求，針對各種內在心理特性擬定激勵策略，以更人性化的方式激勵學習者願意參與學習。

　　3. 認知取向的動機理論（cognitive approaches to motivation）

　　認知取向的動機理論認為學習的形成並非對外界事件或生理狀況進行反應，而是對這些事件進行心理認知解釋。認知取向的動機理論認為個體的學習是為了內在心理的滿足，而非對外界酬賞的滿足而引發學習。認知取向的動機理論強調對個體發動內發動機，以滿足學習上的心理需求。

　　4. 社會學習取向的動機理論（social learning approaches to motivation）

　　社會學習取向的動機理論是揉合行為學派與認知學派的觀點，認為動機的產生是由個體對達成目標的期望，以及該目標對個體所產生的價值而定。個體動機的產生大部分是透過社會學習而來，並非僅因外在因素或內在心理滿足。學習者會為自己擬定可達成的目標，而後透過各種策略與努力達成既定目標。

二、學生學習動機低落的成因

　　學生在學習方面表現不佳，除了本身的智能與身心發展之外，最重要的因素是缺乏成就動機導致，如同高智商低成就的學生在學習過程中，實際的表現遠低於本身的智能。教師對於高智商低成就的學生，必須透過各種管道了解學生學習動機低落的成因，並擬定有效的輔導策略。一般而言，社會認知論學者認為學生學習成就動機低落的原因，在於個人因素與環境因素交互作用的結果，學生本身的行為表現進而影響環境的回應與自我效能的知覺，教師在探討學生成就動機低落的原因時，必須從個人及環境因素加以分析。個人因素通常包括個人對成就動機的觀點、對行為表現的歸因解釋、以及對自身能力的自我概念等。在環境因素方面包括父母親的期待、教師教材教法是否生動有趣、學習成就評量的方式是否採用多元方式、班級學習氣氛是否融洽等情境因素。前述因素相互交互作用的結果，可能導致學生學習動機低落，教師必須多加注意，隨時給予因應並擬定有效輔導策略。

三、提升學習動機的自我調整策略

　　了解學生學習動機低落的成因之後，教師必須針對學生的學習動機低落原因，擬定各種提升學習動機的自我調整策略，作為協助學生的參考。一般而言，提升學習動機的自我調整策略，包括運用高成就動機者的行為特徵、設定適當的具體目標、擬定達成目標的策略等。詳述如後：

㈠ 運用高成就動機者的行為特徵

　　教師想要提升學生學習動機，必須先了解高成就動機者的行為特徵有哪些？例如：具備耐心、細心的心理特質，以及良好的情緒管理等。則教師必須將高成就動機者的行為特徵轉化成為可教導的策略或方案，教導學生模仿高成就動機者的行為模式並進而成為自己的行為模式，如此才能提高學習動機。

㈡ 設定適當的具體目標

　　學習者在學習過程中之所以會缺乏興趣，通常和自我要求過高或周遭重要他人的期望標準過高有關。因為對學習者抱持過高的標準，不斷地作各種不合理的要求，因此造成學習在班級生活中缺乏成就動機，心理上明

白永遠無法達到他人的要求標準故而放棄學習，對學習產生厭惡。教師應該針對學生的學習表現訂定適當的具體目標，在教學中給予學生各種成功的機會與自我實現的可能，透過各種表現讓學習者對學習活動充滿信心，進而激發對學習的動機。

(三) 擬定自我調整策略

增進學習者成就動機的另一種策略就是運用自我調整策略（self-regulation），指導學習者依據自己的能力判斷，包括自我觀察、自我判斷、自我強化三個主要步驟。自我觀察的策略在於對自己學習過程進行監控，了解自己在學習方面的表現情形，了解自己的表現和終點目標有多少差距，將自己的學習作有系統的記錄；自我判斷指的是依據自己的學習成就和能力訂定比較具體可行的策略，避免將目標定的過高，導致產生學習上的挫折焦慮；自我強化指的是依據自己訂定的目標評量學習成果，針對自己的學習表現給予適度的獎勵，如果表現未如預期的話，則施加適度的懲罰（例如：減少休閒時間）。

一般學生在學習方面，由於過去的經驗和受教經驗，通常都相當被動，必須教學者設計各種激發學習動機的策略，才能在學習過程中，願意花更多的時間參與學習，因此學習成就動機的激發對教學而言，是相當重要的，值得教師在教學中深思。

四、提高學生學習動機的有效策略

學生的學習動機強弱，是影響教學成敗的關鍵因素。因此，教師在設計教學的同時，也應該針對學科性質與學科教材教法，設定各種激勵學習的有效策略。提高學生學習動機的目的在於讓學生願意花更多的時間在學習上，Brehm和Self（1989）指出，學生動機的激發取決於下列三點：第一，內在狀態如需求或慾望如何？第二，努力之後可能的結果？第三，學習者認定特定的行為導致哪些結果？因此，如果想要提高學生學習動機的話，就必須考慮學生有哪些舊經驗？在學習方面的能力如何？要達到目標可能要付出哪些代價（包括投入時間、忍受孤單、放棄遊戲等）？達成目標之後學生的成就感如何？等。

有關提高學生學習動機的有效策略如後：

㈠ 提供行為後果的增強

教師教學活動進行時，必須讓學生先行了解行為後果可能帶來的增強有哪些，如此學生才有樂於學習的動機。唯有將各種行為表現可能帶來的後果明白揭示出來，學生才能在學習過程中激發學習上的動機。

㈡ 啓發興趣並激發好奇

教師教學活動的進行，應該結合學生的學習興趣。因此，想要激發學習動機必須了解學生的學習興趣，並且透過各種策略激發學生的好奇心，運用學生對外界事物的好奇，強化對學習的內在趨力。

㈢ 提示努力之後的情境

教師在教學活動進行時，應該將各種學習努力之後的情境，具體地讓學生了解，如此學生才能調整自己的學習步調，願意花更多時間在學習參與上。

㈣ 提供自我實現的機會

教師在教學中應該設法給每一位學生有成功的機會，對學生的要求可以依據個別差異，讓學生在學習中有自我實現的機會，透過自我實現可以讓學生樂意參與學習，並提高學習成就動機。

㈤ 增進學生的學習信心

教師可以在教學中了解學生的學習歸因現象，以每個學生對自己學習成敗原因的解釋，了解學生在學習形成困難時，究竟是如何因應的。例如：學生如果將失敗歸因於缺乏努力時，不容易產生建設性的作用。如果學生對失敗的歸因是負面的，教師必須引導學生學習正向的歸因，藉此提高學習信心。

㈥ 營造良好的學習氣氛

學習氣氛對學習者而言，是相當重要的。如果學習氣氛不利於學生的學習活動進行，教師必須針對班級氣氛進行檢討，為學生營造良好的學習氣氛。教師在教學活動中，可以考慮將學習活動內容以有意義且具多樣性形式，提供學生有成就感且具有挑戰性的活動。

第二節　吸引並維持學習者的注意力

　　教師教學活動的進行，除了要有充分的教學準備之外，也要教師在教學中設法吸引並維持學習者的注意力，才能收到預期的教學目標。如果教師在教學中，無法吸引學生的注意力，甚至學生在學習中，心有旁騖的話，容易影響學習效果。本節引用Woolfolk（1995）有關持續專注學習的各種策略，以及對增進學習動機策略的建議，說明教師如何吸引並維持學習者的注意力，作為教師教學的參考。

一、充實教室的基本設備

　　教師在充實教室的基本設備方面，可以考慮運用各種硬體與軟體設備強化教學的效果。在充實教室的基本設備以吸引學習者的注意力方面，教師可以考慮下列原則：

㈠ 提供有組織性的教室環境

　　教室環境對教學者與學習者而言，是相當重要的。教師在教室環境的布置與營造方面，除了一般傳統教室設備之外，可以考慮依據教學上的需要增加各種設備，例如：遮光效果的窗簾或可以播放CD光碟的放音機、實物投影機等，作為強化教學效果的輔助。

㈡ 設法成為支援的教師

　　教師在班級生活中除了各種角色的扮演之外，應該提供學生在學習生活中的各項諮詢服務，讓學生在遇到各種困難時，可以敞開心胸隨時尋求教師的協助，教師成為學生學習生活中的支援與支持人物。

㈢ 安排具有挑戰性的作業

　　教師在教學活動進行時，如期望提高學生的注意力，必須在教學策略運用中，以各種創意策略與巧思實施教學。在各種學習活動和作業設計中，安排具有挑戰性的作業，激發學生好勝心與學習動機。

㈣ 設法使作業更有價值

　　教師在作業的規劃設計方面，應該讓學生了解作業的價值性，如此才能吸引學生的注意力。在各項作業指定時，教師必須詳細說明作業的功能

和價值讓學生了解，如此學生才會將注意力集中在作業活動上，也願意多花心思在作業上。

二、建立正面期望與信心

教師在建立學生正面期望與信心方面，可以針對學習者的各種心理特質，擬定各種策略，建立學生學習上的正面期望與自信心。

㈠ 作業符合學生程度

教師在設計作業或指定作業內容時，應該符合學生的程度，避免作業內容與學生的程度落差太大，造成學生在完成作業上的挫折感。如果作業程度過於艱難，以學生的程度無法順利完成作業，日子久了，對學習活動自然失去信心。

㈡ 學習目標明確可行

教師在教學目標的訂定方面，應該儘量符合學生的程度，學習目標應該明確並具體可行，如此才能集中學生的注意力，學習活動對學生才會有吸引力，學生才願意花時間在學習活動上。

㈢ 強調學習自我競爭

教師在教學中必須讓學生了解，學習活動是一種與自己競爭的活動，而不是和其他人競爭，否則的話容易產生惡性競爭，增加自身的壓力。唯有學習和自己競爭，才能檢討自己在學習上應該努力的地方，作為調整學習策略的參考。

㈣ 與學習欠佳者溝通

教學活動進行時，對於學習成就不佳的學生，因其對學習失去信心而導致在教學中產生干擾教學的行為，甚或有反社會行為出現。教師必須和學習欠佳的學生溝通，讓學生了解教學活動的進行需要同學共同參與，如果學生在學習方面產生困難的話，可以透過各種方式補強。

㈤ 形成問題解決模式

教學活動中，教師可以針對教學中可能形成的問題，引導學生學習良好的問題解決策略，並且形成良好的問題解決模式。教師可以透過問題解決的運作，擬定各種方式集中學習者的注意力。

三、具體說明學習的價值

　　教師在教學活動進行時，應該設法讓學生了解學習活動本身的價值，學生才能了解學習對自己有哪些正面的意義，在學習活動結束之後會帶來哪些價值，學生才能在學習活動進行時，願意積極地投入。

㈠ 學習活動應與學生興趣相符

　　學習活動進行時，教師應該了解每個學生的興趣何在？了解學生的學習興趣之後，才能將學習活動結合學習者的興趣。如此，才能引導學生在學習過程中集中注意力，並提高學習效果。

㈡ 教學活動應結合學生的興趣

　　教師想要集中學生的注意力，必須在擬定教學活動時，考慮學生的興趣，只有在教學活動進行時，考慮學生的興趣，才能引導學生對學習的興趣，並集中學習注意力。

㈢ 激發學生對學習的好奇心

　　好奇心的激發對學習而言是相當重要的，教師在教學前應該透過各種策略或案例，激發學生對學習的好奇心，利用好奇心的內在趨力引導學生對學習產生各種動力，藉以提高對學習的興趣。

㈣ 運用寓教於樂的策略與方法

　　教學活動的進行，教師可以透過各種遊戲的方式，提高學生的學習興趣並集中學生的注意力，讓學生在遊戲中達到教學的目標。運用寓教於樂的策略與方法在教學實施中，可符活動的心理需求，以激發學生強烈的學習慾望，以學生都樂於遊戲，達到集中注意力的目的。

㈤ 善用新奇與熟悉策略於教學

　　個體對外界各種新奇新鮮的事物都會有想要了解或接近的慾望，教師可以運用各種新奇策略與熟悉策略在教學活動中，讓學習者集中注意力。

㈥ 說明當前學習與未來生活關係

　　傳統的教學活動是教師教學、學生學習的型態，教學的實施主導權在教師身上，學生無法深入了解學習活動對現在生活或未來生活的意義或具有哪些功能，因而無法融入學習活動中，倘使學生對學習的意義是模糊不

清的，教師可以將學習與未來生活的關係講解讓學生了解。

㈦ 提供各種誘因與酬賞

教學中想要集中學生的注意力，教師必須提供各種誘因與酬賞。例如：一節課中都可以安靜在座位上的話，教師可以發一張獎勵卡作為鼓勵；如果學生在教學中可以舉手並正確回答教師的問題，則記獎勵一次。

四、引導學習專注的策略

教學中如果教師無法引導學生專注學習的話，則教學效果會打折扣，學生的學習也無法收到預期的效果。教師在引導學習專注的策略上，必須花心思在策略的應用上面，才能引導學生進行有效的學習。

㈠ 提供學生適當的表現機會

學習進行時，教師必須摒除傳統「以教師為中心」的教學型態，轉而以「學生為中心」的教學型態。在教學中，教師的角色由「指導者」轉而為「引導者」，儘量提供學生表現的機會，讓學生可以在課堂中將自己的想法或所蒐集的資料，做系統性的報告，教師在學生報告之後，給予適當的社會性增強。

㈡ 提供學生創造與成果空間

在班級教學中，教師應該提供學生創作與成長發表的空間，讓學生可以將各種學習成果展現在同儕面前，如此學生才會在作業上多花心思，並且花時間在同儕作品發表上。

㈢ 避免過於強調分數的重要

教學活動的進行，教師不可過於強調分數的重要性，應該引導學生學習和自己做比較，透過分數的比較，了解自己在學習與成長方面的變化與努力情形。如果過於強調分數，容易造成學生學習上的挫折感，進而對學習產生厭惡的心理。

㈣ 減少工作風險，但不宜簡化

在學習進行時，教師指定各種活動與作業，必須考慮工作的風險性，尤其對學生可能造成的挫折感，或是失敗的負面經驗。如果學習活動進行時，充滿過多的風險，容易導致學習上的挫敗，讓學生對學習活動的進行

失去信心。

㈤ 形成適當學習動機模式

　　學習動機對學習而言是相當重要的，缺乏對學習的內在動機，學習活動的進行對個體而言是沒有意義的。教師在教學進行時，應該設法引導學習者形成適當學習動機與經驗，進而形成動機模式，對學習活動的進行才能相得益彰。

㈥ 傳授適當的學習訣竅

　　有效學習策略的運用在學習過程中是相當重要的，教師應該在各個學科的教學前教導學生進行有效學習的訣竅，並使之成為學習上的舊經驗，如此對學生的學習活動才能產生正面的意義。如果教師在教學前，未分析學科性質，進而擬定適當的學習策略，在教學中無法提供學生適當的學習策略，或教導有效學習策略的話，教學效果必然無法達到預期。

　　教學活動的進行，除了教師的積極備課之外，也應該擬定各種輔助教學的策略，以強化教學效果。在教學活動進行時，集中學生的注意力對教學而言，是相當重要的。如果教師在教學中無法透過適當的策略，集中學生的注意力，那麼容易形成教學與學習無法緊密結合的現象，學生無法理解教師的教學，對學習效果的提升是沒有幫助的。

第三節　激發學生學習上的好奇心

　　學習好奇心的激發對教學活動的進行，是屬於教學活動的前置作業。好奇心的滿足是一種內在心理需求的滿足，激發個體對外界的好奇心，不但可以集中學生的注意力，同時可以滿足學生在心理層面的需求。本節的主要目的在於探討個體好奇心的相關議題，並提供各種激發學習上好奇心的策略，讓教師在教學中可以隨時運用，並強化教學效果。

一、激發與好奇

　　個體對外界刺激的注意，源自於個體是否在心理產生好奇。因此，教學活動進行時對學習者好奇心的激發是相當重要的，激發學習者對教學

活動的好奇，才能集中學習者的注意力。要引起學生學習的第一要項就是要引起學生的注意力，引起學生的注意力可考慮採取下列策略（李麗君，2000）：1.以不同的聲音、文字、圖像等來吸引學生的注意力；2.提出問題，給予學生思考的機會，並激發學生求知的慾望；3.運用不同的教學方式及技術進行教學活動；4.運用新奇、別出心裁的活動來引發學生的好奇心。

學習活動的進行和學習者好奇心的結合是相當重要的，教師在教學活動中必須了解學生的各種內在心理需求與特性，設法了解學生的學習動機、好奇心等，激發學生在學習上的好奇心，擬定適當的刺激策略。在單元教學中，教師可以設定各種有趣的活動以激發學生的學習好奇，配合學生在學習認知方面的發展，例如：對於年齡比較小的幼兒園學生，教師可以運用各種具體操作的教具或玩具讓學生從操作中學習，不但可以激發學生的學習好奇，同時可以集中學生的注意力，讓學生從遊戲中完成學習；對於年齡比較大的學生，教師可以設計各種必須運用邏輯思考與創造力的活動或遊戲，激發學生對學習的好奇，針對課程提示好的問題或需要運用邏輯思考與抽象的作業，引導學生完成學習活動。其次，如果運用兩難問題或是前後矛盾問題，也可以激發學生的好奇心進而完成學習活動。

二、激發學習上好奇心的策略

學習上好奇心的激發與學習者有效的行為是一樣的，如果想要達到最佳效果的話，就必須在激發水準最是當仁不讓的情況之下。教學者如果過度激發學習上的好奇心，容易產生負面的作用，例如：無形中增加學習者的焦慮、挫折感或是對學習活動產生反感；教學者如果在學習上好奇心的激發不足的話，學習者對學習活動的參與不足，就會影響學習效果。一般而言，教師在激發學習上的好奇心，必須事先了解學習者在學習方面的表現情形，了解學習者對學科教學的想法，以往在教學中的表現情形，作為擬定激發學習上好奇心策略的參考。一般而言，激發學習上好奇心的策略，可以參考下列方法：

㈠ 控制教室的激發水準

教師在教學中對學習者好奇心的激發是相當重要的，適當的激發水準可以提高學習者對學習活動的參與。教師在班級生活中可以控制大部分的

刺激，並且運用這些刺激讓學生感染，例如：在學習上的好奇心可以促進學生的學習動機與興趣。教師在班級生活中應該針對學生的學習狀況，選擇各種策略激發學生的學習，才能收到預定的學習效果。

(二) 運用各種問題解決案例

教師在班級生活中可以利用日常生活經驗或是社會案例，設計各種問題解決的情境，提供學生問題解決經驗，藉以激發學生的學習好奇心。在問題解決過程中，教師可以引導學生了解問題解決的策略，作為問題解決的參考。透過各種問題解決案例的學習，除了可以滿足學生的學習好奇心之外，同時可以增進學習效果。

(三) 運用提問策略激發好奇心

教師在教學過程中，可以運用各種提問方式激發學生的學習好奇心，例如教師在教學中結合各種日常生活經驗，提問方式激發學生的好奇。如利用「班上同學收到歹徒的恐嚇信，請問大家如何幫助這位同學？」等問題，激發學生在學習上的好奇心。

(四) 運用各種競賽技巧

教學活動的進行，教師可以技巧性地運用學生的好勝心，以小組競賽或個別競賽方式滿足學生在學習上的好奇心。教師可以將各種學習活動，或是作業完成採取比賽方式，引導學生完成各項班級作業，以個別或團體競賽方式，引導學生學習。

三、激勵學生的動機、好奇與學習好奇心

教師在教學活動進行時，應該運用各種策略激發學生的學習動機，製造各種足以吸引學生好奇心的情境，讓學生可以在充滿好奇、創造力的環境中向自我挑戰。唯有在充滿刺激、好奇的氣氛之中，才能激發學生的心理趨向，進而向各種學習情境挑戰。在激勵學生的動機與學習好奇方面，Brophy（1981）指出讚美是最佳的策略，教師必須在教學中懂得運用有效的讚美，並且區別無效的讚美才能收到預定的效果（請參見表7-1）。

教學活動的進行，除了教師必須運用各種外界環境的優勢之外，也應設計各種輔助的策略，引導學生進行有效的學習，才能在教學過程中讓教師順利進行教學，學生進行有效的學習，使學生成為教學活動中的最大受

表7-1　有效讚美的守則（Brophy, 1981）

有效的讚美	無效的讚美
有條件的給予	隨意而沒有系統的給予
針對成就中特別的表現	針對學生整體的正面表現
以自發性、多樣性，以及其他種種的特性來顯示讚美的可信度；使學生的成就能引起大家的注意	表示過於千篇一律，無法引起學生太大的注意與重視
達到某種績效的標準就給予讚賞（包括學生的努力）	獎勵學生的參與，並不考慮中間過程的表現或表現的結果
讓學生了解他們的能力或比較表現的價值性	完全不提供回饋資訊給學生，或只讓學生知道自己的等級或分數表現
引導學生能夠評鑑自己的程度，並且能夠思考解決問題之道	引導學生和其他學生相互比較，以競爭為重
以學生過去的表現評估學生目前的成就	以同儕的表現來評估某學生目前的成就
針對不同的學生，分別指出他在困難的測驗或作業中的努力之處或成功之處	未指出努力之處或成就的意義何在
將成功歸諸於努力和能力，並暗示在未來相同的成功指日可待	將成功全部歸諸能力或外界的因素，譬如運氣或測驗的容易
幫助學生培養自發性的動機（讓學生相信，他們為作業與考試付出努力，是由於他們喜歡它們及想要發展相關的技能）	培養學生外在性的動機（學生相信他們為考試付出努力，是由於外在的因素——為了取悅教師、贏得比賽或是獎勵等）
將學生的注意力集中在他們自己與作業及測驗有關的行為上	將學生的注意力集中在教師身上，視教師為操縱學生的外在權威來源
測驗結束之後，幫助學生評估他們自己的表現及作出有益的歸因	干擾正在進行的過程，教師將學習的注意力岔開

益者。學習上好奇心的激發，教師必須運用各種學習氣氛與學習策略，利用個體對外界環境刺激的反應，激發學習者各種好奇心，結合問題解決策略，形成學習者解決問題模式的舊經驗，進而提高教學效果。

第四節　教學程序的變化與運用

　　教學活動的進行應該是多樣性、多元化的，並非是單調的、固定的，教師在教學活動進行時，應該擬定各種變通性的方案，隨時作為教學的參考。因此，教學活動的進行，教師可以事先擬定一套可遵循的計畫或藍本，作為教學進行的參考。

一、教學程序的擬定

　　教師教學活動的進行，必須事先擬定各種教學方案（program）作為教學實施的參考。一般教學活動的進行，教師必須針對課程與教學的需求，配合各種學科教材教法，擬定各種教學計畫或教學方案，作為教學的依據。教學程序的擬定，教師必須累積多年的經驗，揉合教育專業與專門知識，形成行動的藍圖。教師在擬定教學程序之後，必須經過一番審慎的思考與決定，將計畫付諸實現。教學程序是教學活動進行的依據，同時也是教師教學的前置作業。有了教學程序可以避免教學活動過於慌亂無章，使教學活動在有規律、有計畫的情形之下進行。

二、教學程序的變化

　　教學程序的變化，可以喚起學生的注意力，同時讓教師在教學活動中有更彈性運用的機會。教師如果懂得運用各種富有變化性的教學策略，以多樣化與多變化的方式進行教學，可以使學生對學習更有興趣，同時激發學生的成就動機。教學程序對教師的教學而言，是相當重要的工作。如果教師懂得運用具有計畫的教學程序，可以使教學活動更精彩，以便達到預定的教學目標。然而，教學程序的應用不可過於僵化，教師應該將教學程序的運用更靈活，視學生的反應而調整教學程序。例如：在教學中，教師可以改變教學程序以增進並維持學生的注意力，在教學中最簡單的方式就是「講故事」、「用例子」、「示範動作」、「練習」以及各種回饋等方式穿插解釋各種教學概念與原則，引導學生集中注意力在教師概念的講解之上。教學程序的變化，教師可以考慮在單元與單元之間、課程與課程之間轉化中，改變教學程序，提供學生多樣化的練習機會等等。

三、在教學上的意義

教學活動的進行不應該只是固定的程序，或是僵化的計畫，教師只要依據方案進行教學就可以；而應該是相當靈活的，必須是教師在有規劃、有系統的情況之下，隨時可以改變自己的教學，以符合班級生活的實際需要。如果教師將教學程序過於固定的話，教學彈性空間就會比較小，影響教師教學的靈活。此外，教師應該在平日教學活動進行時，隨時反省自己的教學活動，哪些是需要調整的？哪些是需要改進的？作為教學程序變化的參考。

第五節　教學技巧的變化與應用

教學技巧的變化與應用是教師教學活動進行的關鍵，教師必須在教學歷程中評估自己的教學技巧、教學設計、教室教學的微觀觀察、評估教師教學活動進行的明確性，才能了解教師在教學技巧方面的運用情形，作為評鑑教師教學的參考。本節針對上述重點作技巧與策略方面的建議，希冀透過教學技巧的變化與應用過程，強化教師教學活動，提升教學效果。

一、教學技巧的評估

教學技巧的評估，使教師了解在教學模式裡所使用的技巧，提供了一個全方位的審視。教學技巧的評估讓教師了解教學技巧有關的各種準備工作，例如在準備工作方面，先備知識的決定；在教學內容的選擇方面，教師是否準備充分。其次，在教學中，教師是否已經解釋教學目標並建立各種學習的趨勢，對於前導組織的教導是否足夠，學習材料的教學是否已經足以讓學生了解學習上的需要。

二、教學設計的評估

教師教學前的設計是否完善，影響教學活動的進行與成效。因此教師教學計畫的評估是相當重要的，在教學設計的評估中，了解教師在教學準備中是否考慮教學的內容、前導組織、教學目標、教學情境的布置是否適當、教學流程的擬定周全嗎、時間的掌握恰當嗎等問題，如果在教學設計

方面的評估可以順利進行，則教師的教學活動就可以順利進行。教學設計的評估必須針對教學計畫特性及內容建立一個比較完整的格式，作為教學設計評估的參考，如此在評估活動進行時，才能面面顧及。

三、教室教學的微觀觀察

　　教師在教學進行時，必須考慮與教學有關的各種內外在因素及情境因素，並且將可能影響教學的各種因素有效地掌握，或是將影響的程度降至最低，如此教學活動的進行就可以比較順利，並且達到教師的教學目標。教室教學的微觀觀察通常是找一位或多位經驗教師進行教學觀摩，而新手教師在旁邊觀察經驗教師的教學，以及在教學中的各種技巧轉換。必要的時候，可以將經驗教師的教學全場錄影下來，作為教學反省與檢討的參考。教師透過專家教師的教學活動，可以檢視自己的教學活動，將自己的教學活動作對照，並將各教學技巧作詳盡的描述，作為反省與檢討的參考。

　　在微觀教學方面，教師要考慮的問題包含單元教學的內容適當嗎？教師教學整體的準備如何？教師在教學目標的解釋方面是否齊全（完整）？教師如何建立適當的教學流程？教師如何提供各種教學的前階組織？教師的講課是否清晰具體？教學中運用哪些相關聯的例子作說明？教學中是否展現適宜的教學熱忱？教師的教學對學生的思考有幫助嗎？整體的教學計畫可行性如何？教師喜歡運用哪些方法設計教學並組織概念？哪些是教師可以改進的？觀察經驗教師的教學活動，必須考慮上述的相關問題才能提供教師教學活動的參考，並且反省自己的教學活動是否考慮周詳。

四、教學活動的明確性

　　教學的明確性指的是教師的教學活動及流程是否能循著固定的流程進行，因此在教學活動的明確性方面，必須顧及下列要素：目標的陳述是否清楚？是否做明確的內容組織？使用相關聯處來解釋嗎？所舉的例子適當嗎？教學活動是否使用規則—例子—規則的技巧？教師教學使用多樣的媒介嗎？概念與概念之間的轉換順暢嗎？教學的進行使用過度活動嗎？教師教學中是否經常核對學生是否了解？概念與例子的使用能避免模糊嗎？

　　在教師教學活動進行時，教學技巧的變化與應用是相當重要的，在

教學技巧與變化應用的評估時，必須顧及教師的教學技巧是否相當靈活，並且配合教學活動的進行隨時給予調整或改變，其次，針對教師的教學計畫是否周全應進行全面性的評估，透過教學評估活動了解教學的明確性如何，並且結合經驗教師的微觀教學分析活動，才能引導教師進行教學反省與檢討工作。

第六節 教導學生如何專注

教學活動的進行，除了教師積極準備教學之外，也需要學生參與學習活動，才能收到雙管齊下的效果。倘使教學活動僅教師本身積極準備，缺乏學生的參與則教學不容易達到預定的效果。因此，教學活動的進行必須學生專注以對，才能收到效果。教師在教學時，必須教導學生如何專注，才能使教學活動的進行順利。教師除了在教學時教導學生有效的學習策略之外，也應教導學生集中注意力在他們自己的課業上，教師運用各種專注的策略協助學生集中注意力，並讓學生有練習的機會。本節針對學生集中注意力的策略教導，提供教師在教學進行時的參考。

一、設定各部分的工作目標

教師在教學進行時，可以針對各概念之間的學習，擬定各部分的工作目標，並且將目標達成程度具體化，讓學生可以隨時了解自己和學習目標的差距，作為努力的參考。唯有將各部分的工作目標定出來，學生才能在學習中隨時監控自己努力的程度和目標達成的時程，進而隨時提醒自己的學習。

二、經常變換各種不同活動

教師預期學生可以隨時保持專注的狀態，必須在教學活動進行時隨時變換各種不同的活動，以吸引學生的學習注意力。如果教師的教學活動過於僵化、呆板不求變化，學生容易對學習活動失去興趣或失去信心，過於公式化的教學不但無法引起學生的興趣，更無法讓學生專注於學習中。教師不斷地變換各種不同活動，一來可以吸引學生的注意力，其次，可以讓學生對學習產生興趣，願意花時間在學習上。

三、經常提供各種練習機會

　　教學活動的進行，教師對抽象概念或原理原則的講解，必須配合各種生活中的實際例子，才能使學習和生活結合在一起。教師在講解之後，應該提供學生各種練習的機會，如此學生才能在學習過程中更為專注，將教師的教學活動深耕在心田中。教師提供學生練習的機會，不但可以集中學生的注意力，同時可以讓學生專注於教學中。

四、隨時謹記大目標小目標

　　教師應該將教學中的各項目標細分，將大目標與小目標定出來，並且將大小目標之間的關聯作適當的連結，而後將大目標的內涵與小目標的內容明確地讓學生了解，請學生隨時謹記大目標與小目標，提醒自己的學習必須專注才能達到預期的目標。學生如果能隨時記住學習的大目標與小目標，必然可以集中注意力於學習活動中。此外，教師在訂定目標時，應該擬定學生比較容易達成的目標，不可將目標定得過於遙遠，或是遙不可及，如此容易造成學生學習上的挫折，進而放棄學習活動。

五、提出問題檢核理解程度

　　教學進行時，教師可以依據教學目標擬定各種問題，作為檢核學生理解程度的參考。因此，教師必須建立「教學的問題題庫」作為教學實施的運用，在講解一個重要概念之後，立即運用教學問題題庫中的問題，作為檢核學生理解程度的參考。教師在提問題時，要求學生回答應該顧及每個學生的個別差異，例如：程度比較好的學生可以運用難度較高的問題，程度不佳的學生就必須將問題的難度降低，以學生可以回答的問題發問，藉以提高學生的學習興趣。同時提高學生的學習專注，讓學生在學習過程中隨時自我提醒。

六、為學習的概念舉例說明

　　教學進行時，學習概念的說明必須引用具體的例子作為佐證，教師在講解抽象概念時，必須結合日常生活經驗以為講解。教師在講解抽象概念之後，應該提供學生舉例說明的機會，透過概念舉例說明，可以了解學生的學習情形，同時可以集中學生的注意力。並且讓學生的學習可以保持專

注，將自己的注意力放在學習活動之上。

七、尋找所學習的運用機會

抽象概念的學習之後，教師可以運用各種理論與實務的結合機會，引導學生進行學習活動，尤其是在學習結束之前，必須提供學生所學習的運用機會，透過各種運用機會的使用，教導學生集中學習注意力。

八、擬定定期的休息計畫

學習活動的進行，必須保持適當的休息，讓學生在段落與段落之間，有休息並整理學習活動的機會。因此，教師在教學活動進行時，應該擬定各種定期定時的休息計畫，讓學生在學習過程中也可以有休息的機會，透過各種休息策略的運用，可以讓學生更為專注。

九、監控自己的注意力

教導學生專注的策略，最後是有關自己注意力的監控；換言之，在學習過程中，學生可以運用各種方法了解自己在學習過程中的注意力，並且檢討自己的學習參與。透過監控自己的注意力，可以協助學習過程中的專注行為，讓學習成果更為提升，教學效果更佳。

學習效果如果想要提升，除了各種策略的運用之外，教師必須隨機教導學生學習專注，透過各種專注方法的運用，讓學生了解學習專注對自己在學習活動方面的幫助，學生才能主動的運用各種專注的方法，積極的參與學習活動，並進而自行監控學習專注情形，提高學習的效果。教師同時也應該在教學時，隨時讓學生了解專注對自己教學活動的需要性，唯有教師與學生同心協力，才能提高教學效果，營造一個主動積極的學習情境。

第八章

教學情境的營造

　　教學情境的營造對學習效果的促進具有正面的意義，提供良好的教學情境給學習者，是教師教學過程中重要的職責。教師教學活動的進行，不僅需要教師教學專業能力，同時也需要教師能在複雜的班級生活中，有效的掌握學習者的各種特質，將影響教學的各種情境與因素，作適當的處理，才能提高學習效果。本章重點在於探討教學情境的營造，內容如調整不當的學習策略、強化學習情境的營造、教學氣氛的營造與布置、營造適性的教學情境、教師期望與學生學習、強化同儕良性競爭的教學、創造思考與批判思考教學等層面的分析討論，希冀透過教學情境的營造可以提供學習者優質的學習情境。

第一節　調整不當的學習策略

　　學習理論的研究重點在於個體如何學習以及如何促進學習的議題，歷來心理學者對學習秉持不同的解釋與主張，因而形成行為學習論（behavioral learning theory）、認知學習論（cognitive learning theory）和互動學習論（interactive learning theory）。學習理論的探討不僅針對個體學習行為的形成，作學理與實際方面的探究，同時針對個體學習策略的擬定，提出各種不同的觀點。本節針對個體的學習策略問題，進行深入的探討，藉以提供教師教學上的參考。

一、學習策略的意義

　　學習策略的意義因學者對學習本身的定義不同而有不同的界定，行為主義學者將「學習」定義為個體外界刺激與反應之間的連結，因此學習策略的定義為促進學習者行為改變的方法；認知學派認為學習不單只是刺激與反應之間的連結，而是學習者運用現有的認知結構，主動吸收、保存及組織學習情境中的訊息，因此學習策略的定義為學習者利用方法及步驟來獲得知識或運用知識的認知歷程，最終目的在於增進學習和記憶效果，以及問題解決的能力；人本學派將學習定義為與個體的需求、動機和智能有關，因此學習策略的定義應該在於針對個體的注意力、知覺，降低焦慮及成敗歸因的改變等（陳李綢，1998）。

　　有鑑於此，學習策略的定義應該如同Snowman（1986）指出為一套有

系統的增進涉及認知活動的歷程。學習策略本身應該包括分析、計畫、方法執行、監控及修正等五個重要的步驟，透過前五個步驟的實施，引導個體更有效地完成學習活動。分析活動指的是在學習進行中，應該了解個體學習形成的因素以及影響學習進行的內外在因素，作為調整學習活動的參考；其次，計畫是指在了解影響個體學習的各種情境因素之後，應該擬定各種調整學習活動的計畫，並針對計畫內容進行調整；在計畫擬定之後，應該選用各種有效的方法作為促進學習的策略；在方法進行時，應該隨時監控計畫的落實情形，並作為修整計畫與方法的參考。學習策略的應用係教學活動進行時，針對個體的學習情形所做的努力，如果學習者在學習過程中，對主要的概念學習產生困難或是新舊經驗之間無法有效的調適，勢必要運用各種策略作為協助個體學習的參考。教師在教學活動進行時，如果發現學生的學習有困難，或是跟不上進度時，必須針對學習擬定有效的策略，協助學生進行學習。

二、學習策略的種類

學習策略的種類依據陳李綢（1998）指出，至少必須包括四類：

㈠ 主要策略

學習策略的主要策略通常包括認知策略、後設認知策略和動機策略。通常個體在學習歷程中，會運用屬於自己比較熟悉的策略進行學習。認知策略是個體在進行學習時，運用注意力策略、記憶策略、理解策略等以促進有效學習的策略。記憶策略通常包括反覆處理策略、精緻化策略、組織化策略等。

後設認知策略是指個體對本身認知歷程、結果或任何有關事項的認知。後設認知策略運用在閱讀理解方面，包括閱讀後設認知策略、問題解決後設認知策略、自我調節策略以及社會後設認知技能。動機策略是指如何運用動機理論強化學習效果的策略，包括促進個人動機訓練策略、成就歸因訓練、自我效能訓練。

㈡ 支援策略

支援策略指的是在學習過程中，以各種有效策略支持主要策略的內涵，包括提供適當的緊張、增加冒險能力的策略，減輕焦慮的肌肉鬆弛訓

練，建立良好的閱讀習慣，訂定讀書計畫表，有效的時間管理方式，以及講求知識的自動化形成等。

㈢ 特殊性策略

特殊性策略包括幼兒才藝的訓練、第二語言的學習、寫作的學習、數學的學習，以及解題的訓練、科學能力的訓練等。

㈣ 創造思考策略

創造思考策略的運用是透過各種方法與計畫，藉以提高學習者在創造思考方面的能力。包括認知技能的訓練，問題解決的成分訓練，創造思考的訓練，特定領域的問題解決訓練等。

學習策略的運用有助於學習者了解在學習過程中，形成學習困難的主要原因，同時讓學習者了解如何透過策略促進學習效能。教學者在教學活動進行時，必須針對個體在學習上的個別差異，擬定各種有效的學習策略，引導學習者進行高效能的學習，才能強化教學與學習效果。

三、不當學習策略的意義與修正

學習策略的研究除了提供教學者了解學習策略的運用之外，同時引導學習者了解各種學習策略的正向應用。學習策略的研究同時指出不當學習策略的意義，以及如何修正不當學習策略的意義。相關的研究指出，一般性的學習策略或特定性策略影響學習成果。例如：運用直接教學法、精緻化教學法、回饋和示範教學等方法，對學習者的學習效果有正面的意義。因此，學習者或教學者在教學進行時，如何運用學習策略，以及運用哪些學習策略是相當重要的。如果學習者對學習策略缺乏認知或正確的使用，往往影響學習活動的進行，進而影響學習效果。

基於上述，如果學習者在教學過程中有學習困難的情形出現，教學者必須針對學習形成的各種因素深入地了解，透過對學習形成的了解，擬定有效的學習策略，如果學習者誤用學習策略或有不當使用的情形，應該適時地修正不當學習策略，使學習的進行更為順利。例如：學生在學習形容詞與副詞時，本身對前二者的概念如果不盡了解，加上學習策略運用不當的話，就會產生學習上的迷失概念（mis-conception），在運用形容詞與副

詞時，就會產生誤解或誤用。教師必須針對學習者的學習策略運用與學習
過程，提出因應策略，設計各種概念的學習與案例的說明，引導學習者了
解二者的關係，透過不當學習策略的修正，調整學習思考歷程。

四、學習策略的教導與運用

㈠ 學習策略的教導

學習策略的運用對學習效果的影響是相當深遠的，學習策略的教導對
教學活動的進行具有正面的作用。研究指出（單文經，2001），一般的學
習策略和以學科為基礎的學習策略（如文意理解、數學解題，或是學科推
理）一樣，都可以當作策略來教給學生。不過，在學習策略的教學時，必
須引導學生了解各項策略的用意，同時要在增進學生後設認知和自我調整
意識的情況之下，讓學生隨時監控自己所運用的策略，並且自行調整運用
學習策略的經驗。換言之，所有的學習策略都是具有可教導性的，只要教
師在運用學習策略於教學時，引導學生了解學習策略本身的意義，以及學
習策略的運用時機，將學習策略正確運用在學習歷程中，並使之成為學習
上的經驗。那麼，學習策略的運用就可以發揮正面的作用。

學習策略本身應該是兼容並包的，使用範圍應擴及各領域與學
科教學。學習策略本身應該包括七個W問題，即什麼（what）、時
機（when）、為何（why）、對象（who）、教誰（whom）、哪些
（which）、如何（how）等問題。如果學習策略的內容與範圍可以包括
上述要素的話，學習者就可以形成手持理論（theory at hand），隨時有效
地運用學習策略，促進學習效果。

㈡ 學習策略的運用

一般而言，學習者本身無法發展出適當的學習策略，除非教師在教
學前深究課程與教學內容，擬定各種有效的學習策略，並在教學中教給學
生，並使之成為學習經驗，才能使學習策略發揮作用。例如：教師在教導
學生數學解題單元時，必須將各種解題公式具體化，讓學生了解公式的來
龍去脈，並且教導解題的策略，學生才能將解題經驗類化，並且在未來的
數學解題中隨時運用。其次，教師在教學中應該以「認知示範」的方式
教導學習策略，才能使之發揮最大作用。所謂的「認知示範」是教師在
教學中，隨時將各種解題的策略或經驗大聲的講出來，將教師思考歷程

（thought process）或認知歷程，以「放聲思考」（thinking aloud）方式讓學生了解，並引導學生邊聽邊作，以形成自己的學習經驗。

五、結言

學習策略的研究指出學習的形成與策略的運用，並且了解學習策略運用與學科教學之間的影響關係。學習策略的運用對教學或學習活動具有正面的意義，教學者必須隨時了解學習者在學習策略方面的運用情形，調整不當的學習策略，才能使教學效果提升；學習者本身也應該透過各種方式了解自己的學習策略運用，隨時和教師溝通學習困難之處，必要時調整自己的學習策略，使學習達到預定的目標。

第二節 教學氣氛的營造

教學氣氛的營造與布置對學生學習行為的影響是深遠的，教師在班級生活中應該為學生營造良好的教學氣氛，提供學生優質的學習與生活環境，讓學生喜歡待在班級生活中，教師本身也喜歡處在班級教室中。一般論及班級教學氣氛的營造與布置議題，通常包括班級氣氛的營造、班級師生關係的營造與班級同儕關係的管理等方面。本節的重點在於針對班級教學氣氛的營造與布置，提供教師教學實施的參考。

一、班級氣氛與學習成就

每一所學校因所處的地點、環境、人、事物等因素而有不同的校風，每一個班級本身也都有獨特的班級氣氛（classroom climate）。班級的組成成員之間密切互動及相互影響，久而久之，自然會形成一種班級成員間共同的心理特質或傾向，稱之為班級氣氛（吳清山等，1990）。在班級師生互動與同儕交流之下，良好的班級氣氛中，師生相處愉快，不但讓教師教學工作順利，學生在學習中受益也良多。

班級氣氛是藉著班級社會體中各成員之間的交流作用而產生，由於成員之間的價值觀點、態度、期望與行為交互影響，經過一段時日之後，自然形成一種獨特的氣氛，瀰漫在整個班級之中；它影響每一成員的思想、觀念或行為模式。同時也塑造學生的態度與價值觀，影響學生在教室中的

學習活動（陳奎憙，1988）。相關的論點指出，班級氣氛的營造與類型影響學生在班級生活中的各項活動，更進而影響學生的學習成就。此種現象在目前的國中階段最為顯著，例如：在讀書風氣比較好的班級，因為同儕之間的相互競爭與比較，學生會花比較多的時間在學科學習之上；在讀書風氣比較差的班級中，因為學習氣氛不佳或是同儕對學科學習的趨力比較低，因此學生對學習活動就會缺乏興趣，進而影響學習成就。

　　早期的研究指出班級氣氛與學生的學習成就是息息相關的，因此呼籲教師應該重視班級學習氣氛的營造，提供學生一個比較優質的學習環境。例如：吳武典、陳秀蓉（1978）在「教師領導行為與學生期待、學業成就及生活適應」的研究中指出，班級氣氛與學習成就之間的關係如下：第一，學生對於教師領導行為的期待是希望教師多表現民主的行為，學生厭惡權威性的領導。師生關係的緊張衝突與學生的內在焦慮，在權威式領導下最為嚴重，放任式次之，而民主方式最不顯著。第二，教師放任行為顯然不利於學生的學習成就，包括教師所任教科目成績與學業總成績。民主式領導與權威式領導行為似乎有利於學生學習成就，兩者對學生學業的影響，並無顯著的差異。但進一步分析則發現，權威式的影響似乎比較直接地有利於教師所擔任的課程，民主式的影響則有利於全面的學習。第三，教師民主行為對於學生的內制信念、成就動機和人格適應，均比權威式或放任式有利；換言之，在民主的氣氛中，個人比較充滿自信、自尊和成就感；在專制的氣氛中，這一切都因個人的焦慮而喪失；在放任的氣氛中，個人失去歸屬感，也同時失去自我價值觀念和努力奮鬥的目標。

　　上述的研究發現，教室的學習氣氛與學生的學習成就是相關的。因此，教師應該為學生營造適合學習的班級氣氛，學生在班級生活情境中樂於學習並且分享學習心得。

二、班級學習氣氛營造的理論與實務

　　班級氣氛的營造對教師的教學、學生的學習而言，是相當重要的一環。良好班級氣氛的營造，可以提供教師一個充滿溫馨、具有創意的教學環境，同時可以提供學生自由輕鬆、無拘無束的學習環境。Bandrur（1986）指出，學習是環境與認知因素共同決定的，環境因素與認知因素發生交互作用之後，共同影響個人的行為。班級氣氛是環境因素中重要

的一環，班級氣氛影響學生的學習行為，進而改變學生的行為。吳武典（1976）研究指出，班級氣氛對學生的學習影響是重要的，例如：男性學生在班級氣氛測驗中顯示，男性贏得較多同伴才能優異評選，但亦獲得比較多破壞常規之批評；其次，良好的班級氣氛與高成就有顯著的正相關，學生知覺的班級環境能顯著預測學業自我觀念變項，在控制IQ之後，班級氣氛解釋自然、社會科學業成就的變異量超過IQ。

　　班級氣氛的營造內涵通常包括師生關係的學習、教師教導方式與班級氣氛、學生同儕團體中的人際關係等層面。一般而言，班級氣氛的營造會依據下列因素而受到影響：第一，融洽的師生關係：班級氣氛如果可以建立在師生間良好的互動基礎之上，班級學習活動的進行就可以營造一個樂觀進取的班級氣氛；第二，雙向師生互動與溝通：在班級生活中，教師應該隨時接納、傾聽學生不同的意見與想法，給予學生表達意見的時間和機會，持續性地和學生談話，並建立良好的雙向溝通；第三，合作的同儕關係：班級生活中的同儕關係是決定學習進行的關鍵因素，同儕之間如果關係和諧，必然可以營造快樂的學習景象；第四，積極的學習風氣：學習風氣的營造可以引導學生強化學習動機，使學生在學習活動中，培養出好學的氣氛；第五，和諧的班級氣氛：和諧班級氣氛的營造必須將各種影響班級氣氛的負面因素排除，教師必須尊重學生的學習自由及價值，並給予合理的要求與學業上的關懷，學生必須尊重教師的專業，對教師的教學活動積極地參與，教師對學生異常或反社會行為必須給予適時地糾正，以免影響學生的學習。

三、班級氣氛營造之原則

　　班級氣氛的營造對教師的教學、學生的學習都有正面的影響，因此班級氣氛的營造是班級生活中相當重要的前置工作。教師必須在平日隨時留意班級氣氛的營造，提供學生充滿溫暖、溫馨、自由自在、無挫折的學習環境。班級氣氛的營造原則，依據社會學原則，包括下列幾項要點：

㈠ 運用情緒暗示原則

　　在班級生活中，學生會偏向以停止被責難的活動或順從教師的要求，以順從教師的情緒反應。因此，學生會細膩地觀察教師的情緒反應或是教師的臉色，作為行為表現的參考。如果教師的臉色充滿快樂，則學生在行

為表現方面比較隨便而不拘小節；如果教師臉色不佳，則學生會自我暗示或相互提醒教師的情緒狀況，進而約束班級的行為。因此，教師在班級生活中面對學生有反社會行為出現時，可以適時地運用各種情緒性暗示，讓學生了解教師的情緒。

㈡ 多運用鼓勵與增強

鼓勵與增強是教育過程中的萬靈丹，教師必須在班級生活中靈活運用此二個策略於教學中，如此才能收到預期的效果。一般教師在學生出現偏差行為與反社會行為時，慣於運用體罰、懲罰方式對待學生，造成以暴制暴的不當後果。學生只會以攻擊行為面對學習中的逆境，容易讓學生停留在錯誤階段。教師與其要消極地體罰學生，不如了解學生偏差行為形成的主要原因和問題癥結，以積極說理的方式，維持班級和諧的學習氣氛。

㈢ 給予各種適時關懷

班級生活中，教師與學生的互動時間有限，教師無法在忙碌的班級生活中顧及每個學生的需要，提供學生及時的協助。因此，教師應該在態度方面作改變，以溫暖和愛心對於表現合理的學生給予酬賞，並給予學生各種適時的關懷。

㈣ 教師必須以身作則

以身作則是行為的最佳示範，教師在班級生活中必須隨時留意自身的一言一行、一舉一動，提供學生隨時的學習楷模。教師如果展現不當的行為，容易對學生有不良示範作用，產生不良的後果。教師如果在班級生活中，忽略以身作則的重要，對於自己無法達到班級氣氛的要求，學生恐怕也無法達到班級要求。

㈤ 正確運用歸因理論

在班級生活中，學生學習成果，往往受到班級同儕關係、師生關係與教師反應而產生不同的歸因，進而影響學生未來的學習活動。在班級氣氛的營造方面，教師應該了解歸因理論的內涵與運用，對學生不存刻板印象，訓練學生進行正向歸因練習，在規劃教室學習環境時，要重視學習歷程，並儘量減少學生同儕之間的惡性競爭。

四、班級師生關係的營造

班級生活中，良好的師生關係的建立，在教師方面，包括教師能隨時了解學生的需要、關懷學生的問題、尊重學生的人格與自尊、付出教育愛並協助學生在班級生活中獲得豐富知能與健全人格；在學生方面，能對教師表現尊重的態度、樂於接近教師、主動學習，同時可以將個人學習上的困難或樂趣和教師與同儕分享。班級師生關係的營造，可以考慮下列幾項原則：

㈠ 多運用正增強原則

任何個體都需要他人的鼓勵與增強，不當的言語或懲罰是師生關係建立的致命傷。俗諺：「給孩童二百個饅頭與給二個拳頭，孩子深深記住二個拳頭。」不當的懲罰容易造成師生之間關係的緊張與對立現象，可能造成無法抹滅的傷害。教師在營造師生關係時，應該多運用正增強原則，用真誠的態度鼓勵學生表現良好的行為，對孩子具體的行為表現給予適當的鼓勵，並且在教學中，靈活運用不同種類或方式的增強策略。

㈡ 善於處理學生問題

教師在班級生活中，面對學生的偏差行為與反社會行為，必須有效運用各種輔導策略給予協助。因此，教師應該設法了解學生內在情緒，並適時地從不同角度思考問題。以同理心了解學生問題行為形成的主要原因，透過個別輔導、小團體輔導或班級輔導的方式，給予偏差行為學生更多的支持與支援系統。

㈢ 培養尊重接納態度

教師在班級生活中，應該對學生展現尊重與關懷、溫暖與接納的情懷，讓學生感覺到被尊重，以培養尊重接納的態度，培養良好的人際關係。教師應該以傾聽代替說教的方式，擺脫教師威權的心理，放下教師角色身段，在生活上與學生打成一片，融入學生的學習生活中。

㈣ 善於處理教師情緒

教師在班級生活中，必須隨時培養好脾氣，當挫折容忍力降低時，教師要能隨時處理自己的負面情緒，感到壓力來襲時，可以隨時靈活地自我調適並處理自己的情緒。以人性化的方式處理自己的情緒，避免將負面情

緒帶給學生，造成學生學習上的焦慮與壓力。因此，教師要能隨時改變非理性的思考模式，適時地調整自己的步調，掌握各種學習的機會，強化自我增強的力量。

五、班級同儕關係的管理

　　班級同儕關係的管理，對學生學習行為表現影響最大。學生在班級生活中人際相處與同儕互動，對學習生活的影響是直接的。教師在班級生活中，應該扮演引導者的角色，協助學生運用文字、語言、表情或手勢表達對彼此之間的思想與感覺，使學生可以在班級生活中和諧相處。班級同儕關係的管理必須具備下列原則：

(一) 教師正確的態度

　　教師在輔導班級同儕關係時，必須秉持公平、公正的態度，對學生要一視同仁，不可有所偏頗，否則容易失去學生的信任。教師對於前來求助的學生，必須提供相同的機會讓學生有辯駁或說明的機會，在面對學生衝突時，教師要能以開放的態度，接納學生突發奇想的意見。

(二) 同理心的運用

　　學生在班級生活中難免因不同的生活經驗、家庭背景、價值觀相左而產生衝突的現象。教師在處理學生同儕關係時，必須考量學生的不同社經地位與家庭生活經驗，教育學生運用將心比心的方式，凡事多為對方著想，必然可以減少不必要的衝突。教師也應在平日班級生活中，運用同理心關懷學生的學習生活，讓學生有溫暖的感覺，幫助學生在遇到困難時，可以解決問題。

(三) 使用增強策略了解

　　教師在班級生活中，應該隨時觀察學生的行為表現，對於表現好的行為隨時給予學生正增強，讓學生建立良好行為的模式，了解良好行為表現的後果。教師在教學實施過程中，可以隨時運用各種增強策略強化學生的學習效果，激發學生的良好表現。對於內向害羞的學生提供發表意見的機會，鼓勵平常不活躍或比較畏縮的學生參與學習，增加學生的自信心，使班級氣氛更佳。

㈣ 人際關係輔導

　　人際關係的培養影響學生在班級生活中和同儕互動情形，教師必須針對一些不活躍或不受歡迎的學生，給予表現的機會。在教學中多發掘學生的優點，輔導孤立的學生融入班級生活中，以培養良好的人際關係。

　　班級氣氛的營造不僅影響教師的教學情緒，同時也影響學生的學習意願。在班級生活中。良好的學習氣氛可以使教師樂於教學活動，學生也樂於參與學習，對教學活動效果與學習成果的提升有正面的作用。班級氣氛除了影響學生的學習成就之外，對學生學習興趣的激發與各種班級生活的輔導，都有積極的意義。教師在班級生活中，必須了解班級氣氛對教學的重要，隨時營造一個充滿溫馨、溫暖、尊重、民主、自由的氣氛，對教師的教學、學生的學習都是有幫助的。

第三節　教師期望與學生學習

　　教師與教學究竟存在何種關係，一直是教學研究者比較關注的重點。從事教學研究者認為，學生的學習關鍵在教學而不在教師。換言之，決定學習成果、學習感受及自我觀念者，不是教師的特質，而是他在教室中與學生的互動（黃政傑，1989）。有鑑於此，教師在教學中，如何與學生互動，或是與學生進行何種的互動，對學生學習成果的影響是相當重要的。本節針對教師的教學期望與學生學習的關係，進行深入的探討，透過此二者之間關係的描繪，提供教師教學與學生學習的參考。

一、教師期望的相關論點

　　一般而言，教師在教學過程中對學生的期望，往往影響學生對學習的態度與自我概念的形成。教師的期望，往往成為學生自我實現之預言，教師是學生學習過程中的重要他人，因此教師對學生的期望影響學習成果。教師期望的相關論點最為著名者為「教室中的比馬龍效應」（pygamalion in the classroom）。提出此一論點者為Rosenthal和Jacobson（1968）所進行的一項實驗研究，該研究採隨機取樣的方式，選擇若干國小學生，由研究者告知受試者是學校裡最為傑出的學生，而後觀察比較抽樣的學生在當年

學校學習成就的表現情形，發現比其他學生進步較多。因此，研究者提出教室中存在「自我應驗效果」（self-fulfilling prophecy）的現象（朱敬先，1997）。意指教師在教學過程中，對學生的期望產生學生自我應驗的效應。因此，教師在教學中，應該針對不同的學習者給予適度的期望，並隨時向學生溝通教師的期望，讓學生了解教師的期望，因此學生的學習也會隨著進步。

　　教師在運用教師期望之前，應該深入了解學生在學習方面的潛能，以及各方面的表現情形，針對學生的個別差異給予適度的期望，引導學生產生自我應驗的效果，進而提高學習效果。例如：教師在面對學習表現卓越的學生時，必須適度地給予較高的期許，必要時給予適度的挫折，讓學生了解教師本身對學生的期望，引導學生追求進步；對於學習成就比較低的學生，教師也應該放寬或降低對學生的期許，擬定有效的策略讓學生在學習過程中有「成功」或「自我實現」的機會，進而激發學習上的興趣。

二、教師期望與學生學習

　　Braun（1976）針對教師期望及對學生的影響提出一個重要的模式（參見圖8-1），該模式指出教師期望的來源影響教師行為，進而影響師生互動的差異，以及學生自我評價（轉引自朱敬先，1997）。Braun提出的模式指出教師期望的可能來源為智力測驗結果、性別、姓名、檔案資料、種族背景、兄弟姊妹的認識、身體外表特徵、以前的學業成就、父母的社經地位、學生的行為等。例如：在智力測驗結果方面，對於高智商的學生，教師可能給予比較高的期望，相信必期盼學生在學習方面是卓越的，對於低智商的學生，教師可能因為智力測驗的表現而給予比較低的期許，進而影響學生的學習表現。其次，部分教師在性別角色期望方面所表現出來的，會因性別不同而有差異，例如：有些教師對男性學生期望比較高，則對男學生的期許會比一般學生為高，給男學生比較多的鼓勵，如果教師對女學生期望比較高的話，在教學處遇方面也會因性別不同而給予不同的期望和回饋。此外，教師對學生的期望可能因以前的學業表現而有所差異，對以往學業成就表現比較優異的學生，教師可以不斷給予增強或給予高度期望；對於學業成就表現比較不理想的學生，教師可以降低對學生的期望，進而影響學生的學習表現。

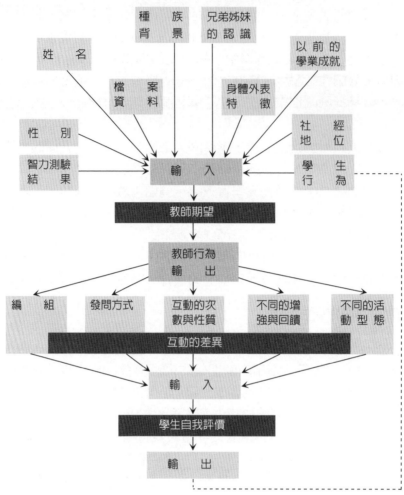

圖8-1　教師期望模式（引自朱敬先，1998）

三、在教學上的一些觀點

㈠ 教學中的比馬龍效應

　　教學活動的進行，因各種不同情境脈絡的因素而有不同的教師表現與學生行為表現。教師在面對學生時，應該隨時關心學生在學習方面的表現情形，將學生的學習表現記錄下來，作為擬定教學策略的參考。如果教室中的比馬龍效應對教師教學活動的進行是影響深遠的，則教師應該熟悉比馬龍效應的理論與相關的論點，透過對理論的熟悉與策略的擬定，善用比

馬龍效應強化教學的效果。如果比馬龍效應的效果有限，則教師不可以在
教學中固守僵化的理論與研究，而應該不斷地調整教學策略與步驟，活化
教學活動，並以各種多變、多樣、多元的方式改變教學，吸引學生的學習
注意力，提升教學效果。

㈡ 教師期望的正用與誤用

教師期望既然對學習者的學習行為那麼重要，教師就必須了解教師期
望的意義與應用，作為教學上的參考。教師在期望的運用時，必須先針對
自己的行為作反省，了解在教師期望的應用上是否有誤用的現象，作為反
省思考的依據。教師平日的教學中，究竟如何看待對學生的期望，以及如
何運用，在哪些時機應用，有否因對教師期望的誤解而不當使用。此外，
教師也應了解學生對教師期望的觀點，如果學生對教師期望持正面的看
法，則教師不妨在教學中，多加運用教師期望的策略，隨時讓學生了解教
師對學生的期望；換言之，如果學生對教師期望持負面的看法，則教師應
該在教學中，避免因不當的教師期望，影響學生的學習成果。

第四節 強化同儕良性競爭的教學

班級生活中，同儕關係的建立，對教師教學活動的實施是相當重要
的。如果同儕關係不佳，在學習過程中無法透過合作學習促使相互幫助、
利益與共、團結一致，使每位學習者皆能蒙其利，達到學習效果。因此，
運用同儕關係之間的良性競爭，以促進學習效果對教師教學而言，具有特
別的意義。

一、同儕關係在教學上的意義

同儕關係的建立對學習者而言影響力是相當大的，舉凡對學習的看
法、學習活動的參與、學習活動的投入與學習上的競爭方面，都受到同儕
關係的影響。班級同儕關係的建立，有助於培養合作互助的精神、班級和
諧氣氛的營造、激發學習情緒與效率、奠定未來良好人際關係的基礎等。

相關的研究指出，同儕關係對學生身心發展與學習變化情形具有相當
的影響，學生在同儕關係的依賴方面，同時影響學生的學習行為。在班級
生活中，教師必須領導學生培養良好的同儕關係，營造團隊精神並加強成

員之間的凝聚力，培養學生小組合作學習的精神，並訓練接納同儕之間不同的意見，藉此開拓視野啟發心智成長。如果，班級學生彼此之間惡性競爭互相勾心鬥角，對成員之間人際關係的培養不但沒有幫助，反而造成負面的作用。教師在班級生活中，必須矯正學生過度競爭的心理，引導學生學習欣賞他人的成就，並向楷模人物學習，運用同儕學習輔導的策略，協助學生進行有效的學習。

其次，教師可以透過同儕之間的相互合作，幫助課業表現不佳的學生進行學習，以「小老師」制進行個別指導，運用同儕相互分享與學習成長的策略，指導學生相互學習成長，激發學習情緒與學習效率。再則，透過同儕學習模式可以為學生奠定未來良好人際關係的基礎，讓學生在平日互動過程中，學習人際相處的要領，提供人際溝通的經驗，並培養良好的人際關係。

二、營造既合作又競爭的同儕關係

同儕關係如果建立在積極成長上，對教師教學活動的進行具有相得益彰的功能，可以省去教師相當的心力，並增進教學效果；如果班級同儕關係建立在負面的次文化之上，形成師生之間的對立與矛盾，容易阻礙教學活動的進行，對學生學習容易產生負面的影響。因此，班級教學活動的進行，教師必須營造合作又競爭的同儕關係，對教學活動才有正面的幫助。教師如果想要營造既合作又競爭的班級同儕關係，可以考慮以合作學習的模式加以因應。依據合作學習的特徵，班級在進行教學設計時，應該注意下列原則（黃政傑、林佩璇，1999）：1.小組人數不要太多，以增加每個小組成員參與學習的時間與互動的機會；2.小組的組成應該採用異質性分組，可以考量學生的學習能力、學習動機、學習風格、社交關係、人格特質、男女族群等因素進行分組活動；3.安排組內成員的角色，讓每個人都有機會參與，並且定期調整所擔任的角色，讓學生有更多練習不同角色的機會；4.學習開始時，教師必須明確說明學習目標和作業的程序；5.讓學生知覺到自己與小組同學是生命共同體，自己的成功有賴於小組獲得成功；6.設計個別績效評鑑，讓每一個學生在小組中，都有盡到學習的責任。

三、強化同儕良性競爭的教學

　　教師教學活動的進行，除了應該運用各種教學方法與策略以促進教學活動的成功之外，也應該運用和學生有關的策略促進學習的成功。班級教學活動的進行，除了教師本身的教學之外，也應考慮受教的學生在學習方面的反應。教學活動進行時，教師如果想要激發學生各種學習動機的話，當然策略的擬定就變得相當重要。小組合作學習策略的運用，教師是運用學生因不同屬性展現出不同學習風格與學習參與，而達到教學目標。為了提供學習者一個良性競爭的學習環境，教師可以考慮運用下列原則，作為教學上的參考：1.提供學生不同學業表現的機會；2.將學習結果與學習表現的標準分類，並在教學前，向學生仔細說明；3.提供學生小組競賽的機會，引導學生以分組方式完成各類作業；4.提供學生個別評量標準與小組評量標準，並將個別標準與小組標準合併計算；5.訂定小組競賽的規則與標準，並以各類增強物作為獎勵；6.讓學生有個別競賽機會與團體競賽機會，在個別競賽方面，以每個學生進步情形作為標準，並計入小組總分。

　　教學活動的進行，教師如果想要透過各種策略激發學生在學習方面的參與，可以考慮運用各種促進學習策略。教師在班級教學進行時，不管是班級氣氛的營造、學習情境的安排和學生溝通教師期望等，目的都在於促進學習效果。運用班級同儕關係的建立，提供一個強化同儕良性競爭的教學情境，對學生學習動機與趨力的促進是相當有效的。

第五節　創造思考與批判思考教學

　　教師教學活動的進行，必須考慮時間、地點、人物、情境而有所改變，教學方式與教學策略也應隨時調整。創造思考與批判思考教學是一種有別於傳統教學法的策略，主要目的在於引導學生將自己獨特風格表現出來，進而擴充學習方面的經驗。本節主要目的在於介紹創造思考與批判思考教學的特質、意義、程序，引導教師改變傳統的教學風格，以適合學生學習風格的策略進行教學。

一、創造思考教學

㈠ 創造思考教學的意義

　　創造思考是人類較高層次的心理活動，內涵包括深思熟慮、判斷以至於產生想法，完成一項新的活動（action）。Dewey在其著作《思維術》一書中指出思考的產生是源起於困惑與疑難的情境中。當個人處於此種情境中無法以既有的習慣、經驗、知識作為有效的適應時，必須經由搜尋、探索、分析等各種的途徑以獲取資料，並企圖解決困苦消釋疑竇，直至目的達到（張春興、林清山，1989：153）。Dewey同時指出思考是解決問題的心理活動歷程，運用思考解決問題時，可以分成五個基本步驟：1.遇到疑難或挫折；2.發覺問題關鍵之所在；3.蒐集資料並提出可能解決的假設；4.就可能之解決中評鑑並選出最適當者；5.依解決方案實際付諸行動，並隨時修正之。

　　創造思考教學的意義是指教師在實施過程中，依據創造和思考發展的學理和原則，在教學中採取各種方法與策略，作為啟發學生創造力、思考能力為目標的一種歷程。因此，創造思考教學法的採用不限定於某一種特定的教學方法，而是教師依據學科性質、學習者的需要等，融合各種創造思考原理原則，而設計的教學活動歷程。依據前項原則而發展出來教學法如腦力激盪法、分合法、聯想技巧、夢想法、屬性列舉、型態分析、目錄檢查法、檢核表技術、六W檢討法等模式（陳龍安，1988）。

㈡ 創造思考教學的特質

　　創造思考教學的實施，特別強調學生的腦力激盪，由教師提出各種問題，引導學生面對問題，運用自身的創造思考能力，解決問題以達到學習目標。因此，創造思考教學法具有下列特質：

1. 重視學生的思考能力

　　創造思考教學強調學生面對問題時，運用自己的思考和創造能力解決問題，因此，學生思想的啟迪和腦力激盪，成為教學活動實施的重點。教師在教學實施過程中，應該重視學習者思考能力的培養，進而提高學習動機與效果。

2. 強調民主開放的學習

　　創造思考教學和一般傳統教學法的不同點，在於教師應該規劃適當的

教學情境，提供給學習者充分發揮自己創造力，教師以民主和開放的態度指導學習活動的進行。因而，教學活動強調民主與開放的學習氣氛，學生在學習過程中是相當自由的、民主的。

3. 自由輕鬆的學習氣氛

創造思考教學在學習情境方面，需要教室內經常保持自由輕鬆的氣氛，教學活動的進行要動靜合一，不能吵雜缺乏秩序，才能讓學生在無拘無束的環境之中進行學習，並且發揮創造力和思考能力。

4. 採用自動自發的學習

創造思考教學本身不強調標準答案，提供學習者充分發揮的空間，因而學習活動不限定在某種情境之中，對學生自動自發學習精神的培養，有正面的幫助。教師在教學活動中，不斷引導學生進行自動自發的學習，指導學生面對學習上的各種問題。

5. 培養高層次認知能力

一般教學活動的實施，必須兼顧高、低層次的學習，才能使學習效果提升。創造思考教學在學習能力的培養方面，兼顧學習者分析、綜合、評鑑等高層次認知的培養。

6. 重視情意方面的教學

情意方面的教學是傳統教學比較容易忽略的一環，一般教學法的實施，偏重於知識和技能方面的陶冶，對於情意方面的陶冶較少。學生在此種情境之下學習，無法得到情意方面正面的陶冶。創造思考教學的實施，除了重視一般基本能力的培養，同時重視情意方面的教學，尤其是態度與情意方面的改變。

7. 強調學習的個別差異

創造思考教學過程中，教師引導學生依據自身的特質、心理能力，從事各種創造和思考能力的學習，不同學習者之間人格特質、心理特質就有所不同，創造思考教學讓每位學習者充分發揮創造力。此種教學法重視學生在學習上的個別差異，讓每位學習者有自我實現的機會。

8. 有效激發學習的潛能

創造思考教學過程中，教師必須不斷引導學生從事創造活動，因此有助於對學生潛能的激發與創能力的啟發。一般的教學實施，大部分以教師為主體的教學而忽略學生各方面的改變，導致教學活動無法有效激發學生在學習方面的各種潛能。創造思考教學的實施，有別於一般傳統教學，提

供學習者各方面的成長機會。

㈢ 創造思考教學的程序

創造思考教學和一般教學法不同，教師必須在教學前，先分析教材單元的性質和內容，決定採用的策略。因此，創造思考教學實施程序常隨方法的採用而調整。以腦力激盪法為例，創造思考教學至少應該有下列五個步驟（簡紅珠，1996）：

1. 選擇適當問題

教師在進行腦力激盪之前，應該針對學生的學習內容，擬定或選擇適當的問題，提供學生進行創造思考以尋求解決的答案。學習問題在擬定之後，教師應該事先讓學生了解，以便提早蒐集資料，並作學習上的各種準備。

2. 組成腦力激盪小組

教師將問題提示之後，將學生依照學習性質分成學習小組，在人數方面，每小組人數至少要五至六人，以十至十二人為理想。小組成員以男女混合為原則，以不同性別提出各種想法。小組組成之後，由教師或學習者互選一名比較有經驗者擔任小組負責人。

3. 說明應該遵守規則

在實施腦力激盪教學時，學習規則對學習成效的影響相當大。因此，教師應該在學習前，向學生詳細說明應該遵守的規則：

(1) 不批評他人的構想，使小組成員勇於發表自己的見解。

(2) 小組成員必須拋開各種足以影響創造力的障礙，讓個人的見解可以自由的抒發，不要羞於表達自己的構想。

(3) 成員提出的構想越多越好，小組成員盡可能提出各種不同的想法。構想越多，得到好主意的可能性越高。

(4) 尋求綜合與改進，提出構想之後，小組成員依據提出的構想，作進一步的發揮，以研擬出更好的解決方案。

4. 進行腦力激盪

腦力激盪活動進行時，主持人必須將所要解決的問題重新再敘述一遍，或是將問題寫在黑板上，讓小組成員隨時注意問題，使學習不至於偏離主題。每個學習者在提出新構想時，主持人要將構想記錄下來，並適時地編號，將所有的構想統整起來，作為討論的參考。

　　5. 評估各類構想

　　進行腦力激盪時，學生提出各類新構想，教師必須指導經由評估找出好的構想。評估的方式由全體成員進行評估，教師或主持人將整理歸類的新構想列一清單，讓每位成員了解，並選出最有價值的構想。主持人在評估活動結束時，依票選結果選出最佳的構想，提供大家參考。

㈣ 創造思考教學的要點

　　創造思考教學法和一般教學法差異甚大，因此教師在使用時，必須了解注意事項，作正面的引導和指導，才能發揮教學的成效。教師在採用創造思考教學時在學習指導和發問技巧方面，需要隨時注意下列要點（高廣孚，1989）：

　　1. **學習指導方面**

　　(1) 教師應該多提一些開放性問題，避免單一答案或固定答案的問題。

　　(2) 教師在處理學生問題或回答問題時，應該儘量採納學生不同的意見，減少作價值性的批判。

　　(3) 教師對學生的錯誤經驗，應該避免指責，以免學生喪失自信心或因而退縮。

　　(4) 教師在指導學生從事腦力激盪時，要注意運用集體思考型態，引發連鎖性反應，以引導出具有創造性的討論。

　　2. **發問技巧方面**

　　(1) 多提或設計增進學生「比較」能力的問題或情境。

　　(2) 多提或設計增進學生「分析」能力的問題或情境。

　　(3) 多提或設計增進學生「想像」能力的問題或情境。

　　(4) 多提或設計增進學生「綜合」能力的問題或情境。

　　(5) 多提「如何」及「為何」的問題，以引發學生的腦力激盪。

　　除了上述注意事項之外，教師在採用創造思考教學時，應該事先將學生要學習的科目、課程內容、原理原則、學習素材等，預先作整理，以問題形式呈現出來，研擬各種問題解決的教學情境，激發學生學習的熱烈動機，從面對問題、分析問題到解決問題中，完成學習的目標。其次，教師也應重視學生在學習上的個別差異，讓每位學生都有充分的自我實現的機會，從同儕成員的互動中，不斷追求新知。

　　創造思考教學的實施，教師提供學習者不同於傳統教學的情境與氣氛，讓學習者可以隨時將自己的想法和思考呈現出來，將自己的意見作適當的表達。因此，學習是相當自由輕鬆的，在民主與開放的氣氛中學習，對教學效果的提升和學習成果的增進有正面的意義。

二、批判思考教學

　　批判思考教學與創造思考教學的實施，和一般傳統的教學法不同。教師提供學生更多發表自己意見的機會，讓學生在民主自由的氣氛之下進行學習，可以擴充學習經驗。

㈠ 批判思考教學的意義

　　批判思考教學的意義依據學者的論點是指「著重於決定何者應該相信或應該去作的反省性、合理性思考」（Ennis, 1985）。因此，批判思考教學法是由教師引導學生在學習過程中，作反省性與合理性的思考。批判思考教學的發展，源自Socrates的反詰法。Socrates的教學策略是問學生一系列引導性的問題，逐漸讓學生在某一方面產生困惑，進而檢視自己的信念，並思考自己的觀念（潘裕豐，1992：42）。批判思考教學的主要目的，在於培養學生發展批判思考的意志，具備批判思考的態度與精神，養成質疑和評估的習性。

　　了解批判思考教學的意義和內涵，必須先檢視批判思考的意義。依據Ennis的論點，批判思考是一種客觀性推理法則的練習過程，依據批判思考的特質、批判思考的層面，建構成一系列有助於習得批判思考的策略、規則與步驟，引導學生練習，使其具有批判思考的知識、態度及技能（王秋緘，1991），Beyer認為批判思考是由知識、運作和態度等三種基本要素所組成。知識包括與特定領域有關的知識，對各種學科可靠資料的了解；運作是指心靈從事思考活動的歷程；態度是指追求新證據以修正思考之意願，探究多元思考方向的意願和在判斷前，多蒐集資料的喜好（王秋緘，1991）。由學者對批判思考的定義，衍伸出批判思考教學的內涵，它是一種由教師引導學生發展出批判思考態度與精神的教學法。

㈡ 批判思考教學的理論基礎

　　批判思考教學的理論基礎囊括哲學、心理學、課程理論等層面，詳述

如後（潘裕豐，1992：41-59）：

1. 哲學理論基礎

哲學理論中有關批判思考教學的探討，重點在於知識論的分析及價值論的分析。在知識論方面，理性主義者強調直觀教學法，比較不重視循序漸進推理技巧的訓練，經驗主義者較重視以高度結構的思考訓練方式，以培育批判思考能力。然而，批判思考目的能否達成，取決於批判思考者是否能依據客觀、邏輯的程序法則來進行思考。在價值論方面，強調批判思考教學的主要目的，是要使學生學會如何作正確合理的價值判斷。其次，重視批判思考方法、手段的有效性，同時注重目的與手段之間的因果關係。

2. 心理學理論基礎

心理學對批判思考的詮釋可從完形心理學、認知發展心理學、智力結構理論及智力三元論中，了解其梗概。

(1)完形心理學

完形心理學主張心理現象是具有組織性的、整體性的，反對將心理歷程過於機械化，才能了解高層次的心理作用。完形心理學強調個體面對問題時，並非不斷嘗試錯誤，而是對問題作整體性的思考和了解，針對問題作徹底的解決。完形心理學對心理學現象的詮釋，正是批判思考的基本法則。

(2)認知發展心理學

認知發展心理學以Piaget和Bruner的論點，對批判思考教學的影響最深遠。Piaget的認知發展理論，認為人類的批判思考是先天的，每個個體都能從感官的不一致世界主動地建構一個一致的秩序。個體終其一生都是在建立經驗，而經驗的建立必須經過批判、推理等邏輯思考過程，而後形成真正的知識。Bruner的表徵系統理論，強調學習者不只是知識的接受者，應該是主動的探究者。因此，Bruner的啟發式教學法，強調學習者的思考歷程，成為主動的知識探究者。Bruner強調學校課程的統整性與結構性對批判思考教學的實施深具啟發性。

(3)Guilford的智力結構理論

J. P. Guilford的智力結構理論，將個體智力作用中的評價定義為「針對訊息資料，就所知的詳細內容，依據邏輯的規準加以比較，以確定是否合於規準的連續性過程。」Guilford對智力的解釋，建立批判思考在人類

結構中的地位。

(4)Sternberg的智力三元論

R. J. Sternberg認為智力的內涵是由組合性智力、經驗性智力和適應性智力所組成。智力成分中包括知識運用、語言思考、理性思考、後設認知、遺傳、環境及文化等因素，智力可以透過教育方法加以增進。因此，批判思考教學的實施，必須和學生的日常生活相互配合，才能反映出日常生活問題解決和作決定的過程，以便有效將批判思考運用於生活情境中，此種論點在教師作課程設計時，具有啟示性作用。

3. 課程理論基礎

課程理論基礎的探討，以Bloom和Bruner的理論為主。Bloom認知教學目標分成知識、理解、應用、分析、綜合、評鑑等六個層面。批判思考課程內容從教學目標分析，應該包含分析、綜合與評鑑等三個主要高層次的思考。其次，Bruner強調課程應該重視歷程，將歷程納入學習的內容。在Bruner的課程理論中，重視適應社會能力的課程，因此推理、思考、判斷的心理歷程就顯得相當重要。

(三) 批判思考教學方案——以Ennis理論為例

批判思考教學的實施，因學者對批判思考的定義不同，而有不同的程序。批判思考教學理論的探討，以Ennis為例，將批判思考的學習視之為客觀性推理法則的練習過程。教師在教學中，應該針對學習者的身心特質建構一系列有助於習得批判思考的策略、規則和步驟，引導學習者練習，使之具有批判思考的知識、態度和技能（王秋絨，1991）。Ennis的教學方案，可從教學目標、教學策略教學內涵和步驟加以說明（王秋絨，民1991）：

1. 教學目標

Ennis的批判思考教學在目標方面，第一為精通批判思考的技巧，其次為認識批判思考的價值，養成樂於批判思考的態度。

2. 教學策略

批判思考教學策略包括批判思考技巧的訓練、批判思考價值的說明等二個層面。

3. 教學內涵

批判思考教學在學習者批判思考的練習活動方面，包括下列項目：

(1) 掌握陳述的意義：訓練學習者正確地了解陳述句的語意活動。

(2) 訓練學習者正確判斷陳述句可證明的意涵，以及可被引申的涵義。

(3) 判斷是否有相互矛盾的敘述，並進行歸納和推理活動。

(4) 判斷導出的結論是否必要：教師在教學中訓練學習者掌握相對應與不相對應的推論活動，訓練學習者依據問題分類推論規則的活動。

(5) 判斷陳述是否具體、特定：教師在教學中訓練學習者學會判斷陳述句是否依據陳述目的，而以具體特定的語句敘述之活動。

(6) 判斷陳述是否運用某些原則。

(7) 判斷觀察而來的陳述是否可靠。

(8) 判斷歸納性的結論是否有正當的理由。

(9) 判斷所有問題是否被辨認清楚。

(10) 判斷陳述是否只為一種假設而已。

(11) 判斷某一定義是否周延。

(12) 判斷出自權威人士的宣稱之敘述，是否可接受。

4. 教學步驟

Ennis的批判思考教學包括五個主要的步驟：

(1) 澄清批判思考學習的價值。

(2) 診斷批判思考教學所需訓練的行為。

(3) 呈現批判思考的三個層面、五個概念及教學內容。

(4) 實施批判思考訓練。

(5) 評量批判思考訓練的效果。

批判思考教學的實施，扭轉傳統以教師為主的教學型態，讓學習者得以自由地發揮自己的想法，教師在教學過程中以引導者的角色，學習者居於主導的地位，因此學習活動的進行是學習者自己決定的。批判思考教學強調學習與生活結合的理念，要求教學情境必須和生活中的各種情境相吻合，才能培養學生面對問題，解決自身生活問題的能力，作為適應未來社會生活的預備。

第九章

問題教學法的理念與實施

　　一般的教學活動，教師必須要有教學生的意向，而學生也要有學習的動機與意願。如果學生缺乏足夠的學習意向，那麼教師就有責任依據教育專業上的規準，引起學生的學習動機（Scheffler, 1974）。教師在教學歷程中，應該深切了解教學是「教」與「學」交互作用所形成的專業活動，如果教師忽略學習者在學習歷程中的參與、投入，便無法落實教學活動應有的價值。學生的學習與成長改變多少？教師的價值引導對學生產生多少影響？學生到底有沒有在學習？等問題，往往容易讓教師否定教學的成效，並排斥任何改進教學方法與策略的可能性和必要性。教師在面對複雜教學情境時，究竟應扮演何種專業的角色？運用何種教學策略與方法，影響教師的教學成效與學生的學習成果。問題教學法的應用係指教師運用系統的步驟，指導學習者發現問題、思考問題並循序漸進地解決問題，以增進學生知識，充實生活經驗並培養思考及解決問題能力的教學方法（王秀玲，1997）。問題教學的運用和一般教學法不同之處在於教師角色扮演以及教師在面對教學情境時與學生的互動有所不同。教師在問題教學中扮演的角色任務為提出問題、發問、促進探索及對談，在教學歷程中提供學生鷹架以促進學生的探索與學習方面的成長。

　　問題教學法的實施，摒除傳統教學法以「教師中心」的教學，轉而以「學生中心」的教學取向。教師在運用問題教學法時，必須針對教學法本身有深入的了解，有足夠的時間進行教學活動的設計與規劃，統整相關的教學資源與教材，方能使問題教學法發揮其最大的功效。有鑑於問題教學法的運用，有別於傳統教學法的實施，可促進師生之間正向互動關係，提供學習者適當的問題情境，激發學習者的學習內在趨力，透過主動學習與探索的途徑，達到預定的教學目標。因此，本章擬從問題教學法之特性、目標、理論基礎、教學設計、教學活動實施、教學情境布置及問題教學法評量等層面，探討問題教學法的理念與實施，提供教師在面對教學情境時，多元與不同的選擇，透過別於傳統教學法的運用與實施，激發教師在教學理論與方法方面的專業成長，提升教師教學效能並促進學習者的學習成果。

第一節　問題教學法的特性與目標

一、問題教學法的特性

問題教學法的主要本質在於教師針對教學目標設計各種問題情境，引導學習者以真正的、有意義的問題作為探索、研究的基礎。藉由以真實生活為腳本的問題情境協助學生透過各種形式的學習，學習到學科內容及解決問題的技巧。有關問題教學法的文獻指出，問題教學法通常具有五項主要特性：

(一) 問題的趨動

問題教學法的設計是以結合社會上重要的問題並對學生本身有意義之問題作為教學上組織之用，教師在問題教學法實施之前，必須清晰地確定和界定有待解決的問題是哪些？問題的形成可以透過師生共同討論的途徑提出並界定問題。通常適切的問題包括：(1)學生可以理解但解決方法並不明顯；(2)可有效激發學生的學習動機且易於描述；(3)不只一個解決途徑的問題；(4)所需能力與概念適用於學生的年級；(5)在合理時間之內可以解決；(6)解決之後可以延伸出適當的新問題；(7)可以整合數個學科領域；(8)定義良好且能明確知道是否已獲得解決（李隆盛，1996）。

(二) 跨學科焦點

問題教學法的問題設計，通常集中於特定學科內容的探討，並結合日常生活中的重要事件。但在面對實際問題的解決時，其解決方法往往會涉及數個學科。因此，問題教學法在運用時，必須考慮數個學科整合的問題，融合幾個學科進行教學上的設計，引導學習者進行統整型的學習。問題教學法有別於一般傳統教學法，僅能針對一種學科進行教學活動，在學科的整合方面無法與其他學科作統整。

(三) 真實的探究

問題教學法和一般教學法不同點在於，一般教學法往往提供模擬的情境，由教師針對想要傳達的概念和知識，將各種經驗作有效的組織，提供學生在學習上的參考。因此，在知識的提供方面無法結合真實的情境，容易造成學習和生活脫節的現象。問題教學法透過教師對真實生活事件的剪

裁，做有效的組織與設計，提供學生各種真實問題解決的情境，使得學生必須從事能解決真實問題的探究。因此，學習活動和真實生活中的各種情境，往往是相互結合的。學生的學習經驗和生活真實經驗是相吻合的，可以將學習成效真實地反映在日常生活中。

㈣ 提供模擬物

問題教學法在各種情境的設計和問題情境的提供方面，教師必須針對教學活動提供各種模擬物。問題教學法要求學生建造各種足以解釋或代表問題解決之模擬物，例如：日常生活中各種真實事物的模擬報告、辯論文件、實物模型、錄影帶或生活影集、電腦程式等。模擬物的提供，可以引導學習者在學習歷程中貼近真實情境，教師可以指導學生在各種情境中，針對問題並解決實際問題。

㈤ 合作學習

問題教學法的實施必須學習者透過合作學習方式，以兩個或數個為一組，協同進行學習工作並完成各種學習任務。因此，問題教學法強調合作學習的進行，學習者必須摒除傳統單打獨鬥的學習方式，以合作協同的形式完成預定的學習目標。如此，不但可藉此獲得對複雜學習工作之激勵，並且在工作中與各小組成員分享學習與研究心得，增進彼此之間對話的機會，有助於學習者社交技巧方面的培養，以團隊的精神完成學習任務。

二、問題教學法的目標

問題教學法的應用是教師運用系統的步驟，設計各種問題情境，指導學生發現問題、思考問題並循序漸進地解決問題，以增進學生的知識，充實生活經驗並培養思考即解決問題能力的教學方法（林進材，2001）。問題教學法的應用包括三個重要的目標：

㈠ 成人角色的模擬

問題教學的應用在於教師透過日常現實生活事件的組織，提供學生各種模擬情境的學習，學生可以透過學習活動模擬現實生活中之成人角色，了解成人在社會中所應扮演的角色及責任。

㈡ 思考及問題解決技巧的培養

　　問題教學法的應用主要的目標在於指導學生思考和問題解決技巧的培養，教師在教學歷程中培養學生有關思考歷程的學習和描述。通常在學習思考與問題解決歷程中，包括：1.思考心理之運作歷程，例如：演繹、歸納、推理、分類等；2.將各種真實之事物作象徵性表徵之歷程，以及各種運用象徵性表徵真實事物之主要原則；3.思考包括分析、批評與推論、判斷等能力之培養。由此可見，問題教學法的運用包括兼顧高、低層次的思考教學。

㈢ 獨立及自我規範的培養

　　問題教學法的應用與一般傳統教學法不同之處在於教室情境是以學生為中心，教師由主導者的角色轉換為引導者的角色，鼓勵學生開放的研究與由由的思考。因此在問題教學法進行時，必須培養學生獨立自主與自我規範的要求，養成自動自發的學習精神和習慣。

第二節 問題教學法的理念與設計

一、問題教學法的理念

　　問題教學法主要理論基礎源自於認知心理學，對學習者的學習歷程強調並重視內在的心理歷程，而非外顯的行為。通常問題教學的理論基礎，源自於下列三種主要理論：

㈠ Dewey思維術

　　Dewey將學校學習場所視之為解決真實問題之實驗室，強調學習的主要精神在於指導學習者透過各種真實事物或事件的思考，運用各種舊有的經驗，解決所面臨的各種問題。

㈡ Piaget建構主義

　　Piaget認為人類的學習源自於學習者內在的好奇心，驅使其主動探索周遭的世界。

　　其主要的學習理論強調學習者有探究環境和建構對個人有意義之知識的需求。Piaget同時強調，個體在環境生活中，無法用既有的經驗與認知

結構去適應新環境或新經驗相均衡時，就會產生認知失調的現象，個體必須改變原有的認知結構，調整基模，以均衡認知。此即為學習的趨力。

(三) Bruner發現學習

Bruner的發現學習強調主動的與學生中心之學習經驗，個體對此種學習經驗，發現自己的想法，獲得對自身的意義，此為學習的主要歷程。Bruner認為學習者對於外界訊息並非如行為主義者強調被動的吸收，而是個體主動選擇外界訊息，將訊息加以處理與組織，並儲存在人類特有的代表外界的模型裡。因此，學習者在學習歷程中，教師應該鼓勵學習者使用自己的思考，使知識內容配合個人的學習背景，以自我增強式追求成功動機。

二、問題教學法的教學設計

問題教學法是教師將各種日常生活所需知識作系統化分析，運用系統化的步驟，指導學生將實際生活所遇到的問題加以歸納分析，透過策略的運用以解決問題，藉以增進學生的知識，擴充各種生活經驗，並培養適性的思考能力。因此，在問題教學法的教學設計方面，必須兼顧下列二個主要層面：

(一) 界定教學目標

問題教學法的特徵在於教師指導學生組成學習小組，以研究真實生活問題，教師必須透過合適的教學目標以達成各種問題情境之設置。問題教學法的教學設計，首先必須清楚地確認並界定有待解決的問題為何，問題的產生可以由教師針對日常生活或課程中所提之問題與學生討論。教師在確定問題內容之後，應該指導學習者進行問題分析，並設定學習目標了解教學預期達成的目標何在。教師在各種特定課程教學中，教學目標與教學策略應做緊密性的結合，以真實生活情境設計問題教學，引導學生在真實情境中尋找解決問題的方案，如此才能達到教學目標。

(二) 設計適當問題情境

在界定教學目標之後，教師應該針對教學目標設計適當的問題情境。通常適當的問題情境必須符合下列特性；1.問題情境必須與真實情境契合，問題應該設定在學生的真實世界經驗範疇中；2.問題情境應該足以讓

學生產生困惑的心理，並足以引起學生學習上的趣力；3.問題對學生而言應該是有意義的，問題的程度或情境應該與學生的認知發展吻合，學生的心智發展足以解決問題；4.問題的研擬必須與教學目標的達成有高程度上的相關；換言之，問題情境的設計必須符合教學目標；5.好的問題必須是透過群體的努力和學習而受益。其次，教師在設計問題情境時應該考慮下列重要特性：1.情境必須配合可以讓學習者產生困惑的特定問題或主題，透過各種分析解釋問題或主題，提供學習者各種假設與推論的機會，以增進學習的動機；2.情境的設計必須引導學生產生學習興趣，並且適合學生認知發展情形；3.問題情境應該讓學生可以理解並且強調問題令人困惑之處；4.問題可行性評估，考慮時間、資源及訊息是否足以提供學習者研究之用。

第三節　問題教學法的實施

一、實施步驟

　　問題教學法的實施必須配合各種日常生活中的真實情境，教師研擬各種真實問題情境，提供學習者解決問題的機會，透過各種角色模擬和問題情境的解決，達成教學目標。問題教學法的實施，通常可以分成下列重要步驟：

㈠ 提出問題

　　問題教學法的重點在於教師從日常生活中可以遭遇的問題或情境，提出來讓學生共同討論，以激發學生的學習興趣，引導學生主動探索及解決問題的動機。教師所提的問題必須符合幾項要件：1.所提問題是學生所關心的；2.適合學習的問題應包括校外生活問題；3.解決問題的資料要能合適地供應；4.問題要限於合適和有效的範圍；5.在問題解決中視資料之中肯以定取捨，學生應學習如何取捨資料；6.問題是值得學習上所要解決的；7.應用於學習的問題要有解決的可能；8.解決問題的方法很多，應鼓勵學生嘗試創新的方法；9.問題要有激勵性（林進材，2001）。

　　教師在提出問題時，應該了解課程與教學所傳導的目標與程序在於引導學習者如何研究重要問題並成為一位獨立學習的學習者；其次，引導

學生了解研究問題通常沒有絕對的正確答案，問題大部分是有複雜而且對立的解答；教師指導學生努力蒐集相關的訊息和資料，和同儕進行學習上的競爭；在教師分析課程與教學時，學習者可以自由開放地表達自己的想法，在每個研究問題上，都有貢獻自己想法的機會。

㈡ 組織學生學習

問題教學法的實施，教師必須引導學生以合作技巧完成學習活動。教師在教學進行時，可以透過下列各種方式指導學生學習活動的進行。分別為組織學習團、合作計畫、獨立研究與團隊研究的採用。

1. 組織學習團

學習團的組織是教師將學生作分組學習，學生依據教學目標進行分組，教師可以透過學生不同的學習能力水準、性別、族群進行分組，將學習團進行學習任務分組，或是依據學生的學習興趣，進行學習團的組織。

2. 合作計畫

合作計畫的運用是教師組織學習團之後，引導學生花時間在特定主題學習，研究任務的學習及研究流程的掌握。教師將各個特定的教學主題，組織成一般問題情境，協助學生對學習主題感到興趣，並完成各種學習任務。

3. 團隊研究與獨立研究

問題教學的運用在研究成員之組織方面，必須考慮以單獨、成對或小組方式進行研究活動，教師在引導學生時必須考慮問題情境的特性，以考慮研究技巧的運用。通常教師在蒐集資料時，必須考慮下列要素：首先，教師必須鼓勵學生蒐集資料直到對問題有深入的了解為止，學生蒐集充分的資料可以加以創新；其次，教師必須協助學生從各種運用資源加以蒐集資料，提出問題引導學生思考各種可行資料的運用以解決問題，並找到具體可行的研究方法；最後，教師必須教導學生研究上的倫理。

㈢ 發展模擬物與展示品

教師組織學生學習之後，接下來的步驟必須發展各種模擬物與展示品。模擬物的發展，可以展現問題情境的特性，並了解模擬物製作的精細程度、學生能力的展現等。教師可以指導學生展示自己在學科學習上的作品，並且相互評論彼此的作品，透過相互回饋方式提高學習參與。

㈣ **問題解決歷程的分析與評鑑**

教師在教學歷程中指導學生建立屬於自己的思考特色，釐清問題情境，大膽假設各種情境，並積極處理問題。學習者透過問題情境的處理，提出採取某些觀點的假設，為何拒絕某種觀點，最後為何獲得結論。

二、問題教學情境布置

教師在問題教學情境布置上，除了針對教學目標的特性之外，同時應兼顧學習者的學習特性。通常在問題教學情境的布置上，教師必須考慮下列幾項特性：

㈠ **教室內工作特性的掌握**

問題教學法的實施，教師必須同時兼顧各項教室內之工作，指導學習者學習以獨立或合作學習方式完成學習任務。其次，教師應透過效能教學的理念發展一套適性教學系統，提示學習者在學習上應遵守的規範，例如何時該聽、何時該說的規則。再則，教師應針對每一位學習者或學習小組，監督學習任務的完成。

㈡ **學習者工作進度的協調**

教師在運用問題教學時，應針對學習者學習進度快慢，給予不同的學習要求，對於學習速度較快者，給予額外的規則、程序或等待時間的安排。在時間的安排方面，早完成的學習者，可以運用同儕學習輔導，協助學習緩慢的學習者。學習速度較慢者，教師可要求學習者運用假日或課餘時間完成學習任務。

㈢ **學習者工作監督與管理**

問題教學法在實施歷程中，學習者作業內涵是多樣性的，而且必須以不同時間完成。因此，教師在時間上的運用成為學習的關鍵點。教師在問題教學法實施歷程中，對於學習者的監督與管理有三：第一，必須清楚描寫所有學習者的工作要求；其次，進行監督學習者工作並提供各種回饋；最後，持續記錄各種學習歷程。

㈣ **各項教具及設備的管理**

問題教學法的實施，必須運用各種教具方能竟其功。因此，教師必

須發展出一套對設備與教具組織收藏與分配的有效程序。此方面，教師可以透過學生協助保管各種教學設備、教科書分派、報告繳交等，並嚴格執行。

㈤ 教室外活動行為的規範

問題教學法的實施，學習者必須了解學校外各種活動的程序及教學設備的使用。在社區進行資料蒐集時，教師必須建立各種規則及慣例（routine）管理學生行為。學習者在蒐集或調查各種資料時，必須謹守各種禮儀和研究倫理。

第四節 問題教學之評鑑議題

任何教學活動最後必須考量評鑑或評量上的議題，了解教學目標是否達成的問題，確保教學品質的提升。教師在實施問題教學法評量時，資料的蒐集是否符合信度及效度，對教學評量的實施是相當重要的，儘管傳統的紙筆評量逐漸被實作取代，然而在實施實作評量時，學習者處在真實問題情境中，如何因應及表現，可透過評量了解學習者解決問題的潛能。

一、對評量的理解

實施問題教學法的評量必須了解評量並非僅止於發展關於主題與目標的基本知識，並包括發展對周遭世界與問題複雜性的了解。因此，教師在實施問題教學評量時，除了對評量本身的深度了解之外，同時也要了解教學目標的達成情形，作為形成新教學計畫的參考。

二、考核量表的應用

教師在實施評量時，應使用標準參照的核對清單，以及考核量表加以測量複查的實作任務，作為評量實施信、效度的參考。

三、角色及立場

問題教學法的實施目標之一，在於引導學生學習成人角色並過渡為成人的階段，作為未來真實生活的參照，因此在評量時，需將成人角色及立

場納入，作為評量的參考。

四、學習潛能的評量

　　問題教學法的實施，引導學習者將個人潛能作最大的發揮，因此在評量學習成效時，必須將學習潛能納入評量的重點，並融入實作評量之中。

五、團體努力的評量

　　問題教學法的實施，強調學習者合作學習的重要性，因而評量的實施必須以合作學習的評量方式進行，可作為評量及酬賞個人或團體工作成效。透過評量團體努力程度，同時可減低惡性競爭的現象。

　　問題教學法的實施有別於傳統教學法，在教學理論與方法中提供教師教學活動進行的參考，以「學習者中心」的教學方式，取代「教師中心」的教學風格，促使學習者以更積極的學習態度完成學習。問題教學法的實施，教師必須蒐集各種相關資料，從問題的擬定、資料蒐集、問題情境營造、模擬物的設計、成品的展現、教學評量等，這些都需要教師發揮教學專業精神。問題教學法的實施對學習者的學習具有正面且積極的意義，可摒除傳統以教師為中心的教學，問題教學理論與方法提供另類思考，透過教學方案的擬定，增進教師與學習者的雙向互動回饋。問題教學法的實施，仍存在些許阻礙需要教師加以克服，例如：學校圖書館資料的充實、教學資源的統整、教師本身素質的提升等，在在都需要教師加以面對。然而，在面對課程與革新的同時，教師應以專業的精神加以因應。如此，對學習者學習成效的提升，才有正面積極的意義。

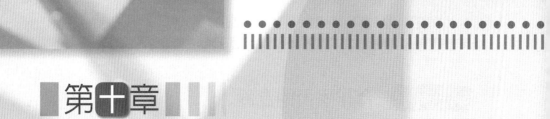

第十章

分組合作學習的理論與運用

　　分組合作學習教學的實施，和一般的教學方法，不同點在於分組合作學習是透過同儕合作、分組合作的方式，完成教學與學習目標。

第一節　合作學習的意涵

　　合作學習的實施與重視個別式、競爭式的學習過程，有相當大的差異。不管在教學活動的實施，或是學習活動的進行，分組合作學習都有助於提升學生的學習成就、增進學生的學習動機、發展合作技巧及溝通技巧、增進學生在學習方面的自尊，同時具備多種功效的教學策略（林進材，2013）。

　　「合作學習」具體而言，是指在合作學習的過程中，將學生分成若干小組，各小組的成員都針對特定的學習單元，以及所了解的方式共同去完成的學習責任，在經由成員之間不斷的交換意見、互相支持之下，所有成員努力朝向小組的共同目標邁進，組內成員透過表達自己的想法，讓其他人知道你的想法，及了解對方的想法而互相學習，並讓自己有所成長。「在合作學習之下，學生之間的互動目標明確，各司其職，可增進學習效果。」（Johnson & Johnson, 1998）。在教學活動進行時，實施分組合作學習，教師的角色為促進學生之間進行討論的催化劑，學生是教學活動的主角。

　　Slavin（1985）指出，合作學習最基本的定義其實是一種教學策略，是教師在教學前採用「異質分組」的合作，教師將不同能力、性別、種族背景的學生，分配於同一小組內一起學習，此種教學法可適用於大部分的學科及各個不同的年級。透過分組合作學習的方式，引導學生進行學科學習。

　　Gilles（2002）認為合作學習被用來作為一種策略，促進在不同的教與學的結構和學科領域的學習和調整，防止學生疏離、社會孤立及脫離學習。合作學習策略的運用，讓學生成為學習的共同體，共同為學習承擔個別性與群體性的責任。

　　Panitz（2009）針對合作學習的意義指出，在合作學習中教師維持課程控制下的進度，引導他們透過所提供的材料，說明等，並當學生們需要幫助的人，及使孩子以工作小組來完成一個課程的目標。

　　趙世偉（2009）指出，合作學習為一種有系統、有結構的教學策略，教師依學生的能力、性別、種族背景等，分配學生到一異質小組中，鼓勵其相互幫忙，以提高個人的學習成效，並達成團體的目標教師在進行合作學習過程中，必須教導學生人際互動的技巧，透過同儕互動溝通、合作、解決問題及交換知識的團體歷程。

　　林勝甫（2011）認為在合作學習歷程中，教師的角色是協助者，經由教師的協助和同儕的扶持，進行面對面合作學習，成員可以有效的交換彼此的想法及互相處理任務與資訊，並透過相互的回饋來影響學習的行為。

　　盧瑞珍（2011）指出，合作學習適用於不同年級與學科領域，可達成個人標準、團體目標與增進社會人際關係等多元的教育目標。

　　黃政傑、林佩璇（2013）指出，合作學習是一種有結構之學習任務，採小組學習方式，透過團體互動歷程，進而擴大自己與他人的學習。全班在教師授課後，即分成小組，小組中的每一成員為命運共同體，學習中所有成員是相互得利，是積極互賴的情境及共同目標，不但有助於學生的人際關係，也能提升其學習成就。

　　綜合上述有關合作學習的論述，合作學習最基本的定義其實是一種教學策略，是「異質分組」的合作，在學習中教師將不同能力、性別、種族背景的學生，分配於同一小組內一起學習，此種教學法可適用於大部分的學科及各個不同的年級。合作學習是一種教學模式，學習的重點也轉移到學生，學生不只負責學習材料，也幫助他們組成的隊友學習，促進不同的教學結構和學科領域的學習和調整，防止學生疏離、社會孤立及脫離學習。合作學習為一種有系統、有結構的教學策略，學生被分配到一異質小組中，教師必須鼓勵其相互幫忙，以提高個人的學習成效，並達成團體的目標。教師在進行合作學習過程中，也必須同時教導學生人際互動的技巧，透過同儕互動溝通、合作、解決問題及交換知識的團體歷程。

第二節　合作學習的發展

　　合作學習的發展，已經具有相當長的歲月。合作學習在教師教學活動實施中，是應用廣泛且成果豐碩的一種教學方式。合作學習法能普遍被應用的原因有下列三個：1.重要理論的支持；2.眾多研究的證實；3.以及明

確而便於實施的教學策略（Johnson, Johnson, & Stanne, 2000）。

合作學習肇始於西元1700年代末葉，首先由Lancaster和Bell兩人在英國大力倡導，此等模式到了1806年才傳至美國，而後，在紐約開設第一家以合作學習為主的學校（黃政傑、林佩璇，2013）。而真正將合作學習融入教學方法計畫的學者是教育家Dewey，Dewey一直主張民主、平等的課程，合作學習正好可以符合此主張（Johnson & Johnson, 1998）。

May與Doob's（1930）於《競爭與合作》（*Competition and cooperation*）一書中指出，合作與競爭都至少需要兩個人以上，但兩者的結果卻不同，合作中有多數人或所有人都能獲得好的結果，競爭卻是僅有一個人或是少數人得到好處，並非所有的人都獲利（黃政傑、林佩璇，1996；盧瑞珍，2011；簡妙娟，2000；Farivar, 1985）。

1940年，Moreno發展了社會記量法和社會關係圖，發現學生對團體的喜好是有變動性的，當他面對的團體改變時，對於同學的喜好順序也會隨之改變（黃政傑、林佩璇，1996）。1945年，Lewin開始對領導方式與團體目標行為進行研究，成為「團體動力學」的濫觴。1949年，Lewin的學生Deutsch研究合作和競爭團體在不同教學方式下的表現，發現合作學習小組的表現較能積極的分工合作與產生更多的人際互動，此外，小組作品和討論的品質也較高（黃政傑、林佩璇，1996；簡妙娟，2000）。

1960年代中期，Johnson與Johnson在明尼蘇達大學創立Cooperative Learning Center，訓練教師採用合作學習進行教學，並進行合作學習的相關研究，探討合作學習的本質及成分，並建立和考驗其理論模式和有效性，進一步將合作學習理論轉化為具體的教學策略，推廣至北美及其他國家（黃政傑、林佩璇，2013）。

1964年民權法案通過後，教育學家更認為消滅不平等學習的合作學習法，可以有效的消弭種族之間的差別待遇（黃政傑、林佩璇，1996）。

1970年代，合作學習展現豐碩的研究成果，同時也影響當時的教育政策，許多研究者與教育者發明了合作學習的原則與方法，並將之應用於學校教學中，當時可說是合作學習法發展的顛峰。1980年以來，合作學習教學法的研究仍持續進行著（黃政傑、林佩璇，1996；劉秀嫚，1998）。

十九世紀末，美國教育家Parker最早成為在公立學校倡導合作學習成功的先驅，將合作學習所持的理念落實到學校班級，在學校中採行合作學

習的教學方式，進而促進學校班級生動和樂的班級氣氛（周立勳，1994；趙世偉，2009）。

　　二十世紀初，Dewey繼Parker之後，將合作學習的理念與兒童為中心的教育理念相結合，並強調學習的社會面，認為教室內的生活就是社會的縮影，而民主生活的核心是群體相互合作；因此主張學校教育在民主社會中所扮演的角色應是訓練學生解決問題並民主與理性的生活（周立勳，1994）。

　　總而言之，合作學習的教育觀點並非始自今日，自西元1700年代末葉起，即有許多合作學習的觀點，於二十世紀中期由Johnson與Johnson研究及推廣而被廣泛應用於中小學教學中，同時被廣泛應用在許多的教育層面，因此合作學習可說已發展成多樣的面貌，甚至被譽為近十幾年來最重要、最成功的教學改革。國內進行合作學習的相關研究也在近十年來蓬勃發展，合作學習運用在課程與教學上，對身在教育前線上的教師也是另一個新的突破與拓展。尤其是即將展開的十二年國教，重視的是學生的合作學習。

第三節　合作學習的重要性

　　合作學習的實施，相對於傳統以教師為主的教學型態，有助於提升教師的教學品質，同時培養學生互助合作的精神。合作是一種趨勢；現今的社會是一個科技發達、快速變遷的時代，團隊合作顯得越來越重要，社會不再是單打獨鬥就足以應付的，尤其在重視創新的現代，唯有大家分工合作，互相腦力激盪，靈活運用資訊，才能創造出屬於自己團隊且獨特的創意。再則，人類的生活固然不乏競爭的型態，也有競爭的需要，但更重要的是合作（黃政傑、林佩璇，2003）。團隊合作的模式除了要求個人素質應具備優秀的專業知識以外，甚至優秀的合作能力比專業知識更加重要。

一、合作學習增進學習動機

　　教學活動的進行，需要教師與學生相互配合，才能提升教學的品質與學習的效能。合作學習運用於教學對於學習者學習動機的提升，具有相當正面積極的意義。Slavin（1983）指出，在團體合作溝通的過程當中會發

現彼此不同的觀點差異，為達成共識、完成任務，進而在團體成員互相的施與受之間，尋求解決衝突的可行方法，這樣的合作學習能改善學生的學習並提高學生學習的動機。Sharan與Sharan（1989）的研究亦顯示出，合作學習較一般教學活動更能增進學習動機；探討合作學習能提升學習動機之主要原因在於：(1)合作學習改變了學生的學習態度，因積極參與小組學習活動，而增進學習樂趣；(2)積極的社會互動與同儕支持，再加上彼此鼓勵而提升學習意願；(3)評分公平，自我比較，能增進共同的成就感等因素而加強動機，進而在學習成就的滿足中，逐步肯定自我，而主動投入學習（黃政傑、林佩璇，1996）。

二、合作學習強化學習策略的運用

從學習的角度來看，合作學習與以往傳統式的教學方法不同的是；合作學習提供了學生和其他人互動的機會，而不再只是侷限於老師一個對象（王岱伊，2001）。透過合作學習法，促進團隊合作，發揮團隊力量，激發個人的潛能（鄭寬亮，2006）。此外，合作學習的實施提供學生在學習策略方面的相互學習，透過學習策略的相互分享，有助於學生學習策略方面的改變（林進材，2013）。

三、合作學習增進學習成效

長期以來教育上強調競爭的學習，已經促使學生養成自私自利的人格，只為自己好而不願盡義務，尤其是團體生活中自己應該負擔的責任。且大部分學生在乎的都傾向升學考試重要科目的成績，卻輕忽了其他科目的學習，如此對人格的培養造成了不平衡的狀態，而這一切都已背離了教育目標和教育理想（黃政傑、林珮璇，1996）。相關的研究指出，合作學習能促進學生的合作能力，包含合作的知識、技能和情意；而且合作正是我們目前社會所迫切需要的；合作學習不但能促進學生學業上的成效，進而培養健康的心理，而且能夠導正當前教育偏重智育的缺失。

由上述文獻資料中，我們可以得知合作學習的教學策略，其教育結果可以幫助學生獲得合作能力，適應未來的社會生活，學生不僅在認知上獲得　好的學習成就，在情意上亦可提高學習動機，以及提升與人交際、溝

通的社會技能，在教育上具有相當的重要性。此外，經由合作學習課程之設計，學生可獲得以下的改變：1.溝通學生的不同思想，促使學生能透過表達自我，獲得自我概念；2.知識的獲得是一種主動的參與，而不再是接收老師單方面傳來的知識；3.提供學生愛與支持的環境，學生不再成為被動的接受者，而是主動的參與者；4.合作學習為學生提供一種實際參與活動，「做中學」的教學方式。

四、合作學習與傳統教學

合作學習與傳統教學活動的實施，在各方面差異性相當大。傳統教學活動的實施，強調只要將課程教材內容教給學生，引導學生達到知識學習的精熟程度即可。因此，教學活動的進行偏重於學科教學知識的傳授，而忽略學生在學習方面的參與和樂趣，學習活動的進行是單向的。合作學習的實施，強調以學生為學習的主體，教師提供各種合作技巧的情境，引導學生進行學習活動，在教學中協助學生，達到各種精熟的程度。因此，合作學習強調學習的責任是學生本身，由學生為自己的學習負責（林進材，2013）。有關合作學習與傳統教學的差異，參見表10-1。

表10-1　合作學習與傳統教學差異比較表

項目	合作學習教學法	傳統教學法
教學者角色	引導學習	支配學習
獲得知識方式	主動學習、討論、溝通	被動學習
課堂主角	學生為主、教師為輔	教師為主、學生為輔
座位安排	以討論及互動方式安排	固定座位
小組分組方式	異質性分組	不分組
學習責任	重視個人與團體學習績效	重視個人學習績效
互動方式	採用合作技巧	採用個人技巧
教學成效檢討	重視歷程與持續性的改善	重視個人酬賞

第四節 合作學習的類型

依據國內外有關分組合作學習類型的研究與論述，合作學習的類型以精熟、分享與討論、探究等為主，茲簡要說明如下：

一、學生小組成就區分法

學生小組成就區分法（student's teams achievement divisions, STAD）是合作學習中最容易實施的方式，其應用範圍最廣，也是實施效果最顯著的方法，其包括五個主要的構成要素（黃政傑、吳俊憲，2006）：1.全班授課：教師利用口頭或視聽媒體介紹需要學習的教材；2.分組學習：教師依據學生的能力、性別、背景、學習心理等特質，將學生分為四至五人一組，採取異質性分組方式，再以教師的形式一起學習以精熟單元教材；3.小考：學生透過個別小考的方式評鑑學習成效；4.個人進步分數：以學生過去的學習成績作基本分數，是其進步的分數決定每個人為小組爭取多少積分（林進材，2013）。

二、拼圖法（Jigsaw）

拼圖法（Jigsaw instructuion method）是Aronson（1978）發展出來的教學法。拼圖教學法將教材分成五個小子題，教師將全班學生分組，每組有六個學生，每位學生負責一個小子題，另一位學生列入候補，以便遇到學生缺席時，遞補之用。負責相同子題的學生先成立「專家組」共同研究負責的子題，以達到精熟的程度。而後，負責地將精熟的內容教給同組的其他同學。拼圖法是由學生形成學習上的共同體，經由同儕學習的關係，完成預定的學習目標（林進材，2013）。

三、拼圖法第二代（Jigsaw-II）

拼圖法二代的教學流程為：全班授課→（原小組、專家小組）分組學習→分組報告或發表→小組及個人成效評鑑→（個人、小組）。此項教學法大多被運用在社會科學的教學，以及以閱讀為主的科目中。其中，專家小組的形成是讓每一組分配到相同主題的學生自成一組，共同討論教材內容並精熟研究的主題，之後將討論結果加以整理紀錄，再回到原組報告自

己研究的主題（黃政傑、林佩璇，1996）。教學法適用於問題的深入討論或技能的學習，但各組的專家對該負責項目是否能勝任，是教師在專家小組分配上要謹慎思考的地方，以免無端造成學生學習的挫折感。

四、認知學徒制（cognitive apprenticeship）

認知學徒制是Collins、Newman、Rogoff等人針對教學中如何運用合作學習幫助學生在團隊學習中建立尊重與信任，讓每位學生對學生都感到責任，藉以發展社會技巧及深層的理解，並培養具有更高層次的思考能力、批判能力和解決問能力而發展出來的教學法（黃政傑、吳俊憲，2006）。認知學徒制是一種「作中學」的形式，教師針對教學活動目標與內容，將學生需要完成的學習任務至於真實情境中，引導學生學習活動的進行，從實際工作環境的社會情境中產生，並重視學生的認知及後設認知等。

五、學習共同體（學習社群）（learning community）

學習共同體的概念是透過學習社群的方式，以學生學習分組的形式，運用學習共同責任與相互分享策略，達到教學與學習目標。學習共同體是以學習為核心概念，將學生以共同目標作為分組的依據，小組成員突破以往傳統單打獨鬥的學習模式，以溝通、合作的方式，建立一個多元、專業、分享的互動情境，形成一個支持的學習系統，進而增進小組成員間的責任感與認同歸屬，同時也解決學習上的難題並增進學習品質（林進材，2013）。

六、共同學習法（learning together）

共同學習最有名的推動者為Johnson與Johnson（1994），其概念源自學習中共同合作、競爭與個人主義三種學習目標的比較。此法對小組人數有限定，且均為異質分組，而人數較少的團體則有較多討論的時間，互動也較單純。此種方法特別重視組內成員互信互賴的關係，以及各組間合作關係的建立；因此，經由作業的安排、學生角色的任務分配、獎勵制度的建立、合作技巧的指導等來增進學生的合作學習，是此法的重點。茲將其實施摘要說明如下（黃政傑、林佩璇，1996；石兆蓮，2002；Johnson &

Johnson, 1994）：

1. 說明具體的教學目標

教師要在開始上課前，詳細的說明兩種目標。一為學業目標；二為合作技巧目標。

2. 決定小組人數

教師依據教學目標，先備能力、互動性質及教材內容、課程時數等因素來決定學習小組的人數。

3. 分組

以異質分組最佳，可由學生自願或教師決定，亦可做較長期的固定分組，促進學生互動，養成精緻思考及專注學習的習慣。

4. 教室空間安排

同一組的學生應緊鄰而坐，可以圓形座位排列，直接的目光接觸中互動。整個教室的空間安排需方便教師至各組巡視指導，且小組間互不干擾。

5. 教材規劃

教師可依小組組員間合作技巧的純熟度，將教材分配到各小組，讓小組每一位學生都能參與學習，並有所表現。

6. 分派角色

適當分配小組內的各種角色，如檢查者、紀錄者、報告者、聯絡者等，讓每一位學生都有責任達成小組的目標，產生積極相互依賴的關係。

7. 解說任務

教師對課程的重要概念、原則、作業方式，均應說明清楚，以便學生明瞭課程目標及作業方法。

8. 建構目標的積極相互依賴

教師可用各種方式來建構小組積極相互依賴的學習目標，例如：要求小組共同完成一份報告或一件作品；也可將獎勵方式訂為小組獎勵，以增進其互賴互動模式。

9. 建構個人的績效責任

在合作小組中的學習，要能儘量擴展組員個人的的學習績效，教師於過程中，避免有學生因共同學習而投機取巧、搭便車。

10. 建構小組間的合作

當某小組完成任務時，可鼓勵協助其他小組，營造全班的合作氣氛。

11. 明訂成功的標準

教師在課程一開始，應先清楚的說明學習成就的評量標準，此評量應是客觀的、標準參照的，依據學生能力建立可接受及達到的成功標準。

12. 具體描述理想行為

課程學習開始前，教師應詳細說明學生應表現的理想合作行為，以便有法依循。

13. 督導學生行為表現

小組學習開始後，教師要隨時觀察掌握學生是否保持以合作方式完成工作任務。

14. 提供學習上的協助

若發現小組有學習的問題時，教師要運用具體的說明，澄清及答覆疑難問題、鼓勵討論進行，以增進學習技能。

15. 介入教導合作的技巧

當小組內學生的互動出現問題，或某位學生表現不當的合作技巧時，教師要適時介入，提供有效的社會技巧，以利小組合作學習。

16. 歸納課程重點

課程學習結束時，教師要引導學生統整學習重點及經驗，作為未來學習之基礎。

17. 評量學習成果

小組合作學習後，應從質與量兩方面進行學生的成就評量，以及合作行為的評量。

18. 評量團體運作效果

教師應充分的了解學生小組團體運作的情形，建立獎勵互賴的目標。

共同學習法是具有嚴謹組織和教學計畫的合作學習方式，其實施重點清楚，包含合作學習的特色及流程，且任何科目皆具有檢核的作用，任何教師均可依其規劃實施合作學習。

七、團體探究法（group investigation）

團體探究法的教學流程如下：界定主題並組織研究小組→計劃研究工作→進行研究→準備報告→呈現報告→學習評鑑。此種教學法是由Sharan

與Sharan於1976年所發展，教學的特色在於由教師與學生共同討論將一個學習目標分割為數個小目標，每個小目標以小組方式進行主題的研究，對於小組所要探討的主題有較大的自主空間；其活動的重點主要是建立在團體的互動歷程上，強調學生之間主動的溝通；整個學習活動，包含認知的歷程、適應社會環境的過程，都必須經由合作探究、小組討論及協商、計劃等活動，目的在提供學生多樣而廣泛的學習經驗，其原理可以運用在單一目標的課程設計上，以舞蹈表演課程設計為例，將學生分組以後，請學生分組進行編舞，在分組練習後再將小組舞蹈呈現出來（黃政傑、林佩璇，1996）。團體探究法其步驟包含六個連續階段：1.組織探究小組，並界定主題；2.計畫探究工作；3.進行探究工作；4.準備成果發表；5.小組成果發表；6.師生共同評鑑。

八、配對學習（paired learning）

配對式合作學習是Dansereau（1988）針對認知學徒制的論點，所提出的一種教學方法。配對學習的特色在於教師應該摒除學習者僅使用自己的方式達成合作學習目標的缺失，應該藉由配對式合作學習方式，引導學生小組成員透過彼此認知互動的過程，促使學習者達成共同的學習目標。因此，配對學習是認知學徒制合作學習的方式之一。

九、小組學藝競賽法（TGT）

小組學藝競賽法的教學流程如下：全班授課→分組學習→學藝遊戲競賽→小組及個人成效評鑑→（個人、小組）表揚（黃政傑、林佩璇，1996；郭穗宣，2013）。

小組學藝競賽法和學生小組成就區分法相近，內容包括五大要素（Slavin, 1995），不同處在於小組學藝競賽法是以遊戲競賽的方式來取代小考測驗，透過競賽桌的方式來進行小組間的競賽（黃政傑、林佩璇，1996）。

十、小組協力教學法（簡稱TAI）

小組協力教學法（team assisted instruction, TAI）又稱為小組加速教學法（team accelerated instruction），此種教學法結合了合作學習及個別化

教學，是Slavin於1985年為三至六年級數學而設計，其教學步驟說明如下（黃政傑、林佩璇，1996）：

安置測驗→分組學習（閱讀說明頁—單元練習—形成性測驗—單元測驗）→小組評鑑（小組評分）→個人學習評鑑（真正測驗）→全班授課。

小組協力教學法的合作學習方法適合運用在有考卷或學習單評定分數的學習，但其不一致的個別化學習過程，很難適用於一般班級課程中，較適合班級補救教學的實施或資源教室的課程實施。

第五節 合作學習的實施流程

合作學習的實施教師的角色，從單一的講授者轉變成觀察者與參與者，教師同時是教學者，也是問題的引導者與解惑者。合作學習的實施流程，依據相關的文獻（黃政傑、林佩璇，1996；趙世偉，2009；林進材，2013；Johnson & Johnson, 1988）有關合作學習的教學論述，實施流程包括確定教學目標、設計教學流程、教學前的準備、教學的實施、合作技能的學習、增進成效的指導與表揚、團體歷程與省思等七個重要階段。

一、確定教學目標

教師在教學活動實施前，先讓學生了解學習目標，讓學生了解所要學習的知識與技能之外，還要保持學生在小組活動時的有效人際互動。

二、設計教學流程

在教學流程的設計方面，教師應該透過教材的安排與分配，營造一個學習責任共同承擔的學習環境，讓每一位在學習過程中遇到困難的學生，可以得到同組同儕的幫助。在教學流程的設計方面，分組合作學習通常以1-3節課為一個完整的流程。

三、教學前的準備

1. 決定小組人數

教師在教學前應該針對教學時間、教材、學生能力與合作技巧等因素來決定學生小組人數的多寡。在分組之後，教師應該以循序漸進方式指導

學生人際溝通與合作的技巧，以方便在未來的學習活動中相互幫忙。

2. 進行學生分組

教師在教學前，應該針對課程與教材性質，將學生以異質性分組為主，在分組時依據學生性別、專長、興趣、學業成就等進行分組，完成分組之後引導學生共同學習，形成良好的互動關係，有效發揮互助學習的功能。

3. 安排學生的角色以增進互賴關係

教師在完成分組之後，為了達成有效的教學目標，可以分配每一組員一個角色任務，以增進學生的角色互賴關係。每一小組都需要有組長、記錄員、觀察員等，以利小組在學習時間之內，可以有效率地完成教師教學所需要的任務。

4. 安排學習空間

在小組學習空間的安排方面，應該要以組間不相互干擾原則，在教室內小組的空間要儘量加大，並且留有通行路線，以方便任課教師到各組間參與協助工作。

5. 規劃教材以增進互賴關係

教師應該依據教學目標與學習目標規劃教材，包括學生能力、教學環境、教學內容、教學流程等，讓學生可以在小組學習期間，透過資源共享或目標互賴的原則，促進共同討論的機會，以增進組內合作的關係。

四、教學的實施

1. 啟發活動

教師依據教學上的需要，以及小組的學習情形，透過不同問題的提出，啟發各組成員的思考，進行不同的指導與協助。

2. 選擇適合的學習策略進行學習

教師依據學生的學習特性，選擇適合的學習策略，透過團體合作學習的力量，讓小組的每一位學生都能負起責任，透過互相協助、共同完成教師所指派的學習任務。

3. 說明學習任務

教師在進行小組合作學習前，向學生說明學習任務，在目標與任務交代清楚之後，才開始進行教學。學習任務的說明，包括重要的概念、原

則、程序、方法、策略等，都要詳細讓學生了解。

4. 說明評量成功的標準

教師在交代完學習任務之後，應該清楚說明學習評量的標準，以客觀的方式進行評量，運用標準參照評量進行成效的評估。例如：教師說明數學評量平均成績要達到80分以上，才算通過評量。

5. 組間調整與督導

在實施分組合作學習時，教師應該要了解學生的行為表現，適時提供學生在學習上的協助，做積極且建設性的建議，並教導學生合作技巧及評量學習效果。

6. 調節組內的矛盾

在合作學習過程中，教師應該不斷巡視組內學生的合作學習過程，有些學生如果參與度低的話，或是無法和同儕進行合作，教師就應該要立即調整學生的學習狀態，以增進合作學習的進行。

7. 參與討論

在分組合作學習中，教師應該要引導學生進行討論，並且參與學生的分組討論。因此，教師的角色應該由知識傳播者，轉而成為知識分享與知識引導者。

8. 建構積極的目標互賴

教師在進行分組合作學習時，應該要隨時針對學生的合作情形，進行抽點使學生不敢鬆懈，有助於強調個人的學習績效，使學生組員彼此合作盡力。

9. 促進個人績效

個人績效的計算，可以避免學生於學習中分心或不參與，導致影響全體的小組成績。教師應該在適當的時刻，給予學生合適的獎勵，激發學生的學習動機。

10. 提供工作協助，適時介入教導合作技巧

學生進行分組學習時，教師應該提醒學生重要的學習策略與必備的技巧，提供具體的建議，幫助學生解決學習上的問題。

11. 評鑑學生的學習表現

分組合作學習模式中評鑑學生的學習表現，一般都採用標準參照的評量，教師可以在合作學習過程中將小組的過程表現、合作表現等項目，納入評量的範圍。

五、合作技能的學習

1. 合作技巧的指導

在進行分組合作學習之前，教師應該利用機會教導學生分組合作學習的各種技巧，必要時可以介入或提供各種有效的合作技巧，協助學生在進行分組合作時解決各種問題。

2. 指出期許的合作行為表現

一般的分組合作學習目標包括學習目標與合作目標，教師必須具體說明期望學生在學習小組中適當而理想的行為表現，以輔導學生表現出合作的行為。

3. 建構組間的合作關係

教師應該引導學生將組內的合作方式逐漸擴展到組間的合作，或是全班的合作，當小組完成任務時，教師可以鼓勵小組到其他組進行協助，等到所有小組達到預期目標時，給予全班進度及鼓勵。

六、增進成效指導與表揚

1. 督導學生學習行為

當進行小組合作學習時，教師應該透過各種方式，觀察小組學生的互動情形，並了解在人際互動與合作技巧上的表現，進而督促所有成員共同合作完成指定的學習任務。

2. 提供作業協助

教師在進行分組合作學習時，應該進行各種形成性評量，透過評量了解學生的學習困難情形，使用具體的說明及教導方法，答覆問題並鼓勵學生討論，協助各組完成任務並增強學習效果。

3. 進行多元評量

合作學習特別重視合作技巧的學習與運用，因而學習成效的評量，除了學業成就的檢核外，同時評量合作技巧，以了解學生真正的學習成果，並且將合作成效的評量結果回饋給所有團體成員。

4. 總結課程重點

當學科單元結束時，教師與學生可以共同整理所學的教材，透過回憶或舉例說明等方式，統整課程與教材重點，掌握教材中的重要概念。

5. 學習成效表揚

學習成效的表揚應該要重視小組成員之間的互賴關係，使小組學習產生適合的合作學習行為與學習技巧。教師在學習成效表揚時，應該要確認小組的學習成效表現是每一位組員共同參與完成，才能真正落實合作學習的成效。

七、團體歷程與省思

1. 團體歷程的功能

教師應該在小組學習過程中，隨時觀察小組的運作情形，透過觀察結果來進行反省小組的學習問題及改進方法，藉此提升小組組員間的合作能力。

2. 小組無法發揮的成因

分組合作學習進行時，通常小組無法發揮的主要成因包括：(1)小組討論時，學生不喜歡傾聽同學的發言，只關心自己的發言機會；(2)過於自我中心，不關心周圍的人、事、物，只關心自己的學習行為；(3)小組進行競賽時，缺乏團隊精神，過於排擠同學，失敗之後又習於相互指責，瞧不起同組的同學；(4)小組進行學習活動時，學習表現好的同學成為「權威人物」，充當起指揮別人的角色，影響共同合作學習的運作。

3. 教學省思的目的

教師在教學活動結束之後，透過反省思考釐清學生學習問題，內容包括教學活動設計是否適當；教學步驟的安排是否流暢？評量的標準與流程是否適當；教學目標適合嗎？透過教學反省形成未來新的教學計畫與教學活動。

第六節 合作學習與學科教學成效

合作學習與學科教學成效之間的關係，國內外相關的研究已經證實，合作學習策略的運用，有助於提升教師學科教學成效。合作學習與學科教學成效方面的相關研究，研究發現大略分成以下項目：

一、語文科領域

　　相關研究指出語文科領域運用合作學習策略，有助於提升學生閱讀和寫作方面的能力，並且對於學生語文方面的學習成效，具有正面積極的意義。在語文閱讀方面，研究國中階段運用分組合作學習於閱讀教學上，合作學習有助於提升國中生的語文學習成效。

二、英語科

　　研究結果顯示，合作學習策略有助於學習者學習英語時，提升記憶自匯集閱讀理解，增進同儕互動，並且對於學習落後的學生，能透過英語合作學習促使英語學習態度由被動轉而主動，提升英語學習效能（梁彩玲，2002；秦翠虹，2003；邱裕惠，2002；何清芳，2004；吳蕙怡，2004；張稚雀，2005）。

三、數學科

　　分組合作學習在國中數學科教學上的應用，相關的研究指出數學教學應用分組合作學習，對於學生的學習態度、學習參與、學習興趣與學習成效，具有正面積極的意義。此外，分組合作學習對於教學效能的提升，同時具有積極的作用（周惠玲，2002；張獻明，2002；周殷瑞，2004）。

四、社會領域

　　分組合作學習應用於國中社會領域的教學，有助於教師提升學生的學習成就、學習動機與學習興趣、學習參與等，對於教學成效的提升具有正相關（簡妙娟，2000；黃順良，2002；黃埩圈，2003；燕裘莉，2004；）。

五、自然與生活科技領域

　　國中自然與生活科技領域應用合作學習，對於國中學生在相關領域學科的成效，有助於獲得良好的班級氣氛，增進學科知識的理解與好奇心，正向提升學科學習態度，並且有助於培養學生在學科問題解決方面的能力（李佳玲，1995；李嘉祥，1999；何俊彥，2002；羅焜榮，2005）。

六、藝術與人文領域

　　合作學習正是將群體的合作視為重要的基石，在強調學生必須團隊合作以完成任務的同時，也讓學生學習到如何尊重他人，如何關懷需要幫助的同學，如何善盡自己的職責能力，及消除刻板印象所產生的不公平對待，培養開放的態度、並且運用個人的績效，使團隊的積分得以增加等等。在團隊合作的過程中，慢慢引導學生接納自我、實現自我，進而體會到每個人生命的價值，同時為了積極參與團隊而願意遵守團體規範，建立積極的人生觀等等。因此合作學習策略運用於尊重與關懷當中，符合九年一貫課程「尊重、關懷、團隊合作」的基本能力（陳慧娟，2013）。

第七節　合作學習與學科學習成效

　　合作是一種趨勢；現今的社會是一個科技發達、快速變遷的時代，團隊合作顯得越來越重要，社會不再是單打獨鬥就足以應付的，尤其在重視創新的現代，唯有大家分工合作，互相腦力激盪，靈活運用資訊，才能創造出屬於自己團隊且獨特的創意。再則，人類的生活固然不乏競爭的型態，也有競爭的需要，但更重要的是合作（黃政傑、林佩璇，1996）。團隊合作的模式除了要求個人素質應具備優秀的專業知識以外，甚至優秀的合作能力比專業知識更加重要（王岱伊，2001）。以下就發展合作學習的重要性作說明：

一、學習動機方面

　　Slavin（1983）提出，在團體合作溝通的過程當中會發現彼此不同的觀點差異，為達成共識、完成任務，進而在團體成員互相的施與受之間，尋求解決衝突的可行方法。這樣的合作學習能改善學生的學習並提高學生學習的動機。

　　Sharan & Sharan（1989）的研究亦顯示出，合作學習較一般教學活動更能增進學習動機；探討合作學習能提升學習動機之主要原因在於：1.合作學習改變了學生的學習態度，因積極參與小組學習活動，而增進學習樂趣；2.積極的社會互動與同儕支持，再加上彼此鼓勵而提升學習意願；

3.評分公平，自我比較，能增進共同的成就感等因素而加強動機，進而在學習成就的滿足中，逐步肯定自我，而主動投入學習（黃政傑、林佩璇，1996）。

二、學習策略方面

從學習的角度來看，合作學習與以往傳統式的教學方法不同的是；合作學習提供了學生和其他人互動的機會，而不再只是侷限於老師一個對象（王岱伊，2001）。透過合作學習法，促進團隊合作，發揮團隊力量，激發個人的潛能（鄭寬亮，2006）。

三、學習成效方面

黃政傑和林珮璇（1996）認為，長期以來教育上強調競爭的學習，已經促使學生養成自私自利的人格，只為自己好而不願盡義務，尤其是團體生活中自己應該負擔的責任。且大部分學生在乎的都傾向升學考試重要科目的成績，卻輕忽了其他科目的學習，如此對人格的培養造成了不平衡的狀態，而這一切都已背離了教育目標和教育理想。

合作學習的教學策略，其教育結果可以幫助學生獲得合作能力，適應未來的社會生活，學生不僅在認知上獲得　好的學習成就，在情意上亦可提高學習動機，以及提升與人交際、溝通的社會技能，在教育上具有相當的重要性。此外，經由合作學習課程之設計，學生可獲得以下的改變：1.溝通學生的不同思想，促使學生能透過表達自我，獲得自我概念；2.知識的獲得是一種主動的參與，而不再是接收老師單方面傳來的知識；3.提供學生愛與支持的環境，學生不再成為被動的接受者，而是主動的參與者；4.合作學習為學生提供一種實際參與活動，「做中學」的教學方式。

第八節　合作學習相關研究

　　有關分組合作學習的研究，近年來在質與量方面，累積相當豐富的成果，對分組合作學習的實施與應用，具有正面積極的意義。合作學習的研究發展趨勢，包括研究內容的整合性、研究變項複雜化、研究設計的多樣性、研究方法的統合性、研究應用實用性等，對於教師的教學與學生的學習，具有啟發性與啟示性。其中的研究包括國小階段的教學成效（如周立勳，1994；吳素貞，1999；石兆連，2002；林嘉雯，2004；郭英彥，2007；林至彥，2007；吳俊生，2008；林秀娟，2009；林勝甫，2011；王宜蘭，2012等）；國中階段各領域教學成效方面的研究（如郭家豪，2004；曹美惠，2008；易文雲，2010；黃俊程，2010；何耿旭，2012；蕭欣雲，2012；李文君，2013等）；分組合作學習研究成效與發展方面的研究（如黃政傑、吳俊憲，2006；張新仁，2006；廖遠光，2006等）。

　　目前，有關分組合作學習策略在國中學科領域方面的應用情形，所遭遇的困難與因應策略方面的研究，尚未系統性與縱貫性的研究，尤其透過教師教學實際活動與學生學習立場方面的成效評估，仍需要透過嚴謹的研究，釐清分組合作學習在實際應用上的問題，並針對問題擬定有效的處方性策略。因此，本研究擬透過為期三年的系統性與縱貫性的研究，進行分組合作學習在國中學科領域方面的應用情形，透過焦點團體座談、問卷調查法、實驗教學、專家座談等多元的方式，提出一套分組合作學習應用於國中學科領域教學與學習的課程模組，作為教師教學的依據與學生學習的參考。

第十一章

有效教學行為分析與應用

　　有效教學是學校教育的基礎，同時是評量教學成果的重要指標，唯有透過有效教學行為的探討，才能提升教學品質。本章主旨在於分析有效教學行為與應用，作為教師反省教學的參考。全文計分成五節：第一節為有效教學行為的定義；第二節為有效教學行為的特徵；第三節為有效教學行為的內涵；第四節為有效教學行為的實施；第五節為班級管理與有效教學。

第一節　有效教學行為的定義

一、有效教學與教學效能

　　教師有效教學與教學效能常被視為同義字，指的是達到教學目標的策略、方式或途徑。有效教學行為的定義，最早可以追溯自Heider或White的早期研究；後來美國蘭德公司（Rand Corporation）提出教育評鑑研究報告，指出教師效能與學生成就具有顯著相關，更開啟了教師效能的研究（吳清山，1997）。一般而言，學者在研究過程中，常將教師自我效能（teacher efficacy）與教師教學效能（teaching effectiveness）二者混淆並用。教師自我效能通常指教師主觀地評價自己能夠影響學習者成敗的一種知覺、判斷或信念，作為預期學習者可達到一些特定教育目標或有進步表現結果；教師教學效能指的是以有效教學為重心，並指出教師在教學工作中，會講求教學方法、熟悉教材和激勵關懷學習者，能夠使學習者在學習成就上或行為上具有優異的表現，以追求最好的教學成效，達到特定的教育目標。

　　有效教學是指教師如何有效教學，使學生在學習上成功、行為上具有優良的表現，以追求最好的教學活動實施、課程與教學實施、教學評量實施成效，塑造良好的班級氣氛，以進行教室成功的學習與有效的教學，達到預定的教育目標。

二、從學理論有效教學

　　從哲學理論分析教學，教學必須符合各種規範或規準（critera），認為教學是施教者透過一定的程序，引導學生獲得有價值、有意義之經驗結果。教學除了需符合教育的認知性、價值性、自願性之外，尚須符合目的

性、釋明性、覺知性，才是良好的教學（歐陽教，1986）。因此，有效教學本身應符合教學的各種規範或規準，並符合認知性、自願性、價值性、目的性、釋明性與覺知性。

心理學對教學的定義，早期從行為主義的觀點出發，認為教學是一種刺激與反應學習行為改變的過程。教學是依據學習的原理原則，運用適當的教學方法與技術、刺激鼓勵學生自動學習，以達成教學目標的系統活動（Robertson, 1987）。認知心理學的發展則將教學認定為複雜的心理活動歷程，教師在教學活動中，除了教學的先備知識和經驗之外，也應運用學生的內在動機，分析知識的表徵、學習的要素，以配合學生認知結構發展，並達到教學目標。

社會學對教學的定義，認為教學是教室生活中，師生交互作用的歷程，透過團體動力學的溝通與互動，來誘導學生行為的發展，以達成教育目標的活動（林進材，2000）。因此，有效教學是教師在師生交互作用歷程中，擬定有效的策略，引導學生達到教育目標的一種系統性活動。

三、有效教學的定義

有效教學的定義，依據國內外相關的研究與文獻探討，應該包括下列意涵：

㈠ 有效教學必須是合規範性的（normative）

有效教學是指教師在教學歷程中，能合價值性、認知性、自願性等規準，並且能充分發揮傳道、授業、解惑的功能。換言之，教學效能是教師了解教學內容的結構與實質、學生本身的特性、熟悉各項學習原則的運用，透過教學策略的應用，以合乎各種規準的活動程序，使教學活動的進行更順利，提升學生的學習效果。

㈡ 有效教學必須有明確性（clarity）

有效教學是指教師在教學歷程中，教學活動有系統、符合邏輯性、講述內容和目標明確清楚。教師能有效地應用教學的心理學原則，產生有效的教學，引導學生獲得有效的學習，進而達成預定的教學目標。例如：教師在教學歷程中，從溝通單元目標，有系統的呈現訊息、避免模糊不清、檢查學生了解情形、提供練習和回饋進行有效的教學。

(三) 有效的教學必須是多樣性的（variety）

有效的教學行為必須符合教學活動本身的特性，以多樣性的活動和經驗呈現，並達成預期的教學目標。教師在教學歷程中，使用的教學活動、教學方法和教學內容應該富變化，以及多采多姿。透過師生互動的歷程，運用一連串多樣複雜邏輯的策略行動，改變學生的行為，達成教學目標。

(四) 有效教學必須提升學習成功的比率（success rate）

教學的最終目的是提升學習者的學習成就，並達成預定的教育目標。有效的教學是教師運用各種技術，如有效地教導教材的知識、有效的師生溝通、良好的教材組織能力、有效激勵學習動機的能力、和藹可親的態度、良好的教室管理技巧等。教師投入教學活動，提高學生課程內容學習成功而獲得滿意的成果。

(五) 有效教學必須是全心投入的（engagement）

有效的教學是教師在教學歷程中，能適時地掌握教學的各種因素，如提示、參與、修正回饋、增強的教學效果大小。在從事教學工作時能設定一些教學改進目標、實施、檢討與反省、再實施等過程，以加強本身的教學能力。教學效能指的是教師準備教學及實際用於教學的時間，以及使學生進行有效學習的活動。其次，教師也要能了解隨時自我進修和研究，才能提供學生最佳的學習內容和機會，以增進教學效能。

(六) 有效教學必須是任務取向的（task-orientation）

有效教學是教師在教學的過程中，重視教學績效責任制，講求教學方法，熟悉各類教材，激勵關懷學生並追求教學的成效。在教學歷程中，教師的教學努力認真，關心並引導學生達成預定的學習目標。因此，教師在教學歷程中應該清楚講述教材、回答學生所提的問題，以和藹可親及專業化對待學生、教學準備充分等使教學活動通順流暢。

綜合上述論點，有效教學是教師在教學歷程中，有效運用各種策略，使學生在學習上成功、行為上具有優良的表現，以追求優異的教學活動實施、課程與教學實施、教學評量實施成效，以達到預定的教學目標。有效的教學本身具有規範性、明確性、多樣性、提升學習成功的比率、全心投入、任務取向等特性。

第二節 有效教學行為的特徵

教師的教學包括教師的「教」與學生的「學」，因此探討教師有效教學行為的特徵，必須包括有效教學的特性、教學相關研究與學生的學習特性等。

一、有效教學的特性

教師有效教學的高低，不僅影響學生的學習成就，而且也影響教育目標的達成。教師在教學過程中如何發揮高度的效能，隨著教師本身專業知識的豐富與否、不同任教學科的性質、不同對象及不同的教學情境，而展現出差異性。教學效能的高低、良窳，影響教師在教學中的表現、教學品質的高低及學生的學習成效。因而，教師教學效能在教學過程中所扮演的角色，不容忽視。Tamashiro和Glickman（1982）指出，教師有效教學的高低，不但對學生的表現及教學成效有很大的影響，而且對教學專業發展和知覺更大。Guskey（1988）指出，教師有效教學的高低與執行教學革新之間有正向的顯著關係。教學效能較高的教師可塑性大，樂於接近新的教學方法。整體而言，教學效能低的教師，容易懷疑本身對學生的影響力，當面對困難情境時，會先入為主地設定自己的能力不足，而萌生放棄或敷衍的念頭，由於對個人能力不足的顧慮，而分散教學的專注，因而降低教學效能。教學效能高的教師，對自己的能力深具信心，相信本身有能力負起教師應有的責任，樂於接受挑戰，對教學情境全心投入，容易獲得教學上的成功。

從學者對有效教學特徵的探討得知，教師有效教學的高低會影響教師對教學目標的設定、教學活動的選擇、班級經營的方法、教學評量的方式、學生成就的期望、教師對教學的責任與付出，及面對困難情境、挫折時能堅持的程度等。

二、從相關研究論有效教學的特性

李玉嬋（1992：26）綜合各學者對教師效能的探討，參酌Bandura自我效能與情緒反應交互作用之概念，描繪出個人教師效能及一般教師效能與行為情緒反應的特徵，其結果如下：1.個人教師效能高、一般教師效能

低：出現抗議、改革、抱怨、離職等行為情緒反應；2.個人教師效能高、一般教師效能高：擁有自信而有適切積極行為表現；3.個人教師效能低、一般教師效能低：將結果歸因於外在因素，認命、放棄、冷漠、對工作不投入；4.個人教師效能低、一般教師效能高：將結果歸因於內在個人因素，工作壓力大、自貶、有罪惡感、意志消沉。由此可見，不同效能教師會表現出不同的教學行為。高效能教師對自我要求較高，將學生學習上的成敗歸因為自己的責任，強調師生共同參與教學活動，以較生動活潑及人性化方式進行教學；低效能教師將學生的學習成敗歸因為外在環境因素，教學方式及策略較墨守成規、缺乏變通，傾向於採取監管方式控制學生的學習行為。

Medley（1979）指出，一位有效能教師必須具有下列要素：1.具有令人滿意的人格特質；2.能夠有效利用方法；3.能夠營造良好的班級氣氛；4.精熟各種能力；5.專業的決定者，不僅能夠精熟各種必備能力，而且知道何時及如何利用這些專業能力。

Ashton等人（1983）研究指出，高效能教師在教學行為上的特徵如下：

1. 低效能教師認為低成就學生對教室情境和班級常規會構成威脅，高效能教師並不以為然。

2. 低效能教師以潛在的分裂（potential disruption）來定義學生行為，高效能教師則較少以負面情緒和學生互動。

3. 低效能教師較偏向將教學焦點集中在高成就學生的身上，高效能教師則否。

4. 低效能教師傾向將班級學生依能力高低來排序，並給予差別待遇（如對高能力學生給予較多的教導、較多互動的機會、讚美和回饋，以及較多的作業）。

5. 高效能教師在學期初和學期末，會在班級訂立明確的期望和工作的程序，並執行前述的期望。

6. 高效能教師會讓學生處於工作的狀態中。

7. 高效能教師會與學生建立專業的親近關係，以協助學生學習。

Rosenshine（1986）指出，一位有效教師教學的特徵應包括：

1. 單元開始時，能簡短說明教學目標。

2. 單元開始時，能複習以前所學的內容，並說明學習的必要條件。

3. 在教學歷程中，按部就班呈現教材，並使學生能逐步練習。

4. 給予學生清楚、詳細的教學和解釋。

5. 提供所有學生自動練習的機會。

6. 提供適當數量的問題供學生回答，以利考察學生了解學習內容情形，可從學生的學習過程中獲得一些反應。

7. 最初練習時，要能適度引導學生。

8. 提供學生有系統回饋和矯正。

9. 不斷練習直至所有學生都能獨立和有信心。

教師教學效能高低之差別，在於教師對於本身能影響學生改變之期望高低，亦即高效能教師對自身及學生的肯定期望都比較積極而有信心，願意提供學生更多的練習機會；相對的，低效能教師對教學工作及學生均持消極的態度，與學生保持較大的距離而多挫折感，無法在教學歷程中發揮專業的知能。

Gibson和Dembo（1984）指出，高效能教師的具體行為細目包括：1.提高對學生的期望；2.增強學生的工作價值；3.督促學生完成工作任務；4.永不放棄學生；5.給予每個學生公平的答題機會及接受教師回饋的機會；6.創造並獎勵學生的特殊成就；7.適當而公平地對待每一位學生；8.以明確的問題發問，並給予學生足夠的時間及線索，成功回答教師的問題；9.接受學生的感受；10.給學生機會去設定其目標及執行的策略；11.以輕鬆友善信任而學生自主的方式管理學生；12.教學時間集中於課業上並流暢運用；13.個別指導學生時間多，同時兼顧監控全班學生的表現；14.擴大教學內容。由此可見，高效能教師對學生的態度是相當積極，比一般教師更樂於關懷、鼓勵學生，運用各種教學理論與方法，增進學生對學習的信心。

三、綜合討論

綜合相關的文獻對有效教學特徵的探討，教師教學效能的高低除了影響教師對自身教學的知覺之外，同時影響對教學目標的設定、教學活動的選擇、班級經營的方法、教學評量的方式、學生成就的期望、教師對教學的責任與付出，及面對困難情境時是否採取專業知能加以因應。其次，不同效能教師會表現出不同的教學行為。高效能教師自我要求較高，將學生

學習上的成敗歸因為自己的責任，低效能教師將學生的學習成敗歸因為外在環境因素。再則，教師教學效能高低之差別，在於教師於其能影響學生改變之期望高低，亦即高效能教師對自己及學生的肯定及期望都比較積極而有信心，願意提供學生更多的學習機會；相對的，低效能教師對教學工作及學生均持著消極的態度。

第三節 有效教學行為的內涵

　　有效教學的研究，由於研究者在研究途徑與研究工具的採用不一，因此在有效教學的內涵方面亦出現不同的範疇，有的從教師整體的教學觀點歸類有效教學的層面及向度；有的從教師有效教學的行為或條件來探討；也有的從分析影響有效教學的因素作系統的整理（張碧娟，1999）。有效教學內涵的探討，有助於研究者了解有效教學所囊括的重要層面及其相關因素，對有效教學研究發展具有啟發性的作用。

一、教學整體的觀點

　　從教學整體的觀點分析有效教學的層面及向度者，著重於有效教學的知識基礎、教學者本身應具備的條件、以及有效教學應該掌握的因素。

　　李俊湖（1992）歸納教學效能內涵包括：1.計畫策略：(1)熟悉教材；(2)統整學科；(3)教師清楚教學目標；(4)了解學生特質；(5)教學設計彈性有變化。2.教學策略：(1)增加學生學習參與；(2)教學過程流暢有效率；(3)教學富結構及邏輯性；(4)教學內容經適切轉化；(5)重視個別差異。3.評鑑活動：(1)即時回饋；(2)增強；(3)評量；(4)教學反省；(5)練習、複習及提供後設認知策略。4.管理活動：(1)教師期望；(2)學習氣氛；(3)預期問題及時處理；(4)督導學生進步；(5)教室管理。

　　林海清（1994）研究指出，教師教學效能應該包括教學計畫、教學策略、教學評鑑與教學氣氛等四個重要的層面。

　　單文經（1995）在〈有效教學的知識基礎〉一文中，提出教學的四因素：提示、參與、改正回饋、增強的教學效果大小，同時指出教學的行為模式應該強調教學提示的品質、學習者的主動參與及激發學生繼續努力的增強，以進行有效的教學。

　　Medley（1979）在〈教師教學效能〉一文中指出，一位有效能的教師有五要素：1.具備相當的人格特質；2.能有效運用教學方法；3.能夠營造良好的班級學習氣氛；4.精熟各種教學能力；5.教師在教學歷程中是一位專業的決定者，不僅能夠精熟必備能力，而且了解專業能力的運用時機。

　　Ryan（1982）認為有效教學應該包括計畫策略、教學策略、評鑑方式、管理活動等四個層面。

　　Haigh和Kattern（1984）在〈教師效能：師資培育的目標與議題〉一文中指出，一位有效能的教師應該具備六項主要能力和理念：1.了解有利或妨礙學生學習的情境，並且能敏銳地運用其知識於計畫、教學和評鑑活動中；2.察覺自己和他人有關有效教學的信念；3.相信並無一種最好的教學方法，任何有意義的情境都能增加學習的可能性；4.了解教師並不能完全負起學生學習的責任，因為並非所有的學習情境都可以透過人為因素加以控制；5.具備各種敏銳控制教學模式的能力，並且能匯集與教學模式有關的策略與技巧；6.認定有效教學和課程發展的處方，都需要經過實驗性活動加以驗證，教師必須負起研究者的角色和任務。

　　Moneys（1992）在《教學效能的特性》（what teaching effectiveness）指出，良好的教師教學效能應該包括下列要項：1.有效地教導教材的知識；2.有效地進行師生溝通；3.良好的教材組織能力；4.激勵學習動機的能力；5.和藹可親的態度；6.教室管理的技巧。

　　McHaney和Impey（1992）臨床視導的模式進行教學效能的探討分析和評量，指出教學效能包括：1.課程設計和發展；2.教學觀念化策略；3.教學統整化策略；4.問題解決的策略；5.課程教材的呈現方式；6.課外作業的指定方式；7.教學活動經驗的評鑑。

二、有效教學行為的觀點

　　從有效教學行為的觀點分析有效教學的層面及向度者，著重於有效教學應該具備的條件或特徵，教師在教學歷程中，教學行為應該符合哪些要求，或是以哪些標準作為評鑑有效教學的依據。從教學行為分析有效教學的相關議題，不僅提供教學評鑑具體客觀的標準，更引導教師反省自己的教學行為，作為修正教學的參考。

　　黃政傑（1993）依據Gage（1989）對教學效能的要項，提出補充說

明，認為教師有效教學應該注意下列幾項：1.關於學生組織的問題：有效教學是教師將全班共同需要的學習透過全班教學來教導，再藉由分組教學來研討和練習，而個別教學則在提供更直接的適性教育；2.關於時間運用方面：有效教學應該儘量擴充學習時間，教師在教學時間的安排方面可以依據學生學習及教學上的需要作彈性運用；3.空間運用方面：有效的教學是教師可以妥善運用教室的空間進行教學，對全班的學習狀況可以充分掌握；4.教學內容的設計問題：教師在教學歷程中，可以將學科內容知識、教學內容知識、課程知識等做結構與策略方面的結合，達到預定的教學目標。

Borich（1979）歸納十二項有效的教學行為，包括：1.教師發問技巧；2.考慮全班的教學；3.對教材的熟悉度；4.讚美學生；5.彈性；6.控制與結構情境；7.良好的師生互動；8.學生學習參與；9.鼓勵學生發問；10.講解清晰；11.保持學生注意；12.積極地雙向回饋。

McCormick（1979）指出有效的教學是教師在教學歷程中，教學行為符合下列的要件：1.教師了解教學內容的結構與實質：(1)課程目標十分明確；(2)能正確判斷完成教學目標所需的時間；(3)教學歷程中，內容呈現轉換時，經常提示結構性的註解；(4)將教學內容轉化為實用及合邏輯性的順序；(5)對教室內的問題能隨時預期並及時加以處理。2.了解學習者的特性：(1)依據學生的反應修正教學活動；(2)配合學生的年齡調整用字遣詞；(3)依據學生能力程度上的不同提供不同的問題；(4)為多數的學生提供適度困難的問題。3.學習原則的運用：(1)經常鼓勵學生建立適切可行的目標；(2)營造與課程內容有關的學習氣氛；(3)給予學生及時的回饋；(4)經常檢視學生可完成的工作；(5)學生練習的時間分配應適切；(6)經常使用分類及歸納的方法，並鼓勵學生效法；(7)教學活動合乎邏輯順序。

Rosenshine（1986）指出，教師有效的教學行為必須具有下列九項特徵：1.單元開始時能簡要說明教學目標；2.單元開始時能複習以前所學得內容，並說明學習必備的條件；3.按部就班呈現教材，並引導學生逐步練習；4.給予學生清楚、詳細的教學和解釋；5.提供所有學生自動自發練習的機會；6.提出適度的問題讓學生回答，以利於了解學生對學習內容的了解情形，並從學生的學習過程中獲得一些反應；7.在最初練習時能引導學生；8.提供學生有系統的回饋和矯正；9.不斷練習直至所有學生都能獨立和有信心。

Porter和Brophy（1988）指出完整的教學應該包括下列因素：1.教學目標清楚；2.熟悉教學內容和教學策略；3.引導學生了解教師的期望及其原因；4.熟練地運用現有的教材；5.了解學生並依據學生的個別需要進行教學活動，同時能預知學生可能產生的錯誤；6.提供學生後設認知的策略並引導學生熟練之；7.提供高、低層次的認知目標；8.統整各學科的教學；9.為學生的學習成就負責；10.針對自己的教學活動加以反省思考。

Gage（1989）研究教師教學歷程與學生成就的關係指出，有效能的教學行為包括下列要項：1.教師多做些組織；2.轉換主題或單元的時候能給予訊號；3.教師指出課程的重點；4.教師避免離題太遠或中斷教學；5.講解恰到好處；6.複習主要的概念；7.一開始教學就列出目標；8.列出課本內容大綱讓學生閱讀；9.提出各課摘要；10.多問學生問題；11.提出的問題需要高層次的認知能力來回答；12.對年齡較小的學生，問題的難度至少有百分之九十的學生可以回答；13.等待候答時間至少三秒；14.給予學生均等的機會回答問題；15.針對學生的努力讚美；16.對學生的困難或失敗，應歸因於努力不夠而非不夠聰明或運氣不好；17.學生答錯時，教師應該接受學生的答案或其他想法，並將他導入下一個討論；18.儘量避免批評或反對意見；19.避免性別、文化及成就等方面的偏見而形成不必要的差別待遇；20.對學生抱持相同的期望，儘量安排讓學生有更多的學習時間（指難度適合學生且與學業有關的學習活動時間）。

三、影響有效教學的因素

從影響有效教學因素的觀點分析有效教學的層面及向度者，著重於從教學整體的歷程其及影響的因素，提出完整且系統的架構。

張德銳等（1994）依據Harris和Hill（1982）教師發展評鑑進行「國小教師教學評鑑系統研究」，提出教學評鑑的規準，作為評鑑教師效能的依據。其中教學行為包括如下：1.清晰：明確傳達教學目標及意向、提供完整的知識架構、清楚教學概念及技能；2.多樣性：引起並維持兒童注意力、運用多種不同的教學方法、運用多樣媒體、使用各種不同的發問技巧；3.關懷：重視兒童個別的反應及需求、建立和諧愉快的班級氣氛、給予兒童公平的待遇；4.溝通技巧：運用良好的口語溝通技巧、以清楚的文辭表達教學內容、適當的運用身體語言、用心傾聽兒童說話、不隨便

干擾；5.工作取向：充分的教學準備、掌握教學目標、有效地利用教學時間、評量兒童表現並提供回饋與指導；6.教室管理與紀律：妥善布置教室環境，增進學習效果；建立教室常規和秩序，激發兒童自發和自律；有效運用獎賞手段，增強兒童良好的行為；謹慎運用處罰手段，制止兒童不當行為。

張俊紳（1997）以教室觀察的方法，對教師教學效能進行研究，將教師有效教學內涵分項如下：1.教學內容（內容意義連結）：內容與課程呈現的形式、知識與課程；2.認知過程（內容邏輯意義）：發問及教學內容語言互動的認知水準；3.教學形式（教學連結意義）：教學線索、回饋與校正等教學歷程的安排；4.教學互動形式（教學邏輯意義）：教師反應、發問等師生語言互動形式分析及師生關係。

張碧娟（1999）將有效教學行為分成下列要項：1.教學計畫準備：指教師依據學生差異，擬定教學計畫、精熟教材，事前做好教學準備；2.系統呈現教材：指教師教學時會說明單元目標，層次分明呈現教材，提供學生練習機會，彈性調整教學；3.多元教學策略：指教師教學時會引起動機，集中學生的注意力，運用不同的教學媒體或方法，掌握發問技巧；4.善用教學評鑑：指教師會適度評鑑學生學習成效，立即回饋，給予合理期待，獎勵學習進步；5.良好學習氣氛：指教師會維持和諧師生關係，掌握教室管理，以積極的態度鼓勵學生。

Hudgins（1988）指出有效教學的因素包括：1.教室氣氛：教師對學生行為的期望、課程與學業導向、教室管理等；2.提供問題的層次：包含記憶、理解、應用、綜合、分析、評鑑等層次；3.引導過程：提供問題、作業、激發學習準備；4.有變化；5.增強作用；6.總結。

O'Neil（1988）探討有效教學相關文獻，提出影響有效教學的因素如下：1.教學前階段（preactive stage）：包括學習環境、教師知識、教師組織（指計畫與準備）、課程教材；2.教學互動階段（interactive stage）：教師期望、教師熱忱、教室氣氛、教室管理、教學清晰、前階架構、教學模式、發問深度、直接教學、學習時間、變化、督導及教學速度、彈性；3.教學反省階段（postactive stage）：回饋、教師的讚賞、教師的批評。

Marsh（1991）研究指出，有效教學是一種多向度的評鑑，其內容包括學習價值、教學熱忱、表達清晰、團體互動、和諧的師生關係、課程內容、評量方式、課外指定作業、學習難度等九個影響因素。

　　Borich（1994）提出五項有效教學的依據：1.有效教學必須有清晰性：指教學有系統、循序漸進、符合邏輯、講述內容和目標清楚明確。2.有效教學必須是多樣性：指教學活動、教學方法及教學內容變化豐富，並多采多姿。3.有效教學必須是任務取向：指教師的教學努力認真，關心並幫助學生達成學習目標。4.有效教學是全心投入：指教師能充分準備教學，掌握實際用於教學的時間，使學生進行有效的學習。5.有效教學必須提高學習成功的比率：指教師投入教學，能提高學生課程內容學習成功而獲得滿意的成果。

　　Tang（1994）指出，有效教學的高低預測可以運用下列相關因素加以評估：1.清晰講述教材；2.回答學生所提的問題；3.和藹可親與專業化對待學生；4.教學準備充分。

　　綜合以上所述，有效教學的內涵可以從教學整體的觀點、有效教學行為的觀點、影響教學效能的因素等三個層面加以探討。有效教學行為的內涵在分類上雖未盡相同，但重點都包括了教學前的思考與決定、教學中的思考與決定、教學後的思考與決定、教學策略的運用、班級經營等五個重要層面。上開論點，將在本章後續節次評述。

第四節　有效教學行為的實施

　　一般探討教師教學行為，泰半以教學前、教學中、教學後、班級經營及教學策略的運用等五個層面為分析的重點，了解教師是否能在教學歷程中，充分掌握各種教學情境，發揮專業的知能，嫻熟地處理各種教學線索，使教學活動的進行順暢。

一、從教師行為論有效教學

㈠教學前的思考與決定

　　教師在教學前的行為與心智活動，影響教學活動的進行。教師在教學前所從事的各項與教學有關的活動，包括教學的前導活動，教學計畫的擬定，對教材與教學活動的熟悉，各種教學流程的安排，如何計畫教學？教學計畫有哪些形式？從事哪些型態的計畫？思考的層面及依據何種教學模式或程序進行計畫活動？教師在上述各項認知活動中，能運用教學專業知

識及專業的判斷,使教學活動流暢順通,達到預定的教學目標。有效能教師在教學前能精密地從事各形式教學計畫,預測學生可能遭遇的問題,並作事先的研判與擬定因應措施。

㈡ 教學中的思考與決定

指教師在教學活動時從事的各項與教學有關的認知活動,包括將教學計畫落實,說明教學單元目標,系統呈現教材,提供學生各種練習的機會和精熟的策略,運用多元教學策略,引起動機並集中學生的注意力,運用各種教學方法及媒體,掌握發問技巧等使教學活動達到預期的效果。教師在教學互動時,有效判斷訊息的重要性並組合訊息,運用對教學的先前知識、經驗統整、訊息處理,以較高層次處理教學活動。

㈢ 教學後的思考與決定

指教師在教學結束後的反省思考活動,包括適度評量學生的學習成就,給予合理的期待並獎勵學習進步。有效能的教師在教學結束之後,透過反省檢討教學的得失並修正實際教學活動。在教學評鑑活動中,效能教師運用即時回饋、增強、評量、教學反省、練習、複習及提供後設認知策略,作為檢討增進教學效能的主要策略。

㈣ 教學策略的運用

指教師在教學歷程中,有效地運用各種策略增進教學效果及學生的學習成就。如增加學生的學習參與、教學流程順暢有效率、教學富結構及邏輯性、教學內容適度地轉化、重視學生的個別差異並加以因應等。有效能教師比無效能教師在時間的管理運用方面,善用教學流程使學生有充裕的時間,並且注意學科每一部分的分配時間,使每一部分都受到相同的重視。

㈤ 班級經營策略

指教師在教室生活中,有效地訂定各種常規、建立一套有制度的規則、有效地監控座位中的活動、提高學生的學習參與感、運用學科教學時間、隨機轉換各種教學技巧、連結新概念與舊經驗、轉化具體活動為抽象活動等各種有效的班級經營策略,以輔助教學目標的達成。

二、對教師有效教學的建議

　　教師在教學時，必須運用科學的方法使教學目標清晰、熟悉教學內容、研擬有效教學策略、了解學習者的身心狀態、起點行為、先前概念，提出認知與反省策略，追蹤理解狀況等；透過藝術的鑑賞提升學習目標（如情意目標）、發揮情感陶冶作用等增進教學效能。所以有效教學行為是一種科學，同時也是一種藝術。教師如欲使教學行為達到有效，必須掌握下列各要素：

㈠ 清楚界定教學目標

　　教學目標是課程與教學的重心所在，引導教師作教學決策的方向。教學目標的界定影響教學內容和策略的選擇、教學材料的使用。同時也提供教學成果的評鑑標準和程序。因此，教師在教學時必須清楚地界定教學目標，讓學習者清楚地了解所要達到的目標何在？教學活動中的任何策略、方法、活動、資源、教具悉以教學目標為依歸。如此，教學活動不至於產生偏頗或與預定的目標相去甚遠，使教學效果打折扣。

㈡ 熟悉教學內容和策略

　　教師在教學中所扮演的主要角色是將「形式課程」轉化成「實質課程」。換言之，即運用各種策略、語言、符號、例子等將教學內容轉化成為學習者可以理解的形式。在課程轉化過程中，教師以其所持的「專門知識」和「專業知識」為基礎，將理論和實務有效地結合起來。因而，教師必須對教學內容和策略具有相當程度的熟悉，才能揉合「專門知識」和「專業知識」，將課程具體地表徵出來，作有效地轉化。

㈢ 具備有效教學溝通能力

　　教學溝通能力影響教師教學品質及教學成效。教學溝通能力強的教師，懂得運用各種符號、形式，將自身的意念有效地傳達給學習者，和學習者之間容易產生「互為主體性」，也容易達成共識。教學溝通能力弱的教師和學習者之間常因溝通不良而產生各種障礙，影響教學品質，降低教學成效。因此，教師應不斷地汲取新知，充實專業知能，強化教學溝通能力，方有助於展現有效能的教學行為。

㈣ 善用教材、充實教學內容

教學內容的掌握有助於教師清楚地表徵課程，順利進行教學活動。教材的運用有助於教師將抽象的教學內容具體化，以利於學生學習。教師在教學前應該蒐集各種教學材料，將教學材料作有效的整理、歸類、分析、統整，善用已有的教學材料，作為教學的輔助，使教學更生動、具體、活潑。其次，教師應該利用時間充實教學內容，擴充學習經驗層面，使學習者從各種活動中吸收更多的概念和事實。教師在教學內容的澄清技巧上需要多加模擬，萃取有效的策略和方法，建立屬於自己的教學理論。

㈤ 了解學習者的特質

學習者是教學的主體。再好、再精彩的教學也要學習者能夠接受，教學活動才會產生意義。如果教是一回事，學又是一回事，教學活動就會失去意義，忽略本質。有效能的教師在教學中，了解學生的身心特質、先前經驗、起點行為、學習動機等，相機調整教學活動來滿足學生之需求，不斷地修正預定的教學計畫，以符合學習者在學習過程中的「動態需求」。教師除了預定的教學計畫之外，也應準備各種教學的「備選方案」，作為教學活動進行時的因應。其次，教師應透過各種途徑，預先了解學習者的先前經驗，可能存在著哪些「迷失概念」，對教學足以產生不利的影響，將不利學習者的內、外在因素降低，才能提高學習效率。

㈥ 擬定認知反省策略

教學的最終目的是讓學生從學習中得到既定的課程內容。教師運用各種有效的教學策略，輔以各種教材，使學習者達到精熟狀態，完成預定的教學目標。教學包含教師的教學活動之外，同時涵蓋學生的學習活動。因而，學生能否有效學到預定的課程內容，成為教學效能的重要指標。有效能的教師除了擅於展現教學行為之外，同時也教導學生認知反省策略，提供讓學生精熟課程內容的各種機會。

㈦ 兼重高、低層次的目標

教學目標的界定使教師對教學內容與程序有更清楚的了解，同時是教師選擇教學活動及組織教學資源的依據，並用來研擬評鑑學生的方法。有效能的教師在教學中，除了清楚地界定各種目標之外，兼重高、低層次的目標，以低層次目標為基礎循序漸進，分析目標與目標之間的邏輯關係和

關聯，以實現低層次目標為實現高層次目標的起始，使高、低層次目標均能在教學活動中同時達到。

⑻ 評鑑學習者的理解作為適時的回饋

學習者的理解是決定教學活動成敗的關鍵因素。有效能的教師教學是師生之間在短時間即建立共識，產生共鳴現象以強化教學的雙向回饋作用。因此，教師在教學中必須不斷透過各種評鑑活動，了解學習者對課程與教學的理解狀態與程度，作為教學活動的修正和回饋。如果學習者的理解狀況佳，則教師可確認教學進行順利，可以隨時轉換下一個活動。否則，教師必須從學習者的理解情形中，立即決定是否中斷教學，或是採用另一「備選方案」，以適時修正教師的教學活動。

⑼ 評鑑學習結果以形成新的教學計畫

教學評量的作用是教師在教學活動之前，先衡量學生的起點行為，而後配合教學目標，依據學習者的需求，提供各種學習活動，學習活動結束後，再加以評量學習成果，以作為適時修正教學目標並改進教學活動以及使用的教材教法。因此，教師從評量學習者的學習結果中，了解學習活動的實施成效。透過學習結果的評鑑活動，讓教師了解教學的優缺點及需要改進的地方，進而形成新的教學計畫。

⑽ 反省思考自己的教學活動

反省思考是教師教學成長的主要核心，教師必須具備反省、評鑑自己教學的能力。有效能的教師在教學結束後會反省自己的教學和學習者的反應，並以此作為檢討教學得失並修正實際教學活動的依據。教師在教學反省思考過程中，必須以先前經驗為基礎，對照實際的教學活動，檢討哪些地方未處理好？哪些概念需要再舉例加以說明？學習者的哪些常規或反應必須加以釐清？等。從反省思考自己的教學活動中，讓教師修正「所持理論」與「使用中理論」，使教學理念更清楚、更具體。

教學活動大半都是在無法精確預測與控制的情境中進行，變項之間的交互作用難以完全了解。教師在教學前、中、後應該發揮專業知能，有效地掌握各種影響教學的因素，強化有利於教學的因素，減少不利於教學因素的影響。在教學活動中清楚地界定教學目標、熟悉教學內容和策略、具備有效教學溝通能力、善用教材、充實教學內容、了解學習者的特質、擬

定認知反省策略、兼重高低層次的目標、評鑑學習者的理解以作適時的回饋、評鑑學習結果以形成新的教學計畫、反省思考自己的教學活動才能使教學更有效率,學習者的學習成效更佳。

第五節 班級管理與有效教學

　　教師的教學行為與班級管理有正向的關係,班級秩序的控制是教學的前置活動,影響教師教學活動的進行,決定教學品質的高低。教師的教學表現,影響學生的學習行為,決定學習成效的高低。因此,教師的教學效能與班級管理是相輔相成且一體兩面。教師的教學要達到高效能,必須從班級管理方面著手,才能在教學活動中左右逢源。相同的,教師在班級管理方面,欲期順暢無阻,必須在教學活動的規劃、策略的運用、方法的研擬、教學表徵方面,發揮專業知能素養,才能在二者之間得心應手。MacKay(1982)在其著作〈有效的教學研究〉一文中,針對有效的教學行為與班級秩序的運作提出多面的建議,認為教師在教學時應該展現有效的教學行為,才能提高學生的學習參與(林進材,2000:432-436):

一、建立一套有制度的規則

　　教師在教學前應該針對學生的特質與教室的氣氛,建立一套有制度的規則來處理教學與班級秩序等事物,讓學生對規則能耳熟能詳,並要求每位學生都要遵守既定的法則,了解違反規則時將受到何種程度的懲處。教師在教學時,透過規則的運作,教學策略的配合,使班級秩序循著常規而行。

二、有效監控座位中的活動

　　教師在教學活動進行時,應該在教室中來回走動,有效地監控學生的學習活動,讓學生了解自己的行為隨時在教師的掌握中。透過教師正式語言行動(如口頭制止)與非正式行動(如眼神制止),有效地遏止學生的反社會行為。其次,教師也應透過各類行動(如非語文訊息、靠近及眼光接觸),提醒學生的脫序行為,將負面的影響降至最低。

三、提高學生的學習參與感

　　教師在教學時，應該設法提高各類活動的趣味性與意義性，讓學生從學習中得到樂趣，有助於學習參與感的提升。教師的教學活動與學生的學習活動如果無法產生互為主體性，學生的學習意願相對地就會降低，對教學活動無法產生共鳴，學習參與感就會低落而影響教學活動的進行。

四、有效運用學科教學時間

　　教師在教學時應該事先對學科學習時間作有效的規劃，透過各種策略的運用，補充教材的輔助，讓學生在最少的指示下進行學習任務。學科教學時間的有效運用，讓學生得以積極投入學習活動中，完成各項預定的學習任務。時間的規劃與運用，決定教學活動進行的順暢與否，同時也影響教學的品質。

五、隨機轉換各種教學技巧

　　教師在教學活動進行時，必須有效地掌握學生的學習狀況，依據學生的學習反應調整教學策略與教學技巧。教學技巧的運用有助於教學活動的進行，增進學生的學習興趣。因此，教師必須熟悉各種教學策略，隨機變換各種教學技巧，使教學融合技術與藝術，增進學生的學習參與，提高學習成效。

六、連結新概念與舊經驗

　　教師在教學時除了具備多種教學技巧，配合學習需求加以使用之外，也應設法將各科學習活動的新概念與教過的舊經驗作有效地連結。從新概念與舊經驗的連結中，讓學生的學習活動產生類化作用，以舊經驗為基礎，提高學習成效。

七、轉化具體活動為抽象活動

　　依據Piaget的理論，人類的學習歷程是經由具體、半具體至抽象。教師在教學活動中如何將形式課程轉化成為實質課程是教育專業的開展，同時也涉及教學品質的議題。高效能教師在面對教學情境時，能迅速做出審

慎的的行動，並且批判地檢視行動的後果。教師在教學活動中應該有能力隨時將抽象概念轉化成為具體的行動，相對地也應轉化具體活動為抽象活動，學生才能從學習活動中獲益。

八、注意教室中所進行的事件

教學活動的進行受到內、外在因素的影響，內在因素包括教師本身的專業素養、教學前、中、後的思考與決策、教學表徵、教學行為等。外在因素包括學生的學習反應、學習行為、學習表現、常規等。教師在教室中要隨時注意內、外在線索，因應不同的線索採取各種有效策略，注意教室中所進行的事件，有助於教學活動的進行，同時控制班級秩序。

九、良好的課程銜接與課程實施

教師在教學時，應該具有同時注意一個以上問題的能力。在課程實施方面應該設法使課程內容流暢，課程重點之間的銜接應有良好且平滑的接續，使舊課程與新課程之間，產生良好的接續作用。在課程實施時，教師的表達應該清楚明確，教學行為要能顧及學生的程度及課程進度。

十、激發學生的學習動機

任何教學活動的進行，學生「喜歡」比「會」更重要。換言之，學習動機的激發，對教學而言是相當關鍵重要的。教師應該有能力引發學生對學習的強烈動機，有了動機才能激發學生對學習產生需求，有了需求才能集中注意力於學習活動上。

十一、正確回應學生的情緒與經驗

教師在教學活動中，除了授課應該清楚明確，強化學生的學習成效之外，應該明白表現對學生的關懷、接納與重視，讓學生感受到教師正向的回饋。其次，教師應該對學生明顯與不明顯的意見、情緒與經驗作正確的回應。讓學生從教師的正向回饋中，隨時修正自己的學習行為與態度。

十二、善用發問技術並因應個別差異

教師在教學過程中，運用發問技術有助於教學評鑑工作並修正自己的

教學行為。教師應針對不同的學生提出合適的問題以適應個別差異，摒除傳統以單一標準要求學生的不當觀念。當學生的答案不正確或只答對部分時，教師應該隨機改變措辭、給予提示或改變問題內容降低標準，協助學生回答出更好的答案，以提供學生成功的機會。

十三、運用正向讚美鼓勵良好的表現

教師在教學歷程中，應該運用正向讚美鼓勵學生優秀的表現，以及勉勵表現較差的學生，讓每位學生在學習歷程中有自我實現的機會。教師對學生的讚美鼓勵有助於提高學習動機，激發學生對學習的熱忱。

十四、適時傳達教師對學生的期望

教師在與學生的互動過程中，應該設法傳達對學生的期望。對於能力較強的學生偶爾作輕微的批評，以傳達對他們更高的期望。讓學生隨時了解教師對學生的期許，從師生互動中獲得正向的激勵作用。

十五、適時統合學生的學習行為

教師對學生的學習行為（如提出問題、表示意見、學習困擾等），應該作有效的接納與整合。學生學習行為的整合，對教師的教學行為有正面的幫助。教師從學習活動的整合，理解學生在學習方面的反應，作為修正教學的參考。

　　成功的教學活動所牽涉的因素除了學校、班級目標、課程、教材、教學環境、學生的學習情形、學習表現、常規等因素之外，更重要的是在此過程中能否有效地在事前分析這些因素，並且了解對教學可能帶來的正、反面影響。教師在教學活動中能否展現教學效能與有效地運用各種策略技巧，影響學生的學習行為。學生在班級秩序方面的表現，受到極少教學行為的影響。高效能教師的教學活動能激發學生在學習上的活力與動力，使學生深受教師魅力的吸引，無形中改善常規表現，減少教學上的干擾行為，具有提升教學效果的正面意義。如果教師在教學中無法有效地控制班級秩序，則學生的干擾行為勢必成為教學的最大阻礙。

第十二章

情意教學的理論與策略

　　情意教育的實施是運用教育活動，引導學習者提升生活層次，從狹隘的知識領域中，發展出與其他社會、文化、生活、歷史等相關領域環境互動中，提升自我認識、接納的情意。情意教育的教學是在增進個人的道德、規範、感情、態度、理想等，達到教育目標。本章的重點在於分析情意教學的理論與策略，從情意教學的意涵、理論、設計、策略、實施等層面，提出相關的策略與活動，供教師教學的參考。

第一節　情意教學的意涵

一、情意教育的意義

　　情意教育的意義，依據相關的文獻探討，指出舉凡對學習者情感情緒之輔導，引導學習者從教育歷程中，獲得較佳的人際適應、培養對人際之關懷與利他行為、涵育求真求善之態度、養成審美之品味、孕育價值判斷能力、提升道德認知實踐能力、協助其建立堅毅之自我概念、薰陶其高尚品格等，以潛移默化的一切教育活動，均為情意教育之真義（姚志文，1997）。

　　情意教育的目的在於透過各種學習情境，培育學生對學習情緒、情感抒發態度意向和道德價值等全方面的人格特質的教育。因此，情意教育重視引導式的學習，以自導式發現，透過學習情境的營造，以人際互動、同儕合作、共同達到學習目標，讓學生透過引發性學習、主動性學習、統整性學習、圓融性學習、互動性學習、探究性學習和完全性學習，達到情意陶冶的目的（林進山，1997）。

　　歐用生（1992）指出，學校情意領域應包括廣義的情意與狹義的情意。前者如學校的文化和學校的價值氣氛等學校有關的部分；後者如價值教育、道德教育、情意陶冶，以及各學科的附學習等與學科或個人有關的部分。

　　謝水南（1990）認為情意教育可以分為狹義與廣義兩種定義：狹義的情意即指對學生的情感（情緒）的發展之輔導亦即情感教育，輔導學生敏於感受，學習控制情緒，使情緒穩定成熟而獲致健全的自我適應與良好的人際關係。廣義的情意教育除狹義的情意教育之外，還包括精神（或心靈）層面的教育（spiritual education），諸如審美、利他、合群、奉獻等

高尚情操和品格的培養。

　　情意教育的實施，係以具有人文精神的現代教育為基礎，屬於一種人性化的教育思潮，在教育過程中強調對人的尊重、對物的珍惜、對社會的責任，以培養「具有思考、能判斷、有信心、有智慧」的學生。因此，情意教育是以人為主的教育，透過潛移默化的途徑，達到情感方面的教育目標。

　　綜上所述，情意教育的內涵包括自我概念、價值評定、利他行為、終極關懷、語言溝通、藝術鑑賞、道德判斷、宗教信仰等層面：

㈠ **自我概念**

　　情意教育的實施重視個體在自我成長過程中，無時不受到超我的影響，自我與超我如無法作適當的調適，人格即無法正常發展，在教育上以培養個體自我概念的發展，學習愛自己之後，進而接納他人。

㈡ **價值評定**

　　情意教育的重點在於引導學生，從日常生活中形成正確的價值判斷，進而建立自己的價值體系。面對日常生活中的各項議題，可以用既成的價值觀念，判斷事物存在的本質。

㈢ **利他行為**

　　情意教育的教學是教師引導學生建立思考的邏輯，以利他的觀點思考各種生活經驗、原理原則的行事準則。

㈣ **終極關懷**

　　情意教育的實施，引導學生在有限的生命舞臺上從事更有意義的探索，除了擴充知識領域的成長之外，同時擴大生命的視野。

㈤ **語言溝通**

　　語言溝通是人際之間建立互為主體性的途徑之一，同時是表達情緒最直接的方法。情意教育的實施，指導學生了解個人的情緒、想法，進而學習表達個人的情緒。

㈥ **藝術鑑賞**

　　鑑賞能力的培養是教育活動中最重要的一環，透過藝術鑑賞能力的培

養，可以陶冶學生的情感，涵育欣賞能力。

㈦ 道德判斷

道德判斷的情意教育，以各種生活經驗與事件，教育學生建立自己的道德判斷標準，以落實情意教育的精神。

㈧ 宗教信仰

宗教信仰的實施，有助於現代人追求心靈空間方面的成長，從心靈方面的成長，擴大心智的視野，培養人我關懷的心胸。

二、情意教學的意涵

情意教學的意義係延伸至情意教育的理念，透過教學活動的實施，落實情意教育的內涵。情意教學的實施特性在於由強迫性學習轉而引發性學習、個別性學習而統整性學習、意志性學習而融合性學習、獨立性學習而互動性學習、敘述性學習而探究性學習、單一性學習而完全性學習。情意教學是運用教育活動，讓學習者提升生活層次，從狹隘的知識領域中，發展知識、情意、技能涵養，使適應未來的社會生活，進而重視道德、尊重人性、相互扶持、修練自己。情意教學的意涵本身具有下列特性：

㈠ 保持個人價值需求

個人價值觀的建立，是教育活動中相當重要的一環。如成功、獲得認識、尊重、分享、增進人際情感地位、自我學習，以適應未來的社會生活等。

㈡ 增進人際互動的需要

透過情意教學使學生認識他人，更進而產生同感共鳴的情感，在生活中可以隨時適時地體認他人的需要，能相互扶持，彼此分享而關懷互助。

㈢ 情緒引導與輔導

情意教學的實施，教師引導學生了解自己本身的情緒發展與情緒狀況，在自身的情緒失調時，可以藉教學歷程尋求適當的發洩。

㈣ 協助學生社會化

社會化是教育活動中重要的一環，同時是個體在社會生活中必備的能

力之一。情意教育的實施，透過各項教學活動，使學生習得社會生活所需的高尚情操與修為。

㈤ 提供鄉土文化情懷與歷史脈絡的同理

情意教學的實施使學生對鄉土文化產生「特別的關心」，對成長歷史具有同理的了解。

因此，情意教學不僅強調認知上的目標，尚包括情意的陶冶，學生所學的內容，不僅是學術性的，同時包括社會的情緒的經驗等。情意教學是屬於潛在的學習，以營造情意的學習情境，引導學生學習各項知能，以各種策略培養設身處地為別人設想的情懷。

第二節　情意教學的特質

情意教學的設計與實施目的，在於使學生學習如何適當的表達情感，學到人與人之間相處的人際關係，更進而培養愛人、被愛、同理與相互接納的情操。因此在教學歷程中，情意教學與一般傳統的教學法自有所差異。

一、情意教學的特性

情意教學的實施是教師在教學活動中，將各種情意領域的知能融入活動或課程中，讓學生從教學中學習情感的陶冶與社會適應能力和價值觀的建立。

㈠ 整體性

情意教學的實施，必須配合各種課程與教學，將重要的原理原則與經驗融入。此外，在學校行政制度、相關人員的配合方面，應以整體的概念，實施情意教學方能竟其功。學校行政人員應全力支援教學，學生家長與教師相互配合、相互成長，才能收到情意教學的效果。

㈡ 發展性

情意教學的實施強調發展性，使每個學生的個性、才能、興趣、性格、情緒都能得到最適當充分的發展。因此，學校推展情意教學時，應該

在課程內容方面，作整體性的考量，依據相關學科性質、學生學習上的需要，作各種分組教學與協同教學。

(三) 循序性

情意教學與傳統的教學，其不同點在於情意的培養非一朝一夕可成，而是在日積月累潛移默化的情境中，慢慢地培養。教師在設計教學活動時，應以各項課程設計原則，採上下的連貫與左右的聯繫，以統整課程方式，引導學生進行學習活動。

(四) 隨機性

情意教學的實施，強調潛在課程與非正式課程對學生的影響。因此，情意教學無論在課程設計上、課程內容上、主題探索、學習方式、學習評量方面，教師應以隨時隨地進行機會教育為主，使學生能在學習與實際生活上取得連結，達到自我控制與圓融的表現自我的精神。

(五) 潛在性

情意教學的實施強調透過環境教育的潛移默化效果，因此在課程的安排應以激發學生的想像力與創造力為主，使學生在有意或無意之中，學到現實社會生活中需要的價值體系，建立正確的價值觀。

(六) 以身作則

情意教學的實施，教師及重要他人的身教相當重要，唯有以身作則才能產生社會示範作用，引導學生從耳濡目染中達到學習成效。

(七) 境教作用

境教是情意教學中的重要環節，以學生喜愛的各類式樣、流行物為基礎，布置學習性的校園情境，營造一個趣味性、誇張性、遊戲性、幻想性的學習樂園，方能收到境教效果。

二、情意教學的功能

情意教學的實施在學校教育上具有預防性、發展性、矯治性、輔導性等方面的功能。詳述如下：

㈠ 情意教學的預防性功能

　　情意教學的實施在於促進個體身心方面的健康，激發個人潛能的發展，以及在適應社會生活上相關知能的培養，以預防問題行為的發生。在情意教學的實施策略方面，教師可考慮採用溝通技巧、價值澄清、人際社會交往感覺與情緒的學習，以引導學生獲得良好的心理成熟，而在心理、社會、智能及問題行為方面產生預防性效果（黃月霞，1989）。

㈡ 情意教學的發展性功能

　　情意教學的實施，不僅應具備預防性功能，也應進一步透過各層次的教學目標，積極發展人類的理性，培養學生具有高尚的情操與健全的品格，並進而達成馬斯洛所稱的「自我實現」層次。教師在從事情意教學時，應了解學習者的特性與學習上的需求，作為教學實施的參考。

㈢ 情意教學的矯治性功能

　　情意教學的實施除了具有紓解情緒作用，同時可協助解決個人心理困擾或不良適應行為，透過個體對外界事件或生活經驗的不當知覺之了解，形成正確的歸因。藉此改變不當知覺與思維，並增進人際關係因應的技巧及做決定的行為模式。促使個體改變行為，進而獲致矯治的成效。

㈣ 情意教學的輔助性功能

　　情意教學的實施，有別於傳統教學過於重視知識與技能的學習，使學習者得到情意適當的發展與激勵，使個體的心智更為成長、更開放、更敏銳。情意教學的推展，學習者從學習歷程中達到自我概念的控制，提升自我概念與內控性。

三、情意教學的目標

　　情意教學的目標與一般教學目標不同，一般教學目標屬於行為主義發展出來的具體目標，情意教學目標屬於態度、價值、信仰方面，因而教學實施較抽象，不易以具體的行為目標敘述。情意教學是屬於社會認知（social cognitive）方面的學習，需要透過人際交互作用的過程與經驗才能形成。Krathwohl（1964）指出，情意教學應達到下列五個層次的目標：1.接受：由知覺而願意接近而選定價值項目；2.反應：由勉強反應而願意反應而樂意反應；3.價值評定：由接納而偏愛而堅信某項價值；4.價值組

織：由形成價值概念而建立自己的價值體系；5.形成品格：由教育一般正常的態度而形成健全品格。因此，情意教學的目標首要在讓學生能「接受」對自我的期許而產生學習的意願；其次，要求學生對自己接觸的活動行為，作價值判斷；再則，要求學生對所做的判斷加以「組織」，形成系統性的概念；最後藉由價值活動，形成人「品格」並建立正確的人生觀。

四、情意教學的原則

情意教學的實施，教師可以融合各教學理論與方法，也可融入各學科課程教學中，培養學生情意方面的涵養。然情意教學的原則，可在學校教育系統推展開放教育、統整課程、九年一貫課程等政策時，將情意教學的理念融入各教育制度或系統中。情意教學的實施原則可以下列參考之（鄧運林，1997）：

㈠ 獨立負責原則

情意教學的實施，教師應引導學生面對學習上的各種問題。對自己學習上課程與教學的安排提出各種建設性的意見。教師在教學歷程中指導學生培養為學習負責任的態度。

㈡ 情緒平衡原則

情意教學的重點在於了解自己情緒方面的發展，因而需要細膩地自我觀察，並能因人適時地平衡其情緒，進而分析其發生原因，以培養良好的情緒與態度的發展。

㈢ 個別差異原則

個別差異與因材施教是教師教學歷程中，應重視的一環。情意教學的實施，強調教師應尊重學生個別的想法，避免以統一的標準要求每一位學生，而產生學習上的挫折。學生在從事感興趣的活動時，教師應充分地尊重學生的選擇，並鼓勵學生進行獨立研究學習，肯定在學習上的成就。

㈣ 活動遊戲原則

以遊戲方式進行教學，是學生最感興趣的方式。教師的教學設計應以激發學生的學習興趣為主，營造一個生動活潑的學習情境，培養學生正向積極的學習態度。

(五) 重視鄉土原則

情意教學的實施，應充分提供學生有關鄉土教育的內涵，運用本土文化、歷史及學生的成長環境脈絡，培養學生從了解自己、了解鄉土至熱愛鄉國，進而犧牲奉獻的精神。

(六) 價值澄清原則

價值澄清是情意教學中引導學生作價值判斷，形成正確的決定，進而建立價值系統。學生可以從教學中澄清自己的價值觀，確立自己的形象，並學習價值澄清及形成的歷程，充分地發展自我。

(七) 多元評量原則

情意教學的評量必須時時了解學習者的反應、師生的互動、人際間知覺的交互影響，因此評量的方式不只是紙筆評量，更不應以數字呈現評量的結果，應以文字敘述或圖片加以表達（參見本章第五節）。以平時的表現作為形成性的評量，避免以一次行為偏失衡量學生的行為。

(八) 環境陶冶原則

情意教學的實施，應配合教學主題或是具生活化的教學進行情境布置，重視學校整體學習環境的規劃，引導學生從日常生活中，達到潛移默化的效果。

(九) 課程統整原則

情意教學在課程內容的設計方面，主張課程內容應以學習者為主，進行科目與科目、概念與概念之間的統整，有計畫地教授，使學生學習到統整的概念。

(十) 師生融合原則

情意教學的實施摒除傳統以「教師為主」的教學型態，採師生共同參與方式進行教學活動。在此理念之下，教師與學生成為教學的「合夥人」，必須不斷地協調、溝通、分享、論辯，才能建構出具有特色的教學。

第三節　情意教學的策略

情意教學的實施，可以配合一般的教學理論與方法，將重要的概念與課程內容，以融入式教學，配合各種活動的推展，達到各種預定的目標。一般常用的情意領域教學策略，多以學習者自主性的體驗、探索為主體，傾向自動、自發、誘導、輔導教學方式。詳述如後：

一、道德討論教學法

道德討論教學的實施是運用刺激學習者道德判斷與思考能力的自然發展，透過教學歷程協助學習者以已有的道德認知為基礎，發展至較高的道德認知發展階段。道德討論教學法是由教師在教學前，編撰或蒐集真實生活中的兩難式困境故事，教師引導學生面對兩難式情境，讓學生詳述對情境的認知，並辨明其中的道德觀點，學習者從學習過程中，促進道德高層次的認知發展（林進材，2000）。道德教學法的實施程序包括：1.引起動機；2.呈現故事；3.提出兩難困境問題並分組；4.分組討論；5.全班討論；6.結束討論。

道德討論教學的實施係依據學生現有的道德認知結構，運用兩難式的問題情境，透過公開討論的方式，提升學生的道德判斷層次。因此，教學者必須提供豐富的道德刺激與衝突情境，引導學生在自由、民主、互尊、互諒的和諧氣氛中，不斷地辯論與詰難，促使學生發展出更成熟的道德判斷能力（王秀玲，1997）。

二、價值澄清教學法

價值澄清教學法的實施，主要是協助學習者察覺自身的價值，並由此建立自己的價值體系。依據Rath和Simon（1972）提出的價值形成三階段、七步驟而擬定教學活動的實施。三階段即為選擇階段、珍視階段與行動階段；七步驟為自由選擇、從多重選項中選擇、慎思熟慮後選擇、重視和珍惜所做的選擇、公開表示自己的選擇、依據選擇採取行動、重複實行等。一般的價值澄清活動包括書寫活動、澄清反應與討論活動。書寫活動是利用紙筆形式的活動讓學生回答特定的問題，以激發學生的思考，並了解學生的想法。教師在教學時可以預先設計的短文或價值單，分派給學生

填寫，引導學生將自己的觀點和同儕分享。澄清反應是教師在教學中依據學生對各種問題的反應，以問答方式刺激學生思考，引導學生作各種判斷和選擇，並讓學生在無形中作抉擇，澄清學生的理念和態度。討論活動是教師採分組方式，引導學生分享自己的舊經驗和想法，彼此觀摩和討論。

　　價值澄清是教師運用系統化的步驟指導學生從事價值的澄清，並建立屬於自己的價值觀，將正確的價值付諸實踐的教學活動。透過價值澄清培養學生正確的思考能力，在面對各種似是而非的兩難情境中，能理性思考並且做正確的選擇。

三、角色扮演法

　　角色扮演是經由扮演的過程，將角色行為內化而產生認同作用。在情意教學中，角色扮演具有了解行為本質、發展擬情能力、減輕心理壓力、認識社會文化規範、澄清個人價值體系、促進情感交流、增進學習效果的多重價值（金樹人，1990）。角色扮演的教學，教師在實施教學時，透過故事情節與問題情境的設計，讓學習者在設身處地模擬的情境之下，扮演故事中的人物，理解人物的心理世界，再經由團體的討論過程，協助學習者練習並熟練各種角色的行為，進而增進對問題情境的理解。教師在實施角色扮演教學法與情意教學中，可依據學生的需要，選定相關的主題，設計各種符合實際生活的情境，進行角色扮演活動，讓學生經由面對問題情境的理解，找出解決問題的策略，進而強化情意的涵養。

　　角色扮演教學法的實施，透過教師適當的引導，讓學生在設計的情境中，真實體驗人、事、物，以培養高度洞察力。一般的角色扮演教學包括暖身、挑選參與者、布置情境、安排觀眾、演出、討論與評鑑、再扮演、再討論與評鑑、分享與討論等。

四、欣賞教學法

　　欣賞教學法的實施目的在於培養學生正確的態度、高尚的情操以及陶冶學生的性情，因此運用欣賞教學法於情意教學時，教師需依據學生的程度和實際的條件，擬定教學目標，選擇適當的欣賞主題、欣賞方式與教學媒體，才能使欣賞活動順利地進行。欣賞教學法的運用，通常在於藝術的欣賞、道德的欣賞與理智的欣賞三方面。藝術的欣賞如對於音樂創作、美

術、文學作品等方面的鑑賞，可以培養學生對藝術的關懷與陶冶；道德的
欣賞是對於某人、某事所表現的道德品格或社會品格的欣賞；理智的欣賞
如對數學家、科學家的真理、發明、論證、思想、理論等的鑑賞。

欣賞教學法包括引起學生欣賞的動機、提出欣賞的對象、誘發強烈的
情感反應、發表感想及評鑑、指導實踐篤行等步驟。教師在實施欣賞教學
前，必須先設身成為一位欣賞者與愛好者，親自體會欣賞的樂趣及意涵，
才能在教學歷程中將欣賞的意境和樂趣傳達給學生，達到情意教學的目
標。

五、合作學習法

合作教學是以小組分工的方式完成作業，以組間競爭取代成員個別
間的惡性競爭。教學的進行是以學生能力和性別等因素，將學生分配到一
異質小組中，教師經由各種途徑鼓勵小組成員間彼此協助、相互扶持、共
同合作，以提高個人的學習成效，同時達成團體目標。學生在接受或給予
協助的過程中，彼此學會尊重各自擁有的能力，每個學習者不只對自己的
學習負責，也對其他學習者的學習負責，讓每個學習者都有成功的機會。
合作教學是教師運用小組成員之間的分工合作，共同運用資源，彼此相互
支援，完成學習活動。在學習過程中，運用小組之間的競爭與評量，以團
隊比賽的社會心理氣氛，增進學習的成效（林生傳，1990）。以團體的方
式，達到學習目標的教學策略。

六、楷模學習法

楷模學習是運用社會心理學中的示範理論，由楷模的示範產生學習
上的認同、模仿效果。教師在運用楷模學習於情意教學時，在教學前可蒐
集相關的資訊或人事資料，提供學生作為楷模學習的典範，善用不同的楷
模示範，有效處理學生的問題，培養健全的自我概念。教師在楷模的挑選
時，可以歷史人物、影藝偶像、小說中的英雄人物、社會上的好人好事代
表等，作為團體的規範。教師在教學實施時，應該引導學生在楷模學習
時，產生同理性理解，成為解決問題的模式或標準。

七、探究教學法

探究教學是教師在教學歷程中，指導學生主動探究問題並解決問題的教學法。探究教學法強調以學習者的探究活動為主，培養學生高層次的思考能力及建立正確的價值體系。運用探究教學法於情意教學中，教師和學生的角色相較於傳統教學法有很大的改變。傳統教學法中，教師扮演主導的角色，學習者居於被動的角色。教師的主要角色在於引導學生從事探究活動，教師是引導者，學生是積極的思考者。探究教學法的實施包括引起動機及概念分析、歸納通則、證明及應用、價值判斷與選擇階段。

教師在探究教學法中所扮演的角色分成指導式探究與非指導式探究。指導式探究主要目的在於引導學生學習「如何學習」，使學生針對實際的問題，進行學術性的探究，教師隨時給予引導、提示。非指導式探究是學生扮演主動積極的角色，教師居於協助的地位，不給予學生任何的指導。在探究過程中，由學生自行蒐集所需的資料，並加以整理，透過資料的分析、歸納，獲得答案以解決問題。

第四節 情意教學的實施

情意教學的落實，是引導學生從學習成長中獲得心靈方面的成長，情意方面的提升，因此在實施情意教學時，教師對情意教學的意義、內涵、特質、目標、策略等，必須具有深入的了解，才能營造有效的情意教學。情意教學在實施方面，可考慮針對下列要項進行活動的規劃設計。

一、師生雙向互動

情意教學的實施，必須教師與學生建立專業的合作關係，才能落實情意教學的成效。教師在教學歷程中，尊重學生、關懷學生、接納學生，真誠地協助學生了解自己的情緒狀態，並進而自我實現。教師與學生作有效的溝通，才能了解彼此的需要，形成互為主體的合作夥伴。

二、營造優雅學習情境

情意教學中學習情境的營造，影響教師的教學成效與學生的學習成

果。學校建築在物理環境與心理環境方面，作整體性的規劃，讓學生從學校一花、一草、一木中收到潛在教育效果。學生長期的耳濡目染，必然可收到潛移默化的效果，收到境教的功能。

三、班級學習氣氛的營造

情意教學的實施，教師必須為學生營造一個安全、沒有挫折感的學習環境，才能產生有意義的學習。安全而溫暖的學習氣氛，對學生的學習激發具有正面的效用。教師可以班級為主，創造一個有感情的學習氣氛，讓班級成為溫暖的學習場所，學生可以在班級生活中得到自我實現。

四、善用鼓勵與增強策略

情意教學的實施對學生反社會的行為表現，強調應以正向的鼓勵與增強策略，調整學生的偏差行為。引導學生了解偏差行為所代表的意義，從錯誤行為中，擬定修正的策略。運用增強策略增強行為的特質，並產生遷移作用，以培養正確的行為。

五、善用教學理論與方法

情意教學理論與方法包括道德討論教學法、價值澄清教學法、角色扮演法、欣賞教學法、合作學習法、楷模學習法、探究教學法等。在情意教學實施時，可以針對學習內容運用相關的教學法，引導學生從同理心的培養，設身處地為他人著想，培養尊重別人、關心社會的情懷。教師在情意教學歷程中，應費心設計各種教學活動，激發學生的學習興趣，達到預定的目標。

六、重視經驗價值與分享

情意教學視經驗為重要的學習教材，透過學生的自我體驗，實地地體會各種生活情境。選擇適當的情境，讓學生親身經驗，從「做中學」達到教學效果。教師可以擬定戶外教學、鄉土教育、社區資源運用、統整課程與主題探索的方式，收到情意教學的效果。

七、著重創造思考能力的培養

創造思考能力的培養，可以將學生的認知、情意盡情的表達出來。教師在教學中，必須因應學習者不同的成長背景，因應個別差異，讓每位學生都有自我實現的機會。

八、注重學生的表達能力

情意教學實施中，教師應引導學生將自身的經驗、內在體驗盡情地表達出來，經由學生個人的感受、體驗，了解學生的內心世界，有助於學習。教師在教學中應設法引導學生表達，或提供學生表達的機會。

九、營造有利情意教學的情境

情意教學情境的營造，必須以建立富於人文氣息的學校文化體系，塑造良好互動關係的學校社會體系，提供充實而富美感的學校物質體系。在人文氣息的學校文化體系方面，課程應秉持人文精神，發揮次級文化的正向功能，引導正確的價值觀念；在良好互動關係的學校社會體系方面，教師應提供言教、身教，發揮教育愛的精神，增進學生和諧的人際關係與社會技巧；在提供充實而具美感的學校物質體系方面，教學設備應依據教育原則，滿足教師與學生的需求，發揮自然環境與人文環境交融的作用。

第五節 情意教學的評量

情意教學的評量目的，是有系統的蒐集資料事實，了解學生在經過教學之後，情意方面的改變情形，並提供適時的回饋給學生，作為修正學習與持續發展的依據。情意教學的實施重點在於透過教學策略，改變學生在情意方面的知能，因此在評量方面必須經由多元評量方能了解學生在學習上的變化情形。情意教學的評量方法詳述如後：

一、評量方法

㈠ Bloom的評量方法

Bloom在其著作《教育目標的分類》（*Taxonomy of educational objec-*

tives）一書，揭櫫情意教學的評量方式包括晤談法、補充式問卷、限制式問卷、語義分析法、投射法等。

1. 晤談法

晤談法是情意教學評量中一種重要的方法。由教學者事先針對評量項目與內容，設計相關的問題，透過晤談蒐集評量方面的資料。晤談法又分成結構性與非結構性晤談。結構性晤談是教師在進行評量時，事先決定晤談的程序與內容，並加以標準化，晤談的實施完全依據預定的表格進行晤談。採用同樣的方式呈現相同的問題，問題的呈現順序與用詞皆相同。非結構性晤談是教師未事先決定晤談程序，未使用各種晤談表格，對於受試者沒有任何的限制。以晤談方式評量情意教學的成果或學習者的變化情形，是情意教學評量中最常使用的一種。

2. 補充式問卷

補充式問卷的評量是教師在情意教學進行或結束之後，以事先擬定好的問卷，作為補充資料之用。補充式問卷的實施，通常由教師依據教學上的實際需要作設計，又包括第一人稱代名詞的直接問卷與第三人稱的投射問卷二種。補充式問卷的情意教學評量，主要功能在於協助教師了解教學進行的情形，以及學生在學習上的需要，作為修正教學的參考。

3. 限制式問卷

限制式問卷的評量方式，是教師在教學歷程中以各類封閉式的問題，引導學生作答，了解學生在情意方面的變化情形，作為修正教學的參考。

4. 語義分析法

語義分析法是運用任何語言可能同時含有命名的意義與隱含的意義等二種意義的特質，作為情意教學的評量。評量學生對於各種語義的想法，作為教學上的參考。語義分析是評量一個概念在個體眼中所隱含的意義的一種標準和定量程序，每一概念都在一對意義相反的配對形容詞上採七分量表的方式讓受試者評定，以決定該概念較接近哪一方。

5. 投射法

投射法是提供一些意義模糊不清楚的刺激讓學生做自由的反應，在此種情況下，學生常不知不覺將其內部情感、態度、需要、價值、情緒、動機與人格特質等投射至反應中，提供教師作教學上的參考。

㈡ **Tuckman的評量方法**

Tuckman（1975）提出情意方面的評量方式包括李克特量表（Likert scale）、兩點量表、形容詞檢核表、兩極形容詞量表等方法。

1. 李克特量表

李克特量表的使用是將各種概念名詞以等級方式呈現（如非常同意、同意、不同意、非常不同意），引導受試者在量表上依據實際的情況作答。李克特量表較常依據施測者的需要，分成三等量表、四等量表、五等量表、七等量表。在受試者填答完成之後，施測者將量表轉換成數字，透過統計分析了解受試者在量表上的反應情形。

2. 兩點量表

兩點量表的實施，是教師將各種情意領域的概念，以「同意、不同意」、「贊成、反對」、「符合、不符合」等兩極化的方式呈現，提供受試者依據實際情況填答。

3. 形容詞檢核表

形容詞檢核表是評鑑自我概念的重要方法之一。施測者將各種形容詞依順序排列，由施測者從各種形容詞中勾選最適合自己的形容詞，依據受試者填答的情形，作學理上的分析。

4. 兩極形容詞量表

兩極形容詞量表的評量，係採形容詞檢核表的概念，將各種兩極化的形容詞，依序呈現給受試者並請視實際情形填寫，作為評量的分析。兩極形容詞的排列如「活潑的、內向的」、「聰明的、愚笨的」、「敏銳的、遲鈍的」等。

㈢ **Khan和Weiss的評量方法**

Khan和Weiss（1973）提出情意的評量步驟包括資料蒐集技術、實驗設計與資料分析等步驟。

1. 資料蒐集技術

(1) 自陳法

自陳量表係請受試者在事先擬定的問題項下，將自身實際的經驗、感受、想法、態度、情緒等以文字方式呈現出來的測驗。自陳法在內容方面包括配對比較法、等距法、總加法、量表圖分析法及語義分析法。

(2)觀察法

觀察法是用以蒐集科學資料最基本的方法，尤其在敘述研究（descriptive research）中更顯得重要。觀察法是在自然的情境或控制的情境下，依據既定的目的，對現象或個體的行為做有計畫與系統的觀察，並依觀察的記錄，對現象或個體的行為做客觀性解釋的一種評量。

(3)投射法

投射法是給予受試者一些「未結構化」的作業，讓受試者的想像能自由的發揮，將內外在的思想過程、需求、焦慮和衝突投射在測驗上。

2. 實驗設計與資料分析

情意評量在實驗設計與資料分析方面包括實驗法與內容分析（content）。實驗法是教師將各種主題轉化成實驗的程序，或依據教學內容擬定各種議題，提供學生討論分享，在依據學生討論的內容作分析，以了解學生在情意方面的變化情形。

二、評量原則

情意教學的重點在於學生本身情緒、態度、需要、價值、情感、動機方面的培育，因此在評量方面常因各種限制而產生困難。因此，在實施情意教學評量時，必須考量教學實際上的需要，注意下列原則：

㈠ 質與量的評量同時實施

量的教學評量依據心理學的研究典範，以事先擬定的教學目標，評量教學成效，並以數量表示評量結果，以便於比較，並作成有關的決定。量的教學評量重視個別的事實而忽略整體形象，以各種變項、量表或數字資料解釋整體的教育現象。質的教學評量重視數字背後的意義，不僅重視結果也重視過程，對教學歷程中的變項充分地掌握所蘊涵的意義及價值。情意教學評量的實施在質的敘述與量的記錄方面，應同等重視才能真正了解學生在各方面的表現情形。

㈡ 有效運用總結性與形成性評量

形成性評量是在教學過程中，為了了解師生互動的歷程，學習歷程尚未定型仍可改變所實施的評量稱之。總結性評量是在教學活動結束之後，以定期測驗的方式評量教師的教學成果與學生的學習成就，並據此評定

成效（林進材，1999）。情意教學的實施，重視教學過程也強調結果。因此，在進行評量時應形成性評量與總結性評量兼重。

㈢ 以情境觀察形成相關的建言

情意教學在策略的運用方面，強調學習情境、學習氣氛的營造。因此，在教學評量時，儘量摒除傳統以紙筆測驗決定成果的方式，改採情境觀察，了解學生在教學歷程中的改變，作為修正教學的參考。情境觀察技術的運用，可考慮Khan和Weiss（1973）採用提出情意的評量步驟，作為評量的參考。

㈣ 重視評量的目的而非手段

情意教學的目的在於引導學習者達到下列目標：1.接受：由知覺而願意接近而選定價值項目；2.反應：由勉強反應而願反應而樂意反應；3.價值評定：由接納而偏愛而堅信某項價值；4.價值組織：由形成價值概念而建立自己的價值體系；5.形成品格：由教育一般正常的態度而形成健全品格。因此，教學評量的目的應以情意教學的目標為主，了解學生在目標方面的達成程度，作為修正教學的參考。

㈤ 重視評量的回饋與矯治的功能

情意教學具有預防性、發展性、矯治性與輔助性的功能，強調學習者在情感、態度、價值、情緒方面的變化情形。實施情意教學評量的目的，應與教學目標相結合，以評量提供教學活動的回饋與對學生的矯治功能為主，落實評量的目標。

第十三章

創意教學的理論與策略

創意教學是一種有別於傳統教學法的教學策略，此種教學法鼓勵教師應該因時、因地、因人、因事、因物而制宜，變化教學方式和策略，以達到教學目標。本章的重點在於論述創意教學的意涵、相關的理論、設計、策略、實施、在各科的實際運用，作為教師教學的參考。

第一節 創意教學的意涵

一、中小學教學狀況分析

邇來，學校教育一直以「升學主義」為主導，因此智育掛帥、凡事以考試為主的觀念，主導學校教育而無法開創新的教育成效。僵化且過於傳統的學校教學無法突破藩籬，引導教師與學生做更多的改變與更新，學校成為「過程－結果」模式化與一貫化的體制。創新教學的實施與開展，必須了解中小學教學現況，從原有的體制中作更多的突破，展現更精緻的教育理念。

㈠ 傳統教學法仍為教學的主流

傳統教學法是以教師為主、學生為輔的教學生態，教師是教學過程中的主體，決定教學的一切，包含教學計畫的擬定、教學內容、教學媒體、教學活動的實施、教學時間的掌握、教學評鑑標準的訂定與實施等，均由教師主導。學生在教學歷程中是被動的、被決定的、附屬的，對於教學中的事物無決定權，教師負責教、學生負責吸收，傳統的教學法是屬於單向的活動，教學過程容易淪為呆板、單調、缺乏生動活潑的精神，同時不易引起學習者的共鳴，學習者的學習動機低落。在強調以開放教育及教育改革的今日學校教育中，傳統教學法仍為教學的主流，教師仍偏向以傳統的、熟悉的、手持的知識，原原本本地傳遞給學生，教學仍以教師為主導。

㈡ 知識的傳導仍為教學的主體

教育領域包括知識、情意、技能三大層面，各領域的基本知能應融入教師的教學歷程中。如此，學生才能學到適應未來社會的基本能力，培養現代人的知能。然而，傳統的學校教育及教育人員、家長的觀念仍無法突破以知識傳遞為主的刻板印象。教學歷程中，知識的傳遞仍為教學的主

體，幾乎占用所有的時間。教育人員及家長仍汲汲於知識的追求，而鮮少了解身為現代人需要哪些基本能力與知能的議題。因此，學校教學活動在情意、技能方面的陶冶，實施成效有限而無法做適度的突破。如何在現有的教育體制中，均衡知識、情意、技能三方面的教育，在傳統教學中納入新議題，引導教師與學習者作另類的思考，自是創意教學設計與實施的重點。

(三) 教學技術仍重於教學藝術層面

　　Gage在其著作《教學藝術之科學基礎》一書中指出，教學活動的最高境界是達到藝術之境，但必須以堅實的科學為基礎，而真正想了解教學的意義或成功的從事教學者必須精研教學之科學（林進材，1990）。Gage對教學的科學與藝術的論述中，強調教學的技術與科學是同等重要的，唯有以科學為基礎的教學，才能達到至高的境界。綜觀今日的學校教學，教學技術的應用仍重於教學的藝術層面。教學活動的實施，普遍性地追求真、系統化、組織化、客觀性高，以預測與控制的活動。對於追求知識途徑鑑賞能力的培養，感性與理性的融合、美的追求仍付諸闕如，有待教學者從教學活動歷程中，融合理性與感性，以科學精神與方法為基礎，透過科學的求真、求實、系統化、組織化與客觀性的精神，作為教學活動的理論基礎，經由科學新知與研究精神，使教學達到求善、求美的藝術境界。

(四) 新教學法仍無法見容於教學中

　　傳統教學法以制式的教學，講述法、觀察法、問題教學法、啟發法、討論法、自學輔導法、社會化教學法、練習法、設計教學法、單元教學法等，達到教學的目標。新的教學法強調個別化與適性的教學，以師生雙向互動及互為主體，建構出理想的教學。然而，學校教育系統中，新的教學法雖備為推崇，仍無法見容於教學中。教師在運用教學法時，仍偏向以傳統的教學法，將各種課程與教學內容以單向直接的方式傳授，在形式與方法方面較少變化。新舊教學法的實施應用，無法取得相互調適互補。

(五) 教學評量仍採統一的標準

　　教學評量的實施具有多方面的功能，首先，用於了解學生的學習特質性向與學習成就，以判斷學習效果；其次，用於針對學生學習困難之處，以擬定有效的學習策略；再則，用於評量教學效果，作為修正教學的參

考；最後，用於媒觸學習動機以引發學習興趣。教學評量的實施與內容標準，應以學習者實際的學習情形為主，採用多元的評量方式，作為修正教學的參考。學校教育體系中，教育人員仍慣於以統一的標準，衡量教師的教學成效與學生的學習成果。以統一的標準要求不同的學生，或以紙筆測驗了解學習成就，容易忽略學習上的個別差異現象，造成學習者在學習上的挫折與壓力。

(六) 教學場地仍限於教室中

教室是教學重要的場所，但並非唯一的場所。終身學習時代的來臨，強調學習不分地點、年齡、場所、方式、媒體、途徑的學習型態，提供個體充分的學習機會以達到個人的自我實現。中小學的教學場地，仍有偏向於教室實施的現象，學習場地上的限制，影響學生的學習機會。教師應將教學延伸至教室外，讓每位學生可以熟悉各種學習場所，以戶外教學、外埠參觀、田野教學等方式，讓學生的學習可以理論和實際相互印證，並加以落實。

(七) 紙筆測驗仍居於主導地位

傳統的教學評量仍以紙筆測驗為主，以統一的標準或齊一固定的答案，作為了解學生學習成果的參考。殊不知，學習歷程中並非所有的成長皆可以紙筆測驗形式呈現出來，如情意、態度、情緒、感情等方面的知能，並非單一的測驗可以顯現出來。再則，部分學生（如文化刺激不利、習得挫折感、高智商低成就）在測驗上無法評量其改變的情形，或是在測驗中不利的學生，容易因測驗本身的限制，形成學習上的挫折感。在紙筆測驗之外，提供學生另類多元的評量方式或表現方式，才能真正了解學生在學習方面的成就感（如以學習歷程檔案的方式、實際操作的方式）。

(八) 群性教學仍勝於個別化教學

群性發展教學是以社會取向的後個別化教學，同時是適應並發展社會性為主導的適性教學活動。群性化教學活動的進行著重於教師與學生之間如能發展出合作的結構體，進行教與學的合作，將有利於教學的進行與學習效果的提升。學校的教學活動仍偏向教師單打獨鬥，以教師為主的教學取向，忽略教學者與學習者二者的交互影響。個別化教學是在大班級教學情境中，以適應學習者的個別差異和學習者的特性為考量，而採取的各

種有效教學策略。個別化教學與群性教學的實施，在形式與內容的考量方面，教師可依實際的情況作理論與策略間的相互調適，以教學最適發展的策略達到預定的教學目標。

(九) 智育仍爲五育之首

德、智、體、群、美五育均衡發展，是教育發展的最終目標。然而「萬般皆下品，唯有讀書高」以智育為主的守舊觀念，仍主導教育與教學的發展，導致教學革新停滯不前，無法收到預期的成效。傳統教育體制下的教學，以智育為主的學科總是最受重視，德、體、群、美等藝能方面科目，常被有意無意忽略，或成為點綴科目，無法受到應有的青睞，或被用來挪作重點科目複習之用。

(十) 教科書仍爲教學中的聖經

依據相關的研究（林進材，1997）指出，教師在教學歷程中有過依賴教科書的現象，教科書成為教師教學中的聖經。教師在教學中，教科書的內容知識，成為主導教學活動計畫與實施的重點，同時也窄化學生學習上的視野，無法擴充學習領域，教師的教學容易導致「一套真理數十年」、「教學數十年來很有經驗但僅用一種經驗」的困境。在以教科書主導教學的教育體制中，如何活化教師的教學，擴充學生的學習經驗，提升教學品質與學習成效，在現代化的教學中，教師必須不斷地加以嘗試改變，以嶄新的面貌呈現教學活動，學生的學習成效才能提升。

(土) 考試仍爲評鑑學習成就的唯一方式

「考試領導教學」的現象一向為傳統教育的弊病，考試制度下所衍生的問題叢生，需要學校教育體制大刀闊斧革新，方能改變傳統教育所帶來的負面作用。現今的學校教育體制中，考試仍為評鑑學習成果的唯一方式，雖然在評鑑內容與方式已有部分改變，然緩不濟急的教育改革，似乎無法因應新資訊時代的來臨。多元智慧的開展，提供教師在教學設計、教學實施、教學評量的另類思考與多元方案，從整體教育體制中作各種創新的改革才能因應教育的發展。

(圭) 教學輔助媒體仍無法突破瓶頸

教學輔助媒體的應用，對教學活動成效的提升具有正面的意義。不但

可以激發學生的學習動機和意願,同時可以提高教師的教學效果。傳統的教師教學,在教學輔助媒體的運用方面,或因學校設備的限制、或因教師專業能力的不足、或因場地的限制等因素,無法收到教學輔助的成果,此方面的不足需要從師資培育與教師再教育系統中,強化教師本身在教學媒體運用方面的知能。

二、為什麼需要創意教學

　　創意教學的實施有別於傳統教學,在教學理念與教學方法層面,創意教學提供學生在學習方面的多重選擇,以更具多元化、樂趣化、資訊化、統整化的方式,引導學生進行學習活動。創意教學的實施係基於下列需要性:

㈠ 來自於課程改革上的需要

　　課程改革的原因通常包括學校制度的改變、課程本身的惰性、社會變遷的需求、知識價值的重估、學習者的發展與理解、使用者的因素等。在課程本身的惰性方面,傳統教學法實施多年,已然成為學校教學中顛撲不破的真理,一套固定的教學模式沿用多年,顯然無法適應訊息多變的時代,更遑論迎合學習者在學習上的需要。創意教學的實施來自於課程改革本身的需要,在課程的統整、科目的整合、知識的衍生、課程的設計、方法的反思方面,需要以別於傳統教學的創意教學,作教學策略與方法的突破,以適應學習者身心特質的適性教學,提高學生在學習歷程中的學習意願,同時以教學方法論的方式,引導教師作教學專業上的改變。

㈡ 來自於教師專業成長上的需要

　　教師教學專業成長引導教師作教學行為的自我監控行動,以熟練的見解預測學習者可能的表現,在教學活動中展現最佳的教師知識。創意教學的實施可以驗證教師本身的專業能力,提供教師作課程設計的模擬機會。創意教學的實施,同時可以提升教師在教學專業方面的能力,從實作、模擬、評鑑、修正的過程中,培養教學自主性。

㈢ 來自於學習者本身的需要

　　學習者在學習歷程中,需要透過各種適性的策略或多元的學習管道,達到學習的目標。因此,了解學習者的身心特質、需求、動機、舊經驗、

起點行為等，提供學習者多重的機會，改變教學的方式與內涵，有助於學習目標的達成。創意教學的實施，教師應以學習者的學習歷程為主，作各種課程與教學內容的改變，擬定促進有效學習的策略，引導學生從學習中了解學習困難之處，改變各種學習習性。創意教學的實施，除了教師教學歷程的改變，同時引導學習者做學習方面的調整。

㈣ 來自於創新教學上的需要

創新教學強調由傳統的教學至教學革新、由個別教學至個別化教學、由集體教學至適性教學、由個別化教學至群性教學，此種教學發展的趨勢同時代表教學方法的轉移。創意教學的實施，正符合教學理論與策略的改變。在教學革新方面，提供教師在教學實施過程中，各種轉變的方案與技巧。

三、創意教學的意涵

創意教學的意義是指教師在實施教學過程中，依據創造和思考發展的學理和原則，在教學中採取各種方法或策略，作為啟發學生創造力、思考能力目標的一種歷程。創意教學法的採用不限定於某一種特定的教學方法，而是教師依據學科性質、學習者的需要等，融合各種創造思考原理原則，而設計的教學活動歷程。創意教學至少應包括二種層面的意義：第一，代表教師教學活動本身的改變，從課程與教學設計的觀點分析，創意教學是教師從教學活動中，作策略、方法、內容、方式的調整；第二，代表學生學習內容的改變，從學生學習策略、內容、方式調整教學活動。創意教學是教師反省傳統教學本身需要改變之處，以各種適合學生身心發展的策略，激發學生的學習興趣、學習動機、學習特質，達到預定的教學目標。

基於以上論述，創意教學具有下列特質：

㈠ 重視學生思考能力的培養

創意教學強調學生在面對問題時，教師應引導學生運用自己的思考和創造能力解決問題。因此，學生思考的啟迪和腦力的激盪，遂成為創意教學活動的重點。

㈡ 自由輕鬆的學習氣氛

創意教學和一般傳統教學法不同點在於教師應規劃適當的教學情境，讓學習者得以充分發揮自己的創造力。在學習情境方面營造自由輕鬆的氣氛，教學活動的進行要動靜合一，才能讓學生在無拘無束的情境之中，發揮創造力和思考能力。

㈢ 高層次認知能力的培養

創意教學在學習能力的培養方面，兼顧學習者分析、綜合、評鑑等高層次認知的培養。在教學歷程中，提供學習者在高層次認知能力培養方面的策略，引導學習者從事學習。

㈣ 強調個別差異

創意教學過程中，教師引導學生依據自身的特質、心理能力，從事各種創造和思考能力的學習，不同學習者之間人格特質、心理特質就有所不同，創意教學讓每位學習者充分發揮創造力。創意教學法重視學生在學習上的個別差異，讓每位學習者有自我實現的機會。

㈤ 自動自發的學習態度

創意教學本身不強調標準答案，提供學習者充分的發揮空間，因而在學習活動方面，不限定於某種窠臼之中，對學生自動自發學習精神的培養，有正面的幫助。

㈥ 激發學生的學習潛能

創意教學過程中，教師必須不斷地引導學生從事創造活動，因此對學生潛能的激發與創造力的啟發具有正面的意義。

四、如何運用創意教學

創意教學法的實施，有別於傳統教學法。因此，需要教師發揮教學專業能力，從課程與內容的改變至教學活動計畫的擬定，創意教學皆須教師花相當的時間和精力在課程改變上。創意教學法的運用，可以考慮以下列方式融入教師教學中，達到教學成效。

㈠ 融入式的創意教學

創意教學的實施，應以不改變課程與教學的內容架構為主，在知識與

原理原則的學習上，以各種具創意性的方式，提供學生啟發性的活動。在學科教學中，教師首應熟悉學科內容性質與學科內容知識，了解學生在學科學習上可能形成學習困難的原因，提供有效學習的策略與方法。

㈡ 統整性的創意教學

統整性的創意教學，強調不同學科與不同概念之間的相互統整，以完整但包羅萬象的活動，引導學生學習。如將語文科、數學科的相關概念作教學前的統整，據以設計教學活動，引導學生從大單元或以主題為主的學習，進行統整性的學習活動。因此，學生在知識方面的學習具有統整性的效果。統整性的創意教學是以學科相結合的方式，進行教學活動，其特色在打破學科的建制。

㈢ 輔助性的創意教學

輔助性的創意教學，其功能在於補救教學之用。教師在教學結束之後，透過教學評鑑了解自己的教學狀況，作為修正教學活動參考。在教學評鑑之後，依據實際的情形決定補救教學的需要性與內容，輔助性的創意教學即扮演前開功能。教師設計創意的教學活動，作為補救教學之用。

㈣ 形成性的創意教學

形成性的創意教學是教師在教學歷程中，依據實際上的需要，以具創意性的活動，引導學生了解課程內容，加深學生在學習上的印象，以提升教學效果。形成性創意教學的實施，本身具有診斷性作用，透過活動的實施，隨時了解教學活動的進行情形，提供教師隨時調整教學或採用另類方案（alternative）的參考。

第二節　創意教學的理論基礎

創意教學的內涵與實施，與一般傳統式教學不同，強調教學方式與學習內涵的改變，以創新的方式引導學生學習。創意教學的理論基礎，發展至教學的理論基礎，包括心理學、哲學、社會學、教育學的理論基礎。

一、心理學的理論基礎

心理學的發展重點在於人類「何以為知」及「如何得知」歷程的探

討。行為學派心理學在人類學習歷程中強調刺激與反應的連結，增強作用的運用，行為的強化和消弱、類化、辨別、自發恢復等概念在學習上的應用（張春興，1994）。以促進學習者的學習反應，提升學習效果。行為學派的學習論，強調個體外顯行為的制約性與可控制性，忽略個體的內在動機與潛能的發揮。

在學習方法方面，行為學派認為學習者的學習行為乃對於其以往及現在環境之反應，所有的行為皆學習而來，也可以學習加以消除、修正或改變（朱敬先，1997）。因此，在學習方法方面包括行為改變技術、鼓勵預期的行為、消除非預期的行為等策略。

創意教學的實施，在心理學的理論基礎方面，強調個體均有被激發、被增強與自我實現的需求。因此，教師在教學歷程中，應該提供學生各種自我實現的機會，以學生可以接受並且具有挑戰性的學習概念，引導學生進行學習活動。

二、哲學的理論基礎

教育的本質、教育的目的及有關學生、課程、教材、教法等各種問題，都與哲學理論發展有關。哲學的理論發展中與教學活動最密切的是「知識論」，知識論是一門研析知識的性質、範圍與確實性的學問。探究的問題包括人類的認知是如何建構的？我們所見所感的自然界是否客觀的存在？真理是絕對的正確或僅屬於相對的可信？要透過何種途徑去確認知識的真實性？等問題。哲學理論中的理性主義、經驗主義、結構主義、觀念分析學派、詮釋學，對教師教學活動的實施，均具有不同的論點與見解，然其一致性的目標均在於探討如何提升教師的教學效果，讓學習者對學習抱持高度的信心與興趣。創意教學的哲學理論基礎，強調教師在教學歷程中，無法預期學生的意識和反應會產生何種意見，或在何時何地何種情境中產生。因此，教師的教學應提供學生各種創意或多重的選擇機會，學生經驗到的知識可經由師生視野交融後所得的結果，共同建構出來。

三、社會學的理論基礎

社會學的研究發展引導社會學習論、社會批判理論、知識社會學、班級社會學的發展。社會學習論強調學習的產生乃是由學習者在社會情境

中，經由觀察他人行為表現方式，以及行為後果（得到獎勵或懲罰），間接學到的。社會批判理論從人類歷史與社會的時空背景及知識傳統與當代思潮的角度，提出教學與研究發展具啟示性的見解。其著名者如教育科學中的意識型態分析、教育學的方法論預設、意識型態批判與經驗分析、詮釋理解之整合等議題。知識社會學對教育的評論（如傳統課程），強調知識的客觀性，教學者應提供資訊讓學習者自行建構一套屬於自己的理論，再透過討論等活動，學習者彼此分享意義，以建構群體意識的歷程。班級社會學將班級視為一社會體系，是教師教學與學生學習的主要場所。影響師生關係的因素，包括教師的聲望地位、教師的角色觀念、學生的社經背景以及學生的次文化等。

　　社會學的理論發展，強調教師的教學應由師生共同建構出具有意義的社會情境，在社會情境中教師提供學習的典範，引導學生從社會示範中學習應有的知識體系。因此，教學歷程中的策略擬定，必須由教師與學生共同參與，以社會文化發展模式，提供學生各種學習的機會。

四、教育學的理論基礎

　　教育學對教學活動的詮釋，重點在於探討教學活動之基本立場，了解教師教學活動的生成。教學活動的重點在於透過師生的互動過程，使教育愛建立在理性與感性得到適當調整後之「愛人」基礎之上。透過各種理論的建立、辯證過程，強化對學生人格愛的積極影響，重視文化的傳承活動與創新過程，同時強化個人的社會化問題。創意教學的實施，重視創新及理性與感性的結合，引導學習者學習尊重他人的情懷。

第三節　創意教學的實踐

一、創意教學的原則

　　創意教學在應用方面，Feldhusen（1980）指出下列原則：

(一) 支持學生不同的反應與回答

　　教師在教學時，應該容許學生提出獨特的意見和想法，隨時鼓勵學生、支持學生，引導學生勇於將自己各種想法作充分的表達，形成熱烈的

討論氣氛。

㈡ 接納學生的錯誤及失敗

教師在教學時，要隨時接納學生的錯誤，作各種適當的引導，增加學生在學習方面的挫折感，讓學生從錯誤中獲得經驗及學習的機會。

㈢ 適應學生的個別差異

尊重學生的興趣和想法，避免要求一致的答案或標準，應讓學生能依據自己的潛能儘量發揮，依個別差異作彈性的要求。當學生表現或從事自己興趣的活動時，教師應尊重學生的選擇，鼓勵學生從事獨立學習。

㈣ 提供學生思考的時間

創造思考需要時間，教師在從事教學設計或提出問題時，應讓學生有充分的思考時間，以各種激發學習的策略，配合發問技巧，引導學生做充分時間的思考，讓學生發展自己的作品。

㈤ 相互尊重接納的氣氛

良好師生關係的建立是奠定教學成功的基礎，教師可以在教學歷程中，透過各種活動，促進教室中相互尊重與和諧的氣氛，避免各種價值判斷與批判，影響師生間的關係。

㈥ 察覺創造的多層面

創造力的表現不僅在認知能力、流暢力、變通力、獨創力、精進力的培養，也重視情意態度的培養（如好奇心、冒險、挑戰性、想像力的表現），在表達方面不僅止於紙筆方面，創作方面的表現，同樣可以呈現出創造力。

㈦ 鼓勵課外的學習活動

創意教學鼓勵學生嘗試各種新的體驗，對於有興趣的事物作進一步的探究。學習不僅限於課程內容本身，凡與課程相關聯的概念或學習活動，學生都應參與。

㈧ 傾聽與接納

教師在教學中隨時傾聽學生的想法，接納學生的反應，並與學生共同討論，在教學中建立良好的學習關係，有助於教學成效。

⑴ 強調學生的學習決定

讓學生在學習歷程中具有決定權，有機會發動一些教學活動，如今天做什麼遊戲、學什麼、做哪些實驗等。讓學生的決定權可以充分的發揮，儘量採用學生的意見，讓學生受到該有的尊重。

⑽ 鼓勵學生參與

創意教學以學生為主體，因此在教學活動中應鼓勵學生都參與，從班級及小組，分組比賽至個人的獨立學習，都應讓學生可以參處其中，具有參與感與責任感，才能發揮自身的獨特性。

二、創意教學的應用

教師創意教學在應用方面，可以從課程與教學的內涵與形式方面，作各種的改變，才能在教學中收到既定的效果。

㈠ 教師教學觀念的調整

創意教學的應用首要教師本身在觀念方面，作適當的調整。摒除傳統各種有礙創造思考教學的因素，以開放的心胸接納新穎的教學理念，嘗試各種創意的教學策略，激發學生在學習上的好奇心與興趣。

㈡ 課程與教學內容的改變

教師在教學歷程中，專業能力的開展來自於對課程與教學的熟悉，同時透過各種方式將形式課程轉化為學生可以理解的實質課程。因此，創意教學在課程與教學的內容方面，應以不改變原理原則與知識結構為主，採用多元的策略，提高學生的學習參與。

㈢ 教學方法的改變

創意教學的重點在於教師交相運用各種教學法，有效達到教學目標。因此，在教學法的運用方面，教師必須針對教學歷程中的各種需求，衡量課程與教學本身的特性，採用適當的教學。在教學方法方面，必須作各種調整，提高學習成效。

㈣ 教學科目的融合調整

創意教學強調學科與學科之間的相互調整與融合，如在語文教學中融入數學的概念，在自然科學中融入人文精神等。因此，教師在實施創意教

學時，必須以統整課程的理念，將各學科之間的知識結構、內容知識、原理原則，作有效的整合，以學科融合的方式，提供學生各種創意的學習。

㈤ 教學場所的改變

傳統的教學將學習侷限於固定的場所，教室成為學習唯一且重要的場所。創意教學在場所的規劃方面，強調學習無國界、學習不限場地、學習不限方式、學習不限途徑的理念。

第四節 創意教學的實施

一、創意教學的程序

創意教學的實施與概念思考教學中的創造思考教學法的運用具有相同的特質，教師必須在教學前先分析教材單元的性質與內容，決定採用的策略。因此，創意教學的實施常隨方法的採用而調整。如以腦力激盪法的應用，創意教學的實施至少應包括下列五個重要步驟（簡紅珠，1996）：

㈠ 選擇適當問題

教師在進行腦力激盪之前，應該針對學生的學習內容，擬定或選擇適當的問題，提供學生進行創造思考以尋求解決的答案。學習問題在擬定之後，教師應該事先讓學生了解，以便提早蒐集資料，並作各種學習上的準備。

㈡ 組成腦力激盪小組

教師將各類問題揭示之後，將學生依照學習性質分成學習小組，在人數方面，每小組人數至少五至六人，以十至十二人為理想。小組成員以男女混合為原則，以不同的性別提出各種想法。小組組成之後，由教師或學生互選一名較有經驗者擔任小組負責人。

㈢ 說明應遵守規則

在實施腦力激盪教學時，學習規則對學習成效的影響很大。因此，教師應該在學習前，向學生詳細說明應該遵守的規則：

1. 不批評他人的構想，使小組各成員勇於發表自己的見解。
2. 小組成員必須拋開各種足以影響創造力的障礙，讓個人的見解可

以自由的抒發，不要羞於表達與眾不同的構想。

3. 成員提出的構想越多越好，小組成員盡可能提出各種不同的想法，構想越多，得到好主意的可能性越高。

4. 尋求綜合與改進，提出構想之後，小組成員依據提出的構想，做進一步的發揮，以研擬出更好的解決方案。

㈣ 進行腦力激盪

腦力激盪活動進行時，主持人必須將所要解決的問題重新再敘述一遍，或是將問題寫在黑板上，讓小組成員能隨時注意問題，使學習不至於偏離主題。每個學習者在提出新構想時，主持人要將構想記錄下來，並適時地編號，將所有的構想統整起來，作為討論的參考。

㈤ 評估各類構想

腦力激盪時，學生提出各類新的構想，教師必須指導經由評估找出好的構想。評估的方式由全體成員進行評估，教師或主持人將整理歸類的新構想列一清單，讓每位成員了解，並選出最有價值的構想。主持人在評估活動結束時，依票選結果選出較佳構想供大家參考。

二、創意教學注意事項

創意教學的實施與一般教學的差異性相當大，因此教師在使用時必須了解注意事項，作正面的引導，才能發揮創意教學應有的成效。教師在採用創意教學，在學習指導和發問技巧方面，需要隨時注意下列要點（高廣孚，1989）：

㈠ 學習指導方面

1. 教師應多提一些開放性問題，避免單一答案或固定答案的問題。

2. 教師在處理學生問題或回答問題時，應該儘量接納學生不同的意見，減少作價值性的批判。

3. 教師對學生的錯誤經驗，應該避免指責，以免學生喪失自信心或因而退縮。

4. 教師在指導學生從事腦力激盪時，要注意運用集體思考型態，引發連鎖性反應，以引導出具有創造性的結論。

㈡ **發問技巧方面**

1. 多提或設計增進學生「比較」能力的問題或情境。
2. 多提或設計增進學生「分析」能力的問題或情境。
3. 多提或設計增進學生「想像」能力的問題或情境。
4. 多提或設計增進學生「綜合」能力的問題或情境。

　　除了上述注意事項之外，教師在採用創意教學時，應該事先將學生要學習的科目、課程內容、原理原則、學習素材，預先作整理，以問題形式呈現出來，研擬各種問題解決的教學情境，激發學生的熱烈動機，從面對問題、分析問題到解決問題中，完成學習的目標。其次，教師也應重視學生在學習上的個別差異，讓每位學生都有充分自我實現的機會，從同儕成員的互動中，不斷追求新知。

第五節　創意教學的例子

例子一：數學科創意教學
設計者：曹雯青老師

一、教學情境

　　九九乘法的練習，對學生而言是非常艱澀且無趣的練習，但是，若是缺乏練習，則久而久之就會感到生疏並且無法運用良好，因此，在這利用四色板的遊戲，讓學生能夠透過遊戲的進行，更熟練乘法的運算。

二、使用的器材

　　以四種不同顏色的蠟光紙製作長方形四色圖（亦可用水彩畫），大型一張貼於磁鐵黑板，供全班教學用；小型數張貼於小磁鐵板供各組使用。另外，教師與每一組學生各準備至少三十六個磁鐵，每位學生並自備空白紙張。

　　例如：

黃色	白色
紅色	綠色

三、應用

㈠ 教師排列磁鐵，學生計算答案

首先，教師分別在四色板的四個角落，設定該顏色所代表的數值，然後分別在四個顏色上放置若干磁鐵，磁鐵所在顏色內的數字，即該粒磁鐵代表的數值，然後讓學生計算整個四色板的總數值。

例如：

2　○○○○○○	4　○○
5　○○○	8　○○○○

計算方式：$2 \times 6 + 5 \times 3 + 4 \times 2 + 8 \times 4$
$\qquad = 12 + 15 + 8 + 32$
$\qquad = 67$

㈡ 教師規定總數值，學生自由排列磁鐵

首先，仍然由教師分別在四色板的四個角落，設定該顏色所代表的數值，然後規定一個總數值，讓學生個別或分組進行自由排列符合總數值的磁鐵。（可採比賽方式，看誰或哪一組能想出最多種的排列方法）

例如：在四色板上排出總數值為10（至多限用四粒磁鐵），四個顏色方別為1、2、4、8。則可能的排列方式有：

1.

1　○○	2
4	8　○

$1 \times 2 + 8 \times 1 = 10$

2.

1	2 ○
4	8 ○

$2 \times 1 + 8 \times 1 = 10$

3.

1	2 ○
4 ○○	8

$2 \times 1 + 4 \times 2 = 10$

4.

1 ○○	2
4 ○○	8

$1 \times 2 + 4 \times 2 = 10$

㈢ 教師定基數與標準數，學生分兩組移動磁鐵

所謂基數是已經排列好的四色板總數值，所謂標準數是所欲達成的四色板總數值，規定磁鐵只能移動，不能增減，且一次只能移動一粒，讓學生分兩組競賽，從基數起，先到達標準數者獲勝。

例如：基數定為150，標準數定為100，每次限移一粒（四個顏色分別為3、5、7、9）

3	○○	7	○○○○
5	○○○○○○	9	○○○○○○○○○

$3 \times 2 + 5 \times 7 + 7 \times 4 + 9 \times 9 = 150$

可能情形↓

3	○○○○○○○○○	7	○○○○
5	○○○○○○○○○	9	

$3 \times 9 + 5 \times 9 + 7 \times 4 + 9 \times 0 = 150$

參考資料：

張如柏（1988）。創造思考教學在數學科的應用與舉隅。資優教育季刊，第27期，44-47頁。

例子二：美勞科創意教學
設計者：葉怡君老師

一、教學單元

美勞科──火車貼畫。

二、教材分析

自編教材。

透過國語科和社會科已學習過的有關教材，鼓勵兒童設計與製作火車的貼畫。

三、使用器材

包括色紙、蠟筆、剪刀、漿糊、圖畫紙。

四、教學情境

1.藉欣賞開火車的錄音帶及玩開火車的遊戲，引導兒童對火車的各種有關想像，進而產生作火車貼畫的意願與構想。

2.火車貼畫的製作過程採取共同討論方式，但實際剪貼則鼓勵兒童個別設計與獨立創作。

五、實施步驟

1.播放錄音帶、圖片、投影片給兒童欣賞，以喚起乘坐火車的各種經驗。

2.老師和兒童一起玩「火車過山洞」的遊戲（唱火車快飛）。

3.鼓勵各小組上臺發表乘坐火車的經驗、趣事。

4.輔導兒童想像火車的形象、構造、旅客的表情，及車廂內的各種情況。

5.輔導兒童小組討論火車貼畫的方法、步驟，及所需的材料。

6.鼓勵大家依照各自構想，設計創造自己的作品。

六、創意點子

我認為在美勞課實際操作之前進行「火車過山洞」的遊戲有助於學生熱烈參與，提高學習興趣。而老師的直接加入更可提振情緒，刺激學生想像或喚起舊經驗。並且希望藉由這段引起動機的過程，啟發兒童無窮的創造力，並鼓勵大家多動腦筋想像。

七、應用

這是屬於比較貼近生活的美勞課，藉此教學活動提醒家長多帶孩子到戶外郊遊，以增廣見聞，開拓視野。不僅有助兒童身心發展，更使親子關係融洽，老師也可利用遊戲結合到體育科教學，指導學生進行各項遊戲時應注意之規則，並養成遵守規則的態度。

例子三：說話課創意教學
設計者：李姿映老師

一、教學設計理念

在我們生活中是充滿各種聲音的世界。包括：人聲、動物聲、紙聲、風吹聲等等。但對一年級的小朋友而言，他們可曾仔細的聽聽不同的聲音？本單元的主要設計理念是讓小朋友利用身邊隨手可得的東西，

造成不同的聲音，怎樣的方式可以創造出不同的聲音。並且傳達聲音是利用震動的方式所造成的。

二、教學情境的布置與使用器材

老師準備：鍋子、桶子、布、線、腳踏車鈴、小鈴鐺等等可放置於教室後方小鼓、水管、收音機一臺——上課時使用，學生準備：紙杯5個、線。

三、創意的點子

1. 為了引起小朋友的注意，在介紹此單元之前，先來一段老師事先錄好的錄音帶，劇名：「看誰在說話」，把各種的聲音串起來，是一齣具有聲音與特效劇情的音樂帶，但切忌直接告訴學生聲音是由誰發出的。

2. 「看誰在說話」遊戲版：

由同學們以為圈圈圈的方式坐成一個圓（或者依照實際的情形成不同的隊形），先由老師當鬼，把自己想好的一句話或者聲音傳給自己右手邊的同學，傳到最後一個同學，由那個同學告訴大家，他聽到了什麼？

3. 傳聲筒的製作：

由老師告知製作方式，讓同學學習製作，玩「打電話的遊戲」。

四、實施步驟

1. 老師引起動機：「看誰在說話」音樂帶。

2. 有問必答：問同學在上面的音樂帶中，聽到哪些聲音？

3. 身歷其境：利用身邊的東西可以發出什麼聲音？

4. 學生說：

觀察身邊東西，如：紙可以發出哪些聲音？

5. 老師說：

敲打鼓皮，觀察時其發聲器會震動嗎？說明聲音是經由震動的方式傳播的。

6. 「看誰在說話」遊戲版。

7. 傳聲筒的製作：

(1) 由老師先說明聲音傳播方式：

讓學生敲打桌子，同學在另一邊的桌子是否可以聽到？

(2) 水管傳話：

在水管的另一端，可否聽到同學的聲音？

(3) 小話筒的製作：

利用兩個紙杯與線，利用線穿過洞孔，再綁上牙籤固定。

8.魔音傳腦：透過小話筒的傳話，且試一試怎麼做，聽得最清楚。

9.玩一玩拍手的遊戲：「愛的鼓勵」教授。

五、應用

1.與各科進行教學。如音樂課──愛的鼓勵。

2.各科上課時，打鈴聲是什麼？

3.上課時，老師敲黑板的聲音是代表要注意聽。

例子四：美勞創意教學
設計者：劉玲伶老師

【奇妙的豆豆】

一、教學重點

由於低年級兒童的心智發展處於「具體操作」時期，也剛學習如何利用身體的五官來觀察外在事物。所以準備紅豆、綠豆、黃豆等數種豆類，讓小朋友依其外觀來作分類；並觀察各種豆類植物的生長情形，用文字或圖畫記錄下來，進而培養細心觀察的習慣和愛護植物的情操。

二、教學情境

教室裡布置師生共同蒐集的豆子照片、圖片等，和利用美勞課創造的「豆豆拼圖」。另外，準備各種豆類製品（食物），及其製作過程的相關圖片與書籍。

三、創意的點子

1.美勞課時，準備膠水、圖畫紙等用品，讓兒童利用豆子，發揮他們的想像力，創造出既好看又富奇趣的「豆豆拼圖」。

2.讓小朋友們擔任「小小採訪記者」，訪問爸爸、媽媽或家裡的長輩，關於豆類的用途、豆類製品（食物）的名稱、製作過程或其象徵意涵等。

3.利用準備的各種豆類製品（食物），於課後舉辦「豆豆大餐」品嚐會，師生共享學習樂趣。

四、實施步驟

　　1.於美勞課創作「豆豆拼圖」。

　　2.觀察各種豆類的顏色、形狀、大小等。

　　3.利用豆類間相同或不同的特徵，將豆類分成兩堆。

　　4.觀察豆子泡水前後的改變。

　　5.學習布置豆子發芽的適當環境。

　　6.請小朋友發表採訪結果。

　　7.舉辦「豆豆大餐」品嚐會。

五、使用的器材

　　膠水、圖畫紙、各種豆子、泡豆子的容器、塑膠培養皿、棉花、豆子圖片、投影機。

例子五：自然與生活科技創意教學

設計者：陳冠亨老師

一、活動主題

　　生態環境失去平衡。

二、創意的點子

　　想經由社會、自然、音樂、美勞、體育提供孩子們學習內容，以統合學習一個概念，並同時習得多項技能。

三、教學情境

　　1.於教室後面的公布欄張貼大魚、小魚、蝦蟹的食物鏈圖。

　　2.該教學週每天中午的營養午餐時間放「大魚不來，小魚來」的兒歌給學生聽。

四、使用器材

　　1.「大魚不來，小魚來」的兒歌錄音帶。

　　2.放音機。

　　3.大魚、小魚、蝦蟹的食物鏈圖。

　　4.大魚、小魚、蝦蟹個別圖片。

　　5.大魚、小魚、蝦蟹的食物鏈電腦動畫圖。

　　6.電腦。

五、實施步驟

1.老師請會唱「大魚不來，小魚來」兒歌的學生唱給全班聽（此是根據學童每天聽此首歌曲的經驗而來，算是應用潛意識學習的一種方式）。

2.再請其他學生說白一次「大魚不來，小魚來；小魚不來，蝦蟹來。蝦蟹來了，小魚來；小魚來了，大魚來。」

3.將學生分成大魚、小魚、蝦蟹三組，以接唱的方式練習，在老師指著大魚圖片時，大魚組唱，在老師指著小魚圖片時，小魚組唱，並分別創作動作來配合唱歌。

4.建立食物鏈的概念：詢問全班學生為什麼大魚不來，小魚來；小魚不來，蝦蟹來。蝦蟹來了，小魚來；小魚來了，大魚來。

5.讓學生同時進入事先已設計好的大魚、小魚、蝦蟹的食物鏈電腦動畫圖，讓學生更穩固地建立起大魚吃小魚，小魚吃蝦蟹的食物鏈概念。

6.建立生態平衡的概念：問學生若小魚全部都消失了，什麼動物會餓死。

7.讓學生在老師的個人網頁發表對本次主題的意見，以備老師了解學生的學習情況與能力。

8.請學生畫出他理想中的海洋世界（可用傳統的蠟筆、水彩，以及電腦繪圖為媒材）。

例子六：注音符號創意教學
設計者：陳韻如老師

還記得半年前學國音時，才驚覺自己連ㄅㄆㄇ的順序都背不完整，想來還真有些兒荒謬，從小一使用至今，注音符號理應已是種常用的工具，十多年後，卻對它生疏如是，其原因何在呢？追溯源流，我回想當年學習的過程，似乎不是個有趣的經驗，只記得老師不斷的考試，硬是讓同學們將之硬塞入腦袋瓜裡。此般的學習法，對於剛入小學的兒童，自是種折磨，為什麼這個奇怪的符號就是「ㄅ」，而那個扭曲的形狀就是「ㄆ」？身為一個老師，除了依照制式的教材教學外，還有什麼方法可以幫助兒童更容易來認識這些抽象的符號呢？或許可以利用以下

的幾種方式，來進行快樂的學習。

一、圖示法

　　將注音符號用圖像表示出來，使兒童能藉由具體的圖形，而和抽象的形符連結。

　　ㄅ　好像一個人彎著身體抱著東西的樣子。

　　ㄆ　像人的手拿著一根鞭子輕輕的敲打東西。

　　ㄇ　像用布覆蓋東西周圍下垂的樣子。

　　ㄈ　像放東西的方形容器，如箱子、櫃子等。

　　ㄉ　像刀子的形狀。

　　ㄊ　像媽媽生產時，小孩子的頭先突出來的樣子。

　　ㄋ　像人在說話的時候，嘴裡呼出的氣不順暢。

　　ㄌ　像人在用力的時候，手臂上筋脈鼓出的樣子。

　　ㄍ　像田間小水溝裡水流動的樣子。

　　ㄎ　模擬咳嗽的聲音。

　　ㄏ　像山崖上頭有突出的岩石。

　　ㄐ　像兩條互相纏繞的藤蔓。

　　ㄑ　像田間的小水溝。

　　ㄒ　界限的意思。

　　ㄓ　像人腳印朝外的形狀。

　　ㄔ　像人左邊大腿、小腿及腳相連的形狀。

　　ㄕ　像一個人橫躺的樣子。

　　ㄖ　像太陽的樣子。

　　ㄗ　像半邊竹片的樣子。

　　ㄘ　把物品從中間切斷的意思。

　　ㄙ　是自己為自己打算的意思。

　　ㄚ　像樹枝分岔的樣子。

　　ㄛ　呼氣順暢。

　　ㄜ　口型較扁的ㄛ音。

　　ㄝ　像古時候用來盛水洗手的容器。

　　ㄧ　古人用來計數的符號。

　　ㄨ　像遠古時代數字五的結繩形狀。

　　ㄩ　像盛飯的器皿。

ㄞ　像豬的樣子。

ㄟ　像水面上水波橫流的狀態。

ㄠ　像胎兒還沒成形的樣子。

ㄡ　像右手五指張開的樣子。

ㄢ　像花朵含苞待放的樣子。

ㄣ　是有所隱藏的意思。

ㄤ　像一個人彎曲著一條腿的樣子。

ㄥ　像手肘到手腕間的胳臂。

ㄦ　像人腿部彎曲的樣子。

二、聯想畫

在美勞課時，讓兒童以注音符號為骨架，發揮想像力，在其上繪成任意造型。

三、人體注音符號

可在體育課或活動課時，讓兒童分組進行對抗賽，每組可派出一至三名成員，以肢體表演出任一個注音符號，由別組進行猜謎搶答，答對之組可得一分，若無人答出則該組獲得一分。但若全體同學皆認為表演的不像，由老師進行裁判，判定確為不像即倒扣一分。為了確定所有兒童皆熟悉活動後，可授權出題組指定同學回答，同組其他同學不可打暗號，若答對則可得兩分。待日後學過拼音後，此活動可再提升難度，進行人體拼音遊戲：由一組獨力構成一個拼音供他組搶答；亦可由一組拼出聲符，指定另一組依聲符拼出介音或韻符，所組成的拼音須為合理之拼法。

第十四章

教學資源的應用

　　教學資源（teaching resources）一般有廣義與狹義之分。廣義的教學資源通常指的是與教學有關的社會資源、教學用品與教學所使用的器具；狹義的教學資源指的是教學用品與教學所使用的器具（高廣孚，1989）。隨著時代的躍進，教學活動不斷要求更新與創新，教師的教學活動不再像傳統的教學，教師只要一張嘴、一支粉筆、一個黑板，就可以滿足所有的教學活動。教師的教學除了必須揉合專業與專門知識之外，還需要運用各種教學資源，才能達到教學目標。教學資源的運用不僅可以引起學習者對教師教學內容的學習興趣與動機，經由各種媒體之呈現，讓教師說明教材內容及示範、操作等技能，同時促使學習者養成正確的觀念、態度與批判能力，使學習者獲得具體明確而有意義的學習經驗，並提供行為表現及自我評估的機會與能力（李春芳，1999）。有鑑於此，本章的重點在於介紹教學資源的應用，透過教學資源的內容、教學資源的選擇、教學資源的使用原則、教學資源的類別、教學資源的運用、教具的選擇與蒐集、教具設計與應用等，引導教師正確運用教學資源於教學活動中，活化教師教學活動，並且提升教學效能與學習效能。

第一節　教學資源的內容

　　教學資源通常指的是「對於教師的教導與學生的學習有幫助的各種個人、團體與組織、事件、資訊與技術、時間、場所、物品或金錢等」（汪屢維，2001）。因此，教學資源的內容是相當廣的，舉凡對教師的教學活動進行與學生學習活動進行，有任何幫助或有輔助作用的，通常都是教學資源的內容。教師在教學前、教學中、教學後階段，必須將各種有助於教學活動進行的資源列一詳細清單，做好事先的規劃，使教學活動的進行更順利。其次，教師在平日教學生涯中，應該養成蒐集資料與建立個人教學檔案的習慣，對於教學活動進行有助益的資訊，作專業上的整理，使其成為教學實施的知識庫或檔案庫，可以隨時提取運用。教學資源的內容，一般包括人、事、時、地、物等要素，詳述如後（汪屢維，2001；林進材，2001；李春芳，1999；單文經，1999）：

一、人的資源

　　教學中，人的資源包括教學活動中所涉及人的因素，例如：教師、學生、學習情境中的「其他個人」如教師同儕、師長、學習同儕、家長、社區人士、家長、資源人物等。教學上人的資源除了上述範圍之外，包括與人有關的各種行動，例如：溝通的行動、分享的行動、反省的行動、批判的行動、創作的行動、表現的行動、服務的行動等，與教學活動有關的行動都應納入人的資源概念中。教師在教學資源的運用上，必須採取協同或合作的態度，使教學活動的進行更專業，更能在資源的運用上得心應手。除此之外，教師在教學活動進行時，如採取協同教學、交換教學等，皆為「人資源」方面的應用。

二、事的資源

　　事的資源通常包括學習者各種親身經歷的「直接經驗」、「間接經驗」，並且可以讓教師運用在教學歷程中的資源。這些事的資源可能是取材自日常生活中的經驗，或是取自歷史事件等。因此，事的資源可能是例行的，可能是偶發的，可能是共同經歷的，也可能是自然發生的，可能是有意的安排，也可能是無意中發生的，可能是過去式的，也可能是未來式的。只要事件本身對教師教學活動的進行，具有啟示性或是引導性的，教師都可以將事的資源納入教學活動中。例如：在社會不景氣的當時，媒體經常報導失業父母帶著子女自殺的事件。教師可以在實施生命教育時，將前開社會事件作適當的安排成為教學活動的一部分，引導學生了解父母無權決定子女生死的概念，讓學習者學習正確的生命態度。

三、時的資源

　　時間因素對教學活動而言，是相當重要的一環。教學者應該了解多少時間作多少事的原則，掌握時間的要素才能使教學活動達到預定的目標。教學活動都辦事在「實質時間」（real time）之內完成的。因此，教學時間的多寡與運用品質，是思考教學資源可用程度時不可忽視的一環。教學者在運用教學資源時，必須將時間因素列入考慮，唯有掌握時間的要素，才能在運用教學資源遊刃有餘。

四、地的資源

地的資源通常指的是教學場所而言，包括教學活動可以實施的空間。傳統的教學僅限制教室或是專科教室，無法將教學場所延伸至戶外。因此，學習者僅受限於空間的因素而無法擴及戶外無限的資源。地的教學資源如班級教室、學習角落、學習步道、專科教室、校園各區、社區公園、學生家庭；遠則如各風景名勝、古蹟藝廊、圖書館、博物館、遊樂場、各藝文中心、展演場所等等。教學者在教學前，應該隨時掌握各種地的教學資源，了解各場所本身的特性、對教學活動的助益有哪些、如何運用在教學活動中等。如此，才能在教學中有效運用各場所，提升教學效能。

五、物的資源

物的資源通常指的是各種天然的或製作的物品在內，如自然界的花草樹木、蟲魚鳥獸、山川土石，或是各種藝文創作、科技製品、圖書文物、生活商品，以及各種專為教學單元所設計的教科書、教學指引、教師手冊、教學媒體、習作手冊等。教師在教學活動實施時，應該了解學校本身在本單元中有哪些現成的教具可以運用，將可運用的教具目錄製作成冊，或是以電腦存檔方式建檔，以供隨時查詢之用。唯有將教學輔助用品作適當的整理，才能在教學設計階段有效地運用各種資源，促進教學成果。

六、團體與組織的資源

團體與組織資源在教學上的運用，通常包括班級內外、學校內外、社區內外的資源，例如：班級內的各種教學分組、學校的社團活動、社團生活營、家長委員會、愛心媽媽（爸爸）、家長義工團、社區讀書會、各種社區聯誼會、民間團體、政府機構、公司行號、宗教團體等，能與教學結合的各種正式與非正式的組合。

七、資訊與科技

資訊與科技的教學資源通常包括各種電化產品（如電腦、投影機、單槍投影機、實物投影機等）以及各種資訊設備（如學校視聽教室各種硬體、軟體設備）等。資訊與科技資源在教學上的應用，有助於教師整合各種教學資源，激發學生學習上的動機與需要，讓學生在學習歷程中加深學

習記憶與印象。教師在教學規劃階段，應該了解學校各種重要的資訊與科技設備，例如：視聽教室裡的各種硬體與軟體設備，使用規則與借用時間等等。

教學資源運用於教學活動中，對教學具有下列重要的意義：

一、豐富教學內容

教師在教學活動實施過程中，除了運用各種教學指引、教師手冊以及各種現成的教具之外，運用教學資源有助於使教與學的內容更加豐富而充實。有效運用各種教學資源，可以摒除「教師視教科書為聖經」，或「過於倚賴教科書」的批評。並且可以讓單調的教學活動更多采多姿，強化學生的學習動機。

二、使教學活動生動多元

教學活動的進行必須教師運用各種專業能力，配合教學資源的輔助，才能使教學活動更生動多元。傳統的教學活動，教師居於主導地位，屬於單向的灌輸。教學資源的運用具有輔助教學並提高教學效果的作用，教師適時地運用各種教學資源，可以使教學活動生動多元。

三、使教學活動樂趣化

樂趣化是教學實施重要的一環，唯有提高學習上的樂趣才能促進學習效果。教師在教學實施中，有效地運用各種教學資源，不但可以激發學習者的學習興趣，同時可以提高教學的樂趣。對於學習者注意力的集中，或是學習者內在趨力的激發，都具有正面的效果。

四、提升教學的層次

傳統的教學活動往往強調較低層次的學習，對於高層次學習的提升向來是教師比較感到棘手的問題。開放式的教學活動強調教學者必須透過各種教學的策略，提升學習者的學習層次，尤其是高層次情感方面的提升，最為教學研究者與實務工作者重視。教師在教學實施中，如果可以有效運用各種教學資源，不但可以提升教學效果，同時可以提升教學的層次。

五、增進教學的深度與廣度

　　教師教學如果僅停留在「照本宣科」層次，對教學成效的提升是有限的。一般的教學比較被批評的是教學深度與廣度不足。因此，學習者學習的成效有限，無法提升學習的層次。教學者的重點如僅限於教科書或參考資料，無法將生活中的事件，融入教學活動中，則教學活動與實際生活無法作緊密的結合，導致學習和生活無法真正落實。教師有效運用各種教學資源於教學中，不但可以提升教學的深度，同時可以促進教學的廣度，讓學習者所學的知識可以運用到日常生活裡。

六、使教學經驗有效地統整

　　教學活動與學習經驗的統整對教師的教學而言，是相當重要的一環。教師在教學實施中，對所教導的知識、經驗、原理原則必須作有效的統整，才能引導學習者將學習經驗統整，學習才能更為完整。教師教學資源的運用除了有助於教師提高學習興趣，同時可以透過資源的運用使教與學的經驗有效地統整。

七、增進教學效能

　　教學效能的議題，向來是研究教學者與教學實務工作者最為重視的一環。如何使教學活動更有效能，是教學效能研究的重要焦點。教學資源的運用，可以引導教師進行有效的教學，反省教學活動進行可能產生的各種問題，透過資源的運用可以增進教師教學效能，同時提高學習者的學習效果。

八、強化教學效果

　　教學資源的運用有助於教師在教學活動進行時，增進學習者的學習動機，透過資源的輔助與運用，可同時提高學習成效，促進教學目標的達成，當然對於教學效果的提升有正面的幫助。

　　教學資源的運用可以增進教師的教學效果，使教師進行有效的教學活動，學習者可以成為「主動學習者」，進行自主性的、自律性的學習。透過教學資源的運用與多元化，可以使教師不再倚賴教科書，將教科書視

為教學的唯一聖經，固守傳統教師─學生單向的教學傳遞，轉而為雙向回饋的互動。教師成為教學的引導者，學生成為學習者、主動者，教師可以將各種教學策略與理念融入教學活動中，學習者可以掌握自己的學習進度與學習活動，不需要像傳統的教學型態，學生不需跟隨教師的教學步調亦步亦趨，可以主動規劃並決定自己的學習活動。教學活動的進行可以更多元，學習活動可以更活潑。教師可以將教學上的重擔平均分配給學生，學生可以為自己的學習負責任。

第二節　教學資源的選擇

教學資源的運用有助於教學活動的實施，對教學成效的提升具有正面的作用。教師在教學進行中，如果可以正確運用各種教學資源，不但可以提高學習者的學習興趣與學習動機，更有助於教學效果的提升。有鑑於此，教學資源的選擇就顯得相當重要，教師在選擇教學資源時，必須依據教學與學習上的實際需要，進行資源方面的統整與運用，方能使教學資源的運用符合教學特性。選擇教學資源的原則與考量的因素，詳述臚列如後。

一、選擇教學資源的原則

教學資源的選擇依據教師在實際教學中的需要，而作各種不同的選擇，通常選擇教學資源的標準會依據下列要點而定：

㈠ 依據教學目標而選擇

教學目標使教師對教學內容與程序有更清楚的了解，引導教師從事教學活動，是教師選擇教學活動及組織教學資源的依據，可用來研擬評鑑學生的方法與標準。教師在教學資源的選擇與應用時，必須考慮教學目標的特性，並依據教學目標而選擇教學資源。唯有透過教學目標的特性與內涵選擇教學資源，並且將教學資源有效地融入教學中，對教學目標的達成才有正面的意義，教師同時可以依據教學目標，選擇使用哪一類型的教學資源，並熟悉教學資源的運用。

㈡ 依據學科性質而選擇

教學資源的類型相當廣泛，在運用上具有不同的性質。教師在選擇教學資源時，應該先了解班級學習者的特性、程度以及依據不同學科性質作適當的選擇與統整。班級學習者的特性與學習者的學習風格有關，教師在了解學習者的程度之後，可以作為選擇教學資源的參考，並依據學科性質的不同而決定教學資源的類型。例如：語文領域的學習在教學資源的選擇上，必須考慮語文學習上的需要，並配合學科性質剪裁相關的文件或資訊，作為教學配合之用；自然與生活科技領域的學習，必須考慮該學科的特性。如實驗的精神、求真求實的態度、現實生活的結合等問題。

㈢ 依據學習者的特質而選擇

教學資源的運用在於增進學習者的學習成效，因此在選擇教學資源時，必須考慮學習者的特質與需求，才能使教學資源的運用達到最高成效。教師在選擇教學資源時，必須先深入了解學習者在學習上的各種反應，例如：成熟度、舊經驗、起點行為、對學習的反應、學習困難之處等，才能在眾多的教學資源中，最適當的選擇，使教學資源的運用配合學習者的需要。

㈣ 依據實用性而選擇

教學資源的運用除了考慮正確性之外，同時也應顧及實用性的問題。教師在教學前階段，面對龐雜的教學資源如何作適當的選擇，往往考驗著教師的教學專業。依據本章第一節對教學資源內容的陳述，可發現教學資源的內涵及類型相當廣泛，教師在選擇教學資源時，必須考慮資源本身的正確性、合適性如何，並考慮教學資源的實用性問題。選擇一個不適用的教學資源並運用於教學中，對教學活動的進行不但沒有正面的效果，反而影響教學目標的達成。

㈤ 依據資源特性而選擇

教學資源本身在運用上都會有某種程度的限制，教師在選擇時，必須了解資源本身的功用及限制，才能使教學資源的運用達到正面的效果。例如：教師在運用教學媒體於教學中，必須了解教學媒體均有使用上的限制，一件媒體無法完成符合教學上的特性與需求，必須教師依據教學需求、科目特性，作適當的修改、剪裁、增刪、組合，才能符合教學上的需

要。因此，在選擇教學資源時，必須事先了解資源的本身特性，進而依據教學上的需要作適當的調整。

㈥ 依據資源內容而選擇

教師在運用教學資源之前，必須先將所有的資源作整理分類工作，了解資源的內容和特性。教師在運用之前，要先看資源內容，所選擇的資源才能配合教學重點與目標。例如：數學領域的教學必須教師針對教學單元與教學目標，進而選擇教學資源作為輔助教學之用。在三角形面積的計算單元中，三角形面積的概念源自於四邊形面積的計算，因此教師必須針對四邊形面積計算可能使用的教學資源作一整理，配合三角形面積計算可使用的教學資源，才能使教學活動的進行順暢並達成教學目標。

㈦ 以周邊可運用的資源爲優先

教學資源的運用對教師教學活動的進行有正面的幫助，教師必須有效地運用教學資源於教學中，才能提升教學品質，促進學習效果。然而，在教學資源運用方面，教師必須以周遭可運用的資源為優先原則，將可運用於教學中的資源作整理，摒除昂貴設備與媒體的迷失，只要能達到教學效果的設備、軟體等都應該列入優先考慮。

㈧ 依據學習者的成熟度而選擇

教學資源的選擇應該以學習者身心成熟度為準，以學習者身心特質作為選擇的參考。唯有配合學習者身心發展狀況而選用教學資源，才能發揮教學資源的用途，將教學資源的功用落實於教學活動實施中。教師在運用教學資源於教學中，應該秉持為教學而使用資源，並非為資源而使用資源的心態。

二、選擇教學資源考量的因素

教學資源的選擇通常會由教師依據個人的喜好或受限於各種現實條件而作不同的決定。教師在選擇教學資源時常誤以為貴重的媒體或資源就是好的資源，忽略選擇適當資源的重要。選擇教學資源並運用於教學中所考量的因素，包括下列要點（陳淑英，1992；胡佩瑛，1999；Perry & Rumble, 1987；Kemp & Smellie, 1989）：

㈠ 教學要件

教學資源的選擇在教學要件方面通常會涉及教學目標、教學情境、教材內容、學習者特性等。在教學目標方面，首先，必須考慮教學活動要達成怎樣教學目標，所選擇的資源是否與教學目標領域的知識、情意、技能有密切的關係，在教學歷程中教學資源扮演怎樣的角色？其次，在教學情境方面教師對於使用資源的教學情境必須要相當熟悉，並且能掌握相關的教學情境，例如：教學活動是屬於大班教學、小組教學或是自學輔導等形式的教學情境，再決定使用教學資源的類型；在教材內容特性方面，教師必須考慮教材內容是屬於靜態的或是動態的，所要教學的概念或原理原則是屬於哪一個領域的，是知識？情意？或技能？再進而決定使用哪些教學資源以符合經濟的要求；最後，教學資源的選擇必須配合學習者的特性，教師必須了解所選擇的教學資源是否能適合學習者的需求、學習經驗以及使用資源的習慣。

㈡ 媒體的特性

媒體的類型因本身屬性不同而有不同的功能，也可能因而產生不同的學習效果。依據相關的研究指出，不同特性的媒體配合教學活動，會產生不同的效果。並沒有一種教學媒體可以應用於各種不同的教學情境中，如果教師所選擇的教學媒體提供學習者的刺激與活動的種類不足的話，則必須思考如何結合各種不同的媒體以達到教學目標。在媒體的特性方面，通常包括影像、大小因素、顏色、動作、語言、聲畫關係、順序安排等：在影像方面，主要是指以照片或是圖表方式呈現；在大小因素方面，包括放映性或非放映性；顏色方面，包括黑白或彩色形式；動作方面指的是靜態或是動態方式；在語言方面，包括印刷文字或口語表達；聲畫關係指的是無聲畫面或有聲畫面；在順利安排方面，必須考慮以固定順序或由學習者自行選擇的方式呈現。

㈢ 外在條件

教師在選擇教學資源時，除了考慮教學要件與媒體特性之外，舉凡與教學活動有關的外在條件，也應列入考慮的重點。與教學資源或媒體有關的外在條件，例如：修課人數、學校硬體與軟體的設備、維修成本（例如：實物投影機的燈泡動輒上千元）、製作品質、運用及操作技術、媒體普及程度、傳播成本多寡、教師可運用的時間有多少等。

　　教學資源的選擇與應用攸關教學活動實施的成敗，優質的教學資源對教學活動具有相輔相成的功用，對教學目標的達成有正面的效果。教學資源使用不當，不僅形成教師教學準備上的負擔，容易讓教師事倍功半、曠日廢時，對教學的實施不但沒有幫助，反而容易形成教師教學上的挫折感。因此，謹慎地使用教學資源並選擇教學資源，決定教師教學的成敗。

第三節　教學資源的使用

　　教師在教學的每個階段中，從教學前的計畫階段，到教學中的互動階段，再到教學結束之後的檢討改進階段，都需要運用各種不同的教學資源。通常教學資源的運用不僅於教學活動實施中，同時也應考慮教學的前置作業階段。如此，教學資源的運用才能發揮真正的效果。

一、教學資源的使用階段

　　教師從教學前置作業階段、教學計畫階段、教學互動階段到教學評鑑階段，均需依據教學目標或教學內容，篩選各種教學資源並計畫教學資源的使用時機。一般而言，依據教學活動實施的四個階段考慮教學資源的運用，教學者通常會考慮下列要素：

㈠前置作業階段

　　在前置作業階段中，教師尚未真正進入教學計畫階段，通常在教學資源的考慮與蒐集會採比較廣泛的方式，只要對教學有輔助作用的教學資源，教師都會列入考慮，部分教師會在教學多年累積相當的教學經驗之後，為自己教學生涯所需，建立教師教學歷程檔案，作為未來教學的參酌。教學歷程檔案通常包括各種與教學有關的表格（如教學計畫表、教案、教學方法等）、教學活動設計、可供參考的教學媒體、教學資源等。此外，教師會進一步了解學校現有的設備哪些是可以提供教學中使用的，例如：教具室所陳列與本單元有關的資料，學校視聽教室的各種電化儀器（如投影機、實物投影機、單槍投影機等），哪些是可以用來輔助教學活動的？學校現有的教具有哪些是可以使用的？哪些是需要再添購的？坊間有哪些單位可以提供本單元教學之用？有哪些廠商可以提供相關的教具或教材等。

㈡ 教學計畫階段

　　教學計畫階段即一般所指的寫教案階段。教師在計畫教學時，會參考各種與教學有關的書籍、文件，例如：教科書、教學指引或教師手冊，了解本單元內容以及重要的提示。透過前開文件或書籍的引導，教師會蒐集各種與教學有關的資料充實本身對教學單元的了解，並且因應未來的教學所需，整理各種圖表、教具、教材等。除此之外，教師還會透過教學同儕團體或是學者專家等釐清未來教學可能產生的各種疑點，更進而解決可能遭遇的問題。

㈢ 教學互動階段

　　在教學互動階段中，教師會將各種事先準備好的教學資源，配合教學活動的進行，以提高學習者的動機與興趣。教師會運用各種教學媒體，邀請與本單元教學有關的人士或帶領學生至社區機構參觀，或帶學生到許多不同的場所或場合去體驗與教學單元有關者，藉此使教學活動的內容更加充實，教學方法與策略更多元，學習活動的內容更生動更活潑，使教學與學習的效果更精進。當然，教師在教學互動階段所運用的教學資源也可能因教學現場各種因素的衍生，而作各種必要的修正或調整。在運用教學資源時，如果教學資源對教學活動的進行，產生負面的作用，教師必須隨時進行調整。

㈣ 教學評鑑階段

　　教師在教學結束之後，必須依據學習者在學習方面的變化情形，學習者的表現及回饋訊息，檢討教學活動實施的成效；進而形成新的教學計畫。在此階段中，教師除了針對教學活動進行檢討之外，也應針對所使用的教學資源成效進行各種評估，了解教學資源本身在教學活動中所產生的功用與成效，進而作為蒐集採用教學資源的參考。

　　教學資源的使用有時間性的考量也有形式上的考量，如果教學資源的使用是短時間的，則教師不必花太多時間於教學資源的整理上；如果教學資源的使用是長時間的，教師必須多花心思在教學資源的整理上。如果教師需要運用校外的教學資源，例如：政府機構或民間團體，則在一學年尹始就必須作整體的規劃，才能收到預期的效果。

二、教學資源的使用原則

　　一般論及教學資源在教學活動中的運用，皆可以依三個階段加以說明，即教學前、教學中、教學後。

(一) 教學前階段的使用原則

　　教學資源在教學前階段的使用原則，依據Heinich、Molenda和Russel（1993）的觀點，可以分成四個主要的步驟：第一為試用：教學資源在運用於教學中前，必須有一段試用時期，讓教師了解教學資源如何運用？運用的過程，教學資源本身有哪些優缺點？在教學中的運用情形如何？如果教學資源是屬於教學媒體的話，教師必須事先作測試工作，例如：電源的接頭有沒有問題？內容是否正確？哪些重點如何融入教學活動中？對於教學計畫是否適用？媒體的畫面是否清楚？聲音如何？學習者是否可以了解媒體的內容或所要表達的概念？等等，都需要教師做事前的準備工作；第二為預演：教師在教學媒體試用之後，接下來就是依據教學單元從頭到尾預演一次以估計實際的使用時間，在預演階段可以採用模擬的方式進行教學，或請同事給予適當的回饋或藉錄音機和錄影機的協助，以提供改進的線索；第三為學習環境的布置：教學資源的使用必須教師事先將教學環境作適當的布置，首先在場地布置方面，必須考慮光線、光源、電源等問題是否可資運用教學資源或教學媒體；第四為引起學習者的注意：教學資源的使用是否能引起學習者的注意，攸關學習效能是否能提升問題，教師在使用教學媒體前必須作充分的準備，在講課前能引導學生將注意力集中在教學資源與媒體之上。

(二) 教學中階段的使用原則

　　教師在教學互動階段必須將各種教學資源與教學媒體融入教學活動中，此時最重要的是設法引起學生的注意力，使教學資源或媒體發揮輔助教學的作用。此時教師可以考慮由學習者操作媒體以強化對教學的印象，讓學習者親自參與一些激發與增強反應的活動，可以將教學資源與媒體作適度的整合，以提高學習效果。

(三) 教學後階段的使用原則

　　教學結束階段教師要了解的是教學資源或教學媒體是否達到教學目標，教學媒體的運用是否達到教學輔助的功能。教師可以透過各類型的評

量了解教學資源在教學中價值性與適用性，並據此作為修正教學資源的參考。

　　教師在運用教學資源時，必須依據教學活動的實施隨時調整資源，作各種增刪以符合教學上的需要。如果教學資源的運用對教學活動無法產生正面的效果，則教師必須重新思考教學資源的應用問題，唯有隨時修正所使用的教學資源，才能確保教學品質與成效。

第四節　教學媒體的類別

　　教學資源的運用依據不同的教學特性與教學需求，而有不同的類型。教師在運用教學媒體與教學資源時，必須在任何一種教學情境之下，都有訊息傳達，並且達到預定的教學目標，方能稱得上是優質的教學媒體。教學媒體隨著教學運用的發展階段而有不同的形式和規格出現，一般而言，教學媒體的類別分成放映式視覺媒體、非放映式視覺媒體、聽覺媒體、動態視覺媒體、以電腦為基礎的媒體、以傳訊為基礎的媒體等，茲分述如後（胡佩瑛，1999；李春芳，1997；林進材，1997）：

一、放映式視覺媒體類型與運用

㈠ 放映視覺媒體的類型

　　放映性視聽媒體通常是指必須透過各種投影器具放大靜態影像的媒體形式，藉著一連串的透鏡放大影像，將預定的影像投射到銀幕的設備。放映式的視覺媒體是教師在教學中使用最頻繁的教學媒體。放映式的視覺媒體，一般包括投影片、幻燈片、幻燈捲片、單槍投影機、實物投影機等均屬於放映視覺媒體。

㈡ 放映視覺媒體的應用

　　1. 投影機的應用

　　放映視覺媒體在教學上的應用，不僅可以降低教師在教學上的焦慮，同時可以免除教師在教學過程中，過於偏向「教師為主」的教學型態。例如：投影機（簡稱OHP）的使用，可以將各種教學資源或教學材料，轉化成為多功能的畫面。投影機的使用具有下列特性：(1)投影機的使用可以

促使教師降低來自教學方面的焦慮，隨時提醒教師教學的重點和重要的概念；(2)投影機本身重量輕巧攜帶方便，構造簡單操作容易；(3)使用投影機於教學過程中，可以集中學習者的注意力，強化教學的效果；(4)投影機的使用可以取代黑板，讓教師一邊上課一邊書寫；(5)投影片的設計製作相當容易，可以減少教師備課的時間，方便教師自行製作，有效運用各種圖表、繪圖或是將課程重點在投影片中呈現出來；(6)投影機的使用容易，不會受到場地的限制，並且可以廣泛運用在各科教學中；(7)投影片的設計方便教師建立教學歷程檔案，可以永久保存；(8)投影片的使用也可以用在教學評量上面，減少教師不必要的文書作業。

2. 幻燈片的應用

幻燈片的運用通常可以忠實而清晰地將教學中想要呈現各種事物的形狀、大小和顏色的特性。幻燈片的運用可以激發學生學習上的興趣，引起學生學習上的動機並提升學習注意力。幻燈片的運用雖能提高學習效果，但往往因增加教師教學準備工作上的負擔而迫使教師放棄使用幻燈片。幻燈片的運用具有下列特性：(1)可以依據教學概念或單元主題安排內容的順序；(2)製作容易；(3)具有自動播放的功能；(4)操作容易、價格低廉；(5)播放的速度可以依據教師教學活度進行的順序及速度而決定；(6)畫面的呈現可以依單元主題的一貫性和聯貫性。

3. 實物投影機的應用

實物投影機的運用可以減少教師在教學媒體上的設計和製作時間，教師可以將想要呈現的各種教具、教學實物，直接放在實物投影機上，就可以促進教學成效。實物投影機的發明，對教師教學活動的進行具有相當正面和積極的效果。然而，實物投影機價格昂貴、維修不易等等各種機器性能的限制，使得學校在儀器的購置上有各種的顧忌。實物投影機的運用具有下列特性：(1)擁有投影機與幻燈機的各種優點；(2)可以將各種實物直接放置在機器上面，有助於激發學生學習上的興趣與動機；(3)有助於提高學習者對實物的了解和接觸；(4)減少教師備課時間和製作時間；(5)使用方便並減少教師講解時間。

332 ■ 教學原理

二、非放映式視覺媒體的類型與運用

㈠ 非放映式視覺媒體的類型

　　非放映式視覺媒體通常指的是不必經過放映就可以觀看的媒體，包括各種印刷材料、黑板、圖表、實物或教學模型、教學資料等等。非放映式視覺媒體的使用比起一般放映式視覺媒體方便多了，在小班教學或是交通不便、缺乏電源等地區的教師教學而言是相當便利的。非放映式視覺媒體的類別比放映式視覺媒體還要廣泛，在使用上也比較方便。

㈡ 非放映式視覺媒體的應用

1. 印刷材料的應用

　　在非放映式視覺媒體方面使用最多者為印刷材料，通常包括教科書、文件資料、教學指引、教學手冊、教師手冊等，透過各種印刷材料將重要的概念呈現出來。一般將印刷材料運用在教學中的特性如下：(1)可以作為補充教學之用；(2)價格較低；(3)攜帶方便、可以隨時隨地發揮各種輔助的功能；(4)方便保存；(5)可以重複使用。

2. 黑板的應用

　　黑板是一般教師必備的器具，也是教師在教學中使用頻率最高者。黑板的使用可以方便教師將各種重要概念以文字的方式呈現出來。黑板的主要特性在於經濟耐用，可以重複使用。

3. 教學圖表

　　教學圖表的使用有助於教師將各種抽象或是重要的概念以圖表的方式呈現出來，以利於強化教學的重要概念。圖表的設計主要在於將各種圖畫、表解、圖表、海報、漫畫等資源透過圖表呈現出來。教學圖表通常和教科書的內容是相互配合的，因此出版教科書的單位或廠商，往往會將課程內容中重要的概念或是數字，以圖表的方式呈現出來。教學圖表的應用具有下列特性：(1)將抽象概念具體化；(2)攜帶方便並且容易使用；(3)不需要各種設備配合即可以運用於教學中，可以廣泛地運用在各科教學中。

4. 實物或模型

　　實物或模型的使用有助於強化教學效果，教師在準備課程時必須了解在學校中有哪些實物或模型可以提供教學使用。實物的運用是教學中最容易取得的教學媒體，在抽象概念的學習中，實物可以將各種抽象的概念轉化成為具體的意義。例如：教師在講解地形斷層的概念時，如果可以透

過實物或模型作講解時，對教學效果的提升有正面的作用。實物在教學運用上能提供學習者在學習上的直接經驗，並且可以輔助教師的教學轉化，將各種抽象的概念透過實物的說明提供學習者更直接的經驗。其次，教學模型的運用對教師的教學活動實施，具有正面的作用。通常在教學模型方面，編製教科書的單位或廠商會針對各種教科書中重要的概念，製作成模型，提供教師教學說明解釋之用。教學實物或模型的運用，往往受限於成本過高或是價格方面的問題，無法提供教師充足的資源。

三、聽覺媒體

㈠ 聽覺媒體的類型

教師教學活動的實施，必須顧及學習者在聽覺方面的刺激與反應。聽覺媒體的運用不但可以滿足學習者在聽覺方面的學習，同時可以激發學習上的動機與興趣。一般而言，常見的聽覺教學媒體包括唱片、錄音帶、CD音響、光碟、廣播等有聲媒體。

1. 唱片

唱片是屬於比較老舊的教學媒體，一般而言，唱片比較常運用在音樂教學上。唱片的功能目前已經被錄音帶或CD音樂所取代。因此，唱片在教學上的運用已經逐漸減少。

2. 錄音帶或光碟

錄音帶或光碟的使用有助於教學成效的提高，光碟的使用不必占過多的空間，收存與保管容易，因此錄音帶與光碟媒體的使用，對教師教學活動的實施具有相當正面的效果。

3. 廣播媒體

廣播媒體的使用係教師將各種與教學有關的廣播節目，融入各科教學中。廣播教學媒體的運用，教師必須熟悉各廣播電臺節目內容，以及對教學具有哪些方面的幫助。如此才能有效融入教師的教學中。

㈡ 聽覺媒體的特性與應用

聽覺媒體運用在教學中具有下列特性：1.能真實地傳達聲音等相關教育訊息；2.在教學資料上的取得相當容易，不會花費教師過多的時間與精力；3.成本較低，在價格上不至於造成教師或學校經費上過重的負擔；4.比印刷媒體更能呈現有刺激性的語言訊息，有助於提高學生的學習興

趣、學習動機；5.教師攜帶方便，不至於占用太大的空間；6.可適用於各
種類型的班級教學或小組教學；7.可收到雙向溝通與互動的教學效果。

四、動態視覺媒體

㈠ 動態視覺媒體的類型

動態視覺媒體的類型包括教育影集、錄影媒體、電視、錄影錄音系統
等。動態視覺媒體的使用，目前已經進步至數位化的程度。教師可以透過
各種網路或行銷的管道，取得或購得相關的資訊或媒體。教育影集媒體通
常是由政府相關機構進行錄製，進而配給各級學校運用。其次，目前中小
學教室幾乎都有電視的裝置，教師可以運用電視作為教學媒體，結合各科
教學，強化教學效果。

㈡ 動態教學媒體的特性與應用

動態教學媒體運用在教學上不僅可以收到視覺上的效果，同時可以收
到聽覺上的效果。動態教學媒體在教學上的應用，具有下列特性：1.有助
於動作與技能方面的教學效果，教師可以運用各種動態教學媒體教導學生
各項動作與技能，學生可以透過模擬學習各種技能；2.強化學習效果，動
態教學媒體可以將各種概念以寫實方式呈現出來，例如：世界大戰的寫實
或寫真，可以讓學生透過影集或影片觀摩真實或模擬的現場，有助於學習
效果的提升；3.可收到戲劇化效果，動態教學媒體的運用不但可以增強教
學效果，同時可以將各種抽象概念以戲劇化的方式呈現出來，可以將各種
歷史事件，透過戲劇形式再現於學習者面前。

五、以電腦為基礎的媒體

㈠ 以電腦為基礎教學媒體的類型

以電腦為基礎的媒體通常指的是電腦輔助教學活動的實施，電腦輔助
教學的意義在於將一些經過縝密設計的教材存入電腦，學生可以經由終端
機按一定的步驟，以自己的進度或需要將某一課程內容「叫出」，進行一
連串的自我學習，此種學習活動不但可以隨時中止，自動記錄學習歷程及
結果，考核學生的學習結果，並且師生亦可以經由電腦達到問答溝通（林
進材，2003）。以電腦為基礎的教學媒體一般包括電腦輔助教學、多媒
體、光碟等，茲略述如下：

1. 電腦輔助教學媒體

電腦輔助教學媒體是以電腦為基礎的主要教學媒體，此種教學媒體係運用電腦在教學上，藉以達到教學目標。電腦輔助教學媒體在教學上的運用，具有下列特性：(1)容許學習者不同的學習速度與順序；(2)對學習者的學習反應可以隨時提供增強作用，並且可以隨時進行回饋；(3)具有持續性並可以大量記錄學習者的學習變化情形；(4)可以將各種教學資訊轉化成學習者可以接受的方式；(5)可以提供一致性較高的教學，並且避免因人、事、時、地、物的不同而產生不同的影響；(6)教師可以隨時依據不同的主題或教學原則與概念，選擇不同的教學策略；(7)有助於教師進行各種形式的教學評量。

2. 多媒體

多媒體的運用通常必須考慮學校本身的設備，一般學校在多媒體的設備上通常會集中在視聽教室或專科教室。教師如果需要運用多媒體於教學上，通常需要透過學校行政系統辦理借用手續。多媒體的運用通常會和各種教學媒體（尤其是電化產品）相互配合運用。多媒體的運用具有下列特性：(1)可以廣泛蒐集教學資源，將各種有助於教學活動進行的資源整合起來；(2)可以形成網狀知識架構進行相關的連結；(3)教學資訊呈現多元化，可將不同的符號和資訊進行整理；(4)可以將各種系統進行添加、刪除、修改等動作。

3. 光碟

光碟是最新的教學媒體，其特性是可以儲存相當多的資料，使用攜帶方便費用便宜。光碟產品在教學上的運用，通常具有下列特性：(1)保存容易不易受損，光碟本身不會占太大空間，教師收藏容易；(2)可透過電腦提取資料，正確且速度快；(3)使用操作容易可減少教師在機器上操作的時間；(4)本身可以配合各種媒體使用。

六、以傳訊為基礎的媒體

以傳訊為基礎的教學媒體有助於降低因為時間、空間等距離而形成教學阻礙的各種因素。一般而言，以傳訊為基礎的教學媒體以「遠距教學」為主。隨著時代的發展，資訊科技一日千里，以傳訊為基礎的教學通常會結合網際網路，以達到各種既定的運用目標。

　　由以上的論述發現，教學媒體的類型與種類相當多也相當廣泛。教師在教學媒體的選擇方面，必須結合課程與教學的目標。在教學前，事先了解課程與教學的目標，蒐集各種有助於教學活動實施的媒體，將各種教學媒體作妥善的處理與安排，使教學媒體可以發揮教學輔助效果。教學媒體運用得當，可以減少教師在教學上的焦慮，有助於學習效果的提升。

第五節　教具的選擇與蒐集

　　教師在教學活動實施中，如果預期達到教學目標，必須設計並使用教學器具或學習輔助工具提高學習者的學習效率。在教具的選擇與蒐集方面，教師必須針對教學目標、教學活動、教學理論與策略，進行教具方面的規劃與運用。有關教具的選擇與蒐集，本節將針對教具的選擇議題，探討教具本身對教學活動所產生的效果，教具在教學上的運用以及教具的相關論點，進行討論並提供教師在教具運用方面參考，藉以提高教學成效。

一、教具的功能

　　教師在教學中所使用的教具通常包括實物、標本、模型、圖畫、掛圖、表解、實驗儀器、練習卡片、黑板、白板、揭示牌、錄音機、電唱機、幻燈機、投影機、電視、錄放影機等。教具的使用對教學活動具有輔助效果，不但可以強化學習者的動機與興趣，同時可以強化教學成效。教具的功能包括下列幾項：

㈠ 提高學習者的學習興趣

　　教具的運用可以讓教師在教學活動實施中，不管運用實物、標本、模型、圖畫、掛圖、表解等類型的教具，皆可以達到提高學習者學習動機的效果。教師在教學中如果僅憑教科書、一支粉筆、一個黑板、一張嘴，對學習者的學習興趣是無法提升的。例如：在教學實施中，學生如果感到疲憊，注意力就無法集中，在學習成效方面勢必無法達到預期的效果。教師如果可以隨時運用各種教具，交換使用教具不僅可以提高學習的注意力，同時可以提高學生的學習興趣。教師透過各種教具的交替使用，可以讓學生在學習歷程中所有的感覺器官都在動，對教學效果的提升有正面的意義。

㈡ 協助學習者學到他們該知道的

教師在教學中面臨將「形式課程」轉化成為「實質課程」的問題；換言之，如何將各種抽象的概念轉化成為學習者可以理解的方式。因此，教師在講解各種原理原則與概念時，必須透過舉例或實物才能引導學習者理解各種概念的意涵。教具的運用，可以輔助教師在教學歷程中的不足，將各種抽象名詞或概念，以實物的方式呈現出來，使學習者學到在課程中應該學到的部分。

㈢ 增進學習者理解課程內容

課程內容的理解往往是學習者最感困難之處，教師在進行教學時必須透過各種媒體，將課程與教學的內容進行說明講解，以引導學習者理解課程內容。教具的使用有助於教師引導學習者較快理解課程內容，學習者在實作中可以透過教具的操弄，將各種實作與課程內容作緊密的結合。

㈣ 加深學習者的學習印象

教學歷程中如何加深學習者對課程內容的了解，是教學實施中重要的一環。教師必須透過各種教具，加強學習者的學習印象。例如：在進行物理、化學實驗時，教師必須將各種實驗儀器讓學習者實地操作，才能加深對該儀器操作和使用的印象。進行數學領域教學時，有關於面積的計算，就必須讓學習者實地丈量，才能加深學習印象。

㈤ 強化生活上的應用

學習與生活經驗無法作緊密的結合，往往是教學中備受批評之處。教師透過教具的運用，可以引導學習者集中注意力於課程教學中，同時透過學習架構了解更多生活經驗，並且將各種生活經驗運用於生活中。因此，教具的使用有助於強化學習者生活上的應用。

㈥ 充實學習者的實際經驗

傳統的教學因缺乏教具的輔助，而導致教學者無法將各課程內容作詳盡的講解，或者教學者無法在教學歷程中舉出具體的例子，講解課程內容與重要的經驗。教具的使用有助於教師將課程與教學內容抽象概念具體化，對學習者的學習有正面的作用，同時可以充實學習者的實際經驗。學習者透過各種教具的操作，可以結合實際的生活經驗。例如：教師如果講

解滅火器的操作與運用，如能讓學生實地操作演練一遍，比教師講解十遍所具備的效果要來得高。

(七) 增強學習者的記憶

學習者在學習結束之後，往往因各種內外在因素而無法全盤吸收教師的教學內容。教具的設計通常會結合課程與教學中重要的概念或原則，將抽象的概念具體化。因此，教師在教學中運用教具，不但可以將抽象的概念具體化，同時讓學習者操作教具，有助於學習者將各種抽象概念，不斷在腦中重複，可增強學習者的記憶。

(八) 節省教師的教學時間

教具的設計通常會將教學重要內容做整合，教師使用教具時可以減少不必要的講解時間，透過教具的使用可作課程內容重點式的講解。教具可以縮短學生學習的時間，教師可因此教比較深的內容，讓學習者擁有較多的時間練習，或是進行反覆操作練習。教具的運用，可以將繁複的教學內容簡化，作扼要性的講解。

(九) 獲得正確的知識

教具的運用讓教師將各種課程重要名詞作正確的指導，避免因口頭講解而使學習者一知半解，無法學習正確的知識。例如：教師如果在講解「街燈」名詞時，可以出示相關的圖片或影片，作為教學的輔助，學生可以立即了解該名詞的意義，不至於因誤解而產生學習上的問題。

(十) 建立學習者的學習信心

學習者在教學活動實施歷程中，往往因無法適時地理解教師的教學內容而產生學習上的挫折感，因此而喪失學習上的信心。教師在教學中透過各式各樣教具的輔助，可以引導學生從中模仿或操作教具，從各種不同的教具中學習，有助於學習成功機會的加強，進而建立學習者的學習信心。例如：教師在講解錄影機的使用時，如果可以讓學生親自操作一遍錄影機，學習者可以透過操作機器而建立學習上的自信心。如果教師僅講解錄影機的操作而缺乏讓學習者練習的機會，學習者可能僅停留在一知半解的階段，對學習無法建立自信心。

二、教具的運用原則

　　教具的運用除了有助於教學活動的進行，可達到預期的目標，同時可以協助教師解決教學上所遇到的各種問題。當教學活動進行時，教學者要釐清各種抽象概念或是原理原則時，必須透過各種媒介教學才能展現出應有的效果。教具運用在教學過程中，教師必須了解教具本身的特性，在教學中所扮演的角色，以及可能發揮的功能，恪遵下列原則，才能使教具的運用達到應有的功能。教具的使用原則通常有下列應該考慮的要點（高廣孚，1989；李春芳，1997；林進材，2003）：

㈠ 適當的使用時機

　　教具在使用時，教師應該避免單元教學一開始時，就將各種教具展現出來。如此，不但容易分散學生的注意力，同時會降低學生對教具的好奇心。教師在未使用教具之前，不可以提前將教具說出來，應該等到要配合各種重要概念時，才將教具展現出來。

㈡ 結合重要概念

　　教學活動進行時，教師必須將各種重要的概念作說明，教具的出現應該與重要的概念同時出現，如此可以提高學生的好奇心，同時增強學生對重要概念的印象。有助於學習者注意力的集中，並且提高學習者的學習動機和興趣。

㈢ 色澤上的考量

　　任何教具在表現或圖中色彩的考慮，必須符合心理學有關人類色彩的特性，教具在色彩和字體方面的印刷必須鮮明，字體大小應該能讓學生可以一目了然，以最後一排的學生可以看清楚為原則。

㈣ 配合教師的講解

　　教具的展現要能配合教師在教學過程中重要概念的講解，並且配合講解呈現教具。如此，學生在學習重要概念時，才能將各種抽象的概念具體化，並且強化學習者的學習印象。可以加深各個重要概念，強化學生的學習效果。

(五)配合各種形式評量

　　教師在教學歷程中可以將各種教具配合評量的實施，進而了解學生在學習方面的變化情形。教師運用教具呈現教材時，在指導學生學習時，可以隨時透過教具以問答的方式，了解學生在學習方面了解的情形，作為改進教學的參考。

(六)教具的數量不宜過多

　　教具的使用在數量方面應該適度，不過一次使用太多的教具，使學習者看起來眼花撩亂，反而失去教具本身的功能。教具的數量如果太多，容易受制於教具，如果數量太少，又無法發揮教具本身的功能。其次，教師在教具的呈現時，要考慮教具呈現的優先順序。

(七)指導學生正確的學習

　　教具運用在教學歷程中，教師要能了解教具本身的特性，注意教具所強調的效果，在教具使用上也要注意富變化，以免讓學習者感到單調乏味。在運用教具時，教師要能指導學生正確學習，如此才能發揮教具本身的作用。

(八)安排討論時間

　　教具運用在教學歷程中，教師必須配合討論時間的安排。引導學習者針對重要概念進行討論，如此有助於學習成效的提升，同時可以提高教學品質。教具的運用也可以配合指定作業，將各種教具融入教師指定作業中。

三、教具的選擇標準

　　教具在教學中的應用既然如此重要，那麼教具的選擇相形之下，就必須教師多加注意了。教具選擇標準通常必須考慮下列特性（黃銘惇、張慧芝譯，2000）：

(一)製造廠商的聲明

　　1. 對材料的描述是否清楚與真實？
　　2. 所宣稱的效用是否獲得證實？
　　3. 是否提供關於該材料在發展上，以及實地測試上的詳細資料？

4. 是否提供使用者滿意度的資料？

5. 作者聲望是否明確與令人信服？

(二) 費用方面

1. 是否詳列總費用，以及個別學生的費用？

2. 需要再補充哪些其他的材料？

3. 這些材料是否與其他的材料能相容？

4. 學生和教師需要花費多少時間去使用這些材料？

5. 使用這些材料，教師必須具備什麼樣的品質或在職訓練？

6. 製造廠商是否提供經常性的支援與問題的解決？

(三) 內容方面

1. 對學生和課程計畫而言，這些材料是否合適？

2. 材料是否精密、有趣且新穎？

3. 材料能否避免性別、種族，以及其他形式的偏見？

(四) 教學上的意涵

1. 所有課程目標是否清楚？

2. 是否針對特定的對象？

3. 對於學生不同的資質程度，這些材料是否皆具有挑戰性？

4. 教師的角色是否有明確的界定？

5. 這些材料是否以各種不同的形式呈現？

6. 這些材料是否能夠作為自我教導之用？

7. 這些材料是否能積極地引起學生的興趣？

8. 是否能夠提供練習的機會？

9. 是否包含自我測驗與回饋？

　　教具的選擇標準除了以上的標準之外，同時要考慮教具選用的便利性與流通性。一般在教具的購買上，必須考慮教師是否可以在一般的商店就可以買到想要的教具，或是當教學上需要時，教具的費用是否超出教師本身的負擔，學校行政人員是否支持教師的教學需求等。

第十五章

教學評量

教學評量協助教師了解學生的學習變化情形，同時引導教師反省教學活動的實施情形，作為改進教學的參考，並據而形成新的教學計畫。因此，教學評量本身具有診斷性、安置性、形成性與總結性的功能。本章主旨在於探討教學評量的相關議題，包括教學評量的性質與原則、教學評量的向度、教學評量的類型、另類評量的應用、運用原則重建教學流程、運用原則檢證教學流程、運用原則評量教學成果、傳統教學評量的方法與運用、新式教學評量方式、教學評量制度分析與改進等。

第一節　教學評量的性質與原則

評量與評鑑都是教學歷程中的重要部分，在教學前的階段，教學評量可用於安置學生（指編班分組）、選擇教學程序及了解學生的預備狀態；在教學中的階段，教學評量可以用來確定目標是否達成，作為調整教學程序的依據；在教學後的階段，教學評量不僅用來確定教學目標達成的程度，也用來考核教學策略的效能，及再次檢視學生的預備狀態與安置情形是否適當（李茂興譯，1998）。因此，教學評量的實施，有助於教師有效教學的達成，同時引導教師反省教學並形成新的教學計畫。

一、有效的教學評量

有效的教學評量應該包括三個層面：即教師的教學效率之評量（evaluation of teacher's teaching effectiveness）、學生的學習成就之評量（evaluation of student's learning achievement）、課程的設計與實施之評量（evaluation of curriculum program）（簡茂發，1988）。以教師為評量對象，評量的內容應該包括教學方法、技術、策略和教師特質。以學生為評量對象，應包括學生的學習行為和學習結果。以課程的設計與實施為評量對象，應包括學校課程計畫與實施之利弊得失。由此可得知，教學評量的主要目的乃是在於權衡教師教學的效率與學生的學習結果。同時也考量教師的教學效率與績效責任（accountability）。

傳統的教學評量受國內升學主義及考試領導教學的影響而窄化了其功能，無法發揮其在教學過程中的實質效果。再則，教學評量侷限於知識層面，漠視情意、技能方面的評量，同時也消弱了教學評量的效果。我國目

前各級學校的教學評量仍存有許多嚴重的問題，使教學活動的發展停滯不前。如以紙筆測驗考試為主的教學評量，忽視了其他可行的變通方案與形式的評量，使教學評量一味著重於結果而忽略過程。再則，以知識為重與現實主義瀰漫整個教育圈，教學評量儼然成為升學主義的附庸，聯考制度決定了整個教學評量的內涵與原理原則。

二、教學評量與教學活動

　　一般教師及社會人士總以為教學評量是教師為了了解學生的學習成就或效果而作的評鑑工作（李永吟，1986）。此種觀念乃是將教學評量定位於學生層次，而忽略教師與課程計畫（curriculum design）的層次，是一種偏頗的看法。正確的教學評量觀念應是：教學評量的功能是藉評量的途徑以決定「教」與「學」是否相互一致。亦即評量的對象囊括教師、學生及課程設計三個層面，而不是僅以學生的學習成就與結果來權衡教學的得失良窳。美國教育學者Yamamoto在其名著《教學評量》（*Evaluation in Teaching*）中論及教學評量應該囊括教學活動的七個W層面，即「為何教」（WHY）、「誰來教」（WHO）、「什麼時候教」（WHEN）、「教什麼」（WHAT）、「如何教」（HOW）、「在何處教」（WHERE）、「教誰」（WHOM）等（Yamamoto, 1971）。

　　在「為何教」方面指的是我們為什麼應該教？牽涉到價值、目的、動機的範圍。教學的目的是什麼？意向、動機為何？是價值中立或是價值取向的。「誰來教」所牽涉的範圍是教師資格方面，師資的招收選擇和培育應該有怎樣的選擇標準和方案實施，教師應具備怎樣的專業素養和學科知識訓練。「教誰」指的是我們應該教誰？我們在教誰？是學生取向的知識建構，學生品質的考慮，尤其是學生的招收、選擇和分配方面的問題。「什麼時候教」指的是我們何時應該教？包括教學前後與教學過程中的準備與後勤工作，它是生理的、認知的、社會發展的、時間和連續方面的考慮。也就是時機上的問題，怎樣才能讓學習者完全地學習，使教學效率達到最大化。

　　「教什麼」指的是我們在教什麼？該教什麼？課程的類型有哪些？教材的分量該如何取捨斟酌？知識的建構和程序（procedure）該如何？怎樣才能達到適性的教學。其次，「如何去教」應該囊括教學方法、媒介及教

學氣氛和管理。教學經過哪些媒介才能達到有效等，都是要考慮的。最後則是「在何處教」方面，我們在哪裡教？該在何處教都是要經過縝密思考的。教學評量除了人、事、時、物因素之外，也要考量地的因素。所謂地的因素指的是生態和後勤，也就是環境、設備和社區方面資源的運用。教學評量在教學活動中應居於總結的地位；經過評鑑衡量的手續決定教學系統中預期目標是否實現。

三、教學評量的特性

創新的教學設計與策略需要現代化的教學評量以資配合，才有可能成為有效的適性教學（林生傳，1990）。是故，教學評量對於教學活動的進行與檢討得失，有舉足輕重的地位。有效的教學評量勢必具備下列特性：

㈠ 持續性

教學評量在教學過程中並非是獨立的，而是在整個教學歷程中不同的階段需配合各種不同的評量，以發揮不同的作用。例如：在教學前所實施的「安置性評量」（placement evaluation）和「預備性評量」（readiness evaluation）旨在於了解學生的起點行為和舊經驗以及本身所具備的能力。在教學進行階段中所實施的「形成性評量」（formative evaluation）旨在了解教學效果及效率問題，並佐以「診斷性評量」（diagnostic evaluation），以偵測出問題的癥結所在，針砭時弊，擬定補救方案。最後，則施以「總結性評量」（summative evaluation），確定教學效果。

㈡ 有效性

教學評量對於改進教學活動應該是積極的，而不是消極的。因此，它要能適切地評定教學進行的情形，掌握整個教學的脈動，了解教學活動與教學目標是否相互一致。教學評量也應與教學目標相互配合。

㈢ 多樣性

多元化的教學評量不應僅侷限於某一教學角隅裡。而應該掙脫傳統的桎梏，採多樣的評量形式，除了常用的紙筆測驗之外，偶爾也應採用口頭回答、操作測驗、作業練習、晤談、報告等形式，並因應時機而採用。如此，教學評量才不易僵化而流於單一形式。

㈣ 全面性

　　教學評量不僅要縱的前後聯繫，也要橫的上下聯繫。除了兼顧主學習（primary learning）、副學習（concomitant learning）、輔學習，以及知識、技能、情意三領域的學習。而且每個層面和領域均應有其交織點。如此，教學評量才能因應全面性需要評量實際學習活動和教學過程。

㈤ 發展性

　　教學評量應著重整個評量的發展性，而不能以一般外在的或固定的標準為準則，尤其教學評量要能「常模參照評量」（norm-referenced evaluation）與「標準參照評量」（criterion-referenced evaluation）交替使用，相輔相成，而不應固著於某一特定的形式。評量結果應以過去的、上次的為基準，與現在的、此次的相互比較才有意義。

四、教學評量的內涵與功能

　　有效的教學評量應該包括整個教學過程中的人、事、時、地、物各項因素。教師藉著教學評量活動的進行檢討教學的成效與利弊得失。使教學在研究中培養興趣，精益求精，教學效果才能因不斷的檢討而提高。另外，學生也藉著教學評量作自我檢核工作（self checking exercise），了解自己的學習情形，以期適當的抱負水準，並透析自身的優劣良窳，養成正確學習的態度。以教師為層面的評量，應就教師本身的學養、人格特質、專業背景、學科知識、教學效率、教學性向……等加以考量。以學習者為主的評量，則著重於學習者本身所具備的條件，個別差異、學習成就……等加以考量。以課程與教學活動為主的評量，著重的是課程的計畫、編製、實施良好的教學（instruction）、效果等都是要列入考慮的範疇。

　　評量活動在整個教學過程中是居於總結的地位，它至少有下列主要功能：

㈠ 了解學生的學習特質、性向與學習成就，以判斷學習效果

　　教師在教學前應先熟悉學生的起點行為，屬於哪些方面的潛能，有哪些個人的特質？學習性向如何？教學後藉評量了解學生的學習成就，前後對照藉以判斷其努力的程度。

(二) 診斷、治療與補救措施

教學評量次要功能在於診斷學生學習困難所在，針砭弊病方得以對症下藥，擬定有關的措施，並針對個別差異，給予適性的輔導，才能收診斷、治療的雙重效果。

(三) 發展、研究的功能

教師在教學評量中，除了可衡量自身的教學效果之外，並可隨時修正改進教材的內容、結構及教法，達到研究發展的功能。

(四) 媒觸學習動機

學習過程中需要各種不同的動機來引發學習的興趣。教學評量可用來讓學生了解本身的學習情況、進步情形，有益於激勵成就動機，提高學習的興趣。

五、教學評量的性質與類型

教學評量是一種獲取和處理用以確定學生學習水準和教學有效性證據的方法，同時也是澄清教育目標與教學目標的一種輔助手段，並作為教育研究與實踐中的一種工具。（Bloom, 1971）教學評量的內涵包括三大部分，即教師的教學效率之評量（evaluation of teacher's teaching effectiveness）、學生的學習成就之評量（evaluation of student's learning achievement）、課程的設計與實施之評量（evaluation of curriculum program）（簡茂發，1988：398）。教師的教學效率之評量，涉及教師的人格特質、教育信念和抱負，專業熱忱和知能、專門學科知識、教學性向、教學效率等。學生的學習成就之評量旨在評量學生的學習行為和學習結果，包括學生身體、智力、性向、人格特質、家庭背景等方面的個別差異。以師生共同參與的課程與教學活動為主的評量，主要包含學校課程計畫與實施之利弊得失，進一步檢討改進，以期有較佳均衡課程之安排與良好的教學效果。因此，教學評量的主要目的在於評鑑教學過程中，教師教學的效率與學生的學習結果，以提供教師作與教學有關決定的資訊與參考。教學評量依據其類型、功用及實施時機可分為下列幾種：（林寶山，1990：231）

1. 安置性評量（placement evaluation）：評量學生的起點行為，藉以確定教學方式、型態與順序等。

2. 診斷性評量（diagnostic evaluation）：評量學生學習困難原因，以利補救教學之實施。

3. 形成性評量（formative evaluation）：在教學活動進行中對教師的教學及學生的學習表現評量。

4. 總結性評量（summative evaluation）：在教學活動結束後對學生學習成就的評量，以決定教學目標達成的程度及適切性。

5. 標準參照評量（criterim-referenced evaluation）：是以事前決定的標準作為評量學生學習行為表現之依據。

6. 常模參照評量（nom-referenced evaluation）：是將學習者的學習表現與某一特定的參照團體相比較，作為教學評量的依據。教學評量的主要功能是提供教師教學效率與學生的學習行為方面的訊息，以作為教師教學決定及學校教育行政上作決定的依據和參考。

第二節　另類評量的應用

教學評量的實施重點在於了解教師教學目標的達成情形，同時也在了解學生的學習變化情形，作為改進教學的參考。傳統的教學評量大都以紙筆測驗的方式進行，因此產生相當多的爭議。例如：紙筆測驗無法滿足各種學科的特性、紙筆測驗無法測出學生在情意方面的變化情形等。因此，晚近的教學評量研究指出多元或多樣式評量活動的重要性。本節的重點即在於勾勒出另類評量的重要性以及在教學上的應用。

一、真實評量的意義與特性

㈠ 意義

真實評量的定義依據Bruke（1993）專文中指出，至少應該包括下列幾項要點：

1. 強調學習與思考的方法，尤其是高層次的思考技巧，如問題解決策略等。

2. 真實評量的作業重點在於指導學生呈現具有高品質的作品及表現。

3. 學科探究的重點在於統整和產生知識，並非複製他人已發現的片

段知識。

4. 有意義的作業應該讓學生從作業中學習追求卓越與改變。

5. 評量的重點在於引導學生面對如何善用知識與判斷知識的挑戰。

6. 真實評量強調評量者與被評量者之間的正面互動。

7. 真實評量強調學生精熟某一學科之後，必須能將具有對比性的作業展現出來。

8. 真實評量提供學生在課業上成功或失敗的相關訊息。

真實評量的實施本身基於四項基本假設：(1)測驗是一種形成性的，可以提供學生在學習方面的誘因與激發學生的優點；(2)測驗本身應提供學生各種可以展現自己能力的機會；(3)測驗應對學生在學習上具有實質上的幫助，以提升、深化、擴充學生對自己學習的了解，以及對學科的認識；(4)測驗可以提供學生了解在學習上的變化情形，作為修正自己學習活動的參考。

(二) 特性

1. 真實評量應視為正常教學歷程中的一部分

真實評量的實施無特定的時間、地點、方式、內容，強調受評量者的回饋、解釋與詢問。因此，教師應將評量融入教學歷程中，鼓勵學生主動參與，讓學生相信並了解已經精熟學科的教材。

2. 真實評量重視學生的理解

真實評量在實施歷程中，強調評量者真實的對話，以全面性了解學生在學習方面的改變情形，以及知識方面的成長現象，作為學科知識教學的參考。

3. 以學習者的精熟為準

真實評量強調學生在各種內容、知識成長、學科內容的精熟程度，評量提供學生進步的紀錄情形，各種自我概念的改變等。評量者在學生接受評量之後，應再提供參與同樣測驗的機會，直到完全精熟學習材料為止。

4. 真實評量對學習者是有意義的

真實評量的實施必須在各種時空脈絡之下，隨時提供學生在學習方面的改變資料與訊息。因此，評量的實施對學生而言是有意義的，提供學生表現所知所能的機會，以學生的學習利益為依歸，在內容方面強調以學生的理解為主。

5. 真實評量與課程教學是相輔相成的

真實評量是基於課程和教學之中的，所有的評量都與課程與教學有直接的關係，透過評量的實施將各種教學方法與策略做適度的修正，並運用於教學情境中。

6. 真實評量重視內在動機的激發

如何讓評量者對評量活動持著期待的心理，一直是評量活動需改進的地方。真實評量本身具有促使學生想要表現良好的因素，測驗對學習者而言，具有某種程度的期待。

7. 真實評量提供學生動手作的機會

在評量中結合學科的內容與結構，引導學習者將自己的實力發展出來，從各種作業演練理解特定的學科內容知識。使學生對所學的知識展現出高層次的思考、組織、綜合與統整能力。

8. 真實評量提供學生為學習答辯的機會

傳統的評量僅讓學生了解在學科上的成功與否，並未提供學習者為自己學習答辯的機會。真實評量的實施，在作答中容許各式各樣不同的答案，讓受試者擁有答辯的機會。評量的關鍵在於學習者是否能為自己的學習自圓其說，或提出一套令人信服的理念來。

9. 真實評量重視多樣化的回饋

真實評量的實施，除了重視受試者自我評量和回饋之外，也重視來自於同儕團體的評量與回饋。讓學習者可以由多種角度了解自己的學習情形，以及需要再調整的地方。

10. 多模式的知識體系

真實評量不僅重視單一的知識體系，更重視多模式的知識體系。學習者在受試過程中，必須運用各種不同的知識體系，回應評量本身所提出的各種題項。提供學習者各種機會的同時，也要求他們運用不同的方式理解學科知識，並形成自己的理論與認知。

二、教室本位評量與實施

教室本位評量與真實評量類似的概念，是相對於跳脫脈絡、標準化的做法，在教室的自然情境中，教師採用熟悉的工具與有趣的活動，引導學習者將知識展現出來的一種方式。教室本位評量在形式方面，包括下列幾項：

㈠ 學習歷程檔案

學習歷程檔案的建立是引導學生將自己的學習情形與狀況，以作品或成果的方式提出來作為學習變化情形的佐證。學習歷程檔案是一種高度個別化的評量方式，除了可以讓教師了解學生的學習情形，也可以讓學生透過自我反省活動，了解自身在學習方面的優缺點及需要改進的地方。

㈡ 個人反省札記

個人反省札記可以提供學習者自我反省與觀察的機會，透過敘述、引述、論文、摘要、描繪、漫畫、圖表、塗鴉、對話等方式，將個人的成長記錄或心得表達出來。反省札記可以提供學生了解學習的情形、所學的正確性，進而了解需要專業輔導之處。

㈢ 軼事報告

軼事報告是引導學習者將學習歷程中，有關的學習成熟、認知成熟、能力的發展等，以故事的方式記錄下來。軼事報告的重點在於強化教師對學生學習成果與認知能力方面的成果觀察記錄，作為評量學生的依據。

㈣ 學習成果的展現

學生學習成果的展現，傳統的評量以紙筆測驗決定學習程度與變化的情形，作為教師修正教學與獎勵學生的參考。

Ground和Linn（1990）指出，適切評量的原則應該至少包括：1.清楚地指出所要評量的行為表現；2.依據所要評量之行為表現選擇適切的評量技術；3.周延的評量有賴各種評量技術的運用；4.教師需細膩地察覺各種評量技術本身可能產生的限制，方能適當地使用評量技術；5.評量旨在達成某種目的，而非為評量而評量。因此，教學評量在選擇目的、工具、程序、方法時，必須依據教師教學目標、學生的學習歷程，決定採用哪一種適切的評量工具或評量方式。

另類評量的實施，可以補紙筆測驗的不足，以周延、有意義的評量促進有效教學。教師必須了解教學評量對學生的重大影響，秉持著審慎的態度，察覺各種評量的方法與限制，選用適當的方法做成有效判斷並形成確實的決定（陳春蓮，2000）。

第三節 教學評量的類型

在整個教學過程中，評量都有其適用的時機，才能發揮其功能和作用（簡茂發，1988）。如果從性能和時機方面來看，教學評量可分為「形成性評量」（formative evaluation）與「總結性評量」（summative evaluation）；從資料的解釋方式來看，又可分為「標準參照評量」（criterion-referenced evaluation）、「常模參照評量」（norm-referenced evaluation）等類型，茲說明如後：

一、「形成性評量」與「總結性評量」

形成性評量和總結性評量是Scriven（1967）首先提出來的概念（黃政傑，1987）。在教學過程中，為了了解師生互動的歷程，學習歷程尚未定型仍可改變所實施的評量稱之為「形成性評量」，此種評量是屬於教學正在形成的歷程中所介入的評量，它同時具有診斷作用（diagnostic）。在教學活動結束之後，以定期考試或測驗的方式評量教師的教學成果與學生的學習成就，並依據此而評定等第或賦於某種資格，稱之為「總結性評量」。形成性評量的結果可以作為學生進步的回饋，也可以彰顯每個教學單元存在的問題或缺陷，以便於實施補救教學方案。總結性評量的結果則通常用於檢討教學成效，以衡量學習者的學習成就表現。

二、「常模參照評量」與「標準參照評量」

由於教育學者對評量結果的解釋不同，而有不同程序的觀點。以學習者的行為表現，在同一評量上與其他學習者行為表現的關係作為詮釋的參照點，就稱之為「常模參照」。例如：以班級名次來排學生評量成績者，名次只是相對比較的結果，而並未指出測驗內容與情形者稱之為「常模參照評量」。如評量的程序，在於學生是否達到教學目標中的行為目標，是否達到精熟學習（mastery learning）者，就是「標準參照評量」。常模參照評量的主要優點在於區分學習者學習的成就及努力的程度，並可避免因評量本身所造成的差異。「標準參照評量」對學生學習行為表現的解釋不以其他學生的行為表現為參照點，而是關心學生是否已達成目標。此種評量方式乃是以既定的標準來判斷學習者的學習成就，較易達到品質管制的

要求。

三、最大表現評量與典型表現評量

Cronbach（1984）將評量依據受評量者行為表現的特性，分為最大表現評量與典型表現評量。分述如下（胡佩瑛，1997）：

㈠ 最大表現評量

最大表現評量的目的在於了解受試者的最大表現，亦即學習者在某種能力上究竟能夠表現得多好（how well can an individual performs）；換言之，評量的結果載在呈現受試者能夠作些什麼。一般常用的成就測驗與性向測驗，則為最大表現評鑑的類型，透過此測驗可以了解個體的最大表現情形。

成就測驗的功能在於顯示個人在教學活動結束之後，所獲得的學習成就或是在學習方面的變化情形，以呈現個體在學習活動之中所獲得的成功程度。性向測驗，在於預測個體經過教學活動之後，可能獲得的學習成就或行為表現；換言之，是預測個體在未來學習活動中可能成功的程度。最大表現評量的實施，通常是以成就測驗與性向測驗為參考，了解個體在學習方面的變化情形，作為教學或評量的參考。

㈡ 典型表現評量

典型表現評量的目的在於了解受試者的典型行為（typical behavior），了解受試者將會有哪些的行為反應。因此，典型表現評量的目的不在於了解受試者可以獲得多少分數，而在於了解受試者的代表性反應。典型表現評量通常包括興趣量表、人格測驗態度量表、學習適應量表、發展量表等。透過量表的實施，了解個體在未來的學習歷程中的學習特質。最大表現評量與典型表現評量可從功能、重點、工具、分數、實施方法等層面加以比較，如表15-1。

四、安置性評量與診斷性評量

各種教育評量的實施，常因不同的目的或功能而選用不同的工具。評量的運用依應用功能的不同，區分成安置性評量與診斷性評量，分述如後：

表15-1　最大表現評量與典型表現評量之比較

項目 ＼ 類型	最大表現評量	典型表現評量
功　能	了解受試者的最大能力表現	了解受試者的代表性反應或特質
重　點	認知、技能方面的行為或能力表現，以及各種的學習成就	人格、興趣、情意、適應及發展方面的反應或特質
工　具	成就測驗、性向測驗以及各種技能測驗	人格測驗、興趣測驗及各種適應、態度、發展量表
分　數	相對意義	絕對意義
實施方法	標準化測驗、自編測驗以及能力檢定工具等	標準化測驗以及各種評定量表、投射、觀察技術、軼事記錄等

表15-2　安置性評量與診斷性評量之比較

項目 ＼ 類型	安置性評量	診斷性評量
功　能	獲得受試者的起點行為成熟度以及學習潛能、性向等資料及相關訊息	診斷受試者的學習障礙類型，及其形成的原因和相關的影響因素
重　點	探索、預測	分析、鑑定
時　機	教學之前，或配合教育訓練之分軌、分群需求	出現學習障礙徵候，或配合下階段教學安置計畫
工　具	各種智力、成就、性向、興趣測驗及量表等	各種智力、成就、人格測驗、適應量表或醫學檢查等
應　用	進行各項教學安置計畫，使學生獲致最大之開展	解決學習困難研擬補救方案，以期學生有最少之障礙

㈠ **安置性評量**

　　安置性評量的目的在於用來判斷學生已獲得的知識、技能內涵，其常藉由測驗結果呈現學生精熟與不精熟的領域，以利找出教學的起點，個別化教學方案的設計即需倚賴此種評量（陳春蓮，2000）。

㈡ **診斷性評量**

　　診斷性評量的目的在於了解學習者在學習過程中，產生學習障礙及其形成的原因和相關的影響因素，作為教師教學活動實施的參考。教師在教

學前必須運用診斷性評量，了解學生在學習的先前經驗、未來學習可能產生的困難，作為教學設計、教學活動實施的依據。診斷性評量的運用，可以配合下一階段教學安置計畫。

第四節 新舊教學評量典範分析

教學評量是針對教師的教學深入了解分析，據以協助教師改進教學品質或作為修正教學的參考。教學評量的目的通常包括：1.教學評量是一種修正和分析教師教學活動表現的訊息，作為綜合研判和決定教師教學表現理想程度的歷程；2.教學評量除了了解教師教學表現的情形，同時衡量其優劣得失的程度，並審慎分析形成的原因，以提高評量本身的效度；3.教學評量的主要目的，係藉教師教學表現的優劣得失及其因素的了解，作為教師修正教學活動的參考，同時作為形成新教學計畫的參考；4.教學評量的實施除了了解教師本身的教學情形之外，尚可從活動的實施中分析學習者的表現及學習情形，作為教學修正的參考。教學評量制度與方法的演變，使得教育發展有了嶄新的突破，在課程與教學方面同樣地擴展與改變。在教學評量的實施與運用方面，隨著多元智慧理念的發展有了新的典範。教學評量在新舊典範之間，比較分析如後（郭俊賢、陳淑惠，2000）：

一、學習方式

舊的評量典範在學習者方面認為所有的學生基本上都是一樣的，在學習上都一樣，因而教學與測驗都是可以標準化的；新的評量典範認為並沒有所謂的標準學生（standard students），每個學生都是獨一無二的，因此教學和測驗必須採個別化與多元化的方式。

二、標準化方面

舊的評量典範採用常模參照或效標參照的標準化測驗方數，將學生在知識上與學習上的改變視為重要的指標；新的評量典範採用以實作為基礎的直接評量方式，廣泛地運用各種評量工具，將學生的學習情形及知識上的變化情形，提供完整、正確的描述。

三、評量方式

舊的評量典範深信紙筆測驗的公平性及其有效性，是學生進步的唯一指標；新的評量典範重視學生的學習檔案及表現，以描述方式了解學生在學習方面的變化情形，學習檔案包括紙筆測驗及各種評量的成績和表現。

四、課程與教學關係

舊的評量典範與課程教學的關係是分立的，評量有特定的時間、地點和方法；新的評量典範與課程教學之間的界線並未刻意劃分，評量與課程教學的關係是十分密切的。

五、評量的關鍵

舊的評量典範運用外來的測量工具和代理機構提供學生知識與學習唯一真實且客觀的圖像；新的評量典範強調人的因素，認為主動和學生互動的（如教師、家長、學生本身）才是評量的關鍵。

六、評量的目標

舊的評量典範要求學生在學校中必須精熟一套清楚界定的知識體系，並且要能在測驗中展現或是複製；新的評量典範目標在於教導學生如何學習、如何思考、以及如何盡可能在更多方面表現學習成果。

七、教學素材

舊的評量典範認為如果無法透過制式化與標準化的方式來測量的事物，就不值得教或學；新的評量典範重視學習歷程與課程內容，認為並非所有的學習都可以用標準化進行客觀的評量。

八、學習者與教學者的關係

舊的評量典範認為學生是被動的學習者，是有待填充的容器，教學活動是將各種概念與原理原則，引導學生被動地接受；新的評量典範認為學生是主動且負責的學習者，在學習歷程中是教師的合作夥伴，彼此是相輔相成的。

九、課程與學校目標

舊的評量典範以考試領導教學,測驗與測試成績引導學校課程目標;新的評量典範將學校與課程目標界定為引發學生種種的才能與學習潛能。

十、學生的安置

舊的評量典範在學生的安置方面,依據常態分配曲線將學生分成成功、普通和不及格組,以特定的考試(如月考、段考)了解學生的學習成果與知識量的變化;新的評量典範針對學生的知識和能力,以J型曲線作為評量依據,作為了解學生知識與能力成長的參考。

十一、評量的內容

舊的評量典範以單一的做法(如讀、寫、算等),作為測試學生唯一可行的方式;新的評量典範依據多元智慧理論的內容,以多元模式的做法,作為評量學生學習的內容。

十二、發展理論

舊的評量典範認為教育工作者應採用行為學派的理論模式,作為人類發展的理論參考及評量的標準;新的評量典範則強調教育工作者應該採用人本／發展的模式理解人類的發展。

十三、評量的實施

舊的評量典範以所有的學生在同一時間接受同一種工具的測驗,而評量以相同的標準,提供教育工作者將學生成就和其他學生作比較和對照;新的評量典範以個別化測驗,配合學生的個人發展,提供教育工作者有用的訊息,作為引導學生和指導學生的參考。

十四、測驗的發展

舊的評量典範在發展測驗時,首要的考量是測驗方式的效率(即易於計分、易於量化、易於實施);新的評量典範在發展測驗時,首要的考量是對學生學習的注意,提升學生的學習成就。

十五、評量的解釋

舊的評量典範用來指出學生的成敗，進行學生之間的相互比較，並加以排序以決定學生在學校或班級的位置；新的評量典範重視學生學習的強化與表彰，重視學生的理解及生活能力的培養。

十六、教學重點

舊的評量典範指出，教與學應該著重於課程內容與相關資訊的獲得；新的評量典範重視教與學應該難易適當，並以學習歷程、思考技巧的培養、理解課程內容與實際生活動態關係為焦點。

十七、學習成果的了解

舊的評量典範認為學生的學習成果應該以傳統的、事先決定的，以及標準化的效標工具加以測量；新的評量典範以新近的、有研究依據的，並具有教育性的方式了解學生的學習成果，從評量中考慮了解學生的個別需求、差異、認知心理等相關因素。

十八、學習觀點

舊的評量典範認為學習是要精熟各式各樣的客觀事實資訊，如日期、星期、程序、公式、圖像等；新的評量典範認為學習是一種主觀的事件，透過學習將自己和世界的認識加以改變、擴展、質疑、加深、更新和延伸。

十九、成功教學的定義

舊的評量典範以成功的教學是讓學生具有能力通過各項考試，這些考試是為了評量學生在不同學科中的知識；新的評量典範認為成功的教學在於為學生日後能過充實的生活作準備，所以重心在於指導學生學會將所學應用於日常生活中。

在新舊教學評量的比較中，顯然地可以了解傳統與新穎的教學評量差異之處。教師在教學結束之後，更該針對學科性質、學科類型，進而採用適當的教學評量方式，了解教學目標的達成情形，作為改進教學活動的參考。

第十六章

教師教學觀摩的檢核與實施

　　教師在執行專業行為時，必須以專業知識作為強而有力的支持與支援系統，此種專業知能的追求，激發教師尋求學習管道並媒觸教學相長的動機，藉以提升教師專業素養。教師教學專業成長是教師藉由參與各種正式與非正式的活動，進行自我反省思考，以提升教學品質與技巧。教學專業化的建立，使教師在執行教學工作時，擁有更多的自主權，以綿密的知識體系決定教學行為，以理論性的對話思考或討論學校事務，以嚴謹的科學方法論處理各種教學情境的人、事、物（林進材，2001）。教師教學專業化的建立，促使教師在教學歷程中，參照教學知識基礎，糅和學科的教學知識、課程知識等，以形成各種成熟的專業行為。教師教學專業化的建立，引導教師在教學歷程中，運用熟練的教學理論、策略與方法，透過師生雙向溝通互動，以達成預定的教學目標（林進材，2001）。

　　教學觀摩的實施，提供教師教學反省思考的機會，除了引導教師從教學觀摩準備階段中，了解教學活動實施的各項準備工作，同時讓教師從教學活動實施中，親身體會在教學活動進行時如何展開專業行為，在教學觀摩結束之後，提供教師檢討改進教學的機會，進而調整自己的教學活動。從教學專業的層面而言，教學專業化的建立，引導教師了解在教學前如何擬定完整的教學計畫，掌握學習者的各種特質，以形成教學的參考架構（framework），運用精湛的教師知識，形成專業的思考與決定；在教學中，如何有效運用教學時間、精熟各科教材教法、統整教學線索、有效控制訊息流程、適時提供學習者各種回饋等；在教學後，引導教師反省自己的教學活動、追蹤學習者的理解情形，掌握學習者的理解情形與教學行為的線索。因此，教師可以透過教學觀摩的舉辦了解教學專業的意義，進而反省自己的教學行為，作為改進教學的參考，並邁向教學專業化的理想境界。

第一節　教師教學前的檢核項目

　　教學活動的進行通常區分成教學前（教學計畫階段）、教學中（教學互動階段）、教學後（教學評量階段），教師在教學前、中、後階段皆必須考慮教學活動進行的有效性。因此，評量教學活動的進行，教學前需包括教學活動設計、教學情境布置；教學中需包括教材選擇與應用、教學方

法之運用、教學媒體選擇與應用、教學溝通能力、教學流程的掌握、教師
與學生互動情形、班級常規的掌握等；教學後需包括教學評量及各種特殊
表現等。有關教師教學評量檢核項目與實施論述如下：

一、教學活動設計

㈠ 單元目標應兼顧認知、情意、技能目標

　　教師教學活動設計在單元目標方面，應顧及認知（cognitive do-
main）、情意（affective domain）、技能（psychomotor domain）領域的目
標，以利教學活動進行時引導學習者進行完整的學習活動。單元目標的撰
寫應採用具體可觀察的行為動詞，避免用語意不清的動詞，並且以學習者
的角度撰寫目標，因為整個教學過程中的最終目的在於學習者學會了哪
些，而不是教師教完了哪些內容；其次，單元目標的寫法應以學習者的學
習最終結果敘寫目標，目標的可行性要高，避免訂出超越教學者與學習者
能力所及的範圍；目標的撰寫敘語要單純易懂，避免多項目標混在一起，
儘量一個目標僅敘述一項學習結果；再次，整個目標的內容要周延完整，
以利教師教學評量時的依據與參考（胡怡謙，1997）。

㈡ 教學設計顧及學生學習經驗及身心特質

　　學習的主體為學生，學習結果的評量應以學生在學習上的變化為準。
教師的教學設計應顧及學生身心發展特質及學習經驗的分析。換言之，教
師在進行教學設計時，應深入了解學生在身心方面的發展特質，如學生的
人格特質、心理特性、發展任務等作為教學設計的參考；其次，在單元活
動設計時，應該針對學生的學習經驗進行分析，作為課程與教學銜接的參
考。了解學生在進入學習現場時，已經「知道哪些」及要「學習哪些」的
議題，作為教師教學活動實施的參考。唯有透過學生學習經驗分析及學習
特質的了解，才能使教師在教學設計時，針對上開議題進行有效教學的設
計。

㈢ 有效地引起學生學習動機

　　一般而言，學習者對於切身需要的知識、有興趣的主題、能引起
注意力或好奇心的刺激、或熟習的資訊較易產生學習的動機（林進材，
2000）。教師在教學準備階段必須善用能媒觸學生學習動機的特質，設計

各種活動，由外而內引起學習者的學習趨力，激發學習者在學習上的需要，引導進行正式的教學活動。教師在教學前置作業方面，通常運用說故事、提問題、引用時事、報章新聞等，引導學生進行思考活動更進而激發學生的好奇心，引導學生了解課程與教學的內容，進而激發內在的學習動機。教師在引起學習動機時，應該以自然而不牽強的方式，透過與課程和教學有關事件的引導，配合教學目標的內容，引起學習者強烈的學習需求，引導學生進入正課的學習。

㈣ 發展活動應使教學流暢

發展活動階段是整體教學活動中最重要的一個階段，其所進行的即是實際課程單元內容的教與學活動。教學的發展活動內容包括如何依據教學目標選擇適當的教學方法、如何依據教材內容選擇教學方法、如何依據學習者的特性選擇教學策略、如何依據教學內容選擇各種教學媒體、如何整合各種教學資源促進教學效果等。教師在設計教學的發展活動時，應該透過單元教學內容的分析，了解課程與教學的特性及學習者的各種學習經驗及特質，作為選用教學理論與方法、教學策略與媒體、教學資源與教材的依據。

㈤ 教學綜合活動能統整教學效果

綜合活動就整個單元教學歷程而言，是教學歷程中最後一個階段，通常綜合活動包含「指導整理」、「教學評量」、「指定作業」等。指導整理是對單元教學內容作提綱挈領的整體討論或總結，其功能是再次對所學習的重要概念做重點式的提示與加強，使學習者對課程與教學內容有清晰的統整概念（朱則剛，1997）。指導整理的目的在於協助教師整合在教學發展階段所教的內容與概念，使其與教學目標的內容進行專業性的結合，提升學習者的學習品質。指導整理活動的功能通常包括結合教材、具體表達概念、檢視教學目標、確定工作步驟、培養學習判斷力、評估學習者進步情形等。其次，整理活動的另一步驟為教學評量，檢視教學是否達到預期的目標，學習者學習成果是否與教學目標相符，教師透過各種形式的評量活動，了解教學目標達到的程度，並作為形成新計畫的參考。

㈥ 具體明確的教學評量

教學評量協助教師了解學生的學習變化情形，同時引導教師反省教學

活動的實施情形，作為改進教學的參考，並據而形成新的教學計畫。教師在教學設計階段，應該針對單元行為目標，設計具體明確的教學評量。教學評量的主要目的在於檢視教師的教學是否達到每一個教學目標。其次，了解學生的學習變化情形是否符合預期。因此，在教學活動設計階段，教師應該了解單元行為目標的內涵，作為教學活動進行時，實施評量的參考。唯有透過明確具體的教學評量標準，才能在教學歷程中，運用形成性評量了解教師教學的成效。

二、教學情境布置

教學情境布置影響教學活動進行，教師必須在教學前依據單元教學的特性，進行教學情境布置，為學習者營造適合學習的氣氛，方能提升教學品質。在教學情境的布置方面，教師通常必須考量下列要素：

㈠ 情境布置生活化

教學情境的布置，必須針對單元學習內容的特性，以活潑化及生活化為布置的原則，引導學習者從情境中進行學習。教學情境包括教室環境的布置、教室設備、教室通風、光線、溫度、色彩、學生桌椅的擺設等，教師必須將情境布置妥善，方有助於學生學習活動的進行。

㈡ 配合單元教學布置教室

教室布置是教師在班級教學中的例行公事，一般而言，教師會在學期開始即展開教室布置工作。通常教室布置需配合各科單元教學內容，才能引導學生進行有效的學習。教室布置工作可由教師針對單元教學內容或學科教學內容，指導學生蒐集與單元教學有關的資料，作為教室布置的參考。

㈢ 學習氣氛能促進有效教學

教師在教學前應營造良好的學習氣氛，由教師與學生同儕之間的交互作用而形成一種獨特的氣氛。摒除傳統式的教學在學習氣氛方面較呆板與嚴肅，缺乏彈性與變通性，學習者無法充分發揮其特質；開放式的教學在學習氣氛方面，主張自由、活潑與開放，唯有在此種情境之下，學習者才能將自身的學習潛能釋放出來，發揮高度的創造力。因此，教師在教學前的學習氣氛方面應以溫暖的、接納的方式，為學生營造良好的學習氣氛。

三、教學方法選擇與應用

教學方法的選用是教學者達成教學目標的一種手段，適性教學的運用不但可以提高學習者的學習興趣，同時可以提升教學品質。教學方法的運用包括講述法、討論法、練習法、探究法等，在教學方法的選擇與運用方面，通常包括下列要項：

㈠ 教學方法適合教材內容

教學方法的選用必須配合教材內容，才能使教師的教學活動順利流暢。傳統式的教學將教師視為教學的動力，認為學習者需要教師的指導與控制，才能熟悉學科的邏輯組織，吸收學科知識的菁華。因此，在教學方面以灌輸記憶為主，學習者只能被動地學習。教師在教學方法的選用方面，應該以開放式教學主張學習者完整教育的概念，學習過程主要由學習者決定，將知識視為解決問題的能力。在教學方法選用時，應該深入探討教材內容，以教材內容作為教學方法選擇的參考，如此才能使教學方法與教材發揮亦步亦趨的效用。

㈡ 教學方法適合學生程度

學習者是教學的主體，教師欲期達到預定的教學目標，必須了解學習者各種學習上的特質，如身心發展狀況、人格特質、學習舊經驗、最適學習方式、學習困難癥結等問題，作為選擇教學方法的參考，如果教師忽略學習者的程度，而以視為理所當然的心態選用教學方法，則教學活動無法達到預期的效果，容易形成「教」是一回事，「學」又是一回事的乖離現象。以因材施教與適性教學的理念，為學習者選用較適當的教學方法，是教師在教學歷程中重視的一環。

㈢ 教學策略能解決教學問題

教師在教學中所扮演的主要角色是將「形式課程」轉化成為「實質課程」。換言之，教師運用各種策略、語言、符號、例子將教學內容轉化成為學習者可以理解的形式。因此，教師在教學策略的選擇方面，必須以能解決教學問題為主。在課程轉化中，教師以其所持的「專門知識」和「專業知識」為基礎，將理論與實務有效地結合起來。教師必須對教學內容和教學策略具有相當程度的熟悉，才能落實教學成效。

四、教材選擇與應用

　　教材的選擇與應用有助於教師清楚地表徵課程，順利進行教學活動。教材的運用有助於教師將抽象的教學內容具體化，以利學生學習。教師在教學前應該蒐集各種教學材料，將教學材料做有效地整理、歸納、分析、統整，善用已有的教學材料，作為教學的輔助，使教學更生動、具體、活潑。通常在教材選擇與應用方面，必須考慮教材能引發學生的學習動機、教材內容的適合度、充實度、關聯度、結合度，以及教材內容的組織與邏輯性。

㈠ 教材能激發學生的學習動機

　　動機是學習行為的動力，在學習過程中扮演重要的角色。學習動機是個體學習任何事物的內在趨力，有了動機，學習動力才能被激發。學生的學習成效與動機有正面的關聯。學習表現欠佳的學生，往往是缺乏動機所致。教師在教學時，應該不斷引發學生的學習動機，引導學生了解學習的意義何在，才能激發學生的學習動機。教材選擇應以激發學生的學習動機為主，透過教材促進學生學習的內在趨力。

㈡ 教材內容的適合度

　　教師在教學計畫完成之後，必須針對單元或學科內容選擇適當的教材，作為教學活動進行的媒介。在界定教學目標之後，教師可以依據單元行為目標內容，設計或選擇適合達成教學目標的教材，作為教學的媒介。教材內容的選擇，應兼顧課程銜接的問題，教師應設法使教學活動內容流暢，課程重點之間的結合有良好平滑的銜接，以利學習者學習。

㈢ 教材內容充實度

　　教材內容的選擇除了適合度之外，也應考慮內容充實度的問題。換言之，教材內容應以能顧及學生學習上的個別差異之外，也應考慮教材本身的設計是否符合學習者的心理需求，考慮概念與概念之間的銜接是否由具體、半具體至抽象。其次，是否以各種不同程度的例子說明相同的概念，有助於教師在教學歷程中，因應學習者的個別差異。對於學習困難的學生，是否教材中含有補救策略，相對於學習優異的學生，是否提供加深加廣的擴充學習活動。

㈣ 教材內容結合度

教材內容本身的結合方面，應該列入教材選擇的重要選項。教材內容的結合度，指的是不同概念之間是否設計相互連結的策略或方法，教師在教學活動進行時，從概念至概念之間的連結是否順利？尤其不同概念之間是否能達到專業性的銜接。唯有教材內容之間相互結合，學習者所學習到的概念才能更完整、更統整，教學者在教學活動進行時，才能隨時進行概念之間的轉換和銜接。

㈤ 教材內容詳細充實

教師在選擇教材內容時，應該考慮教材內容是否詳細充實，確定每一個教學目標都有適當的教學內容與其配合，而且所有的教學內容都與一個或多個教學目標相關。教材內容的排列必須依照熟悉的、困難的，以及邏輯的次序。唯有教學內容詳細充實，教師的教學活動才能順利進行，教材內容越充實對學習者的學習越有利。

㈥ 教材內容的組織性與邏輯性

教師在教學內容的選擇方面，必須在實施教學活動之前，以三大領域的知識層次為架構，分析所選擇的教材內容。在教材內容的選擇方面，必須考慮教材內容的組織性與邏輯性。前者指的是教材內容是否依據單元性質將知識進行專業性分類，由近而遠、由淺而深、由易而難、由古而今，進行有效的組織；後者指的是教材內容編排方面是否符合學科學習的邏輯性，提供學習者有利的學習條件。教師在教材選擇時，必須考慮教材內容是否符合組織性與邏輯性，為自身與學習者挑選更適切的教材，以利教學活動的進行。

五、教學媒體的運用

教學媒體的運用對學習活動而言，具有相當正面的積極意義。可使學習內容的選擇與架構更為精細，教學活動的實施更標準化，教學活動更有趣，藉由適當學習理論的應用使學習可以更具有互動性，有效促進學習品質等作用。教師在教學媒體的運用方面包括善用各項教學資源、教學技巧示範能力、靈活運用各項教具等項目。

(一) 靈活運用教學媒體

教學媒體的運用對教師教學活動的進行具有正面的意義，有助於提升教師的教學品質。教師在教學活動實施階段，應該針對單元教學內容及學科性質，選擇對教學活動有正面幫助的教學媒體並加以靈活運用。例如：非放映性視覺媒體（包括印刷教材、黑板、白板、圖表、實物、模型等）與放映性視覺媒體（包括投影片、幻燈片）、聽覺媒體（包括唱片、CD、錄音帶、廣播等）。教學媒體的選擇應注意教學情境是否大班教學、小組教學或自學方式，哪一種經驗最適合該教學目標及教學情境，哪些媒體特性較適合所選的學習經驗等。

(二) 善用各種教學資源

教學資源的運用有助於教師教學進行中引發學習動機，使學習者獲得有意義的學習經驗，並協助補充解說教學內容及提供學習者個人能力表現的評估。教師在教學前蒐集與教學有關的資源，並融入教學活動中，可使教學更具有彈性化，更適應個別差異。一般而言，教學資源泛指教師用來作為輔助教學活動進行的各種實物、非放映性教材（如圖書、圖解、表、圖表、相片）、錄音器材、教學媒體等各種設備（林進材，2000）。教師在教學歷程中，應該針對單元教學特性蒐集各種資源，作為教學活動進行的補充資料，以利教學品質的提升。

第二節　教師教學中的檢核項目

教學中通常包括教學流程的運用、教師與學生的互動情形、班級經營與常規管理。教師在教學互動中，必須掌握來自學生及班級情境的各種動態線索，作為教學上的因應，才能隨機調整教學策略與教學方法。

一、掌握教學流程

教師在教學活動的實施中，教學流程的掌握是相當重要的，有效掌握教學流程對教學品質的確認具有相當作用。在教學流程的掌握方面，教師通常必須針對各種教學活動作適切性的安排，了解教學準備活動、發展活動與綜合活動在教學歷程中的適切性，其次，在時間的掌握方面也應納入考量。

㈠ 教學活動安排的適切性

　　教學活動的安排是教學設計過程中的要素之一。主要目的是依據教學內容與教學目標，選擇與安排各項「教」與「學」的活動，以達到最高的學習成效與預定的目標。教師在從事教學活動時，應該重視「教師將要做什麼」與「學習者將要做什麼」等問題。因此，在教學活動的安排方面，教師應該了解單元教學的目標、特性，作為教學活動安排的參考，以適切的教學活動達到預定的教學目標。

㈡ 準備活動、發展活動、綜合活動的適切性

　　教師教學活動設計與實施方面，通常包括教學的準備活動（教學設計）、發展活動（教學實施）與綜合活動（教學評量）等階段。此三階段活動的設計與規劃，將影響教學活動進行的順暢與否，因此教師必須針對各階段的教學活動，進行形成性評量，作為隨時調整教學策略的參考。充分的準備與詳細的規劃有助於教師在教學流程中的掌握，教師可隨時調整自己的教學步調，因應瞬息萬變的外界環境。

㈢ 教學時間掌握的精確性

　　教師在教學活動進行時，應該掌握時間對教學的影響，了解多少時間做多少事，時間的變化與消逝使教師了解教學活動的進行情形，改變時間與控制時間同時也改變並支配教師的教學行動。教學活動進行時，在時間的考量點上，教師必須針對單元學習目標與學生在學習方面的變化情形，作為時間管理的參考，唯有時間掌握的精確性，才能預期教學目標的達成。

二、師生互動情形

　　教師在教學活動中，除了授課應該清楚明確，強化學生的學習成效之外，應該明白表現對學生的關懷、接納與重視，讓學生感受教師正向的回饋。教學活動進行時，師生的互動情形影響教學品質及教師教學效能。在師生互動方面，教師應充分啟發學生的學習思考、充分發揮尊重學生、教學態度積極的精神。

㈠ 良好的師生互動

　　教師在教學活動進行時，應該運用各種策略促進師生之間的良好互

動。在教學歷程中，應該運用正向讚美鼓勵學生優異的表現，以及勉勵表現較差的學生，讓每位學生在學習歷程中都有自我實現的機會。教師對學生的讚美鼓勵有助於提高學習動機，激發學生對學習的熱忱。尤其，教師適時地傳達對學生的期望，讓學生隨時了解教師對學生的期許，從師生互動中獲得正向的激勵作用。

(二) 充分啓發學生的學習思考

教師教學活動進行時，應透過各種策略了解學生在學習方面的思考情形，釐清學生學習困難的癥結，據以擬定有效的學習策略。在教學活動進行時，應該隨時啟發學生在學習方面的思考，引導學生面對各種學習上的議題，以解題的形式進行有效學習。教師的教學活動不應停留在傳統的灌輸知識，而是重視學生的思考活動，協助學生透過各種途徑解決問題，分析歸納、觸類旁通，以達到學習效果。

(三) 充分尊重學生

教師在教學歷程中，應尊重學生的學習思考歷程，設法摒除傳統以教師為主的教學型態，轉而為以學生為主的教學型態。在教學時設法提高各類活動的趣味性與意義性，讓學生從學習中得到樂趣，有助於學習參與感的提升。教師的教學活動與學生的學習活動如果無法產生互為主體性，學生的學習意願相對地會降低，對教學活動無法產生共鳴，學習參與感就會低落而影響教學活動的進行。

(四) 教學態度積極

教師在教學活動中，應該展現積極誠懇的態度，隨機變換各種教學技巧。在教學時除了具備多種教學技巧之外，配合學習需求加以使用，也應設法將各科學習活動的新概念與教過的舊經驗做有效的連結。從新概念與舊經驗的連結中，讓學生的學習活動產生類化現象，以舊經驗為基礎提高學習效果。

三、班級經營與常規管理

教師的教學行為與班級常規管理有正向的關係。班級管理是教學的前置活動，影響教師教學活動的進行，決定教學品質的良窳（林進材，2000）。因此，教師的教學要達到高效能，必須從班級管理著手，才能讓

教學活動的進行順利。教師班級經營與常規管理方面通常包括建立有制度的規則、學生偏差行為處理、注意班級中的事件、維持常規以利教學活動等。

㈠ 建立有制度的規則

教師在教學前應該針對學生的特質與教室的學習氣氛,建立一套有制度的規則來處理教學與班級秩序等事務,讓學生對規則的內涵有所了解,並要求每位學生都要切實遵守既定的法則,了解違反規則時將受到何種程度的懲處。教師在教學時,透過規則的運作,教學策略的配合,使班級秩序循著常軌而行。

㈡ 有效監控座位中的活動

教師在教學活動進行時,應該在教室隨意走動,有效地監控學生的學習活動,讓學生了解自己的行為隨時在教師的掌握中。透過教師正式語言行動(如口頭制止)與非正式行動(如眼神制止),有效地遏止學生的反社會行為。其次,教師也應透過各類行動(如非語文訊息、靠近及目光接觸),提醒學生的脫序行為,將負面的影響降至最低。

㈢ 矯正學生的偏差行為

學生的偏差行為與暴力問題是班級經營的一大致命傷,對於班級活動、教學的進行、同儕關係的發展與學習氣氛均有相當大的影響。學生偏差行為的出現(如不交作業、上課發出怪聲、干擾其他學生、不守秩序等),往往造成教師在班級經營上的困擾,因此如何釐清學生偏差行為的癥結,矯治其偏差行為是班級經營的要務。

㈣ 維持常規以利教學活動

班級常規的制訂與執行是為了使教學活動更暢行無阻,教學更有效率。班級常規是學生在教室生活中的一種規則,此套規則是由師生共同協商約定,用以配合教師教學或引導班級活動的進行。因此,教室常規如果無法導入正軌,就會嚴重影響教師的教學活動。教師在教學中必須經常中斷教學,加以處理學生的常規問題。有效班級經營必須由師生共同訂定教室生活中的例行工作和班規,並建立一套準則與獎懲辦法,同時讓學生了解不遵守常規的後果。

㈤注意教室中的各種事件

　　教學活動的進行受到內、外在因素的影響，內在因素包括教師本身的專業素養、教學前、中、後的思考與決策、教學表徵、教學行為等。外在因素包括學生的學習反應、學習行為、學習表現、常規等。教師在教室中要隨時注意內、外在線索，因應不同的線索採取各種有效的策略，注意教室中所進行的事件，有助於教學活動的進行，同時控制班級秩序。

第三節　教師教學後的檢核項目與實施

　　教學結束之後的活動，通常指的是教師的教學評量，並依據教學評量的實施形成新的教學計畫。換言之，教師在教學即將結束或正式結束之後期間，所從事與教學有關的活動均稱之為教學後。

一、教學評量方面

　　評量與評鑑都是教學歷程中的重要部分，在教學前的階段，教學評量可用於安置學生、選擇教學程序及了解學生的預備狀態；在教學中的階段，教學評量可以用來確定目標是否達成，作為調整教學程序的依據；在教學後的階段，教學評量不僅用來確定教學目標達成的程度，也用來考核教學策略的效能，及再次檢視學生的預備狀態與安置情形是否適當（李茂興譯，1998）。因此，教學評量的實施，有助於教師有效教學的達成，同時引導教師反省教學並形成新的教學計畫。通常在教學評量方面教師必須考慮各類評量形式的運用、教學評量能否反應教學目標、透過教學評量達到教學目標等問題。

㈠實施有效的教學評量

　　有效的教學評量應該包括三個層面：即教師的教學效率之評量（evaluation of teacher's teaching effectiveness）、學生的學習成就之評量（evaluation of student's learning achievement）、課程的設計與實施之評量（evaluation of curriculum program）（簡茂發，1988）。以教師為評量對象，評量的內容應該包括教學方法、技術、策略和教師特質。以學生為評量對象，應包括學生的學習行為和學習結果。以課程的設計與實施為評量對象應包括學校課程計畫與實施之利弊得失。教師的教學評量主要目的乃是在於權

衡教師教學的效率與學生的學習結果。同時也考量教師的教學效率與績效責任（accountability）。因此，教師可以透過教學評量的實施了解教學活動需要調整的部分以及擬定學習策略的參考。

㈡ 運用各種形式的教學評量

教師在教學活動歷程中應運用各種形式的評量，如安置性評量（placement evaluation）：評量學生的起點行為，藉以確定教學方式、型態與順序等；診斷性評量（diagnostic evaluation）：評量學生學習困難原因，以利補救教學之實施；形成性評量（formative evaluation）：在教學活動進行中對教師的教學及學生的學習表現評量；總結性評量（summative evaluation）：在教學活動結束後對學生學習成就的評量，以決定教學目標達成的程度及適切性；標準參照評量（criterim-referenced evaluation）：是以事前決定的標準作為評量學生學習行為表現之依據；常模參照評量（nom-referenced evaluation）：是將學習者的學習表現與某一特定的參照團體相比較，作為教學評量的依據。

㈢ 適切運用教學評量

教學評量是當學習者完成一個教學單元時，評鑑學習者亦確定教學是否成功地達成該單元的目標。教學評量的實施是運用科學方法，蒐集有關學生學習行為及其成就的正確資料，再依據教學目標，針對學生學習表現的情形，予以分析、研究與評斷的一系列工作。教師在教學活動歷程中，透過有效評量的實施，作為修正教學目標，並改進教學活動及使用的教材教法。因而，教學評量不是教學活動的終結，就整個教學活動歷程而言，是屬於承接轉合的關鍵部分。教師應適切運用教學評量，作為衡量教學活動實施的得失參考，據以修正教學活動。

教學專業成長的建立，促使教師在教學歷程中，參照教學知識基礎，揉合學科的教學知識、課程知識等，以形成各種成熟的專業行為。教師教學專業化的建立，引導教師在教學歷程中涵養精熟的教學理論，透過師生雙向溝通與互動，達成預定的教學目標。唯有建立教學專業成長體系，才能使教師在教學前擬定完整的教學計畫，掌握學習者的各種特質，形成教學的參考架構，使教學活動的進行更順暢。

二、教學觀摩

　　教學觀摩是教師在教學生涯中，相當重要的一環。透過單元教學觀摩的實施，可以展現教育歷程中專業方面的成長與改變，引導教師針對自身的專業成長，自我檢討與反省，以期許減少教學歷程中的嘗試錯誤，邁向專業成長的理想。

　　　　　　　（本文修改自作者〈實習教師的教學觀摩評量與檢核〉一文）

第十七章

新興的教學議題

　　由於資訊的快速成長，教學科技隨著資訊的變化，在教學理論與方法的運用方面，出現教學議題的革新情形。本章針對新興的教學議題，介紹目前國內興起的幾個教學議題，簡要介紹說明如下：

第一節　佐藤學的學習共同體

　　佐藤學是日本東京大學大學院教育學研究科教授，在經過多年的實驗研究之後，提出「學習共同體」（Learning Community）的理念，近年襲捲臺灣教育界與論壇，彷彿為當前臺灣教育現況找到了另一個春天。有關佐藤學的「學習共同體」理念簡要說明如下：

一、學習共同體的理念

　　學習共同體的理念，源自於教室中出發的改革，認為教育的目的不是彼此相互競爭，而競爭的教育應該轉型成為共生教育。過去追求量（分數）的教育，應轉變為重視質（思考）的教育。「學習共同體」的教育目標，並非培養只會考試拿高分的孩子，而是透過引導的教育方式，讓孩子在浩瀚無涯的知識領域內探索，培養「思考」與「如何學習」的能力（余肇傑，2014）。

二、學習共同體的定義

　　「學習共同體」是一種教育理念。在主打「學習共同體」理念的學校裡，學校不僅是一個提供學生相互學習的地方，同時也是教師彼此交流、成長的場所。家長和社區居民則透過參與孩子的學習成為「學習共同體」中不可或缺的一分子。換言之，「學習共同體」所指涉的對象包括了學生、教師、家長與社區人士或資源等，學校教師的教學不再是單打獨鬥，而是在這個社群裡有著龐大社會資源的支持與後盾（余肇傑，2014）。因此，學習共同體的主要用意，在於說明學校教育不應該將學生的學習，視為零碎的、片段的、部分的、個體的、獨立的，而應該視為整體的概念。教師的課程與教學實施，不管從規劃設計、實際實施到成效評鑑等，都應該將學習視為整體。

三、學習共同體的教學實施

「學習共同體」中，教師的教學步驟依序為hop－step－jump：1. hop階段旨在喚起學生學習動機與複習舊經驗；2. step則呈現課本教材並進行協同學習，類似臺灣課堂上的發展和綜合活動；3. jump階段，教師應該安排比教科書更難一點的內容，使所有孩子在課程中透過「協同學習」，得以有「伸展跳躍」與追求卓越的機會。佐藤學教授以維高思基「近側發展區」的觀點，對學習有這樣的定義：學習就是藉由「透過媒介的活動」與嶄新世界相遇，並在與教師及同學的對話中「伸展跳躍」（黃郁倫、鐘啟泉譯，2012）。

四、在學習共同體的實施之後

學習共同體的主要理念，在於將學生的學習責任，透過群體相依相賴的形式，讓每一位學生可以在教室的學習中，透過相互指導、相互學習、合作學習等方式，尋求學習上的成就感，不再視學習為畏徒，積極的參與學習活動，在教室生活中獲得成功、獲得成就感。

「學習共同體」的理念，基本上不離：1.以學生為中心、重視學生思考、培養學生聆聽與發言的能力；2.教師角色為協助者、設計教材提供學生伸展跳躍、開放教室觀摩促進教學卓越；3.家長與社區人士應積極參與孩子的學習，並建立親師合作良善關係等理念（余肇傑，2014）。

臺灣中小學對於佐藤學的學習共同體的理念和做法，深信不宜且身體力行，希望透過學共同體的理念和做法，改善目前的教學成效，精進自身的教學專業能力。這是一股值得鼓勵的改革風潮，不管改革實施的成效好壞，總是願意在教學生涯中，進行一丁點的改變，此為中小學教師教學改革值得鼓勵部分。

第二節　學思達教學

「學思達教學法」主要的理念，在於讓學生在人性化的教學場域裡，透過自「學」、閱讀、「思」考、討論、分析、歸納、表「達」等能力的培養，成為具備二十一世紀核心素養的未來人才（張輝誠，2016）。

　　學思達教學是臺北市中山女高張輝誠老師提出來的教學理念，學思達教學法，是一套完全針對學生學習所設計的教學法，真正訓練透過教師教學與學生學習主角的互換方式，將所要進行的教學內容，重新改編為問題導向的講義，引導學生學習的方式。

一、學思達教學的意義

　　學思達教學法，是一套完全針對學生學習所設計的教學法，真正訓練學生自「學」、閱讀、「思」考、討論、分析、歸納、表「達」、寫作等等能力。透過製作全新的以問題為導向的講義、透過小組之間「既合作又競爭」的新學習模式、將講臺還給學生、讓老師轉換成主持人、引導者，讓學習權完全交還學生（張輝誠，2016）。

　　學思達的教學實施，主要在於透過教師的專業介入，製作以問答題為導向、補充完整資料的講義（控制學生學習的最佳專注時間，不斷切換學習樣貌）、透過小組之間「既合作又競爭」的學習模式、將講臺還給學生、讓老師轉換成主持人、引導者、課堂設計者，讓學習權交還學生。每一堂課、每一種學科都以促進學生學習興趣、增強學生各種能力、訓練學生閱讀、思考、表達、寫作、判斷、分析、應用、創造等綜合能力為主（張輝誠，2016）。

二、學思達教學的實施關鍵

　　學思達教學的實施，主要關鍵在於將課程與教學的內容知識，以講義的方式呈現，因而講義的編製就成為教學成功與否的主要關鍵因素。在學思達講義的編製原則方面，包括下列幾個重要的因素：1.所有的學習素材，都可以透過編製成為學生學習的材料；2.設計各式各樣的問答題，作為學生閱讀資料的思考起點；3.講義的編製要以學生學習的真實程度為起點；4.講義的內容要以課本的知識為重點，由簡單而複雜、由淺而深、由易而難等；5.讓課本的知識與學生的生命、處境，和現實產生關聯（張輝誠，2016）。

三、學思達的應用

　　學思達教學法的應用，經過相關的研究發現，對於學生的學習成效，具有正面積極的意義。然而，每一種不同的教學方法，在實施過程中只要針對學習情境、學生的先備知識、教師教學效能、學生學習成效等，擬定不同的教學策略，則任何教學方法的實施，一定都會產生預期的效果。

　　學思達教學方法在臺灣的發展，由於提倡者的努力，加上媒體的宣傳與教師的學習意願高，在臺灣產生相當大的迴響。教學方法的採用與改變，需要的是教師專業成長上的配合，不管教學革新是「新瓶裝舊酒」或是「舊瓶裝新酒」，只要是對教師教學與學生學習有助益的，教師都應該在教學實施中，改變並採用新的教學理念與方法。

第三節　MAPS 教學

　　MAPS教學法（teaching strategies of mind mapping, asking questions, presentation and scaffolding instruction）為臺灣原創教學法，教學過程以學生為中心，巧妙運用不同教學策略的轉換，持續引發學生的學習動機。

一、MAPS教學法的意義與內涵

　　MAPS教學法為南投縣爽文國中王政忠主任所提出，其核心元素融合心智繪圖（mind mapping）、提問策略（asking questions）、口說發表（presentation）以及同儕鷹架（scaffolding instruction）四種教學策略，組合成一套四個進程（process），每個進程九個步驟（step）的嚴謹教學法。教學過程以學生為中心，將學習主權回歸學生，採取分組共學模式，融入合作學習的概念，目的在於改變學生學習態度，懂得專注聆聽、彼此尊重、小組合作以及分享榮譽。針對MAPS教學法四種教學策略的內涵探究如下（陳水香，2018）：

㈠心智繪圖

　　王政忠（2016）指出MAPS教學法中的心智繪圖（mind mapping），是協助學生閱讀理解，建立讀者觀點的工具，承襲Tony Buzan的心智圖概念，學生於文本閱讀後，對訊息理解產生 "I see" 的記憶，將文本中心思想

置中，繪製成圓心向外順時鐘方向擴散的心智圖，利用箭號、不同顏色的線條、關鍵字等，以脈絡化方式，呈現出作者於文本中所傳達的想法。不同於Buzan的心智圖，教師為鼓勵學生創作，將讀者對文本 "I feel / I think" 的觀點，於心智圖下方，利用文字轉述出文本中抽象及批判性思維，建構成讀者的文學素養。

㈡ 提問策略

MAPS教學法中的提問策略（asking questions），乃指教師課前根據文本內容，設計層次分明的暖身題、基礎題與挑戰題，於課堂上利用問答、搶答方式，引導學生理解文本所傳遞的訊息，藉由低層次理解的暖身題與基礎題，結合學生舊有經驗與先備知識，連接課堂所學新知，並透過高層次理解的挑戰題提問，解構作者觀點，建立讀者自己的思維，讓學生養成主動閱讀的習慣（王政忠，2016）。

㈢ 口說發表

學生依據教師所提問的暖身題與基礎題答案，運用分組合作學習共學的方式，小組成員一起繪製心智圖，MAPS教學法中的口說發表（presentation），要求各組學生上臺發表心智圖，目的是為了驗證學生能否理解文本所傳達的訊息，其餘學生除了專注聆聽同儕發表外，藉由省思報告內容、發現問題的過程，培養學生提問及解答問題的能力。

㈣ 同儕鷹架

同儕鷹架（scaffolding instruction）在MAPS教學法中運用的是異質性分組的合作學習模式，每組四名學生，小組共學時，由中高程度的學生負責教會程度中低者，教師善用籌碼計點的增強方式，鼓勵中低程度學生回答。為保持學習熱忱，中高程度的學生隨後抽離自學，教師將小組重組，產生新的領導者，此時班上有學習優勢者的自學模式及尚未抽離學生的合作共學，差異化的學習目標及任務，讓常態分班下，所有學生仍能獲得適性的學習。

二、MAPS的教學流程

MAPS教學法的教學架構計有P1到P4四個教學進程，每個教學進程中，涵蓋九個教學步驟（如圖17-1）。教學進程從P1到P2，屬於扶弱階

P1	P2	P3	P4
・前測暖身	・前測暖身	・前測暖身	・前測暖身
・小組共讀	・小組共讀	・小組共讀	・自學課文
・基礎提問	・基礎提問	・基礎提問	・基礎提問
・心智繪圖	・心智繪圖	・自學共學	・心智繪圖
・口說發表	・口說發表	・口說發表	・口說發表
・挑戰提問	・挑戰提問	・挑戰提問	・挑戰提問
・自學作業	・自學作業	・自學作業	・自學作業
・PISA後測	・PISA後測	・PISA後測	・PISA後測
・總結後測	・總結後測	・總結後測	・總結後測

圖17-1　MAPS教學法之四個進程與九個教學步驟

資料來源：王政忠，2016：116

段，即補教教學部分，教師初步介紹心智繪圖概念及方法，以基礎題提問設計，引導學生理解文本內容，逐步帶領學生繪製心智圖，從不會到會，善用同儕鷹架的分組合作學習方式，藉由程度高的學生協助指導程度低的學生，對程度高的學生而言，教會他人同時也是驗證自己的學習能力。MAPS教學法中的同儕鷹架，採異質性分組，學生程度由高到低，在小組中依序被稱為「教練」、「明星球員」、「老闆」及「黑馬」，當「教練」已經能獨立完成心智圖繪製，此時教學進程可進入P3階段，即差異化教學部分，將程度高的「教練」抽離自學，剩下的學生再次進行分組，教師此時賦予不同程度學生不同的學習任務，組內學生依循P1到P2階段的小組共學，直到大部分學生皆能抽離組別自學，教學進程進入P4階段，即拔尖教學，此進程大部分學生已能獨立完成心智繪圖，且能回答提問設計中的挑戰題部分，並於心智繪圖中，表達 I feel / I think 的讀者觀點，培養出主動閱讀的文學素養。

　　每一個進程皆涵蓋九個教學步驟，P1與P2階段的教學步驟雖然一致，但由於學生初次接觸心智繪圖，教師在P1階段中，採逐步引導方式，各組進度相同。到了P2階段，小組間完成心智繪圖的時間快慢不一，因此教師先提供挑戰題讓已完成的組別進行思考討論，待各組皆已完成心智繪圖，再一同口說發表。P3與P4階段教學步驟的差異在小組共學與學生個別自學的部分，此時的差異化教學，可依照學生程度有不同的學

習目標與挑戰。每個進程在結束小組心智繪圖的口說發表後，教師提出挑戰題，利用籌碼計點方式增強學生的回答動機，挑戰題的設計，配合心智繪圖 I feel／I think 部分，屬於學生自學作業。各個進程中的PISA後測及總結後測，目的在評鑑學生對文本的熟悉與理解，冀希達到複習的效能。

三、MAPS的教學應用

任何教學方法的運用之前，教師需要先了解該教學法的限制，才能掌握教學方法的精髓。每一種教學方法本身有其運用情境和運用的限制。MAPS教學方法的實施，需要教師運用高度的教學智慧，學生的素養可以配合之下，才能在教學活動中，進行一場優質的教學活動。

MAPS教學法善用教學策略的轉換，在四個進程中，落實九個教學步驟，是當前教育推動翻轉教室時，成效顯見的教學法，尤其在閱讀文本方面，確實能協助學生理解內容。以學生為主體（student-centered）的教學模式，除了傳統的講述教學外，更結合分組合作學習的概念，將學習主導權回歸學生，教師扮演引導的角色，能持續引發學生的學習動機與興趣，除了增進閱讀理解能力外，也培養了學生溝通協調能力（communication）、團隊合作能力（collaboration）、複雜問題解決能力（complex problem solving）、批判性思考能力（critical thinking）以及創造力（creativity）等現今公民應具備的二十一世紀技能（21th century skills）。

（本節由臺南市興國中學陳水香老師提供，內文引用其碩士論文中之文獻探討）

第四節 翻轉教學

一、翻轉教學的意涵

翻轉教學，又稱之為翻轉教室（flipped classroom）、顛倒教室、翻轉課堂、翻轉課程等，是近年來在進行中的新型教學模式，是一種對於知識學習的翻轉方式（黃盈瑜，2018）。翻轉教學的概念，是源自於1990年代哈佛大學Eric Mazur教授有感於大部分的學生，只會紙筆測驗卻不懂得如

何將知識運用在自己的生活中。為了改善此種情形，而重新規劃自己的課程與教學做法，基於互動式的教學方法，要求學生在上課之前採取預習的動作，透過網路學習反應碰到的問題。

翻轉教學的產出，即是針對傳統的教學問題作思考與改進，傳統的教學是在一間由教師擔任主角的教室中，讓每一堂課都是由教師去自導自演，從教師的角度來設計詮釋整個教學活動，長時間以來，這樣的講授方式讓學生常常失去興趣與動機，無法集中精神，教師也不容易解決教室管理問題，師生容易產生衝突與對立（黃政傑，2014）。

二、翻轉教學與傳統教學的差異

翻轉教學的實施，主要的概念來自於傳統教學，透過對傳統教學的修正形成一種新的教學策略（或稱方法）。有關傳統教學與翻轉教學的差異，參見表17-1。傳統教學的實施，在教學主角方面，由教師主導教學活動的進行，翻轉教學由教師與學生共同參與；在知識的教導方面，傳統教學偏重於知識的記憶和理解，翻轉教學偏重知識的應用與分析；在認知層次方面，傳統教學偏重低層次的認知教學活動，翻轉教學偏重高層次認知教學活動；在知識結構方面，傳統學偏重知識認知結構，翻轉教學偏重知識理解結構；在學習權力方面，傳統教學由教師主導，翻轉教學學生主導；在學習動機與參與方面，傳統教學忽略學習動機和參與，翻轉教學重視學習動機與學習參與。

表17-1　翻轉教學與傳統教學的差異

內涵＼方法	傳統教學	翻轉教學
教學主角	教師	教師與學生
知識的教導	偏重知識的記憶與理解	偏重知識的應用與分析
認知層次	偏重低層次認知教學活動	偏重高層次認知教學活動
知識結構	偏重知識認知結構	偏重知識理解結構
學習權力	由教師主導	由學生主導
學習動機	比較忽略學習動機	重視學習動機
學習參與	比較忽略學習參與	重視學習參與

三、翻轉教學的實施策略

翻轉教學的實施和一般傳統教學有所不同，翻轉教學在實施過程中，教學的主導權逐漸由教師轉移至學生身上。翻轉教學的實施策略，一般分成同儕互助教學、作業本位模式、反轉課堂等。

1. 同儕互助教學

同儕互助教學是一種強調以「學生學習為中心」的教學設計，透過同儕互助的方式，可以強化教師與學生的互動、學生同儕與同儕的互動，進而提升學生的學習效能。透過學生在課堂中與作業上的相互指導討論與合作，有助於提升學生的學習成效，降低來自學習方面的挫折與壓力（黃盈瑜，2018）。

2. 作業本位模式

作業本位模式的教學設計，主要是來自教室中學生的學習存在差異現象，教師無法用同一的教學方式，指導不同學習差異的學生，達到學習上的齊一標準。因此，由教師針對課程目標，設計需要達到標準的作業，讓每一位學生在上課前，先有問題思考和寫作，以利在上課時可以隨時針對學習議題進行回應。

3. 反轉課堂

反轉課堂的教學設計理念，來自於當教師的教學風格與學生的學習型態有相互衝突時，容易使學生的學習成效降低，影響學生的學習動機和學習參與，進而對教學內容失去興趣。因此，教師必須在教學活動實施中，隨時針對學生的學習而改變或採用不同的教學方法。

四、可能遭遇的問題

翻轉教學的實施，儘管和一般傳統教學有所不同，相關研究也指出，翻轉教學相對於傳統教學，在教學成效和學生的學習參與上，具有正面積極的意義。然而，任何教學方法的運用，本身就是一種限制。翻轉教學的實施，在臺灣試行一段時間之後，發現可能遭遇的問題如下（黃政傑，2014；黃盈瑜，2018）：

1. 翻轉教學加重教師的教學負擔，需要更多的專業支持。
2. 翻轉教學降低教師教學活動中的言教、身教、境教等影響力。
3. 翻轉教學增加教師備課時間和負擔。

4. 翻轉教學考驗教師的資訊素養與教學風格。
5. 翻轉教學取決於學生是否自律、自動學習，對自己學習負責任。
6. 翻轉教學的教材設計取決於教師專業能力。

第五節　心智圖教學

心智圖教學的主要意義，在於教師指導學生將課程教學的知識重點，透過繪圖的方式，以學生可以理解的方式呈現出來，心智圖的繪製本身必須具有系統性、意義性、知識性等，才能讓學生在學習過程中，既能達到學習樂趣還能提高學習效能。

一、心智圖教學的意義

心智圖乃將大腦中所吸收的訊息加以組織、內化，運用視覺圖像呈現讀者反芻文本後的訊息架構。心智圖繪製的原則是將主題置中，向四方作概念的延伸，以圓形圖、魚骨圖、樹狀圖等方式呈現讀者對文本的認知（Buzan, 2006）。心智繪圖是運用I see的設計用意在於統整文本的主題以及解構其脈絡。教學過程中，師生間以基礎題的提問與回答方式解讀文本，藉由小組共同繪製心智圖，確認所有學生能夠完整理解文本內容，共學時，小組將心智圖繪製於海報上，不同層級概念以不同顏色區分，自學作業則由學生個別重新描繪心智圖於筆記中，此時教師要求心智圖的同一層架構，除了顏色區隔外，文字、符號、線條粗細須標示清楚，用以明白各層級間的從屬關係。自學作業將挑戰題的答案建置於心智圖 I feel / I think文字說明的部分，幫助學生賞析文本，形成讀者觀點。完整的心智繪圖，是學生學習的軌跡，也是日後複習的依據（陳水香，2018）。心智圖的概念乃利用全腦思考與激盪，將枯燥冗長的文本，整理出放射狀的邏輯想法，結合顏色、線條、符號與關鍵字，繪製出概念分層的圖像，讓學生容易理解文本內容，透過色彩與圖像，增進長期記憶。

二、心智圖的繪製

心智圖的繪製方式為學習者將文本的中心思想置於畫紙中間，激盪左右腦力，產生訊息聯想，做放射性概念延伸，按閱讀理解認知，將訊息分

層，以圓心向外做放射圖、魚骨圖、樹狀圖等多元形式呈現。心智圖為圖像式的思考工具，提供學習者一個有力的系統，利用視覺的圖像刺激，統整歸納出邏輯性的思維，增進閱讀理解與長期記憶的能力，能提升學習的積極度、促進學習動機、增加學生創造力與自信、提供多元學習模式以及改善學習效能（陳水香，2018）。

三、心智圖的教學應用

近幾年來，心智圖的概念在許多領域被廣泛運用，國內外研究者亦證實心智圖在教育上有助於提升閱讀理解的成效，Buzan（2006）說明落實心智圖於教學上需注意幾點要項：1.將文本中的中心思想置於圖畫中央；2.利用圖片、意象、色彩，取代文字、句子等贅述，呈現視覺上的刺激；3.使用關鍵字代替文句來串聯想法、訊息，達到精簡有力的效果；4.以中心思想做為起點，將第二、第三等層次的概念，做放射性的擴充；5.層次分類以箭號、圖像、顏色做區別，取代直線構圖；6.對於文本的訊息理解、想像力、邏輯推理、空間認知等，繪製於心智圖上；7.建立個人風格，可以圓型環狀圖、魚骨圖、樹狀圖等形狀繪製（陳水香，2018）。

繪製心智圖時，中心思想置中有利於將想法呈放射狀的層層擴充，學習者以關鍵字或標題串連各個層次，對於關鍵字的選用必須切題，藉以刺激大腦思考，發掘更深層的文本細節。教師初步於課堂上導入心智圖觀念時，應指導學生如何從冗長文句中，挑選適切的關鍵字，讓文本化繁為簡，思緒能衍生、聯想。心智圖運用顏色對文本產生的點子、想法加以分層，表達學習者對文本認知的意義和觀點，藉由顏色分類能加深聯想，提升記憶力。例如：「交通號誌」的色彩學原理，學生使用綠色代表可行、安全、正向的思想連結，黃色代表模糊、可發展、待求證的點子，而紅色則是缺點、負面或問題想法的表徵。心理學家發現鮮豔的色彩比黑白二色更能幫助大腦儲存形像，並且增加記憶力。心智圖主張使用圖像刺激大腦視覺能力，能帶來無限的創造力及提升記憶力。學習者對圖像的反應比對文句敏捷，且圖像刺激確實能將短程記憶提升為長程記憶。除了圖像，心智圖也鼓勵使用符號串聯想法間的關係，以箭號連貫不同的主題，代表各個想法彼此間相互的關係。

四、心智圖的實際例子

　　心智圖的表現方式多樣，除了放射狀的心智圖外，亦可以概念圖表、蜘蛛網圖、樹狀圖、魚骨圖等不同架構圖示呈現（Peterson & Snyder, 1998）。常雅珍（2005）認為「位置記憶法」有助於記憶的提升，將關鍵字與位置產生聯結，透過聯想繪製成圖，能加深記憶。將文本邏輯架構完整呈現的心智圖，除了以中心思想為圓心向外擴散的圓形圖外，教師亦可讓學習者發揮多元創意，繪製不同造型的心智圖，表現學生創造力，呈現個人風格（陳水香，2018）。

（本節由臺南市興國中學陳水香老師提供，內文引用其碩士論文中之文獻探討）

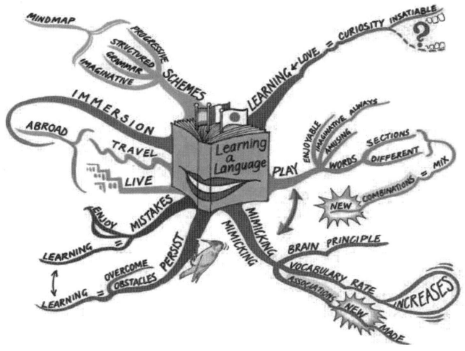

圖17-2　心智圖：以語言學習為例

資料來源：Tony Buzan, 2006: 195

1.透過讓他訴說，回憶的過程，來澄清對小提琴的想法
2.面對過於強烈的情緒表達，無須制止、建議、說教，以提他宣洩的出口
3.采證正面的鼓勵，避免過於苛刻的評論

對小提琴產生的自我混淆
有時配要摔爛他，有時卻想抱著它睡

挑釁他人的舉動
事後內心自責自己讓他人傷心

1.引導他思考行為後的結果
2.可藉由閱讀來轉介其注意力
3.讓其嘗試與他人道歉並說出內心想法

維持圓滿家庭的渴望
若舉發父親家暴進牢內心產生愧疚

1.琳達繼母瞭解其家庭概況，並鼓勵與其
　父後溝通
2.轉介社福單位說明他脫離困擾
3.與他分享其他案例，請他明白自己不是
　孤身一人

吉約姆
的問題

母親過世的自責感
覺得母親是為了救她才從懸崖摔落

1.深入瞭解事實真相，不只聽朵其單方面說法
2.協助他正視事件的發生，分享自己的情緒
3.瞭解他事發後在家的表現情形，家長的但心與顧慮

父親對他的期望甚高
吉約姆認為做錯事該被體罰

1.蜿轉告訴他忍受父親對他的鞭打是不合理的
2.在發現鞭打傷疤之時，應立即申報社福單位
3.避免過度激起問題，誘導他說出事實經過

喜歡閱讀課外書
但在學業表現上卻顯得低落

1.從課外讀物中找尋素材，作為教學依據
2.引用課讀物內容，慢慢將其重心轉至課業上
3.找出無法專注的原因，以協助改善其行為

圖17-3　以「人的問題」為中心的心智圖

第六節　核心素養的教學

核心素養（key competencies）指的是一位地球村現代公民的基本素養，包括發展主動積極社會參與、溝通互動及個人自我實現等（徐綺穗，2019）。

一、核心素養的教學理念

核心素養的理念，強調的是學習者的主體性，和傳統以「學科知識學習」為學習的唯一範疇有所不同，而是強調與真實情境結合並在生活中能夠實踐例行的特質。核心素養的主要內涵，是個人為適應現在生活及未來挑戰，所應該具備的知識、能力與態度，在於實現終身學習的理念，所以注重學生學習歷程、方法及策略（國家教育研究院，2014）。

核心素養的本質是以個人為中心的多面向發展，內涵包括知識、能力及態度等，所需要的心理功能運作涉及複雜的體系。核心素養的特性包括：1.跨領域與科技整合的運作；2.與生活情境的連結與運用；3.有利於個人社會的發展（蔡清田，2014）。

二、核心素養的教學策略

核心素養的教學策略與一般的教學策略有所不同，傳統的教學策略以學科知識為主要的重點，教師採用一般的教學設計理論與經驗，將學科知識容入教學設計與實施當中，引導學生進行學習活動。核心素養的教學策略，主要在於培養學生核心能力的養成與運用，因此營造學習環境是教學設計的重要關鍵，要提供促進學生積極學習的環境，課堂當中需要提出開放性的問題，激發學生藉由討論、體驗探索和創造來解決問題，以培養各種素養。另外，在核心素養的教學設計方面，可以考慮採用探究主題為核心的專題學習（project-based learning），培養學生的核心素養，讓學生在探究的過程中透過與同儕的合作溝通對話，進行跨領域的知識學習，在學生學習參與的歷程中，有助於統整知識、內化經驗及發展核心素養。在核心素養教學的基本原則方面，包括：1.任務導向的學習；2.跨領域的學習；3.兼顧合作與個別化的學習；4.兼顧學生引導和教師引導的教學；5.教學結合科技；6.兼顧內部和外部學校教學；7.學校支持學習者的社會和情緒發展（徐綺穗，2019）。

三、核心素養的教學設計原則

核心素養的課程與教學設計的原則（陳聖謨，2013；林進材，2019；徐綺穗，2019）：

1. 教學應該從建構新學習化開始

核心素養的教學應該從建構新學習文化開始，既重視學生的知識學習，也重視培養學生運用各種學習策略來幫助自己的學習；在教師教學方面，應該鼓勵教師改變自己的教學心智生活，鼓勵教師採用創新的方法，持續性的進行教學反思與修正自己的教學理論方法。

2. 素養作為課程垂直與水平統整設計的組織核心

素養導向的教學設計與實施，不僅重視學習領域的核心概念，同時以學生為中心，強調學生重要生活能力與態度的養成。因此，在課程與教學設計方面，需要採用主題式的課程與教學設計，並且在課程與教學內容方面，尋求與核心素養的之對應。

3. 循序漸進式的教學

核心素養的教學設計與實施需要一段長時間，才能培養學生的知識、

能力和態度。因此，在課程與教學設計時，應該讓教師有長時間的引導，使學生在探究體驗的歷程中，逐漸養成素養所要求的各種能力。所以教師在教學時，應該採取漸進式的加廣加深的引導，使學生的各種素養能力逐漸提升。

4. 採取多元評量

核心素養的課程與教學重視主題課程，其內涵是多面向元素組成，教師在進行教學評量時，除了傳統的紙筆測驗外，還需要發展真實性評量、實作評量、檔案評量等多元的評量方式，才能真正了解學生的學習成效。

第七節 差異化教學

一、差異化教學的意義與模式

㈠ 差異化教學的意義

差異化教學（differentiated instruction）是一種針對同一班級之不同程度、學習需求、學習方式及學習興趣之學生，提供多元性學習輔導方案的教學模式。因此，差異化教學強調的是學生的學習程度、需求、方式等在學習上的特殊性。有關差異化教學的概念，請參見圖17-4（林進材，2015）。

差異化教學的主要理念，是希望教師透過對學生個別差異及需求的了解，彈性地調整教學的內容、進度和教學評量的方式，透過策略與方法的應用，提升學生的學習效果，並且從教學中引導學生適性的發展。差異化教學的實施，除了考慮學生的需求之外，也顧及教師教學上的需要。建立在下列的三個理論基礎上：1.腦力研究（brain-based research）：透過腦力研究可以幫助我們了解到哪些因素會影響學生的學習，了解愈多，愈能有助於教師提供學生更有效學習；2.學習風格與多元智能（learning styles and multiple intelligences）：了解學生運用視覺、聽覺或動覺接收訊息的偏好，以及學生多元智慧，可以幫助教師採取適切的教學；3.真實性評量（authentic assessment）：經過測量之後，能夠了解學生是否學到老師所教的內容，所以課程必須與學生學習結合，教學策略必須配合學生需求，評量必須是多元、彈性和適切，且能評估學生持續的表現。

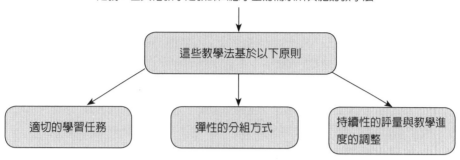

「如何教學差異化？」

定義：差異化教學是教師回應學生的需求所實施的教學法

這些教學法基於以下原則

適切的學習任務　　　彈性的分組方式　　　持續性的評量與教學進度的調整

教師可以在以下層面考慮實施差異化教學

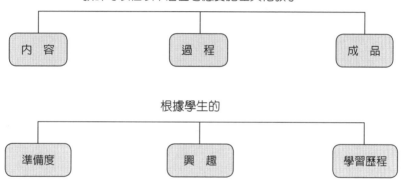

內　容　　　　過　程　　　　成　品

根據學生的

準備度　　　　興　趣　　　　學習歷程

靈活運用以下策略

多元智能	分層式課程	4MAT
拼圖法	分層中心	多元詢問策略
錄音	分層式教學中心	興趣中心
錨式活動	學習合約	興趣團體
多元組織策略	小組教學	多元作業
多元文本	團體探究	壓縮課程
多元輔助材料	分軌研究	多元提示策略
文學圈	獨立研究	複雜指示

圖17-4　差異化教學概念圖（林進材，2015）

（本文載於《教育的50個重要概念》一書中）

㈡ 差異化教學的意義與實施

1. 基本理念

差異化教學的實施，主要是奠基於：(1)依據學生學習差異及需求；(2)彈性調整教學內容、進度與評量方式；(3)提升學習效果，引導學生適性發展。透過差異化教學的實施，有助於提升教師專業，表達對學生學習方面的關心與支援，增加並提供學生學習歷程中的成功經驗，進而提升學生的學習效果。因此，差異化教學的關鍵，在於學生重視的學習差異情形，並依據學生的學習差異情形，給予學生不同的教學策略與方法。

2. 差異化教學的方針

差異化教學的實施，主要是教師應該依據學生的個別差異以及學習上的需求，所實施的教學活動。因此，教師的教學要能積極掌握學生在學習方面的各種差異，並依據學科屬性，做內容的調整，針對各種需求妥善調整教學內容、進度，並採取適切的教學方法，以達到預期的教學目標。因此，差異化教學的實施，必須顧及各類型、各層級的學生需求。

3. 學生的興趣、準備度、學習歷程

差異化教學的實施，在策略的選擇和運用方面，應該考慮學生的興趣、準備度及學習歷程等三方面的特性。在興趣方面，指的是學生對學習本身的偏好、喜歡的事物、善用的策略與方法、對特定主題的喜愛、覺得有關係有吸引力的事物等；在準備度方面，指的是學生學習的舊經驗、先前概念、學科基本技能與認知、對主題的基礎認知等；在學習歷程方面，指的是學生的學習風格、學習類型等。教師透過對學生興趣、準備度、學習歷程的掌握等，依據學生在此三方面的差異情形，選擇適合學生的學習策略。

4. 學習策略與舉例

差異化教學在策略的選擇方面，由於學生在學習興趣、學習風格與準備度的不同，教師可以選用下列策略，作為差異化教學上的參考（吳清山，2014）：

(1) 多元智能：例如運用多元智慧教學的方式，尊重學生的多元智慧發展。

(2) 拼圖法：例如用拼圖玩具進行教學，引導學生進行學習。

(3) 錄音：例如：運用有聲教材進行教學活動。

(4) 錨式活動：例如：運用圖示組織工具進行教學。

(5) 多元組織策略：例如：運用多樣化的教材進行概念的教學活動。

(6) 多元文本：例如：運用多樣化的教材。

(7) 多元輔助材料：例如：運用多樣化的補充教材。

(8) 文學圈：例如：運用文學作品賞析的方式，進行語文方面的教學。

(9) 分層式課程：例如：運用多階梯式課堂，將課程依據層度或深度，進行分層的學習。

(10)分層中心：例如：運用階梯中心的策略。

(11)分層式教學成果：例如：階梯式的產品，產出型的產品。

(12)學習合約：例如：和學習者依據學習特性和教學特性，簽訂學習合約。

(13)小組教學：依據學生的屬性（或學習成就差異），進行分組小組教學。例如：強弱搭配，兩兩練習時，強的學生先，有做示範的功能。

(14)團體探究：採用分組合作學習的團體探究方式。

(15)分軌研究：依據主題不同，進行研究。

(16)獨立研究：進行個別性的獨立研究。

(17)4MAT：McCarthy所提出的4MAT教學系統著重於主動的學習和思考，是一種應用於左右腦運作的教學系統，它被稱做「全腦教學系統」（whole-brain instruction system）。包含了「連結」、「檢視」、「想像」、「傳授」、「練習」、「延伸」、「精鍊」、「整合」等八大步驟。

(18)多元詢問策略：例如：採用多種的問題教學法。

(19)興趣中心：例如：上課的分組可以依據學生不同的興趣為主。

(20)興趣團體：例如：興趣分組的策略。

(21)多元作業：例如：依據不同的學生程度，給予不同的家庭作業。

(22)壓縮課程：例如：有些課程必須做濃縮，或是和其他課程合併。

(23)多元提示策略：採用多種的概念提示策略。

(24)複雜指示：採用多元、多種策略指示教學。

第八節 文化回應教學

　　文化回應教學的理念，源自於多元文化教育。主要是希望教師的教學，不僅要回應整體社會發展的需要，提供社會演變的各種制度、意識、教育等功能，同時還要回應種族、語言、文化、階級、地位等在教與學方面的實際需要（林進材，2008）。本節針對文化回應教學的意義、面向、應用等，提出簡要的說明。

一、文化回應教學的緣起與意義

　　文化回應教學的概念源自於Wlodkowski與Ginsberg的主要概念，認為文化回應教學回應了文化多元論的挑戰，它尊重了差異，提升所有學生的學習動機，創造一個安全、包容、尊重的學習環境，強調跨學科與文化的教學。

　　文化回應教學強調教師在班級教學中，應該針對學生的文化特性、生活經驗、社區生活背景，引導學生了解自我，接納各個同的族群文化。教師在面對複雜多變的教學環境，以及來自不同族群的學生、不同文化背景的學習者，如何面對學生差異與事實，調整傳統機械性的教學策略，採用適合學生學習的教學方法，是文化回應教學強調的重點（林進材，2008）。

二、文化回應教學與教師中心教學

　　文化回應教學的實施，與一般傳統教學的活動是不一樣的。文化映教學強調「文化」在教學與學習上的重要性，教師教學活動的進行必須以學生的文化為主要的考量點；傳統的教學活動是以「教師為主」的教學型態。文化回應教學是以「學生為主」的教學型態。文化回應教學與傳統教師中心的教學，參見表17-2。

表17-2　文化回應教學與教師中心教學方式之區別（劉美惠，2001）

比較層面	文化回應教學	教師中心教學
知識來源	1. 複雜 2. 統整 3. 雙向（師生共同建構） 4. 知識具可批判性	1. 單向 2. 獨立 3. 單向（教師、教科書傳遞給學習者） 4. 知識具權威性
學習環境	1. 師生關係平等 2. 合作學習 3. 開放、尊重 4. 師生關係階層式	1. 師生共同掌控 2. 競爭 3. 保守 4. 教師主導
預期學習成果	1. 可預期與不可預期的學習結果 2. 高層次思考 3. 真實性學習	1. 特定的學習結果 2. 聚斂性思考 3. 能力導向的學習

三、文化回應教學的面向

在文化回應教學的面向方面，包括建立包容、發展態度、提升意義、培養能力等四個層面，參見表17-3。

表17-3　文化回應教學的面向（劉美惠，2001）

層　面	規　準	條　件	方　法
建立包容	1. 尊重 2. 相互依賴	1. 強調課程與學習者經驗的連結 2. 教師不是知識的權威 3. 強調合作 4. 肯定學生改變的能力 5. 公平而無歧視地對待每一位學生	1. 合作學習 2. 寫作團體 3. 分享
發展態度	1. 相關 2. 自我決定	1. 教學與學習嘚經驗及先備知識連結 2. 鼓勵學生依據自己的經驗、假期及需要做決定	1. 問題解決教學 2. 多元智能教學 3. 學習型態 4. 做決定

（續上表）

層　面	規　準	條　件	方　法
提升意義	1. 參與 2. 挑戰	1. 鼓勵學生挑戰高層次思考與分析議題的學習機會 2. 學習者的經驗及語言應該被重視	1. 角色扮演 2. 真實性學習 3. 個案探討
培養能力	1. 真實性 2. 效能	1. 評量過程與學習者的世界參照與假期連結 2. 重視多元評量 3. 強調自我評量	1. 回饋 2. 真實性評量 3. 自我評量

四、文化回應教學的應用

　　文化回應教學強調教師在教室中可以針對各類學生的學習成長、文化背景做深入的了解，透過同理與了解，才能提供學生在個方面的引導、促進學生的有效學習。因此，文化回應教學的理念，在教學活動實施中，具有下列啟示（林進材，2008）：

　　1. 運用文化回應教學策略增進學習效能。

　　2. 建構文化回應教學的學習環境提升學習效能。

　　3. 教師應該涵養文化回應教學的信念與行為，並且在教學中付諸實踐。

　　4. 透過落實文化回應教學的途徑，提升教師教學效能。

　　5. 將文化回應教學的理念融入日常的課程教學中。

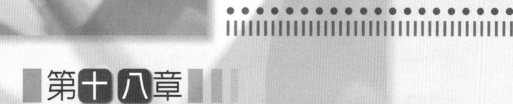

第十八章

公開觀課的意義和做法

　　說課、備課、觀課、議課的實施，有助於提升教學的成效，精進教師的教學效能，進而提升教師的教學專業能力。透過說課、備課、觀課、議課等程式，提供教師在教學前中後的專業意見，進而改進教學的實施。

第一節　說課在教學上的應用

一、什麼是說課

　　說課，是教師備課的重要步驟，主要的用意在於教師面對同儕或專家時，在規定的時間之內，將自己的教學規劃（或設計），簡單扼要的說清楚。說課的實施，在於規定的時間之內，針對上課的單元主題，以講述法的方式，有系統的說明分析教材和學生，並且分享自己的教學設計理論依據，採用的教學理論與方法，讓參與的人員針對教學設計，進行專業方面的評論，以達到相互交流的目的。因此，透過說課的方式，可以了解教學者在教學活動設計方面的構想，教學理論與策略方面的運用，在教學評量方面的設計等。

二、說課有什麼作用

　　說課，是一種「說出思想」的方式，將自己的教學設計和構想，透過講述的方法，和觀課者、評課者分享教學設計上的構想。說課是屬於集體備課的形式，主要是為了提升班級教學效率。透過說課的實施，可以提升教師本身的教學效能，增進教師之間的教學智慧交流，引導教師有效地掌握單元教學、教材教法，並且掌握教學中的各種「教學事件」。

1. 有效掌握教材

　　教師在備課時，為了教學方面的準備，一定要先有系統的整理教材，針對教材內容進行各種教學上的準備。在面對教材時，教師應該要了解教材的「內容知識」，以及這些內容知識，應該要透過什麼方法教給學生，在教學的過程中，教師需要舉哪些經驗、哪些案例、哪些知識等。

2. 理論的運用與實踐

　　說課的過程，需要教師說明在教學構思方面，要做什麼？為什麼這麼做？這麼做的理由等。因此，教師就必須很認真的看待教學理論與學習理

論，思考這些理論如何在教學中運用和實踐，透過理論的應用與實踐，提升教師的教學效果、學生的學習成效。

3. 提高教師的表達能力

教師在說課的過程中，必須將課程與教學、教材內容等等，透過講述方法和成員分享，因而有助於提高教師的表達能力。教師必須在說課的準備上，做好教學設計方面的工作，以講課的方式表達自己在教學上的構思。

4. 提升教學專業能力

說課的實施，對於教師教學能力的提升，具相正面積極的作用，透過說課的過程，能激發教師對教學的態度，認真的看待教學理論與實踐之間的關連性，思考如何將理論與實踐做緊密的結合，此二者的結合和學生的學習又如何做聯結。此種過程，正有助於提升教師教學專業能力。

三、說課有哪些內容

說課是備課的歷程之一，透過說課可以理解教學者的教學設計，採用的教學方法、策略，對教材的理解、對學習策略的運用等，透過說課可以了解教學者的教學思考與決定。說課的主要內容，包括下列幾個重點：

1. 說課本

說課本主要的用意，在於說明教學者對課本內容的理解，包括課本的內容知識、課本陳述的事實、課本的內容順序、課本所要呈現的經驗、課本希望學習者達到的基本能力和行為目標等。

2. 說教材

說教材的用意，在於展現教學者對教材的熟悉和理解的程度，在教材的理解方面，包括確定學習的內容和深度、教材中知識、技能、情意的內容，以及教材中的難易之處、教材中的知識層次等。

3. 說學生

說學生的主要用意，在於說明學生的舊經驗、學習風格、學生的學習情形、學生在該學科的學習準備、學生與教材之間的關聯性、學生在學習中可能遇到的困難和解決策略等。

4. 說教學

說教學的主要內容，包括教學目標、教學理論、教學方法、教學時

間、教學物件、教學評量、教學成效等,透過說教學的方式,了解教學與學習之間的關係。

5. 說教學目標

教學目標是教學最重要的關鍵,教學目標決定教學理論與方法、教學策略與技巧、教學規劃與評量等的關係。說教學目標的主要內容,在於說明該課教學的主要方向、希望學生學習的各項能力,並且作為教學評量的依據。

6. 說教學流程

說教學流程的主要內容,包括教學實施的步驟、教學設計的依據、教學活動的安排、教學策略與方法的運用,這些流程的安排情形,以及教學流程的安排順序。

7. 說教學評量

說教學評量的主要用意,在於說明這一節課上完之後,教學目標的達成情形。說教學評量包括:(1)教學目標的達成情形;(2)學生學習進步情形;(3)作為是否補救教學的參考。

8. 說教學成效

說教學成效的部分,主要在於預測這一節課之後,教學成效與教學目標的達成部分。

四、說課的主要內容

一般而言,教師教學說課的主要內容,應該包括下列要項:

1. 單元（課）名稱。
2. 教師基本資料（包括學校名稱、教師姓名、教學班級）。
3. 單元（課）的分析。
4. 教學內容的分析及處理。
5. 學生學習情形的分析（包括舊經驗、起點行為、新舊知識之間的差距、學習策略、學習方法、可能的學習困難及因應）。
6. 教學理論與方法的選擇（選用的原因、教學上的思考、學習要點等）。
7. 教學資源的選擇（教材、教具、輔助器材等）。
8. 教學流程的說明（引起動機、發展活動、綜合活動）。

9. 其他與教學有關事務。

五、說課的規定

一般說課的實施，並沒有非常嚴格的規定，實施說課的一般規範，包括：

1. 撰寫一份完整的說課稿，提供給參與的人員。
2. 配合說課過程，寫一份PPT演示稿。
3. 說課時，簡要介紹教師本人、教材的版本內容、教學單元（課）。
4. 簡要說明教學重點和學習要點。
5. 說課時間在10-15分鐘內完成。
6. 提供參與人員提問的時間。

第二節　備課在教學上的應用

備課是教學前，教師準備教學活動的重要階段，透過備課的實施，可以讓教師對未來的教學，有基本和精確的掌握，透過備課可以讓教師掌握教學流程規律，提升教學品質。

一、備課的要求

備課是讓教師對於未來的教學活動，有專業上的掌握和準確的了解。一般而言，在備課方面的要求，如下列幾項：

1. 精確性要高

精確性高指的是，教師在未來的教學活動中，對於課程與教材的理解要能全面的熟悉，對於學生的學習程度要能完全掌握，對於教學活動的設計和實施，要能很熟練的展開，對於教科書的內容知識，要能快速有效地轉化成為學生可以理解的方式等。

2. 目標要明確

教師在備課過程，對於課程教學的目標要能明確的了解，知道單元教學的目標有哪些？這些目標如何在教學中落實，如何在學生的學習活動中達成？教師要能夠針對教學目標，展開相關的教學講解、教學實施等。

3. 具備針對性

所謂針對性，指的是教師在備課中，要能隨時以學生的學習為中心，選用適當的方法和策略，透過教學目標、教學理論、教學方法的選擇應用，引導學生從事正確有效的學習。如果學生遇到學習困難時，教師要能立即採用有效的方法，替學生解決學習上的困難。

4. 計畫的周密性

備課計畫的周密性，指的是教師在備課中，要能考慮教學和學習的相關因素，將這些因素作有效的處理。例如：教科書的準備、教材教具的整理、教學理論與方法的採用、教學流程的決定、教學步驟的安排、教學活動的引導等，都是備課時要詳細考慮的因素。

5. 實施的有效性

優質與完整的備課，能確保教學品質的提升，以及學生學習效果的落實。想要提高備課實施的有效性，就需要教師對於課（節）的內容，做事前的分析與理解，將課知識內容進行有系統的分析，在考慮教學策略與流程的安排，結合對於學生學習經驗的了解，才能確保備課的有效性。

二、備課的方法

一般的備課方法，會和教學目標與教學活動配合，以達成有效的備課，成為教師教學前的計畫。

1. 備教材

「備教材」指的是教師在教學前，要能針對「課本」、「教師手冊」、「備課手冊」等內容，做系統性的整理和理解。教師要能掌握教材中，所包含的學科知識、教學知識與學習知識，準確地掌握教材內容之間的關係，各頁、各節、各段落所要教給學生的知識體系等。備教材是一種將教材從抽象概念，轉化到具體概念的歷程。

2. 備學生

「備學生」指的是對學生學科學習情形的掌握和了解，教師應該要教學前，備課階段了解學生的學習成效、學習動機、學習興趣、先備知識、先前概念等，再針對學生的學習情形，思考在未來的教學活動，如何將這些情形有效融入教學活動中。在教學過程中，如果遇到學生學習困難時，如何運用教學方法與教學策略，降低學生的學習困難情形。

3. 備教法

「備教法」指的是在教學中，教師準備採用哪一種教學法？為什麼採用此種教學法？這種教學法如何運用？教學法和教科書的內容知識有什麼關係？教學法和學生的學習效能如何聯結等等。在這個階段，教師必須熟悉學科的性質、單元（課）的特性、教科書與備課手冊對教學方法的主張等。

4. 備教案

「備教案」指的是在教學前，教師針對單元（課）寫的教學設計。一般的教學計畫，包括「簡案」和「詳案」、內心式的教學計畫與書面式的教學計畫。有關教案的內容，請參考本書第六章教學設計。

5. 備反思

「備反思」是教學之後，教師針對教學計畫的落實，所引發的項目之一。教師在撰寫教案時，應該將教學的相關因素，納入教案設計之中。教師同時也要有心理準備，如果實際的教學活動和教案內容有不一樣之處，教師要能隨時調整教學設計，彈性改變教學流程（或步驟）。

第三節　觀課在教學上的應用

觀課是確保教師教學活動達成目標，以及達到專業程度的主要方法之一，透過觀課的實施，可以將教師的教學活動專業化，同時可以將教師的教學活動優缺利弊，透過專業對話的方式，形成專業化的成效。

一、觀課的意義

觀課在過去的學校教育中，稱之為「教學觀摩」。教學觀摩的實施，一般是在各中小學學期當中，為了提供教師在教學活動中，相互觀摩學習的機會而設置。傳統的學校教育中，都會請「專家教師」或「新進教師」擔任一場例行性的教學觀摩，前者主要的用意在於提供優質效能教師的教學示範，後者在於針對新進教師的教學，進行優缺點的檢討與反思。

在佐藤學（2013）的「學習共同體」理念中提到，學習場域應該要有「公共性、民主、追求卓越」等三項特質，只要有心想觀課的人都可以進教室觀課、全體師生每個人都是學校的一分子，享有同樣的學習權利，亦

即無論是授課者、觀課者，他們的目的其實都是相同的——追求卓越。

二、觀課的階段

一般而言，公開觀課的實施，需要有完整的計畫。透過計畫的擬定，將公開觀課的流程、步驟、方法等，做詳細的規範。公開觀課的實施，包括三個重要的步驟：

1. 課前說課

公開觀課的第一個階段，就是「課前說課」。說課的主要用意，在於讓擔任教學的教師，說明這一節課的單元（課）內容有哪些？教導哪些重要的學科知識？教學理論和方法有哪些？教學目標與教學評量怎麼結合？學生的學習狀況情形？學生如進行學習？讓觀課者能在短時間之內，掌握這一節課的精華和內容。

2. 教學觀課

教學觀課是在教師說課之後，觀課者進入實際教學的教室中，觀察教師一節課的教學活動。在教學觀課中，觀察者可以針對教師提供的教案，對應在教室中的教學活動，了解教師是否真正將教學設計，落實在教室的實際教學中。一般而言，教學觀課包括二個重要的部分：(1)教師的教學活動；(2)學生的學習活動。

3. 課後議課

在教學活動結束之後，就進行課後議課的階段，這個階段主要的用意，在於透過同儕互動的方式，針對教師的教學活動，提出專業上的建議。這個階段的進行，應該避免針對教師個人做評論，而是針對課的實施結果，提出具體有效的建議，透過團體共同分享與腦力激盪的方式，針對課的教學實施提出專業的意見。如此，教學者得到改善課的機會，參與者也可以得到共同成長。

三、觀課的建議

觀課的實施需要和正常的教學活動結合，才不至於增加教師教學上的負擔。一般的觀課，需要遵守的原則和建議如下：

1. 以自願為原則

學校觀課的實施，要以自願為原則，不可以有過多的強迫或勉強的

情形，否則，不僅僅形成教師的教學負擔，也容易形成教師的負面觀感。如果被強迫的教師，可能因為礙於面子問題，而花過多的時間和心力在教學設計上，容易失去教學的真實面貌。觀課的實施，要能說服教師主動參與，以自願為原則，才能在教師的教學中，觀察到教學的實際樣貌，這樣的觀課才能收到預期的效果。

2. 具備基本素養

在學校實施觀課時，應該要求觀課與被觀課者，具備各種基本素養。觀課者必須了解觀課的真實意義，避免在觀課中打擾教師的教學與學生的學習；被觀課者，應該了解被觀課的實際意義，做好各種觀課的準備，提供相關的素材給觀課者，了解單元（課）教學的內容和教學設計。

3. 結合平常教學

觀課的實施，應該要結合平常的教學活動，在正常的教室教學中進行。如果，刻意強調觀課的功能和作用，容易使教學活動失真；另外，被觀課者應該要依據正常的教學進行準備，提供觀課者真實的教學活動，作為觀察與評論的依據。

4. 規模不宜過大

觀課的實施，在剛開始時，規模不宜過大，應該以小規模的觀課為原則。一開始就實施大規模的觀課，無法收到觀課的效果，而且容易失去觀課的意義。學校如果想要實施觀課的話，應該要從小規模的觀課開始，採用漸進的方式，慢慢地再進行大規模的觀課。

5. 遵守觀課倫理

學校在實施觀課活動時，應該要訂定觀課倫理，要求所有觀課與被觀課者遵守。例如：在觀課期間以不打擾學生學習為原則、不可以影響教師的教學活動、避免製造噪音影響教學等等。

四、觀課的倫理

觀課是維持或提升教學品質的重要方式，透過觀課的實施，有助於教師教學前充分的準備，教學後專業的檢討改進。在觀課過程中，需要參與者維持一定的觀課倫理，才能提升觀課的效果。一般觀課倫理，分成三個階段：

 1. 觀課前

(1) 在觀課前應該要取得教學者的同意，讓教學者了解有哪些人參與觀課。

(2) 觀課參與人數不宜過多，以免影響教學品質，降低觀課的效果。

(3) 觀課的相關規定，應該要提供參與的人員了解觀課的規範。

(4) 通知家長觀課的實施做法，徵詢家長對觀課的意見（例如：是否同意錄影等）。

(5) 觀課參與者所有的動作，以不影響課程的進行為原則。

(6) 觀課的檔應該適度的保密。

 2. 觀課中

(1) 觀課中應該遵守觀課的各種規範。

(2) 參與者避免交談，如有需要，應該要避免影響教師教學與學生學習。

(3) 如需錄影或照相，避免影響正式課程的進行。

(4) 觀課中，避免不必要的走動。

(5) 觀課中，避免離開教室或是不斷來回走動。

 3. 觀課後

(1) 觀課所蒐集到的資料（或檔），如有需要使用（或引用），應徵得被觀課者的同意。

(2) 觀課結束之後，如有任何疑慮，應該當面請教被觀課教師。

(3) 觀課結束之後，與被觀課教師建立專業發展的關係。

第四節　議課在教學上的應用

「議課」主要的用意，在於參與觀課者，將觀課的所見、所聞、所思等心得，提出來和參與者共同分享，透過分享改進教學，進而提升教學專業。

一、議課的意義

在教師教學活動結束之後，接下來就是實施「議課」。透過議課的實施，可以讓參與觀課者，針對自己對於教學活動所觀察到的現象，結合自己的教學經驗，提出對於觀課之專業意見。

二、議課的實施

議課的實施，主要是提供專業方面的意見，作為教師教學的改進參考。因此，議課的實施需要遵守下列原則：

1. 議課三原則

議課的三原則，包括：(1)議課的實施以學習目標為原則，討論學生學習成功與困惑之處；(2)議題所蒐集的資料，以學生的學習情形為主，配合教材的主要內容；(3)參與者要分享自己從觀課中，所學到的部分，避免談教師在教學中，應該要注意的部分。

2. 議課三不原則

議課的實施，要尊重教學者對單元（課）的規劃，教學理論與方法的運用、教學氣氛與情境的設計、教學策略與材料的應用等，避免針對教師做不必要的評論。議課的三不原則，包括：(1)不評論教師的教學；(2)不評論個別學生的學習；(3)主席不做結論。

三、議課的分享

議課的分享，主要是提供參與這對課程教學實施的專業意見，進而和參與者一起成長。在議課的分享方面，包括下列幾項：

1. 以學生的具體學習表現為主。
2. 從單元學習目標（或教學目標），討論學生的學習情形。
3. 分享觀察者的觀察結果。

四、議課的紀錄

一般而言，議課的紀錄包括教師回饋分享、教學演示教師分享、行政協助等。有關議課紀錄表，參見18-1。

表18-1　○○市○○國中卓越教學學習經驗共同議課紀錄表

老師回饋分享 1. 分享回饋 2. 問題討論	
教學演示教師分享 1. 教學回饋 2. 問題討論	

（續上表）

行政協助 1. 增能實習提出 2. 教學支持 3. 其他協助	

第五節 公開觀課的實際做法

一、公開觀課在教學上的應用

說課、備課、觀課、議課等活動的實施，對於教師教學活動的改善，可以收到專業方面的效果。教師在教學生涯中，離開師資培育大學之後，進入教學現場，很容易將自己的教學活動，停留在師資培育的「專業課程與教學」的想像中，而不知道有效的運用與轉化。

1. 透過說課分享教學理念

說課活動的實施，主要是讓教師將教學設計和教學規劃，用「說出思想」的方式，讓大家了解未來的教學活動，在教學目標、教學活動、教學理論、教學方法等項目的分配，並說明在教學活動中，教師在有關教學因素上是如何分配的。

2. 透過備課擬定教學策略

教師教學前的備課活動，主要在於擬定教學計畫，同時依據教學活動的需要，擬定教學策略的類型，並且依據單元教學目標，決定運用哪些教學理論與方法，同時選擇增進教學效能的媒體（或教具）。

3. 透過觀課展現教學面貌

觀課的主要意義，在於了解教學的全部面貌，了解教師在教學設計與教學實施之間的差距，透過觀課提供教師教學活動的專業意見，作為教師教學結束之後，反思上的參考依據。

4. 透過議課分析教學得失

議課活動的進行，不在於針對教師的教學，進行各種評論檢討，而是希望透過議題分析教學得與失方便的意見，能讓教師在未來的教學設計時，有所參考並加以修正。

二、公開觀課實際做法案例

臺南市東區勝利國民小學107學年度公開觀課

表18-2　教學觀察（公開授課）──觀察前會談紀錄表

授課教師：	連舜華	任教年級：	二	任教領域／科目：	生活
回饋人員：	胡美真	任教年級：	二	任教領域／科目：	導師
備課社群：	胡美真	（選填）教學單元：		CH2 奇妙的種子	
觀察前會談（備課）日期：	108 年 3 月 4 日		地點：	205教室	
預定入班教學觀察（公開授課）日期：	108 年 3 月 8 日		地點：	205教室	

一、學習目標（含核心素養、學習表現與學習內容）

1. 核心素養：

生活-E-A1

悅納自己：透過自己與外界的連結，產生自我感知並能對自己有正向的看法，學習照顧與保
　　　　　護自己的方法。

生活-E-A2

探究事理：藉由各種媒介，探索人、事、物的特性與關係；學習各種探究人、事、物的方法
　　　　　並理解探究後所獲得的道理。

生活-E-A3

樂於學習：對生活事物充滿好奇與喜好探究之心，體會與感受學習的樂趣，並能主動發現問
　　　　　題及解決問題，持續學習。

生活-E-B1

表達想法與創新實踐：使用不同的表徵符號表達自己的想法，並進行創作、分享及實踐。

生活-E-B2

探究事理：運用適切的媒介及技能，對訊息做適切的處理。

生活-E-B3

感知與欣賞美的人、事、物：感受生 活中人、事、物的 美，欣賞美的多元形式與表現，體會
　　　　　生活的美好。

生活-E-C1

覺察自己、他人和環境的關係，體會生活禮儀與團體規範的意義，學習尊重他人、愛護生活
環境及關懷生命，並於生活中實踐，同時能省思自己在團體中所應扮演的角色，在能力所及
或與他人合作的情況下，為改善事情而努力或採取改進行動。

生活-E-C2

覺察自己的情緒與行為表現可能對他人和環境有所影響，用合宜的方式與人友善互動，願意
共同完成工作任務，展現尊重、溝通以及合作的技巧。

2. 學習表現：

1-I-1 探索並分享對自己及相關人、事、物的感受與想法。

1-I-3 省思自我成長的歷程，體會其意義並知道自己進步的情形與努力的方向。

1-I-4 珍視自己並學習照顧自己的方法,且能適切、安全的行動。

2-I-1 以感官和知覺探索生活中的人、事、物,覺察事物及環境的特性。

2-I-2 觀察生活中人、事、物的變化,覺知變化的可能因素。

2-I-3 探索生活中的人、事、物,並體會彼此之間會相互影響。

2-I-4 在發現及解決問題的歷程中,學習探索與探究人、事、物的方法。

2-I-5 運用各種探究事物的方法及技能,對訊息做適切的處理,並養成動手做的習慣。

2-I-6 透過探索與探究人、事、物的歷程,了解其中的道理。

3-I-1 願意參與各種學習活動,表現好奇與求知探究之心。

3-I-2 體認探究事理有各種方法,並且樂於應用。

3-I-3 體會學習的樂趣和成就感,主動學習新的事物。

4-I-1 利用各種生活的媒介與素材,進行表現與創作,喚起豐富的想像力。

5-I-1 覺知生活中人、事、物的豐富面貌,建立初步的美感經驗。

6-I-5 覺察人與環境的依存關係,進而珍惜資源,愛護環境、尊重生命。

7-I-1 以對方能理解的語彙或合宜的方式,表達對人、事、物的觀察與意見。

7-I-2 傾聽他人的想法,並嘗試用各種方法理解他人所表達的意見。

3. 學習內容:

A-I-1 生命成長現象的認識

A-I-2 事物變化現象的觀察。

B-I-1 自然環境之美的感受

B-I-3 環境的探索與愛護。

C-I-1 事物特性與現象的探究。

C-I-4 事理的應用與實踐。

C-I-5 知識與方法的運用、組合與創新。

D-I-3 聆聽與回應的表現

E-I-3 自我行為的檢視與調整。

F-I-2 不同解決問題方法或策略的提出 與嘗試

二、學生經驗（含學生先備知識、起點行為、學生特性等）

1. 先備知識:已經初步認識一些植物的花和種子,並了解植物的種子在植物繁殖的過程中所扮演的角色。

2. 起點行為:已學會觀察周圍環境,認識學校的一些校園植物。

3. 學生特性:充滿好奇心、熱於追求知識、勇於發問與表達。

三、教師教學預定流程與策略

學習目標	時間	教學歷程	教學資源	教學評量
透過校園觀察活動認識各種不同的花及種子，發現其特色。		(一) 教師 1. 事先調查校園裡的植物種類和所在位置，並簡單加以記錄。 2. 花的圖卡、種子的圖卡、美麗的花和植物的種子教學VCD。 3. Google搜尋引擎： http://kplant.biodiv.tw/123/psourse.htm <植物網站資源> http://taiwanplants.ndap.org.tw/ <發現臺灣植物> 4. 班級群組相簿：<相簿：205植物觀察相簿>	短片取自 http://kplant.biodiv.tw/123/psourse.htm http://taiwan-plants.ndap.org.tw/	
透過觀察活動，認識校園以外的各種不同的花和種子。		(二) 學生 課前須引導學生蒐集下列資料： 1. 分享自己最喜歡的植物的花及種子。 　觀察家的附近或學校裡有哪些常見植物。（例如：大花咸豐草、龍葵、榕樹、牽牛花等） 2. 分組並事先完成植物觀察紀錄，並請學生將所拍的植物的花和種子的照片傳到班級群組相簿。	植物觀察紀錄、群組相簿 植物觀察紀錄	
	5	一、引起動機 花和種子在哪裡？ 1. 播放美麗的花和植物的種子教學VCD。 2. 引導學生透過課本舉例的花朵，思考在住家附近或校園裡，是否見過相同的花卉。	植物觀察紀錄	以口頭評量方式確認學生的學習成效
	25	二、發展活動 1. 請學生分組上臺分享自己曾經見過印象最深刻的植物的花和種子。（包含發現的時間、地	分組競賽評分表 PPT及VCD 提問單	實作評量口頭評量

		點，以及植物的花和種子的顏色、大小、形狀等相關描述） 2. 請上臺分享的組別對臺下聆聽的組別，針對分享內容進行提問及進行搶答；再由臺下的組別對臺上分享的組別進行提問，請報告的組別負責回答。 3. 最後由教師協助學生做植物觀察紀錄的分享與總結。		
透過探索植物成長遭遇的問題，養成解決問題的能力。	5	三、綜合活動 1. 花花世界的「形色」 　(1) 請學生討論，如果在戶外看見不知名的植物，可以如何認識它們呢？ 　(2) 學生分組進行討論並發表 　　（如：詢問師長或父母；畫下來、用相機拍下來、用紙筆記錄植物特徵後，上網或到圖書館查詢） 　(3) 教師介紹「形色」app，並示範如何使用。 　(4) 分享與總結。 　　—請學生分享查詢植物時的心得。 　　—引導學生比較各種方式的優缺點。 　　—觀察植物後，宜指導學生養成洗手的好習慣。 （本節課結束）	PPT	以口頭評量確認學生養成解決問題的能力

四、學生學習策略或方法

1. 以五官知覺探索生活，察覺事物及環境的特性與變化。
2. 透過各種媒材進行探索活動，喚起豐富的想像力，並體驗學習的樂趣。
3. 養成動手探究事物的習慣，並能正確、安全且有效地行動。
4. 能聽取團體成員的意見、遵守規則、一起工作，並完成任務。

五、教師採用的教學方法：討論教學法、小組討論法

六、教學評量方式（請呼應學習目標，說明使用的評量方式）

1. 能夠觀察並說出校園和住家附近的植物——口頭評量

2. 能夠完成植物觀察植物--實作評量

3. 能夠針對植物觀察進行報告及提問，並回答問題。——口頭評量

4. 能夠運用各種方式查詢並認識植物。——口頭評量

七、觀察工具（可複選）

☐表2-1、觀察紀錄表

☐表2-2、軼事紀錄表

☐表2-3、語言流動量化分析表

☐表2-4、在工作中量化分析表

☐表2-5、教師移動量化分析表

☐表2-6、佛蘭德斯（Flanders）互動分析法量化分析表

☐其他：＿＿＿＿＿＿＿＿

八、回饋會談日期與地點：（建議於教學觀察後三天內完成會談為佳）

日期：__108_ 年 _3_ 月 _8_ 日（系統提供小日曆）

地點：__205教室__

107學年度臺南市東區勝利國小教師專業發展實踐方案

表18-3 觀察紀錄表

授課教師： 連舜華	任教年級： 二	任教領域／科目： 生活
回饋人員： 胡美真	任教年級： 二（選填）	任教領域／科目： 導師（選填）
教學單元： CH2 奇妙的種子	教學節次：共_1_節，本次教學為第_1_節	
觀察日期：_108_ 年 _3_ 月 _8_ 日		

層面	指標與檢核重點	事實摘要敘述（含教師教學行為、學生學習表現、師生互動與學生同儕互動之情形）	評量（請勾選）		
			優良	滿意	待成長
A 課程設計與教學	A-2掌握教材內容，實施教學活動，促進學生學習。		✓		
	A-2-1 有效連結學生的新舊知能或生活經驗，引發與維持學生學習動機。	1. 教師能將學校的校園植物融入教學，讓學生與生活環境相結合學以致用。 2. 教師能指導學生針對學習內容拍攝植物觀察相片，學生能認識更多生活環境中看到的植物。 3. 學習活動結束後，學生到校園中活動時，可以練習分辨校園中的植物，十分有趣，知識的取得與練習，就在校園學習環境中。			
	A-2-2 清晰呈現教材內容，協助學生習得重要概念、原則或技能。				
	A-2-3 提供適當的練習或活動，以理解或熟練學習內容。				
	A-2-4 完成每個學習活動後，適時歸納或總結學習重點。				

A-3 運用適切教學策略與溝通技巧，幫助學生學習。		✓		
A-3-1 運用適切的教學方法，引導學生思考、討論或實作。	1. 引導學生發表自身尋找植物的歷程和拍攝植物照片的體驗。 2. 對於發表的學生能馬上給予讚美。 3. 教師指導學生進行植物觀察紀錄的發表、提問及問題的回答，並指導學生問答進行時的溝通技巧，讓學生的學習能化被動為主動學習。			
A-3-2 教學活動中融入學習策略的指導。				
A-3-3 運用口語、非口語、教室走動等溝通技巧，幫助學生學習。				
A-4 運用多元評量方式評估學生能力，提供學習回饋並調整教學。		✓		
A-4-1 運用多元評量方式，評估學生學習成效。	（請文字敘述，至少條列三項具體事實摘要） 1. 指導學生進行植物觀察相簿的拍攝與建立，教師針對植物觀察相簿進行實作評量。 2. 學生可完成植物觀察紀錄並準備問題進行提問，教師進行實作與口頭評量隨時調整教學。 3. 學生透過一連串的主動學習，體驗深刻有助於學習與了解生活環境中，植物的存在與生長情形。			
A-4-2 分析評量結果，適時提供學生適切的學習回饋。				
A-4-3 根據評量結果，調整教學。				
A-4-4 運用評量結果，規劃實施充實或補強性課程。（選用）				

層面	指標與檢核重點	教師表現事實摘要敘述	評量（請勾選）		
			優良	滿意	待成長
B 班級經營與輔導	B-1 建立課堂規範，並適切回應學生的行為表現。		✓		
	B-1-1 建立有助於學生學習的課堂規範。	教師讓學生發表植物觀察紀錄，當有的學生提問及回答不清楚時，老師會馬上鼓勵和引導。			
	B-1-2 適切引導或回應學生的行為表現。				
	B-2 安排學習情境，促進師生互動。		✓		
	B-2-1 安排適切的教學環境與設施，促進師生互動與學生學習。	1. 當學生發表不完整時，同儕會幫忙補充，老師也會統整和回饋。 2. 教師安排適切的教學環境以增進教師與學生的互動。			
	B-2-2 營造溫暖的學習氣氛，促進師生之間的合作關係。				

107學年度臺南市東區勝利國小教師專業發展實踐方案

表18-4　教學觀察（公開授課）──觀察後回饋會談紀錄表

授課教師：　連舜華　　任教年級：　二　　任教領域／科目：　生活	
回饋人員：　胡美真　　任教年級：　二（選填）　任教領域／科目：　導師（選填）	
教學單元：　CH2 奇妙的種子　　教學節次：共 1 節，本次教學為第 1 節	
觀察日期：　108 年 3 月 8 日　　地點：　205教室	

請依據觀察工具之紀錄分析內容，與授課教師討論後填寫：

一、教與學之優點及特色（含教師教學行為、學生學習表現、師生互動與學生同儕互動之情形）：

1. 學生會觀察校園植物並對植物有更進一步的認識。

2. 學生拍攝生活環境中的植物並上傳到班級相簿，讓教師適時了解學生的先備知識與經驗，並引起學生對此教學活動的興趣。。

3. 讓學生上臺發表自己的植物觀察紀錄並提問，學生表現相當認真，將學習化為主動，學習成效更佳。

4. 班級學生認真聽取同學的發表及提問，學習更多植物的相關知識。

二、教與學待調整或改變之處（含教師教學行為、學生學習表現、師生互動與學生同儕互動之情形）：

1. 投影機投影出的影像畫面較不清楚。

2. 學生拍攝的植物照片可以多加些植物的特寫。

3. 學生進行植物觀察紀錄的發表時，有時會害羞，較慢進入狀況的學生給予較多的指導。

4. 學生發表時，底下學生跟其他同學分享自身經驗，老師立即提醒學生要專心聽他人發表。

三、授課教師預定專業成長計畫（於回饋人員與授課教師討論後，由回饋人員填寫）：

成長指標（下拉選單、其他）	成長方式（下拉選單：研讀書籍、參加研習、觀看錄影帶、諮詢資深教師、參加學習社群、重新試驗教學、其他：請文字敘述）	內容概要說明	協助或合作人員	預計完成日期
觀察周遭環境	在日常生活中多與同事討論學校以及生活周遭環境的校園植物分布情形	精進對於課程教材教法的熟悉	胡美真老師	108年
諮詢資深教師	利用時間與資深老師討論班級經營相關資訊	多與資深老師討論相關班級經營的經驗	胡美真老師	108年

（備註：可依實際需要增列表格）

四、回饋人員的學習與收穫：

    1. 對於此教學活動相當讚賞，因為與學生日常生活環境習習相關。

    2. 教學者掌控教學流程很順暢。

    3. 讓學生自己去發現生活中存在的植物，結合校園與住家附近的環境，使學生能更主動的學習。

    4. 讓學生透過發表與提問的方式，學習並認識到更多的校園植物。

107學年度教師專業發展實踐方案

表18-5　公開授課實施證明

學校名稱：　臺南　縣（市）　東區勝利國小　學校

授課教師：　連舜華　　　任教年級：　二　　　任教領域／科目：　生活

回饋人員：　胡美真

教學單元：　CH2 奇妙的種子

第一次公開授課

觀察前會談（備課）日期：民國 108 年 3 月 4 日　地點：　205教室

使用表件：■有（上傳）　□無

相關紀錄：（上傳）

入班教學觀察（觀課）日期：民國 108 年 3 月 8 日　地點：　205教室

使用表件：■有（上傳）　□無

相關紀錄：（上傳）

觀察後回饋會談（議課）日期：民國 108 年 3 月 8 日　地點：　205教室

使用表件：■有（上傳）　　□無

相關紀錄：（上傳）

備註：若公開授課不只一次，請依實際需求增列表格。

授課教師	學校主管審核
連舜華	

參考文獻

一、中文

丁惠琪（2000）。合作學習應用於國小數學教學之探究。國立臺北師範學院（未出版之碩士論文）。臺北市。

毛連塭（1989）。學習障礙兒童的成長與教育。臺北：心理。

王文科、王智弘（2013）。教育研究法。臺北：五南。

王秀玲（1997）。主要教學方法。載於黃政傑主編，教學原理。臺北：師大書苑。

王坦（2001）。合作學習——原理與策略。北京：學苑出版社。

王岱伊（2001）。小組合作學習策略之研究。國立交通大學碩士論文（未出版）。

王怡蘭（2010）。合作學習模式運用於直笛教學課程之研究——以臺中市某國小五年級為例。中臺科技大學碩士論文（未出版）。

石兆蓮（2002）。合作學習對兒童溝通表達能力影響之實驗研究。國立臺灣師範大學教育研究所博士論文（未出版）。

朱則剛（1997a）。教學基本歷程。載於國立空中大學出版，教學原理。

朱則剛（1997b）。教學媒體的種類及特性。載於國立空中大學出版，教學原理。

佐藤學（2013）。學習共同體。臺灣：天下文化。

何青芳（2004）。電腦合作學習在國小英語認字學習之研究。國立嘉義大學國民教育研究所碩士論文（未出版）。

何俊彥（2002）。合作學習的探究式實驗對實驗室氣氛的影響。國立高雄師範大學化學系碩士論文（未出版）。

何耿旭（2012）。教學影片合作學習對七年級學生整數運算學習成就的影響。國立臺南大學教育經營與管理研究所碩士論文（未出版）。

余肇傑（2014）。淺談佐藤學「學習共同體」。臺灣評論月刊，3(5)，122-125。

吳俊生（2008）。合作學習策在嘉義縣國民小學扯鈴教學習成就及互動行為之

行動研究。國立嘉義大學（未出版之碩士論文）。嘉義市。

吳素眞（1999）。合作學習對增進國小三年級學生及人際關係欠佳兒童社交技巧之效果研究。國立彰化師範大學教育研究所碩士論文（未出版）。

吳清山（1997）。學校效能研究。臺北：五南。

吳清山（2014）。差異化教學與學生學習。國家教育研究院電子報，38期。

吳清山等（1990）。班級經營。臺北：心理。

吳清基（1989）。教師與進修。臺北：師大書苑。

吳蕙怡（2004）。應用合作學習於大一英語閱讀教學之研究。慈濟大學教育研究所碩士論文（未出版）。

李文君（2013）。應用拼圖式合作學習數位系統輔助國中表演藝術舞蹈課程學習效益之探究。國立臺中教育大學國民教育研究所博士論文（未出版）。

李玉嬋（1994）。依教師效能的理論設計國中實習教師的輔導策略。國立臺北護專學報，11，113-142。

李佳玲（1995）。國中理化試行合作學習之研究。國立彰化師範大學科學教育研究所碩士論文（未出版）。

李俊湖（1992）。國小教師專業成長與教學效能關係之研究。國立臺灣師範大學教育研究所碩士論文（未出版）。

李茂興譯（1998）。教學心理學。臺北：弘智。

李詠吟（1995）。教學原理。臺北：遠流。

李嘉祥（1999）。合作學習對國中學生生物學習動機之影響。國立高雄師範大學化學系碩士論文（未出版）。

李錫津（1990）：合作學習的應用。教師天地，47，48-54。

周立勳（1994）。國小班級分組合作學習之研究。國立政治大學教育研究所博士論文（未出版）。

周新富（1991）。國民小學教師專業承諾、教師效能信念與學生學業成就關係之研究。國立高雄師範大學教育研究所碩士論文（未出版）。

易文雲（2010）。合作學習於體育課中對學生人際關係影響之研究。國立體育學院研究所碩士論文（未出版）。

林世華、黃寶園（2002）。合作學習對學習效果影響之研究：統合分析。教育心理學報，34，21-42。

林至彥（2007）。拼圖式合作學習教學法在國小六年級數學科實驗成效之研究——以臺中市一所國小為例。國立新竹教育大學碩士論文（未出版）。

林秀娟（2009）。故事結構合作學習對國小五年級學童閱讀理解能力的影響。國立臺南大學教育經營與管理研究所碩士論文（未出版）。

林郁如、段曉林（2016）。4MAT教學模組實施于小學自然與生活科技課程對學生之動機影響。臺灣第22屆科學教育學術研討會。

林海清（1994）。高中教師激勵模式與其工作滿意服務士氣和教學效能之研究。國立政治大學教育研究所博士論文（未出版）。

林清山（1986）。教學的心理學基礎。載於中國教育學會主編，有效教學研究。臺北：臺灣書店。

林勝甫（2011）。合作學習應用於敘事教學對國小六年級學生創造力之影響。國立臺南大學教育經營與管理研究所碩士論文（未出版）。

林進材（1997）。國民小學教師教學思考之研究。國立臺灣師範大學教育研究所博士論文（未出版）。

林進材（1999）。國民小學教師教學效能之研究。行政院國科會專題研究計畫成果報告（NSC 88-2413-H-024-010）。

林進材（2000a）。教學研究與發展。臺北：五南。

林進材（2000b）。有效教學——理論與策略。臺北：五南。

林進材（2001a）。教學理論與方法。臺北：五南。

林進材（2001b）。有效教學——理論與策略。臺北：五南。

林進材（2003）。教學理論與方法。臺北：五南。

林進材（2006）。教學論。臺北：五南。

林進材（2008）。文化回應教學的意涵、策略及其在教學上的應用。教育學誌，20，201-230。

林進材（2013）。教學理論與方法。臺北：五南。

林進材（2015）。教育的50個重要概念。臺北：五南。

林進材（2016）。教學原理。臺北：五南。

林進材（2018）。個別差異的教學理念及其在課堂教學中的實踐。教育進展，8(3)，1-8。

林進材（2019）。活化教學的策略與實踐：學科教學與學科學習知識的視角。課程與教學，22(1)，1-16。

林進材、林香河（2016）。寫教案：教學設計的格式與規範。臺北：五南。

林達森（2001）。合作學習與認知風格對科學學習之效應。教育學刊，17，255-279。

林嘉雯（2004）。合作學習在國小中年級視覺藝術教學應用之研究。國立嘉義大學教育學系研究所碩士論文（未出版）。

林靜萍（2005）。小組合作解題對國小學生自然與生活科技領域學習成效之影響。中原大學教育所碩士論文（未出版）。

邱裕惠（2002）。合作學習在國中英語教室之應用研究。國立臺灣師範大學英語研究所碩士論文（未出版）。

洪志成主編（2000）。教學原理。高雄：復文。

胡怡謙（1997）。教學評鑑的方法與實施。載於國立空中大學出版，教學原理。

徐綺穗（2019）。自我調整學習與核心素養教學——以自主行動素養為例。課程與教學，22(1)，101-120。

秦翠虹（2003）。合作學習對國小英語教學成效之研究。國立臺北師範學院兒童英語研究所碩士論文（未出版）。

袁之琦、游恆山編譯（1990）。心理學名詞辭典。臺北：五南。

張芳全（2002）。合作學習在綜合活動應用。國民教育，43(1)，40-48。

張俊紳（1997）。國民小學教師教學效能之研究——不同教學效能信念類型教師的教學表現及其教學生產力。國立高雄師範大學教育學系博士論文（未出版）。

張雅雯（2003）。合作學習對於高職英語學習成就、動機、及社會技巧影響之研究。國立彰化師範大學教育研究所碩士論文（未出版）。

張新仁（2003）。學習與教學新趨勢。臺北：心理。

張稚雀（2005）。以「大家說英語」實施合作學習在臺南市建興國中英語教室之研究。國立高雄師範大學英語系碩士論文（未出版）。

張碧娟（1999）。國民中學校長教學領導、學校教學氣氛與教師教學效能關係之研究。國立政治大學教育研究所博士論文（未出版）。

張輝誠（2016）。學思達。臺北：親子天下。

教育部（2012）。透過分組合作學習、創建學習共同體。2013年11月25日，取自http://www.coop.ntue.edu.tw/qa.php.

梁彩玲（2002）。合作學習在國中英語教學之實施與成效。國立臺灣師範大學英語研究所博士論文（未出版）。

郭家豪（2004）。運用合作學習教學法於自然與生活科技領域以提昇國中學生基本能力之行動研究。國立彰化師範大學教育研究所碩士論文（未出版）。

陳木金（1999）。班級經營。臺北：揚智。

陳水香（2018）。運用MAPS教學法於提升國中八年級學生英語閱讀理解成效之行動研究。國立臺南大學教育學系課程與教學研究所碩士論文（未出版）。臺南市。

陳伯璋（1997）。教育思想與教育研究。臺北：師大書苑。

陳伯璋（2000）。教育研究方法的新取向——質的研究方法。臺北：南宏。

陳伯璋（2001）。新世紀教育發展的回顧與前瞻。臺北：南宏。

陳俐燁（2002）。合作學習教學法與一般教學法於國小五年級音樂科教學之比較研究。國立屏東師範學院教育研究所碩士論文（未出版）。

陳奎熹（1986）。有效教學的社會學基礎。載於中國教育學會主編，有效教學研究。臺北：臺灣書店。

陳奎熹（1987）。教育社會學研究。臺北：師大書苑。

陳奎熹（1990）。教育社會學研究。臺北：師大書苑。

陳彥廷、姚如芬（2004）。合作學習模式中學生學習表現之探討。臺東大學教育學報。15，127-166。

陳啓明（2003）。「拼圖式」合作學習在國小社會領域教學之應用。人文及社會學科教學通訊，14(2)，24-39。

陳聖謨（2013）。教育政策與學校對策——偏鄉小學轉型優質計畫實施之個案研程與教學，22(1)，1-16。

陳嘉成（1998）。合作學習式概念構圖在國小自然科教學之成效研究。教育與心理研究，21(1)，107-128。

傅明俐（2001）。國民小學數學科合作學習之研究。國立彰化師範大學（未出版之碩士論文），彰化市。

單文經（2001）。教學引論。臺北：學富。

游惠音（1996）。同儕交互發問合作學習對國小六年級學生社會科學習成就表現、勝任目標取向及班級社會關係之影響。國立臺灣師範大學教育研究所碩士論文（未出版）。

黃光雄（1988）。教學原理。臺北：師大書苑。

黃俊程（2010）。合作學習對國中七年級學生的數學學習成就與數學焦慮的影響。國立臺灣師範大學（未出版之碩士論文）。臺北。

黃政傑（1987）。課程評鑑。臺北：師大書苑。

黃政傑（1989）。讓孩子完全學習——布魯姆論教育。臺北：師大書苑。

黃政傑（1993）。課程與教學之變革。臺北：師大書苑。

黃政傑（2014）。翻轉教室的理念、問題與展望。臺灣教育評論月刊，3(12)，161-186。

黃政傑、吳俊憲（2006）。合作學習：發展與實踐。臺北：五南。

黃政傑、林佩璇（1996）。合作學習。臺北：五南。

黃政傑、林佩璇（2013）。合作學習。臺北：五南。

黃政傑主編（1997）。教學原理。臺北：師大書苑。

黃盈瑜（2018）。臺南市國小教師對翻轉教學認知與態度之調查研究。國立臺南大學教育學系課程與教學碩士論文（未出版）。臺南市。

黃郁倫、鐘啓泉（2012）（譯）。學習的革命：從教室出發的改革。（原作者：佐藤學）。臺北市：天下。

黃埒圈（2003）。合作學習在高中芭蕾舞教學之應用——以行動研究爲主。中國文化大舞蹈研究所碩士論文（未出版）。

黃詠仁（2001）。一位國小自然科教師實施合作學習教學研究之行動研究。市立臺北師範學院（未出版之碩士論文）。臺北市。

黃順良（2002）。國中生活科技合作學習對學生。國立高雄師範大學工業科技教育研究所碩士論文（未出版）。

黃銘惇、張慧芝譯（2000）。課程設計。臺北：桂冠。

黃德祥（2000）。青少年發展與輔導。臺北：五南。

楊深坑（1988）。理論、詮釋與實踐。臺北：師大書苑。

廖惠娟與Oescher, Jeffrey（2009）。合作學習：提升英文文法學習者自我效能與任務價值之靈丹？教育與心理研究期刊。32，25-54。

廖遠光（2006）。我國合作學習成效之後設分析。行政院國家科學委員會專題研究計畫成果報告（編號：NSC 94-2520-S-003-008）。

甄曉蘭（1997）。教學理論。載於黃政傑主編，教學原理。臺北：師大書苑。

趙世偉（2009）。運用合作學習改善班級人際互動：以國小四年級視覺藝術課程 爲例。臺北市立教育大學碩士論文（未出版）。

劉秀嫚（1998）。合作學習的教學策略。公民訓育學報，7，285-294。

劉美惠（2001）。文化回應教學：理論、研究與實踐。課程與教學，4(4)，143-151。

歐用生（1996）。教師專業成長。臺北：師大書苑。

歐陽教（1988）。教學的哲學分析。現代教育，二卷，二期，頁32-42。

歐陽教（1996）。教學的觀念分析。載於中國教育學會主編，有效教學研究。臺北：臺灣書店。

蔡克容（2000）。多元文化教學。載於洪志成主編，教學原理。臺北：五南。

鄧國基（2004）。小組合作學習形式對學生學習行為的影響。國立臺灣師範大物理研究所碩士論文（未出版）。

鄭寬亮（2006）。合作學習對弱勢學生影響之行動研究。國立臺東大學（未出版碩士論文）。

燕裘莉（2004）。合作學習對國三學生歷史課程學習效果之研究。國立臺灣師範大學教育心理與輔導研究所碩士論文（未出版）。

盧瑞珍（2011）。合作學習對學生學習成效影響之後設分析──以2005至2012年之學位論文與期刊為範圍。國立臺灣師範大學教育學系碩士論文（未出版）。

蕭欣芸（2012）。合作學習實施於國中音樂課程以提升學習動機及班級氣氛之行動研究。國立臺北教育大學教育研究所碩士論文（未出）。

簡妙娟（2000）。高中公民科合作學習教學實驗之研究。國立高雄師範大學教育學系博士論文（未出版）。

簡妙娟（2003）。合作學習理論與教學應用，載於張新仁主編，學習與教學新趨勢。臺北：心理。

簡紅珠（1992）。教學研究的主要派典及其啓示之探析。高雄：復文。

簡茂發（1988）。教學評量。載於黃光雄主編，教學原理。臺北：師大書苑。

顏友信（2001）。合作學習對國小學童繪畫表現能力學習成效之研究。國立中正大學課程與教學研究所碩士論文（未出版）。

羅安倩（2009）。合作學習應用於國小年級音樂欣賞教學之研究。國立臺北教育大學教育研究所碩士論文（未出版）。

羅焜榮（2005）。結合POE與合作學習法對國三學生學習電流的化學效應之研究。國立臺灣師範大學化學系在職進修碩士論文（未出版）。

二、英文

Agne, K., Greenwood, G. E., & Miller, L. D. (1994). Relationships between teacher belief system and teacher effectiveness. Journal of Research and Development in Education, 27, 141-152.

Arends, R.I. (2004). Learning to teach (6th ed.). Boston, Mass: McGraw Hill.

Ashton, P. & Webb, R. B. (1986). Making a difference: Teacher   sense of efficacy and student achievement. New York: Longman.

Ashton, P. et al. (1983). A study of teachers?sense of efficacyFinal report, executive sumary. Florida University. Gainesville. (ERIC Document Reproduction Service No. ED 231883).

Ashton, P. T. (1984). Teacher efficacy: A motivational paradigm for effective teacher education, Journal of Teacher Education, 19(5), 28-32.

Bandura, A. (1977). Social learning theory. Englewood Cliffs, NY: Pretice-Hall.

Bandura, A. (1986). Social foundations of though and action: A social cognitivetheory.New Jersey: Prentice Hall.

Baron, R. S., Kerr, N. L., & Miller, N. (1992). Group process, Group decision, Groupaction. Pacific Grove, CA: Brooks/Cole.

Berliner, D. C. (1979). Tempus educate. In P. L. Walberg (Eds.), Research on teaching. Berkeley, CA: Mc Cutchan.

Bolster, A. S., Jr. (1983). Toward a more effective model of research on teaching. Harvard Educational Review, 53(3), 294-308.

Borich, G. D. (1986). Paradigms of teacher effectiveness research: Their relationship to the concept of effective teaching. Education and Urban Society, 18(2).

Borich, G. D. (1994). Observation skills for effective teaching. New York: Macmillan.

Braun, C. (1976). Teacher expectation: Socio-psychological dynamics. Review of Educational Research, 46(2), 185-212.

Bronfenbrenner, U. (1989). Is early intervention effective? In S. Cohen & T. J. Comiskey (Eds.), Child development: Contemporary perspective. Itasca, I11: Peacock.

Brophy, J. (1988). Research on teacher effects: U\es and abuse. Elementary School Journal, 89(1), 3-22.

Brophy, J. E. (1981). Teacher praise: A functional analysis. Review of Educational Research, 51(1), 5-32.

Burry. J. A. & Shaw, D. (1988). Defining teacher effectiveness on acontinum: A research model approach. Paper Presented at the National Council on Measurement in Education, New Orleans.

Davis, G. A. & Thomas, M. A. (1984). Effective school and effective State University, Institute for Research on Teaching. Boston: Allyn and Bacon.

Doyle, W. (1978). Paradigms for research on teacher effectiveness. In L. S. Shulman (Ed.), Review of reseacrh in education, 5, 163-198. Itasca, IL: F. E. Peacock.

Doyle, W. (1986). Classroom orginization and management. In M. C. Wittrock (Ed.), Handbook of research on teaching (3rd ed.). New York: Macmillan. State University of New York at Buffalo.

Farivar, S. H. (1985). Developing a cooperative learning program in a elementary classroom: Cooperative study of innovative and tradition middle teaching and learning strategies. Los-angles: University California.

Fogarty, J. L., Wand, M. C., & Creek, R. (1983). A descriptive study of experienced and novice teachers?interactive instructional thoughts and actions. Journal of Educational Research, 77, 22-32.

Gage, N. L. (1987). The scientific basis of the art of teaching. NY: Teacher College Press, Columbia University.

Good, T. L. & Weinstein, R. S. (1986). Teacher expectations: A framework for exploring classrooms. In K. K. Zumwalt (Ed.), Improvinteaching. 1986ASCD Yearbook. Alexandria, VA: Association for Supervision and Curriculum Development.

Good, T. L. (1979). Teacher effectiveness in elementary school: what we know it. Journal of Teacher Education, 30(2), 52-64.

Hewson, P. W. & Hewson, M. G. A. B. (1988). An appropriate conception of teaching science: A view from studies of science learning. Science Education, 72(15), 587-614.

Hill, F. H. (1991). Assessing the relationship between reflective practice, content knowledge and teaching effectiveness of student teachers. (ERIC Document Reproduction Service No. 338565).

Hoover, Dempsey, K. V., Bassler, O. C., & Brissie, J. S. (1987). Parent involvement: Contribution of teacher efficacy, school socioeconomic status, and other school characteristics. American Educational Research Journal, 24, 417-435.

Jackson, P. W. (1996). The peactice of teaching. New York: Teacher College Press.

John G. Duxbury and Ling-ling Tsai (2010). The effects of cooperative learning on foreign language anxuaty: acomparativr study of Taiwanese and americanuni-veraitits international Journal of Instruction Vol.3, No.1 ISSN: 1694-609X.

Johnson, D. W. & Johnson, R. T. (1998). Cooperative Learnin And SocialInterdependence Theory [online] Retrieved October 9, 2004, fromhttp://www.co-operation.org/pages/SIT.html.

Johnson, D. W. & Johnson, R. T. (1999). Learning together and alone: Cooperative,competitive, and individualistic learning (5th ed). Boston: Allyn & Bacon.

Johnson, D. W., & Johnson, R. T. (1994). Learning together and alone :Cooperative, competitive, and individualistic learning. Boston: Allyn and Bacon.

Johnson, D. W., Johnson, R. T., & Holubec, E. J. (1993). Circles of learning:cooperation in the classroom. ISBN: 0-939603-12-8.

Johnson, D. W., Johnson, R.T., &Stanne, M. B. (2000). Cooperative learning methods:A meta-analysis. September 17, 2000 Retrieved from http://www.clcrc.com/pages/cl-methods.html.

Johnson, D.W., & Johnson, R.T. (1989). Cooperation and competition:Theory andresearch.Edina, MN:Interaction Book Co.

Kagan, S. (1989). On Cooperative Learning: A conversation with Spencer Kagan. Educational Leadership, 47, 8-11.

Kain, D. L. (2003). Problem-based learning for teachers, grades 6-12. Boston, MA: Pearson Education, Inc.

Kimble, G. A. (1961). Hilgard and Marquis?conditioning and learning (2nd ed.). Englewood Cliffs, NJ: Prentice-Hall.

Korenich, R. J. (1988). Reflecting on practice: A case study of novice and expert teachers. Unpublished Doctoral dissertation, University of Pittsburg. AAC 8911377.

Kyriacou, C. (1986). Effective teaching in schools. Oxford: Basil Blackwell Ltd.

Liao, H. C. (2005). Effects of Cooperative Learning on Motivation, Learning Strategy Utilization, and Grammar Achievement of English Language Learners in Taiwan (Doctoral Dissertation, University of New Orleans), Dissertation Abstracts International, 67(07), 2498A.

Lortie, D. (1975). School teacher: A sociological study. Chicago: The University of

Chicago Press.

Marsh, H. W. (1991). Multidimensional students?evaluations of teaching effective-
ness: A prefiles analysis. Australia, New South Wales: Geographic srce. country
of publication. (ERIC Document Reproduction Service No. ED 350310).

Mayer, R. E. (1987). Educational psychology: A cognitive approach. Boston: Little,
Brown.

McCormick, W. J. (1979). Teacher can learn to teach more effectively. Educational
Leadership, 37(1), 59-62.

Medley, D. M. (1979). The effectiveness of teacher. In P. Perterson and H. Walberg
(Eds.), Research on teaching: Concepts, finding and implication. Berkeley, CA:
McCutchan.

Medley. D. M. (1997). Teacher competence and teacher effectiveness: A review of
process-product research. Paper presented at American Educational Research
Association. Washington, DC.

Merrfield, M. M. (1993). Responding to the Gulf War: A case study of instructional
decision making. Social Education, 57(1), 23-41.

Needles, M. C. (1991). Comparison of student, first-year, and experienced
teachers?interoretations of a first-grade lesson. Teaching and Teacher Education,
7, 269-278.

Neufeld, B., Farrer, E., & Miles, M. B. (1987). A review of effective schools re-
search: The message for secondary schools. In R. V. Carlson & E. R. Douch-
crme (Eds.), School-improvement: Theory and practice. Boston: University
Press of America, Inc.

Panitz, T. (2009).Collaborative versus cooperative learning- a comparison of the
two concepts which willhelp us understand the underlying nature of interactive
learning Retrieved March 04, 2009,fromhttp://home.capecod.net/~tpanitz/ted-
sarticles/coopdefinition.htm.

Patton, M. Q. (1990). Qualitative evaluation and research methods (2nd Ed.). Cali-
fornia: SAGE.

Perrott, E. (1987). Effective teaching: A practical guide to improving your teaching.
New York: Longman.

Peterson, P. L. & Clark, C. M. (1986). Teachers?thought process. In M. C. Wittrock

(Ed.), Handbook of research on teaching (3rd ed.) (pp.255-296). New York: Macmillan.

Porter, A. C. & Brophy, J. (1988). Synthesis of research on good teaching: Insight from the work of the Institute for Research on Teaching. Educational Leadership, 45, 74-85.

Ramsay, P., Sneddon, D., Grenfell, J., & Ford, I. (1983). Successful and unsuccessful schools: A study in southern Auckland. Australian and New Zealand Journal of Sociology, 19, 272-304.

Rich, Y. (1993). Stability and change in teacher expertise. Teaching and Teacher Education, 9, 137-146.

Robertson, E. (1987). Teaching and relatives. In M. J. Dunkin (Eds.), The International Encyclopedia of Teaching and Teacher Education. New York: Pergamon Press.

Rosenshine, B. V. (1983). Teaching functions in instructional programs. Elementary School Journal, 83, 335-351.

Rosenshine, B. V. (1986). Syntesis of research on explicit teaching. Educational Leadership, 60-66.

Ross, J. A. (1994). Beliefs that make a difference: The original impacts of teacher efficacy. (ERIC Document Reproduction Service No. ED 379216).

Ryan, D. W. (1986). Developing a new model of teacher effectiveness. Ontario: Ministry of Education.

Schwab, J. J. (1983). The practice 4: Something for curriculum professors to do. Curriculum Inquiry, 13(3), 239-265.

Shavelson, R. J. (1986). Interactive decision making. In M. J. Dunkin (Ed.), The international encyclopedia of teaching and teacher education. Oxford: Pergaman.

Shulman, L. S. (1987). Knowledge and teaching: Foundations of the new reform. Harvard Educational Review, 57(1), 1-22.

Slavin, R. (1990). Cooperative Learning: Theory, Research, and Practice., Englewood, Cliffs, NJ : Prentice Hall.

Slavin, R. E. (1985). Leaming to cooperate, cooperating to leam. New York, NY: Plenum.

Slavin, R. E. (1990). Cooperative learning. Celin Rogers: The social psychology of the primary school, N.Y.: KKY.

Slavin, R. E. (1991). Student team learning: A practical guide to cooperative learning (3rd ed.). Washington, DC: National Education.

Slavin, R. E. (1984). An introduction to cooperative learning . New York: Longman.

Slavin, R. E. (1989). Research on cooperative learning: Consensus and controversy. Educational Leadership. (47)4, 52-54.

Smaldino, S. E., Lowther, D. L., & Russell, J. D. (2012). Instructional technology and media for learning (10th ed.). Upper Saddle River, NJ: Prentice Hall.

Smylie, M. A. (1990). Teacher efficacy at work. In P. Reyes (Eds.), Teacher and their workplace. CA: Sage.

Sterngerg, R. & Hornath, J. A. (1995). A prototype view of expert teaching. Educational Research, 24, 9-17.

Tamashiro, R. T. & Glickman, C. D. (1982). A comparision of first years fifth year, and former teachers on efficacy, ego development, problem solving. Psychology in the Schools, 19, 528-561.

Tang, L. P. (1994). Teaching evaluation in the college of business: factors related to the over all teaching effectiveness. U. S., Tennessee: Geographic srce./countryof publication. (ERIC Document Reproduction Service No. ED 374716).

Vaughan, W. (2002). Effects of Cooperative Learning on Achievement and Attitude Among Students of Color, Journal of Educational Research, 95, 359-364.

Vygotsky, L. (1978). Mind in society: the development of higher psychological process. Cambridge, MA: Harvard University Press.

Walberg, H. (1979). Educational enviorments and effects. Berkeley, CA: McCutchan Publishing Corporation.

Webb, R. (1982). Teaching and the domains of efficacy. Paper Presented at the Annual Meeting of the American Educational Resarch Association, New York.

Westerman, D. A. (1991). Expert and novice teacher decision making. Journal of Teacher Education, 42(4). 202-305.

附錄　歷年教師資格檢定考試「教學」試題（含解答）

94年度教師資格檢定考試：教學試題

一、選擇題

（A）　1. 教育目標分類中，屬於情意領域最低層次者為何？
(A) 接納　(B) 反應　(C) 評價　(D) 組織

（C）　2. 教師在進行班級內部學生分組時，下列哪一項意見是教師可以參考的？
(A) 各小組的人數一定要一樣，以達公平
(B) 分組教學可以免除對學習困難學生之額外指導
(C) 為避免貼標籤效應的影響，不同科目宜有不同的分組
(D) 分組之後，就可以完全放手讓學生自行學習

（C）　3. 下列何者是正確的腦力激盪法原則？
(A) 學生必須深思熟慮後再提出答案　(B) 對他人的意見提出批評
(C) 鼓勵學生勇於發表自己的見解　(D) 提出的想法愈少愈好

（A）　4. 古代希臘哲學家蘇格拉底善用「產婆術」激發內在想法，此屬下列何種教學法？
(A) 問答教學法　(B) 講述教學法　(C) 案例教學法　(D) 發現教學法

（B）　5. 依據92年公布的九年一貫課程綱要，彈性教學時間占總教學節數的比例是多少？
(A) 10%　(B) 20%　(C) 30%　(D) 由學校自定調整

（C）　6. 依據學生過去的成就或智力測驗的成績來進行常態編班，屬於以下哪一種班級團體編制？
(A) 同質編制　(B) 隨意編制　(C) 異質編制　(D) 特殊需求編制

（A）　7. 老師在上課前告知學生：「如果這一節大家認真上課，下課前就說一段你們愛聽的歷史故事。」這是利用何種策略提高學生學習動機？
(A) 提供行為後果的增強　(B) 啟發興趣並激發好奇　(C) 提示努力之後的情境　(D) 增進學生的學習信心

(C)　8.　「學生能根據一篇故事，寫出令人意外的結局」，屬於認知的哪一種層次？

(A) 應用　(B) 分析　(C) 創造　(D) 評鑑

(B)　9.　角色扮演較適用於哪一領域的教學？

(A) 認知領域　(B) 情意領域　(C) 技能領域　(D) 行為領域

(C)　10.　在教學設計中安排學生製作鄉土導覽地圖，這種活動最主要的是在開發學生何種智能？

(A) 語文／語言　(B) 自然／觀察　(C) 視覺／空間　(D) 人際／溝通

(C)　11.　編序教學（programmed instruction）主要是下列哪一種學習理論的應用？

(A) 認知學習論　(B) 互動學習論　(C) 行為學習論　(D) 訊息處理學習論

(D)　12.　教材組織具有「心理的」與「邏輯的」兩種原則。下列哪一項敘述正確？

(A) 邏輯的原則符合學科知識架構，成效較佳

(B) 心理的原則比較費時，形同浪費時間

(C) 邏輯的原則比較客觀，優於心理的原則

(D) 愈低年級的教材，愈適合採用心理的組織原則

(A)　13.　在教學開始或學習困難時，為了全面了解學生學習困難的原因所進行的評量，稱為：

(A) 診斷性評量　(B) 形成性評量　(C) 總結性評量　(D) 安置性評量

(B)　14.　下列哪些教學設計符合「適性教學」的主要精神？　(1) 探究教學　(2) 精熟學習　(3) 凱勒計畫　(4) 發現教學

(A) (1)(2)　(B) (2)(3)　(C) (1)(3)　(D) (3)(4)

(A)　15.　「任何科目都可藉由某種方式教給任何兒童」，下列哪一個敘述，不是這句話所要強調的？

(A) 提早教學是不好的

(B) 不須太重視學習準備度

(C) 了解學生、組織並有效呈現教材等技巧的重要性

(D) 成熟不一定要等待，也可以藉由外力協助而達成

(B)　16.　在教學中常使用標準參照測驗（criterion referenced test, CRT），下列哪

一項是其特點？

(A) 通常涵蓋較大範疇的學習作業

(B) 強調個人所能與不能完成之學習結果

(C) 偏好平均難度的試題

(D) 需以明確界定的團體作解釋

(B) 17. 欲使發現式學習發揮最大之功效，教師在教學歷程中，應把握哪些原則？　(1)安排適當情境　(2)可提出爭議性問題　(3)經常指名優秀學生回應作為示範　(4)提供方向或線索以引導學生發現知識

(A) (1)(2)(3)　(B) (1)(2)(4)　(C) (1)(3)(4)　(D) (2)(3)(4)

(D) 18. 在教學中，以日常生活事例作為切入的問題，來進行探討科學概念的活動。請問這樣的教學過程符合下列哪一種原則？

(A) 由難至易　(B) 由繁入簡　(C) 由抽象到具體　(D) 由經驗到知識

(B) 19. 訂定教材內容和認知層次雙向細目表，作為命題的藍圖，有助於改進教師自編測驗的何種性能？

(A) 信度　(B) 效度　(C) 客觀性　(D) 實用性

(C) 20. 基於學生需經語義編碼，才能將學習內容融入長期記憶中，因此，教師應重視何種教學事件的安排?

(A) 喚起學生舊經驗的回憶　(B) 告知學生學習目標　(C) 提供學習輔導　(D) 促進學習遷移

(C) 21. 老師上課開始時告訴同學：「我們今天上課的重點，是氣溫愈高，海水蒸發速度愈快。」這種提示是運用何種教學策略？

(A) 建構主義教學　(B) 發現探究教學　(C) 前導組織教學　(D) 概念獲得教學

二、問答題

1.教師可如何運用媒體和社會資源於教學活動設計中？請簡要說明之。

2.簡述教學評量的內涵及主要功能。

95年度教師資格檢定考試：教學試題

一、選擇題

(C) 1. 下列哪一種教學研究比較能夠讓教師將研究結果用以解決實務問題？

(A) 基礎研究　(B) 應用研究　(C) 行動研究　(D) 理論研究

(A) 2. 經過幾天的思考，王老師靈機一動，想出了校慶活動的新點子，這屬於創造思考的哪一個階段？

(A) 豁朗期　(B) 醞釀期　(C) 準備期　(D) 驗證期

(C) 3. 下列何者是正確的腦力激盪法原則？

(A) 學生必須深思熟慮後再提出答案　(B) 對他人的意見提出批評

(C) 鼓勵學生勇於發表自己的見解　(D) 提出的想法愈少愈好

(B) 4. 李老師在教導學生籃球投籃的技巧時，採用練習教學法，其步驟包含：甲. 教師示範；乙. 引起動機；丙. 反覆練習；丁. 學生模仿；戊. 評量結果。下列何者為正確的順序？

(A) 甲乙丙丁戊　(B) 乙甲丁丙戊　(C) 乙丁甲丙戊　(D) 丙甲丁戊乙

(C) 5. 下列何種教學法強調學生自訂學習計畫？

(A) 練習教學法　(B) 發表教學法　(C) 設計教學法　(D) 批判思考教學法

(A) 6. 教學目標要明確清晰，至少必須包含三種因素，下列何者為正確？

(A) 行為、情境、標準　(B) 主體、行為、歷程　(C) 情境、標準、歷程　(D) 客體、行為、情境

(A) 7. 下列何種分組方式較能激發學生學習動機和探索態度？

(A) 興趣分組　(B) 能力分組　(C) 隨機分組　(D) 社經背景分組

(C) 8. 下列何者不符合艾斯納（E. W. Eisner）所提倡的表意目標？

(A) 調查居民對於社區營造計畫的想法

(B) 探討電視廣告中的男女生形象

(C) 說明「覆巢之下無完卵」的意義

(D) 設計個人書房的風格及樣式

(D) 9. 以下何者為正確的班級教學發問技巧？

(A) 教師提問後，要求學生立即回答

(B) 師生間應進行一對一的問與答

(C) 教師先指名，再提出待答的問題

(D) 鼓勵學生踴躍回答，勿太早下判斷

（D） 10. 皮亞傑（J. Piaget）將兒童的道德判斷發展劃分為三個時期：無律、他律及自律。下列哪一項是自律的特色？

(A) 服從道德權威　(B) 意識到學校及社會的道德規範　(C) 相信神祕的因果報應　(D) 追問道德規範的理由

（C） 11. 以下哪一句話最能反映多元智能的教學理念？

(A) 五育並重　(B) 教學相長　(C) 因材施教　(D) 熟能生巧

（D） 12. 強調學習意願與動機，教學貴能切合學生學習能力，這種論點屬於下列哪一個教育規準？

(A) 認知性　(B) 價值性　(C) 釋明性　(D) 自願性

（B） 13. 桑代克（E. L. Thorndike）以籠中貓做實驗，觀察刺激—反應之間的聯結關係。下列三種學習律的組合，何者正確？

(A) 預備律、增強律、效果律　(B) 練習律、預備律、效果律

(C) 練習律、增強律、效果律　(D) 練習律、多元律、增強律

（A） 14. 教師想要了解學生長時間的學習歷程與進步情形，最適合採用下列何種評量？

(A) 檔案評量　(B) 紙筆評量　(C) 實作評量　(D) 診斷評量

（B） 15. 強調「教人」比「教書」重要，「適才」比「專才」更重要，屬於哪一個學派的觀點？

(A) 行為主義　(B) 人本主義　(C) 實驗主義　(D) 理性主義

（C） 16. 如果一種評量強調受試者依其既有的先備知識作為基礎，將新學習連結到舊知識之上，統整調和成一個有組織、有系統、有階層的知識結構，這屬於何種評量？

(A) 真實性評量　(B) 檔案評量　(C) 概念圖評量　(D) 總結性評量

（D） 17. 有關「教學步道」的規劃與設計，下列哪一項敘述正確？

(A) 教學步道旨在美化校園，和環境布置的旨趣相同

(B) 教學步道的內容不必配合課程，以增廣學生視野

(C) 為使教學步道具有特色，應避免植栽與遊樂設施

(D) 教學步道依學習重點設計，使學習的主題更明顯

（B） 18. 下列何種學習理論認為良好評量需重視學生組織資訊的能力？

(A) 行為學習論　(B) 認知學習論　(C) 社會建構論　(D) 社會學習論

二、問答題

1.有關學生作業的內容與規劃，請列出所應注意的原則。

2.試簡要說明實作評量的優點及其限制。

96年度教師資格檢定考試：教學試題

一、選擇題

(A) 1. 電腦輔助教學、精熟學習、個別化系統教學等教學法，均源自於何者？
(A) 行為主義學派　(B) 認知心理學派　(C) 人本主義學派　(D) 社會建構學派

(B) 2. 態度、價值和信念等是屬於哪一項領域的教學目標？
(A) 認知　(B) 情意　(C) 技能　(D) 能力

(D) 3. 下列何者不是發問的教學功能？
(A) 引起學生的注意力　(B) 誘發學生思考問題　(C) 發現學生學習困難　(D) 直接教導學生知識

(C) 4. 下列何者為討論教學法的特性？
(A) 以教師為中心　(B) 重視知識記憶　(C) 培養思考能力　(D) 注重教學效率

(C) 5. 下列何種教學法注重個人績效對團體的貢獻？
(A) 欣賞教學法　(B) 討論教學法　(C) 合作學習法　(D) 協同教學法

(D) 6. 「青青老師鼓勵學生用語言、文字、動作、圖形、音樂等方式，表現自己的知識、技能、思想和感情。」請問她採用下列何種教學法？
(A) 練習教學法　(B) 直接教學法　(C) 協同教學法　(D) 發表教學法

(D) 7. 如果林老師想要運用行動研究解決教學上的問題，就必須了解行動研究的性質。下列哪一項觀念是錯誤的？
(A) 方法比較多元　(B) 偏向質性的研究　(C) 在特定的自然情境中進行　(D) 屬於教師單獨進行的研究

(B) 8. 創造思考教學的程序包括五個重要的步驟：甲. 評估各類構想、乙. 選擇適當問題、丙. 組成腦力激盪小組、丁. 進行腦力激盪、戊. 說明應該遵守規則。其正確的實施順序為下列何者？
(A) 甲丙丁戊乙 (B) 乙丙戊丁甲 (C) 丙乙丁甲戊 (D) 丁戊甲丙乙

(C) 9. 陳老師在進行教學設計時，分析教學目標的內涵。有關學生的「每月生活開支結算」能力，應該歸類在哪一類型的學習上？

(A) 態度　(B) 語文信息　(C) 心智技能　(D) 動作技能

(C) 10. 教師在課堂上提出「家庭」概念，然後要求學生分組討論，說出家庭的組成要素。此種學習符合認知目標的哪一層次？

(A) 了解　(B) 應用　(C) 分析　(D) 綜合

(A) 11. 有些考試採用倒扣（校正猜測）的方式來避免學生胡亂猜測，但是蔡老師認為學校考試不必這樣做，因為考試目的在於協助學生的學習。下列哪一個敘述，最可能是蔡老師的基本假定？

(A) 學生答錯試題，並非純粹亂猜

(B) 倒扣會增加計分的複雜性，又浪費時間

(C) 學校考試非正式成就測驗，不需要校正猜測

(D) 未做校正猜測，對試題的信度沒有重大影響

(D) 12. 社會學習領域教師發現，整個社會存在著對移民女性及新臺灣之子貼上負面標籤的現象，於是師生共同設計多元文化課程，藉由理念與行動的實踐，改變了社區對他（她）們的有色框架，進而尊重、包容、接納之。此種教學取向，屬於下列何者？

(A) 學術理性取向　(B) 社會適應取向　(C) 認知過程取向　(D) 社會重建取向

(C) 13. 強調應用SQ3R（瀏覽、質疑、閱讀、記誦、複習）的讀書策略增強學生的學習能力，是屬於下列哪一個理論之應用？

(A) 發現學習理論　(B) 意義學習理論　(C) 訊息處理理論　(D) 學習條件理論

(D) 14. 林老師發現小美的學習不佳。她先幫小美做智力測驗，結果智力中等，所以排除了智力的因素。接著她找了成績好的學生與小美分享學習的方法，效果也不怎麼好。此時應採用哪一種評量方式來診斷小美的學習困難？

(A) 總結性評量　(B) 安置性評量　(C) 形成性評量　(D) 動態性評量

(A) 15. 下列何者是概念獲得教學法的重點？

(A) 學生能區分正、反例和屬性　(B) 師生間、學生間的觀念互換

(C) 啟發學生探索事物、真理的歷程　(D) 鼓勵學生去調查一個範圍的主題

(A) 16. 某次段考中，由於有半數同學不及格，老師決定每人加10分。下列有

關這項處理可能造成測驗品質和測驗得分統計變化的描述，哪一項是正確的？

(A) 測驗效度不變　(B) 測驗信度提高　(C) 得分平均數降低　(D) 得分標準差縮小

（D）17. 「教師提升學生的信心時，應多使用鼓勵，少用稱讚。」下列何者較具有「鼓勵」性質的意涵？

(A) 你真是聰明！十分鐘就把數學第一部分題目做好了！

(B) 你十分鐘就把數學第一部份題目做好了，真是不簡單呀！

(C) 只有數學高手才能在十分鐘內把數學第一部分題目做好！

(D) 看到你把第一部分數學題目做好了，希望你繼續保持，加油！

（A）18. 一套新課程實施後，若教學者愈關心下列何者，則表示課程實施的程度愈高？

(A) 我在教學策略上宜做哪些調整？

(B) 此課程對我的教學負擔有多大？

(C) 學校如何評鑑我在此課程實施上的績效？

(D) 我如何取得有關此課程的資訊以了解其精神？

二、問答題

1. 良好的學習檔案評量（portfolio assessment）應該有的特色為何？

2. 請說明維高斯基（L. S. Vygotsky）「最近發展區」（Zone of Proximal Development, ZPD）的概念，並利用此概念解決下列的教學困境。

> 「在一個一年級的班上解『買一枝鉛筆要7元，一個橡皮擦要8元，合起來要幾元？』時，教師發現小新無法成功解題，因為他必須把問題中兩個數量都逐一用手指來點數，如果問題中兩個數量合起來超過10的話，他就無法解題。」

97年度教師資格檢定考試：教學試題

一、選擇題

（D） 1. 經由仔細的觀察，張老師發現小明喜歡直接、動手的經驗，並且偏好有組織、有結構的呈現方式。下列哪一種教學方式對小明最適合？

(A) 閱讀書籍　(B) 團體討論　(C) 模擬遊戲　(D) 實驗操作

（B） 2. 下列何者屬於教師調整學生學習速度的策略？

(A) 教師設法改變學校課程標準

(B) 教師允許能力較高的學生學習進度超前

(C) 教師決定學習較遲緩者放棄部分學習內容

(D) 教師發揮專業自主，決定一種適合所有學生的學習內容

（A） 3. 下列何者最具有結合教學、診斷和評量的功能？

(A) 動態評量　(B) 標準化測驗　(C) 常模參照評量　(D) 標準參照評量

（A） 4. 教師在教學前對班上進行學科成就評量，以確定學生的起點行為。此作法屬於下列何種評量？

(A) 安置性評量　(B) 形成性評量　(C) 診斷性評量　(D) 總結性評量

（C） 5. 下列何者不屬於建構主義對「學習」的基本假定？

(A) 學習具有情境性與脈絡性

(B) 概念的學習是不斷精緻化的

(C) 強調個體認知表現，學習不具情意性

(D) 學習課題與學習者的發展和需求具有關聯性

（B） 6. 林老師採用創意教學方法進行國語文教學，他用一幅卡通漫畫，讓學生依照自己的方式，提出各種不同的看法，組成一篇故事。這屬於創意思考教學中的哪一個技術？　(A) 型態分析　(B) 自由聯想　(C) 象徵類推　(D) 屬性列舉

（C） 7. 下列何種發問技巧最能啟發學生的思考能力？

(A)「電燈是誰發明的？」　(B)「愛迪生還發明了什麼？」

(C)「電燈有哪些用途？」　(D)「電燈是什麼時候發明的？」

（D） 8. 針對三角形的教學，張老師擬定的一項目標為「給予一組圖形，學生

能辨識出三角形」。此一行為目標缺少以下哪一要素？

(A) 表現行為　(B) 特定情境　(C) 學習對象　(D) 成功標準

（D）　9. 教師採用班級團體教學後，對全班進行形成性評量；已經學會的學生可以擔任小老師或從事充實學習，未學會者則繼續學習；當全班都學會後，再一起進入下一個單元的學習。下列何者最符合前述教學流程？

(A) 凱勒計畫　(B) 啟發教學法　(C) 問題教學法　(D) 精熟學習法

（A）　10. 下列哪一種合作學習教學模式包含有「專家小組討論」？

(A) 拼圖法 II（Jigsaw II）　(B) 小組遊戲比賽法（TGT）　(C) 小組協助個別教學法（TAI）　(D) 學生小組成就區分法（STAD）

（C）　11. 王老師具有適性教學的理念，他在教學時應該會採取哪一個策略？

(A) 減慢教學速度　(B) 降低評量的難度　(C) 提供多樣性教材
(D) 訓練學生答題技巧

（A）　12. 教師要求學生在二十分鐘內正確做完數學題目練習，完成的同學可以自由閱讀。教師提供的是下列哪一種增強物？

(A) 活動增強物　(B) 代幣增強物　(C) 原級增強物　(D) 社會增強物

（B）　13. 下列有關小學低年級教學設計，何者不適切？

(A) 具體的內容先於抽象的內容　(B) 古代的內容先於現代的內容
(C) 學過的內容先於未學過的內容　(D) 熟悉的內容先於不熟悉的內容

（B）　14. 洪老師以「奧運」為主題，利用多元智能理論設計教學活動。下列有關活動與智能的組合，何者最為適切？　(A) 練習奧運比賽項目，發掘自己的運動強項－音樂智能　(B) 設計標語、廣告，為奧運活動作宣傳－語文／語言智能　(C) 設計並製作符合各國運動員需求的奧運村模型－自然探索智能　(D) 融合各國民族音樂，設計符合奧運精神音樂與歌舞－肢體／運動智能

（C）　15. 教師問「磚塊有什麼用處？」嬋嬋在三分鐘內說出32種用途，數量為全班之冠。她在創造力的哪一層面表現較佳？

(A) 變通性　(B) 原創性　(C) 精密性　(D) 流暢性

（B）　16. 實作評量可依情境發展不同之評量方式。下列哪些屬於實作評量？
甲、機器人模型組裝；乙、實驗器材辨識；丙、自然科紙筆測驗；
丁、昆蟲標本製作

(A) 甲乙丙　(B) 甲乙丁　(C) 甲丙丁　(D) 乙丙丁

（A）17. 諾丁斯（N. Noddings）強調要毫無保留的接受學生的全部，並幫助學生自 我實現。這樣的理念屬於下列何者？

　　(A) 關懷教育學　(B) 批判教育學　(C) 庶民教育學　(D) 多元教育學

（B）18. 下列雙向細目表的甲、乙各表示什麼？

甲＼乙	記憶	了解	應用	分析	評鑑	創造	總計
家庭	2	2	2	2	2	2	12題
社區	3	3	3	3	1	1	14題
總計	5	5	5	5	3	3	26題

(A) 教學目標、教材內容　(B) 教材內容、教學目標　(C) 教學項目、教學歷程　(D) 教學歷程、教學項目

二、問答題

1. 小學相當重視閱讀教學，許多學校會選列各年級適用之課外書單，鼓勵教師進行班級共讀活動。試提出兩種在課程設計上可以兼顧課外閱讀與既有學習領域教學的構想。

2. 試列舉至少七項教學檔案所應包含的重要內容。

98年度教師資格檢定考試：教學試題

一、選擇題

(B)　1. 「芬蘭的首都是哪一個城市？」、「臺灣的西邊是哪一個海峽？」此類問題屬於下列何者？
(A) 擴散性問題　(B) 聚斂性問題　(C) 綜合性問題　(D) 評鑑性問題

(A)　2. 朱老師在教室後面放五個籃子，每個籃子裡都有不同難度的數學回家作業，學生可以從中自由選擇適合自己程度的作業。如果順利完成，可以挑戰更高難度的作業。此一方式較能激發學生下列何種動機？
(A) 內在動機　(B) 外在動機　(C) 競爭動機　(D) 合作動機

(C)　3. 建築師在建造房子之前要先繪製藍圖；導遊在帶隊出遊前要先規劃行程表。同理，教師在進行教學前要做何種準備？
(A) 購買參考書　(B) 選用教科書　(C) 編擬教學計畫　(D) 熟悉學生習作

(D)　4. 下列何者是教學評量的最主要目的？
(A) 了解學生在班上的排名　(B) 對學生進行區別及篩選　(C) 了解班上學生個別差異　(D) 作為輔導學生學習之用

(A)　5. 教師在教學過程中，應適時檢視教學成效與學生反應，以調整其教學法和課程內容。此屬於下列哪一種課程評鑑之概念？
(A) 形成性評鑑　(B) 檔案式評鑑　(C) 總結性評鑑　(D) 後設性評鑑

(C)　6. 承漢是一位國小高年級的級任老師，他發現自己教授的國語課和社會領域的內容有所關聯。於是邀請社會老師一同討論，將教材做更緊密的聯結與呼應。這種作法體現了 課程組織的哪一項原則？
(A) 繼續性　(B) 程序性　(C) 統整性　(D) 均衡性

(A)　7. 教師邀請知名人士到課堂上分享自己的成功經驗，學生藉此得以仿效該知名人士的 成功經驗。此教學策略屬於下列何種學習理論？
(A) 楷模學習論　(B) 人本主義學習論　(C) 認知發展學習論　(D) 行為學派學習論

(D)　8. 麗麗老師進行教學時，讓原住民學童從快失傳的手工藝、家家戶戶會做的醃魚、老祖母的織布中，發現科學概念。這種作法屬於下列哪一

種教學取向？

(A) 直接教學　(B) 間接教學　(C) 連結式教學　(D) 文化回應教學

(C)　9. 大華國小推展自行車運動，不會騎自行車的學童由指導老師講解、示範小老師的協助下跌跌撞撞地練習騎車。這時學童們的騎車技能達到下列哪一個階段？

(A) 準備狀態（set）　(B) 機械反應（mechanism）　(C) 在指導下反應（guided response）　(D) 複雜的外顯反應（complex overt response）

(D)　10. 林老師在教導學生有關政府組織的運作後，要求學生進行一項作業：「請為班上設計一個自治組織，說明此一組織包含哪些單位，並說明各單位的功能和運作方式。」此作業之教學目標，屬於認知領域的哪一層次？

(A) 應用　(B) 分析　(C) 評鑑　(D) 創造

(C)　11. 教師為了鼓勵學生踴躍發言，只要舉手發言，就給予一張好寶寶卡；集滿十張好寶寶卡的學生，平時成績加一分。這種教學策略屬於下列何者？

(A) 間歇增強　(B) 後效契約　(C) 代幣制度　(D) 祖母法則

(C)　12. 下列有關「認知學徒制」的敘述，何者有誤？

(A) 認知學徒制運用鷹架的概念

(B) 認知學徒制是教導專家的認知過程

(C) 認知學徒制的理想學習環境不包括社會層面

(D) 認知學徒制先教整體的技能，再教局部的技能

(B)　13. 黃老師發現此次社會課隨堂測驗的分數分布範圍很廣，下列哪一種分數最適宜代表該班學生的整體表現？

(A) 眾數　(B) 中位數　(C) 平均數　(D) 標準差

(D)　14. 根據雙向細目表命題，主要在確認試題的何種效度？

(A) 表面效度　(B) 關聯效度　(C) 預測效度　(D) 內容效度

(B)　15. 下列何者是「標準參照測驗」（criterion-referenced test）的特性之一？

(A) 與其他學生的測驗表現進行比較　(B) 與教師設定的精熟標準進行比較　(C) 原始資料的測量分數之變異性較大　(D) 以百分等級和標準

分數解釋測量分數

(B) 16. 小明月考常名列前茅，因此，級任老師雖未任教「藝術與人文」領域，但他仍認為小明在該領域也會表現優異。此種現象屬於下列何者？

(A) 邏輯謬誤　(B) 月暈效應　(C) 霍桑效應　(D) 強亨利效應

(A) 17. 目標由若干要素組成。「學生能根據高山的定義，在臺灣地圖上指出兩座南投縣的高山。」此一行為目標中的「兩座」是屬於哪一項要素？

(A) 標準　(B) 條件　(C) 行為　(D) 結果

(A) 18. 導向學習法（problem-based learning）中，下列哪一個問題最不適用？

(A) 學習英文文法的問題　(B) 學習動機低落的問題　(C) 國內升學主義的問題　(D) 垃圾掩埋場所產生的問題

(B) 19. 數學成績很差，卻擅長畫畫，老師鼓勵他用畫圖的方式解題並陳述答案。這種作法接近下列哪一種理論？

(A) 心像描繪理論　(B) 多元智慧理論　(C) 情境學習理論　(D) 近側發展區理論

二、問答題

1.教學資源時，應考量哪些原則？

99年度教師資格檢定考試：教學試題

一、選擇題

(D) 1. 學生了解社會各行各業的特色與辛勞，並達到感同身受的教學目標，教師較適合採用下列何種教學方法？
(A) 問題解決　(B) 創造思考　(C) 欣賞教學法　(D) 角色扮演法

(A) 2. 教師想要了解學生程度，以便決定教學起點時，應該選擇下列何種評量？
(A) 預備性評量　(B) 形成性評量　(C) 診斷性評量　(D) 總結性評量

(C) 3. 黃老師在教學中，常教導學生將課本所學的概念，組織成樹狀圖以幫助學習。黃老師的作法最有可能應用下列哪一種學習理論？
(A) 社會學習理論　(B) 行為學派學習理論　(C) 訊息處理學習理論
(D) 人文學派學習理論

(B) 4. 「學生能積極參加學習活動」此屬於情意領域目標的哪一層次？
(A) 接受　(B) 反應　(C) 評價　(D) 組織

(D) 5. 小慧媽媽告訴老師：「小慧學業壓力大，不喜歡上學。希望老師不要以成績來排名次；請老師多與小慧互動，了解她的興趣與需要。」這位家長的教育哲學觀，比較接近下列何者？
(A) 自由主義　(B) 實用主義　(C) 精粹主義　(D) 進步主義

(B) 6. 以「秋季」為主題的課程，涵蓋了節氣與氣候、秋天的植物、人們的活動與節日等學習內涵。此學習內涵在課程組織原理中，屬於下列何者？
(A) 組織中心　(B) 組織要素　(C) 組織目標　(D) 組織網絡

(C) 7. 「能利用字典在十分鐘內查出本課所有生字的字義」其中「能利用字典」，屬於下列哪一種「行為目標要素」？
(A) 行為　(B) 結果　(C) 條件　(D) 標準

(B) 8. 下列何者是系統化教學設計的優點？
(A) 自動產生創意教材　(B) 過程合乎科學邏輯　(C) 激發教師的教學熱誠　(D) 避免「見樹不見林」的缺失

(A) 9. 下列哪些學校的作法符合協同教學法的精神？

甲校、藝術與人文領域由音樂老師和美術老師共同設計統整的單元並
　　　實施教學

乙校、健康與體育領域，宜由班級導師教授健康，體育教師教授體育

丙校、綜合活動領域打破班級界限，由班群三位導師共同設計課程並
　　　實施教學

丁校、英語課由中外籍教師輪流授課

(A) 甲丙　(B) 乙丙　(C) 甲丙丁　(D) 乙丙丁

（A）10. 當學生提出「臺灣屬於海島型氣候」的正確答案時，教師最適當的回
應為下列何者？

(A)「答對了！」　(B)「好！你很聰明！」　(C)「我喜歡這個答
案！」　(D)「請大家給予愛的鼓勵！」

（C）11. 教師在單元教學結束時，將上課內容加以歸納，其主要目的為何？

(A) 加強學生的學習技巧　(B) 促進學生的自主學習　(C) 建立學生完
整的概念架構　(D) 針對上課不認真的同學進行重點教學

（D）12. 李老師在新單元正式教學前，先用與單元有關且學生熟悉的一句話或
一個故事作為 開場白。李老師運用的是哪一種教學策略？

(A) 概念圖　(B) 心像圖　(C) 正反例子　(D) 前導組體

（A）13. 錨式教學法（anchored instruction）屬於情境認知學習理論。以下有關
此種教學法的描述，何者錯誤？

(A) 事先告知學生情境中的問題所在

(B) 學生必須運用所學，設法解決問題

(C) 學生會經驗到實際問題的解決方法有多種

(D) 所設計的問題情境通常是複雜且實際會發生的

（A）14. 上課時，甲生舉手提問，老師詳細講解並稱讚其提問的勇氣；此時乙
生不但理解了該問題的內容，之後也會在發現問題時舉手發問。乙生
的學習較符合下列何種理論？

(A) 社會學習理論　(B) 激進建構理論　(C) 情境學習理論　(D) 鷹架
學習理論

（D）15. 全球各地出現氣候異常現象，許多科學家視之為溫室效應的後果。為
促進學生挑戰「人定勝天」的觀點，啟發其環境保護的意識與責任
感，教師較適合採用下列何種教學觀？

(A) 效能導向　(B) 學科導向　(C) 目標導向　(D) 批判導向

(B) 16. 蓋聶（R. Gagné）認為學習應該具有階層性，並將學習階層分為八
種。王老師在進行數學教學時，引導學生觀察圓錐和圓柱體的差異並
作比較。此屬於蓋聶所主張的哪一種學習階層？

(A) 符號學習　(B) 原則學習　(C) 概念學習　(D) 問題解決

(C) 17. 「情意測驗」乃是有關個人態度、價值觀、興趣、鑑賞、動機、情
緒、人格等特質的測驗。據此，下列何者屬於情意測驗？

甲、中文年級認字量表

乙、國小兒童自我概念量表

丙、國民中小學學習行為特徵檢核表

丁、國小學生生活適應量表

(A) 甲乙　(B) 甲丙　(C) 乙丁　(D) 丙丁

(C) 18. 下列有關測驗與評量的敘述，何者正確？

(A) 實作評量強調結構完整的問題

(B) 選擇題測驗易於測得分析與評鑑的能力

(C) 實作評量的結果可以預測實際情境的表現

(D) 標準化測驗在特定教育情境中能提供有效的解釋

(A) 19. 教師為了解教學成果或學生學習成就，選擇評量方式時，較無須考量
下列哪一項因素？

(A) 學校文化　(B) 教學目標　(C) 特定的學習結果　(D) 雙向細目表

(B) 20. 某班學生進行語文能力測驗後，得知甲同學的Z分數為2，乙同學的T
分數為60，丙同學的Z分數為–2。請問下列敘述，何者正確？

(A) 乙同學的語文能力測驗分數最高

(B) 甲同學的語文能力測驗分數最高

(C) 甲同學和乙同學的語文能力測驗分數一樣

(D) 甲同學和丙同學的語文能力測驗分數一樣

(B) 21. 「舉例說明『地層下陷』的意義」，此試題主要是在評量學生哪一層
次的認知能力？

(A) 記憶　(B) 了解　(C) 應用　(D) 分析

(C) 22. 在教學時促使學習產生遷移的作用，此屬於下列哪一種原理的應用？

(A) 串連　(B) 塑造　(C) 類化　(D) 間歇增強

（A）23. 在教學活動中，學生出現反社會或干擾教學的行為時，教師可採取下列哪些策略，以改變學生不當行為，增加其注意力而較不會中斷教學？

甲、慢慢趨近出現反社會或干擾教學行為的學生

乙、提高音量或放慢說話的速度

丙、注視出現反社會或干擾教學行為的學生

丁、指名制止出現反社會或干擾教學行為的學生

(A) 甲乙丙　(B) 乙丙丁　(C) 甲乙丁　(D) 甲丙丁

（D）24. 教師在教學計畫中，訂定了「能夠獨立地評論媒體訊息的可信度」的目標。下列何者比較能夠達成此目標？

(A) 閱讀一篇媒體報導，並撰寫心得

(B) 閱讀兩個廣告，並比較兩個廣告手法的差異

(C) 閱讀一個廣告，並與同學討論廣告表達的意涵

(D) 閱讀一篇新聞報導，並找出報導者未言明的前提

（A）25. 實作評量常會因為評分者誤差而影響其信度與效度。下列哪一項不是評分者誤差的來源？

(A) 教師無法評量學生在真實情境下應用知識與技能的能力

(B) 教師為了方便，僅以一次評量結果充當學生的整體學習成就

(C) 教師根據平時對學生的觀察所形成的一般性印象進行實作表現的評分

(D) 教師由於學生的母語、先前經驗、性別、種族等因素，而對學生有先入為主的偏見

（C）26. 下列有關「溝通」的描述，何者正確？

甲、當學生雙眼不敢直視老師，可能表示心虛或缺乏自信

乙、「適當表達憤怒」有助於人際間的溝通

丙、在傳達情感時，非語言的成分較語言的內容更為重要

丁、和學生溝通時應避免涉入教師情緒，因此不宜使用以「我」為開頭的表達，如「我很生氣」等

(A) 乙丙　(B) 丙丁　(C) 甲乙丙　(D) 甲乙丙丁

二、問答題

1.班級中某位學生的閱讀與書寫能力很差,在作文課時常抱怨「不知道怎麼寫」、「不會寫」,即便教師提供範文,他還是無法有效表達;但是這位學生的繪畫能力很強,能夠將抽象的意念用圖象表現出來。請問教師如何透過多元智能理論的觀點,進行教學設計,以提升這位學生的寫作表現?

100年度教師資格檢定考試：教學試題

一、選擇題

（B）　1. 小明學習英語時，如果受到教師的鼓勵，學習就更起勁；但是如果受到教師的責罵，學習就意興闌珊。這是哪一種學習定律？

(A) 準備律　(B) 效果律　(C) 練習律　(D) 交換律

（C）　2. 反對行為目標者認為，教師在敘寫課程目標時，有些相當重要的目標無法用行為目標形式來表示。此觀點隱含的意義最可能為下列何者？

(A) 課程目標的敘寫最好要模稜兩可

(B) 教師對課程目標的敘寫能力不足

(C) 並非所有課程目標都能以行為目標來呈現

(D) 課程目標需要有更好的評量策略來加以檢核

（A）　3. 下列何者屬於價值判斷的問題？

(A) 安樂死應該合法化嗎？

(B) 孤兒院都收留哪些類型的兒童？

(C) 為什麼夏天臺北盆地不但炎熱又經常下雨？

(D) 有些人不喜歡搭飛機是因為飛機可能失事嗎？

（B）　4. 下列何者是編製測驗的第一個步驟？

(A) 建置測驗的題庫　(B) 確定測驗的目的　(C) 設計雙向細目表

(D) 決定測驗的題型

（A）　5. 編製數學領域教材時，先界定「體積」之定義，再舉出實例，並分辨體積與面積之差異，進而說明面積、體積與容積之相關與原理。這種課程組織方式，符合下列哪一項原則？

(A) 概念相關　(B) 由整體到部分　(C) 探究關聯順序　(D) 由具體到抽象

（C）　6. 強調客觀知識的價值，並培養學生的思維能力和廣博的智慧。此種觀點屬於下列何種課程設計取向？

(A) 科技取向　(B) 社會重建取向　(C) 學術理性取向　(D) 自我實現取向

（C）　7. 相較於傳統的教師中心教學，建構式的教學比較強調下列何者？

(A) 教師的知識傳遞　(B) 反覆的練習與記誦　(C) 學習者的主觀經驗
(D) 學習結果重於歷程

(D)　8. 學校召開教科書評選委員會，教師們認為教科書的教學屬性較為重要。下列哪一項是教學屬性？

(A) 教材是否符合社會需要　(B) 教材是否涵蓋多元文化　(C) 教材是否具有理論基礎　(D) 教材是否符合個別化需求

(B)　9. 下列何者有助於李老師保持全班學生的注意力？

甲、同時讓每個學生都參與活動

乙、嚴厲糾正或懲罰不專心的學生

丙、指名個別學生，再出題命其回答

丁、隨時環視全班並機動調整教學活動

(A) 甲乙　(B) 甲丁　(C) 乙丙　(D) 丙丁

(D) 10. 在「空氣與燃燒」單元的學習活動中，下列哪一位學生達到認知目標的「評鑑」層次？

(A) 新亞能說出火災的四種類型及內容

(B) 敏慧根據各項實驗及資料，作出形成燃燒所需三要素的結論

(C) 英傑於進行製造氧氣實驗時，發現除胡蘿蔔外，可使用番薯來製造

(D) 禹廷能依照燃燒三要素，判斷四種類型火災發生最有效的滅火方式

(A) 11. 學生在教室中把相同大小的積木放進長方形與正方形的框架中，以計算邊長與面積。根據布魯納（J. Burner）的研究，學生們的學習行為屬於哪一種認知表徵方式？

(A) 動作表徵　(B) 影像表徵　(C) 具體表徵　(D) 符號表徵

(B) 12. 李老師認為現在的學生學習過於被動，想要設計一個「讓學生主動學習的教學策略」。下列何種做法不適切？

(A) 幫助學生互相認識，進行合作學習

(B) 提出問題，並提供完整的範例與解答

(C) 幫助學生建立對學習內容的興趣與好奇

(D) 了解學生的能力與程度，並鼓勵分享知識

(A) 13. 英語老師在教授「肯定句句型」之前，先確認學生能夠區辨「主詞」

與「動詞」。此做法在於確認學習者的哪一項特性？

(A) 起點行為　(B) 知覺偏好　(C) 學習動機　(D) 認知發展

(D) 14. 下列何者較符合形成性評量的性質？

(A) 教師上數學課前，先讓學生做個小測驗，了解學生的程度

(B) 教師上了兩星期的數學後，進行考試以作為分組教學的依據

(C) 教師上了一學期的數學後，進行測驗以檢視學生的學習成就

(D) 教師在講解兩遍數學解題方式後，進行小測驗，了解學生學習情
　　形

(D) 15. 張老師打算藉由小紅帽故事來培養學生的批判思考能力。下列哪一項
教學活動最為適切？

(A) 摘記小紅帽的故事內容

(B) 忠實地演出小紅帽的故事內容

(C) 針對小紅帽故事中的精彩字詞造句

(D) 討論小紅帽故事中不符常理的地方

(A) 16. 教師先解釋字詞的意義：「『在』是指地方、地點或時間；『再』是
指次數，第二次還會發生的情形。」然後讓學生說出其意義，並加以
應用。此屬於下列何者？

(A) 直接教學法　(B) 示範教學法　(C) 交互教學法　(D) 回應式教學
法

(C) 17. 下列何者不屬於常模參照測驗的結果解釋？

(A) 玫郁英文測驗的百分等級為80

(B) 曉蓉是今年校運會100公尺短跑的冠軍

(C) 家慶能正確寫出週期表每個元素的名稱

(D) 國恩的化學期末考成績是班上的第10名

(B) 18. 小美在第一次段考中，數學得分為80分（$M = 65$，$SD = 10$），英文
得分為80分（$M = 70$，$SD = 8$）。下列敘述何者正確？

(A) 無法判斷哪一科分數較高

(B) 小美的數學分數相對地位比英文高

(C) 小美的英文分數相對地位比數學高

(D) 小美的英文與數學分數相對地位一樣

二、問答題

1.教師教學時如何激發學生的學習動機？請列舉五項，並簡述之。

2.小雄是一位個性害羞的男生，講話聲調比較細柔，動作舉止也較為「女性化」，班上有些同學會笑他「娘娘腔」或「不男不女」。對於這些學生的不當行為，教師應如何進行輔導？

101年度教師資格檢定考試：教學試題

一、選擇題

（D）　1. 下列哪一種 學方法較能促進學生的道德判斷能力？

(A) 編序教學　(B) 微型教學　(C) 精熟學習　(D) 價值澄清

（C）　2. 關於教師與教科書關係的敘述，下列何者較不適切？

(A) 教科書為教師教學的重要素材之一

(B) 教師有責任參與學校教科書的選用

(C) 編輯教科書是出版商的事，教師無須自編教材

(D) 教師宜視社會變遷與學生需要，適時調整教科書內容

（A）　3. 學生學習後體會到：「陳樹菊女士的善行之所以能夠溫暖人心，並不在於捐款是否令人讚嘆，而在於善舉本身樸實且踏實的本質。」此屬於下列哪一種學習結果？

(A) 態度情意　(B) 動作技能　(C) 心智技能　(D) 認知策略

（D）　4. 林老師在教完某單元後，將教學內容分成五部分，分別設計闖關遊戲，若學生答對第一個關卡的問題，便可獲得獎卡，並進行到下一關，若失敗則須重來。每次闖關失敗重新闖關前，學生有五分鐘時間可以回到座位複習該關卡的學習內容。當學生獲得五個獎卡之後，即可向老師兌換獎勵 品。上述教學活動設計最符合下列哪一個理論？

(A) 建構主義　(B) 人本學派　(C) 社會認知　(D) 行為主義

（C）　5. 王老師在語文教學時，把單元中三課寓言故事加以統整，引導學生探索寓言故事的特色。此種統整方式屬於下列何者？

(A) 跨學科的統整　(B) 科際整合的統整　(C) 單一學科的統整

(D) 學習者中心的統整

（B）　6. 黃老師與學生們發現社區的環境汙染現象非常嚴重，決定共同探究並加以解決。下列哪一種課程設計方式較為適用？

(A) 學科中心　(B) 問題中心　(C) 兒童中心　(D) 概念中心

（C）　7. 「學生會依教師的期待參加社區服務」，此屬於克拉斯渥（D. Krathwohl）等人的情意領域目標分類的哪一層次？

(A) 注意　(B) 接受　(C) 反應　(D) 評價

（A） 8. 下列何者不屬於綜合活動學習領域的主要學習目標？

(A) 獲得事實知識　(B) 省思個人意義　(C) 實踐體驗所知　(D) 擴展學習經驗

（A） 9. 教師在教學前先以學習單了解學生的先備知識，做為學生分組的依據。此做法屬於下列何者？

(A) 安置性評量　(B) 形成性評量　(C) 診斷性評量　(D) 總結性評量

（D） 10. 由於班級學生的生活常規每況愈下，教師擬運用「腦力激盪」引導學生找出解決方法，其運用之最關鍵原則為何？

(A) 掌控時間　(B) 規定大家參與　(C) 運用菲力浦六六討論法

(D) 對於各種解決方法先不做價值判斷

（B） 11. 下列敘述何者屬於認知目標中的「創造」層次？

(A) 能計算早餐食物中所含的熱量

(B) 能選擇適當的營養素，設計出健康的食譜

(C) 能知道食物中所含的營養素並拒絕垃圾食物

(D) 能就同學設計的食譜，選出最符合健康原則的食譜

二、問答題

1. 學生上課玩手機，教師應如何介入以改善此行為？

2. 請說明合作學習教學法的意義，並比較合作學習小組與傳統學習小組之間的差異？

102年度教師資格檢定考試：教學試題

一、選擇題

(D)　1. 教科書為課程教學的主要媒介。下列有關教科書的使用方式，何者較適切？

(A) 將教科書內容一五一十地教給學生

(B) 教科書內容多為專家知識，不宜刪減

(C) 以教科書作為教師教學與學生學習的全部內容

(D) 因應社會變遷與學生需要，適時調整教科書內容

(C)　2. 下列哪些方法可促進學生踴躍發言？

甲、提供增強物

乙、依座號順序輪流發言

丙、提出符合學生生活經驗的問題

丁、儘量提出批評，以激勵學生反省

戊、對於較沈默的學生，鼓勵轉述他人之發言內容

(A) 甲乙丙　(B) 甲乙丁　(C) 甲丙戊　(D) 乙丙丁

(A)　3. 為促進不同文化族群學生的互動，教師最宜採取下列何種教學方式？

(A) 合作學習法　(B) 編序教學法　(C) 直接教學法　(D) 個別化教學法

(C)　4. 「曾經被視為快樂之國的不丹，為何該國國民現在越來越不快樂？」此問題可引導學生達到布魯姆（B. Bloom）認知目標分類的哪一層次？

(A) 理解　(B) 應用　(C) 分析　(D) 評鑑

(D)　5. 實施檔案評量時，下列哪一項不宜放在學習檔案中？

(A) 學習單　(B) 檢核表　(C) 紙筆測驗　(D) 輔導紀錄

(B)　6. 學生為了引起教師的注意，頻頻出現「不舉手就講話」的行為。教師較不宜採取下列何種處理方式？

(A) 即刻予以制止　(B) 予以懲戒處分　(C) 予以漠視不加理會

(D) 提醒尊重他人發言權

(B)　7. 小學生游泳能力檢測訂有十級鑑定標準。若有學生具備「水中行走10

公尺、水中閉氣5秒及水中認物的能力」，即可通過「第一級海馬」認證。此種評量結果的解釋屬於下列何者？

(A) 常模參照評量　(B) 標準參照評量　(C) 安置參照評量　(D) 診斷參照評量

(A)　8. 以重測法估計信度時，是為了了解測量結果的何種性質？

　　　(A) 穩定性　(B) 等值性　(C) 有效性　(D) 正確性

(B)　9. 「書架上有20本書，大明買走了6本後，還剩下幾本？」此屬於下列何種問題？

　　　(A) 記憶性問題　(B) 聚斂性問題　(C) 擴散性問題　(D) 評鑑性問題

(B) 10. 根據「有意義學習」（meaningful learning）的概念，影響學生學習的首要因素為何？

　　　(A) 教學目標　(B) 先備知識　(C) 學習材料　(D) 學習態度

(C) 11. 「積極參與自然生態的保育活動」屬於下列何種教學目標？

　　　(A) 認知目標　(B) 技能目標　(C) 情意目標　(D) 心智目標

(A) 12. 下列有關建構主義教學觀點的敘述，何者正確？

　　　(A) 學生的社會互動可增進學習

　　　(B) 教師不必有教學計畫和準備

　　　(C) 教師的角色是知識的傳授者

　　　(D) 學習是刺激與反應之間的連結

(A) 13. 「張老師利用簡報軟體向學生說明『象形』與『指事』造字法則，再進一步綜合比較，讓學生對這兩個法則不至於混淆。」下列何者最能表達前述的教學重點，並符合行為目標敘寫的基本要求？

　　　(A) 學生能分辨「象形」與「指事」造字法則的不同

　　　(B) 教師能設計「象形」與「指事」造字法則的簡報軟體

　　　(C) 學生能利用簡報軟體說明「象形」與「指事」的造字法則

　　　(D) 教師協助學生操作「象形」與「指事」造字法則的簡報軟體

(D) 14. 張老師在教導學生進行數學解題時，除了請學生進行解題之外，在解題之後，還會請學生思考：「在剛剛的過程中，自己是怎麼想的？」、「如果再重新解題一次，自己會有哪些修正？」此種作法較能培養學生下列何種能力？

　　　(A) 概念理解　(B) 問題界定　(C) 聚斂思考　(D) 後設認知

（D）15. 下列有關選擇題和申論題的敘述，何者最適切？

(A) 申論題評分者一致性較高　(B) 選擇題易測量高層次的能力

(C) 申論題內容取樣的代表性較佳　(D) 選擇題對知識評量的客觀性較佳

（A）16. 若欲達到「設法降低學校周遭噪音」的學習目標，下列何者較為適用？

(A) 問題解決教學　(B) 概念獲得教學　(C) 角色扮演教學　(D) 理性探究教學

（B）17. 蓋聶（R. Gagné）認為要增進學生學習效果，必須提供相關的學習條件。「教師的增強」屬於下列何種學習條件？

(A) 內在條件　(B) 外在條件　(C) 中介條件　(D) 先備條件

（A）18. 下列有關媒體輔助教學的理念，何者正確？

(A) 教學媒體的使用應配合教學目標　(B) 使用愈多教學媒體，教學成效愈佳　(C) 使用愈新的教學媒體，教學成效愈佳　(D) 教學媒體的使用，最重要的是其方便性

（A）19. 下列何種測驗最重視內容效度？

(A) 成就測驗　(B) 性向測驗　(C) 智力測驗　(D) 人格測驗

（B）20. 下列有關情境認知理論（situated cognition theory）在教學上的應用，何者正確？

(A) 發現式學習是情境認知理論的一種應用

(B) 情境認知學習是一種深入脈絡的學習過程

(C) 情境對於學習的重要性，在於情感的激發

(D) 情境認知學習的主要目的在於培養學科專家

（D）21. 某次段考的測驗卷中有5個題目超出命題範圍。為了避免爭議，老師們決定一律給分。這種作法較可能產生下列何種結果？

(A) 測驗信度不變　(B) 測驗效度不變　(C) 得分平均數降低　(D) 得分標準差縮小

（D）22. 下列何者不屬於實作評量？

(A) 英文課老師採口試方式評量學生的口說能力

(B) 家政課老師請學生上臺示範製作麵包的流程

(C) 服務學習課程要求學生參與社區服務並製作學習檔案

(D) 體育課老師設計50題選擇題評量學生的球類運動知識

（B）23. 下列哪兩種評量的取材範圍和試題難易度分配比較接近？
(A) 診斷性評量與形成性評量　(B) 安置性評量與總結性評量　(C) 安置性評量與診斷性評量　(D) 形成性評量與總結性評量

二、問答題

1. 小華上課時喜歡跟老師唱反調。老師說坐下，他就是要站起來；老師說故事時，他就不斷喊：「不好聽！不好聽！」為了避免產生漣漪效應，教師應如何有效處理？試至少列舉四種策略。

2. 試述迷思概念（misconceptions）的意義。並舉例說明教師在教學中如何協助學生澄清其迷思概念。

103年度教師資格檢定考試：教學試題

一、選擇題

（B）　1. 教師指導學生進行技能練習時，下列哪一種作法較不適當？
(A) 視需要安排分散練習　(B) 先要求速度，再要求準確　(C) 協助學生發展相關的程序性知識　(D) 事先決定哪些技能有練習的價值

（D）　2. 王老師想要教導學生應試的技巧，下列何者較不適當？
(A) 知道利用刪除法答題　(B) 如何有效運用作答時間　(C) 留意時事及命題的取向　(D) 從選項的長短預測答案

（A）　3. 維持上課秩序，以利教學進行，是教師做好班級經營的要務。下列哪一種方式較不適當？　(A) 教師要建立個人的權威　(B) 教師善用輔導與管教辦法　(C) 儘量讓教學變得生動有趣　(D) 教師事先與學生約定獎懲方式

（C）　4. 教師在課堂教學時依照學生的特性實施課程，此屬於下列哪一種類型的課程？　(A) 理想課程　(B) 正式課程　(C) 運作課程　(D) 經驗課程

（B）　5. 有些教科書在各單元的開始，會先以一至兩頁的篇幅簡介這個單元的學習目標、單元架構、內容重點或主要問題等。此種設計方式是下列哪一種概念的應用？　(A) 編序教學　(B) 前導組體　(C) 螺旋式課程　(D) 近側發展區

（C）　6. 確認問題、陳述研究目標、蒐集資料、解釋資料、形成暫時性的結論、應用與評鑑，此一流程屬於下列何種教學？　(A) 合作教學　(B) 價值教學　(C) 探究教學　(D) 直接教學

（C）　7. 下列有關檔案評量的敘述，何者正確？　(A) 檔案評量是一種客觀式評量　(B) 在檔案評量中，教學與評量是兩個獨立的事件　(C) 從檔案評量中可以看出學生學習的歷程和成果　(D) 學生的所有作品都要放入檔案中，作為期末評量的依據

（D）　8. 下列敘述何者符合文化回應教學法之原理？　(A) 教學目標主要在提升弱勢族群之學習成就　(B) 教學目標主要在批判社會中主流文化之價值　(C) 不同文化背景的學生，不能在同一組進行學習　(D) 教師應

認知學生的背景與文化，進行多元文化教學

(C) 9. 張老師在作文課時，請學生擬定寫作大綱，並引導學生思考：「為什麼要這樣寫？這樣寫有什麼優點與缺點？缺點可以如何改進？」此作法旨在引導學生運用下列何種認知策略？　(A) 分散認知　(B) 情境認知　(C) 後設認知　(D) 概念認知

(A) 10. 王老師教「認識社區」單元時，把學生五人編成一組，將教材內容分成休閒、文化、商業、機構、人口五個主題。各組分配到相同主題的同學組成專家小組，一起進行資料的蒐集與研讀。之後，學生再回到原來的小組，輪流報告自己所負責的主題，以協助組內同學了解所居住的社區。此屬於下列哪一種合作學習策略？　(A) 拼圖法第二代（Jigsaw II）　(B) 小組協力教學法（Team Assisted Instruction）　(C) 學生小組成就區分法（Student's Team Achievement Division）　(D) 合作統整閱讀寫作法（Cooperative Integrated Reading and Composition）

(D) 11. 陳老師規劃了兩週八堂課的「水資源」主題探索課程，帶領學生到社區進行水汙染考察活動。課程結束後，請小朋友提出解決社區水汙染方法的書面報告。此報告的評量目標屬於下列何種認知層次？
　(A) 了解　(B) 應用　(C) 分析　(D) 創造

(B) 12. 下列有關評量功能的敘述，何者最為適切？　(A) 評量可以了解學習的結果，無法知道學習的歷程　(B) 評量是抽樣的程序，無法了解學生全部的學習結果　(C) 評量可以做個體間的比較，無法了解個別學生的進步　(D) 評量可以了解學生的學習效果，無法了解教師的教學成效

(D) 13. 下列何者最符合行為目標的敘寫方式？　(A) 學生能熟悉正方形體積的求法　(B) 學生能探究蠶寶寶蛻變的過程　(C) 能培養學生喜愛學習數學的興趣　(D) 學生能正確畫出三角形底邊的高

(B) 14. 下列有關教學資源的敘述，何者最為適切？　(A) 上課時，使用的教學資源越多越好　(B) 經費、設備、時間都屬於教學資源　(C) 使用教學資源可以讓教師與學生變得更加輕鬆　(D) 讓學生在家使用網路蒐集資料，是公平的方式

(C) 15. 依照情意目標的分類架構，下列何者層次最高？　(A) 團體討論時，

能專注聆聽他人的發言　(B) 參與小組討論時，能覺察同學語意中的情緒　(C) 面對爭議時，能以理性態度為自己的立場辯護　(D) 與同學對話時，能由對方的肢體語言分辨其情緒反應

（C）16. 下列何種作法較符合情境教學的應用？　(A) 期望學生在畢業前單車環島一周　(B) 規定學生每週閱讀一篇名人傳記　(C) 鼓勵全校師生每逢週一用英語交談　(D) 要求全校學生在早自習默寫英文單字

（A）17. 張老師請同學討論：「如果知道其他同學受到霸凌，在自己也有可能受到威脅的情況下，是否應該主動告知師長？」同學充分討論各種情況，並仔細思考各種結果後，公開表達自己的想法與做法。此屬於價值澄清 法中的哪一個階段？　(A) 選擇　(B) 珍視　(C) 行動　(D) 檢討

二、問答題

1. 營造一個安心且熱衷學習的教室文化，有助於提升學生的學習品質。請提出教師可用以形塑這種文化的三種方法，並加以說明之。

2. 張老師是國小高年級導師。她發現班上各組同學的向心力不高，組員之間很容易產生衝突，討論的表現也不佳。請提出四種可以改善上述狀況的策略，並加以說明之。

3. 王老師在某數學單元教學後，想運用真實評量來評量學生計算的應用能力。請從情境、活動流程和評分標準三個層面，舉例說明王老師可以如何設計。

104年度教師資格檢定考試：教學試題

一、選擇題

(B) 1. 吳老師擔任五年甲班的補救教學工作，該班雖然只有10位學生，但是每位學生的程度參差不齊，學習意願不高，且缺乏現成教材。面對此一教學現況，吳老師應優先考慮下列何者？
(A) 強調學科知識的吸收　(B) 呼應學生的個別差異　(C) 重視科技媒材的應用　(D) 強調社會問題的反思

(C) 2. 在「基隆廟口小吃地圖」的教學設計中，教師讓學生透過訪談、踏察、資料蒐集等行動進行學習，最後彙整學習結果，進行報告。此作法較屬於下列何者？
(A) 精熟學習　(B) 交互學習　(C) 專題導向學習　(D) 批判導向學習

(C) 3. 下列何者較不屬於合作學習策略的應用？
(A) 教師努力使小組的每一個成員都有貢獻　(B) 教師將學習活動成敗連結到團體的榮辱　(C) 教師安排能力相近的成員組成同一小組
(D) 教師對已經將問題解決的小組給予認可

(A) 4. 陳老師自編測驗並進行試題分析後，發現某一題的難度指標值P = .95。下列有關此題難易度的敘述，何者正確？
(A) 過於簡單　(B) 難度適中　(C) 過於困難　(D) 無法判

(D) 5. 在社會學習領域教學中，下列何種作法最能體現「閱讀理解策略融入領域教學」的精神？
(A) 每週安排一節課，到圖書室自由選讀　(B) 配合教育部規劃，推動「晨讀15分鐘」　(C) 設置「班級圖書角」，運用彈性學習節數進行共讀　(D) 在課堂上指導學生做摘要，並以概念圖呈現課文內容

(C) 6. 「能正確讀出1～100的數字」，此屬於蓋聶（R. Gagné）主張的哪一類學習結果？
(A) 認知策略　(B) 心智技能　(C) 語文訊　(D) 動作技能

(D) 7. 劉老師針對「零食的成分、生產與食用安全」讓全班進行討論，再由學生分組進行資料蒐集，最後提出確保食用安全的解決策略。此屬於下列哪一種教學方法？

　　　(A) 價值澄清　(B) 交互教學　(C) 批判思考教學　(D) 問題導向學習

（B）8. 教師讚美學生時應使用鑑賞式評價（appreciative praise），下列何者不屬於鑑賞式評價？

　　　(A) 你幫忙大掃除，讓教室煥然一新　(B) 你主動幫助同學，真是個好孩子　(C) 你見義勇為，讓小偷接受法律的制裁　(D) 你能拾金不昧，讓失主能夠解決燃眉之急

（D）9. 依據安德森（L. Anderson）等人對認知領域在知識層面分類架構中的主張，小華知道看地圖比閱讀文字更容易辨認方位，此表示他具備了下列哪一種知識？

　　　(A) 事實知識　(B) 概念知識　(C) 過程技能知識　(D) 後設認知知識

（A）10. 張老師採用腦力激盪法，引導學生討論校慶園遊會的設攤計畫。下列方法何者較不適切？

　　　(A) 為便於彙整意見，分組討論結束前應依據各種意見的可行性，予以篩檢

　　　(B) 討論前充分說明園遊會設攤的規範和班級討論的規則，並鼓勵學生廣泛的發表意見

　　　(C) 各組討論時，每位學生均可自由表達意見，構想愈多愈好，且須記下所有的意見，並適時統整

　　　(D) 進行綜合性評估和最後決定時，須公布所有意見，並協助全班了解每個意見，以便依據票選結果設攤

（D）11. 教師提問後，學生回答不正確時，下列何種處置方式較不適切？

　　　(A) 教師再將題目複述一次　(B) 提供學生線索並略加以提示　(C) 建議學生暫停回答，再多加思考　(D) 教師提出個人觀點，修正學生的錯誤

（D）12. 為因應臺灣的食安問題，王老師在教學時強調「選擇營養的食物，而非選擇便宜的食品。」此目標符合情意領域目標分類的哪一個層次？

　　　(A) 反應（responding）　(B) 形成品格（characterization）

　　　(C) 價值評定（valuing）　(D) 價值組織（organization）

（B）13. 楊老師積極布置一個良好的教學情境來感染學生，讓學生能經由模仿作用提升學習動機與成效。此種作法較符合下列何種理論的主張？

　　　(A) 系統增強理論　(B) 社會學習理論　(C) 結構功能理論　(D) 需求

層次理論

(C) 14. 檔案評量與下列哪一種學習觀點最為契合？

(A) 神經網絡觀　(B) 認知建構觀　(C) 社會情境觀　(D) 行為連結觀

(B) 15. 演講比賽名次屬於下列何種測量量尺？

(A) 名義量尺　(B) 次序量尺　(C) 等距量尺　(D) 比率量尺

(D) 16. 下列何者最符合文化回應教學的特性？

(A) 運用臺北101大樓教導學生計算體積

(B) 運用臺北市地圖，教導學生規劃一日遊行程

(C) 透過鹽水蜂炮祭教導學生有關「安全」的概念

(D) 透過《賽德克・巴萊》電影引導原住民學生探索自我

(D) 17. 王老師對同學說：「這次月考我要考比較高層次的概念，而不是記憶類型的試題；還有，上次的題型猜對的機會有一半，所以這次我會改用別的題型。」王老師上次考試的題型為下列何者？

(A) 填充題　(B) 選擇題　(C) 配合題　(D) 是非題

二、問答題

1. 以下為太平國小社會學習領域段考有關平埔族歷史與文化的試題：

> 下列敘述何者不正確？
>
> (1)平埔族大部分為父系社會，名字採從父姓制度。
>
> (2)平埔族實施招贅制度，只有老年男子才能參與公共事務。
>
> (3)平埔族即為平地原住民
>
> (4)以上皆是

試依據選擇題的命題原則，說明如何改善上述試題？（至少寫出三項）

2. 當教師發現教科書中出現具性別意識型態的內容，在教學中應如何處理？請舉一例並說明之。

105年度教師資格檢定考試：教學試題

一、選擇題

（B）　1. 文老師本學期想嘗試運用合作學習法進行閱讀教學。下列步驟順序何者最適切？　甲、針對閱讀文章進行全班的測驗　乙、依上學期語文成績，將學生做異質分組　丙、引導學生閱讀文章，並進行閱讀策略教學　丁、學生分組討論，摘要寫出文章的主旨與大意　(A) 甲丙丁乙　(B) 乙丙丁甲　(C) 丙丁乙甲　(D) 丁丙甲乙

（D）　2. 身為教師，下列教學信念何者最為合理？　(A) 我自己不能犯任何錯誤　(B) 我在教學上必須跟其他老師競爭　(C) 學生問的問題，我都要無所不知　(D) 我應該對學生學習成就負起責任

（B）　3. 有關問題導向學習（Problem-Based Learning）的敘述，下列何者最不適切？　(A) 學習者必須負起學習的責任　(B) 重視原理原則的講述與練習　(C) 重視小組團隊合作以解決問題　(D) 教學過程強調問題的引導與解決

（C）　4. 有關討論教學法的敘述，下列何者最適切？　(A) 無法達到情意的目標　(B) 學生的先備知識不重要　(C) 教師應對討論內容做歸納　(D) 教師不宜介入學生的討論

（D）　5. 近年來，教師的教學觀由「教師教什麼」轉變為「學生學什麼」。此一轉變最接近下列何種理念？　(A) 教師是教學的決定者，而學生是學習者　(B) 教師先確定教學目標，再關心教學內容　(C) 教師先了解教學內容，再分析學生學習到什麼　(D) 教學的產生是因有學生，才需要教師進行教學

（A）　6. 「能正確比較十萬以內兩數的大小」，此較屬於蓋聶（R. Gagné）主張的哪一類學習結果？　(A) 心智技能　(B) 動作技能　(C) 語文訊息　(D) 認知策略

（D）　7. 教師認為「傳道、授業、解惑」的教學工作不是價值中立的，並從而分析其中存有的意識型態。此一教育觀點較屬於下列何種理論？　(A) 目標決定論　(B) 社會適應說　(C) 兒童中心說　(D) 批判教育學

（A）　8. 下列何者是以情境認知學習理論為基礎而發展出來的？

(A) 認知學徒制　(B) 後設認知教學法　(C) 同儕導生教學制　(D) 價值澄清教學法

(B)　9. 快樂國小設立美術實驗班，招收三年級具有美術天份的兒童。下列哪一種美術測驗最適合用來甄選該類型的學生？

(A) 興趣測驗　(B) 性向測驗　(C) 成就測驗　(D) 人格測驗

(C)　10. 有關批判思考教學的敘述，下列何者最適切？

(A) 教學成效可以立即看到　(B) 教學方式以標準答案最主要　(C) 教師應提供多元資源，引導學生自行思考　(D) 教師具專家角色，學生是等待充填的容器

(D)　23. 六年三班學習氣氛不佳。如果您是該班級任老師，想要提升學生良好學習行為，下列哪一個班級經營策略最不適切？

(A) 提供難易度適中的學習內容，以協助學生學習　(B) 規劃多元的教學活動，以維持學生的學習興趣　(C) 提供具挑戰性的課程內容，以提升學生學習意願　(D) 專注於認真的少數學生，以減少課堂教學的時間

(A)　24. 王老師負責這學期五年級國語科第一次段考的命題工作。下列何者作法最可以提高該測驗的效度？

(A) 事先規畫試卷的雙向細目表　(B) 移除測驗中每人皆能答對的試題　(C) 增加選擇題以提高評分的客觀性　(D) 運用複雜的句子結構來增加試題難度

(B)　25. 林老師為了解學生在學習英文「fast food」的單元後，是否達到「能聽懂日常生活應對中常用語句（速食店購物的對話），並能作適當的回應。」的目標，特別安排全班學生到英語村的速食店以英文購買食物。此種評量方式最接近下列何者？

(A) 動態評量　(B) 真實評量　(C) 檔案評量　(D) 生態評量

(C)　26. 相較於標準化成就測驗，下列何種情形最適合採用教師自編成就測驗？

(A) 必須大量、快速批改與計分時　(B) 所需的測驗必須具備高信度時　(C) 測驗內容要符合課堂教學目標時　(D) 測驗範圍廣泛且測驗題數偏多時

(B)　27. 上體育課時，體育老師指導學生進行棒球賽。銘益揮棒時不慎打到榮

光，害他掉了一顆大門牙。榮光家長要求銘益家長賠償，銘益家長不
願意，認為不是故意的，應該道歉就可以了。雙方家長鬧得很不愉
快，要求學校處理此事。如果您是級任老師，可採取下列哪些處理方
式？

甲、事發當時，應立即將學生送醫，以盡級任老師之責

乙、此案件應交由雙方家長自行協商處理即可，不必干預

丙、事後應掌握時效與雙方家長、體育老師和學校行政，共同討論解
　　決方案

丁、此案件發生在上體育課，應交由體育老師和學校行政去處理，以
　　免越權

(A)甲乙　(B)甲丙　(C)乙丁　(D)丙丁

二、問答題

1. 一般而言，重大議題多採用融入學習領域的方式進行課程設計。試分析此方
式的優缺點（至少各兩項）。

2. 近年來翻轉教室（flipped classroom）的風潮盛行，試說明應用翻轉教室於教
學現場的優缺點（至少各兩項）。

3. 根據選擇題的命題原則，指出下列試題有待改善之處。（至少三項）

> 近來由於網路普遍，青少年流連網路世界。一份調查報告指出青少年平均
> 每天花二個小時以上時間上網。而且許多青少年表示大多利用深夜上網，
> 很晚睡，第一堂課不是起不來，就是打瞌睡，學習效率大打折扣。此係因
> 下列何種原因所引發的問題：(a)精神官能症、(b)延遲睡眠症候群、(c)阿
> 茲海默症、(d)憂鬱症。

4. 學校辦理五年級躲避球賽，最後甲班和丁班進行冠亞軍賽。兩班競賽非常激
烈，賽程剩下最後十秒時，比數相同，但發球權在丁班手中，甲班的啦啦隊
直呼不要接球。 但孫同學想要接球卻漏接了，結果裁判判丁班獲勝。甲班的
同學都責怪孫同學，讓孫同學很難過，隔天沒來上課。如果你是甲班老師，
可採取哪些具體策略，讓孫同學回學校上課，重建全班的信心。

106年度教師資格檢定考試：教學試題

一、選擇題

（A） 1. 由學者專家預先調查社會生活與需求，分析出個人生活必備的能力後，制定課程目標及單元目標，教師再依據單元目標，設計適當的教學活動和教材，並依單元目標評鑑。此種課程發展觀點，較符合哪一種教育的譬喻？
(A) 教育即生產　(B) 教育即旅行　(C) 教育即經驗　(D) 教育即生活

（A） 2. 有關教師製作教學檔案的目的，下列何者不適切？　(A) 蒐集學校課程活動資料，掌握校本課程發展方向　(B) 蒐集重要的教學紀錄，了解自己專業成長的歷程　(C) 透過檔案製作交流與分享，形塑優質的專業文化　(D) 透過檔案建置的歷程，反思教學，提高教學效果

（D） 3. 學生練習做習作題時，張老師察看同學的習作狀況。剎那間，他指著掛在窗臺上的抹布發問：「今天負責擦窗戶的同學是誰？」他要衛生股長記下負責同學的名字。張老師的做法屬於下列何者？　(A) 搖擺不定（flip-flop）　(B) 全面掌控（withitness）　(C) 同時進行多項活動（overlapping）　(D) 突然插入不相關的議題（thrust）

（C） 4. 下列有關測驗（test）、測量（measurement）、評量（assessment）、評鑑（evaluation）的敘述，何者最為正確？　(A) 測驗以客觀計分為主，評量以主觀計分為主　(B) 測驗、測量、評量和評鑑都以數字來呈現其結果　(C) 教育領域所用的標準化紙筆測驗大多屬於間接測量　(D) 測驗是用在教育、心理領域，測量是用在自然科學領域

（B） 5. 兩個教學活動間的交替稱為轉換過程。下列哪些是影響教學活動轉換困難最為關鍵的因素？　甲、學生還處在前一個教學活動中，沒有準備好進入下一個活動　乙、一節課有許多不同的活動要進行，學生容易出現適應不良的狀況　丙、老師或學生未能依照預訂的時間，因此延遲了下一個活動的開始時間　丁、學生通常會對下一個活動感到很興奮，因此會想趕快結束現在這個活動　戊、學生未被清楚告知在教學活動的轉換過程中，應該要遵循的行為或規則是什麼？　(A) 甲乙丙　(B) 甲丙戊　(C) 乙丙丁　(D) 乙丁戊

（C）　6. 下列哪一種做法較能促進學生的班級歸屬感？　(A) 將所有的班級例行工作交由學生幹部決定　(B) 提供額外獎勵給願意分擔班級例行工作的學生　(C) 每隔一段時間讓全班學生輪流負責各項班級管理工作　(D) 所有年級的學生都可以自行決定所要負責的班級工作

（D）　7. 陳老師發現小美拿筆在課桌上塗鴉，想要以「邏輯後果」（logical consequences）來代替處罰。下列何種做法比較適切？　(A) 全班圍觀小美清洗她的課桌　(B) 小美必須清洗全班同學的桌子　(C) 一個星期之內，小美都不能使用課桌　(D) 小美要在放學之前找時間清洗她的桌子

（D）　8. 下列何者較符合維高斯基（L. Vygotsky）「近側發展區」概念在教學上的應用？　(A) 教師提供公式，請學生計算出圓面積的大小　(B) 教師請學生自行找出計算圓面積的方法，並加以讚美　(C) 教師將學生進行同質性編組，請他們找出計算圓面積的方法　(D) 教師提供生活情境，引導學生將圓面積的計算方法應用到生活中

（B）　9. 廖老師向學生提問：「讀完《狼來了》的故事，你們覺得牧羊童說謊的次數與故事的結局是否有關係呢？為什麼？」此問題的性質屬於下列何者？　(A) 理解性問題　(B) 應用性問題　(C) 分析性問題　(D) 評鑑性問題

（A）　10. 下列何者較能引導學生進行高層次思考？　(A) 評論近十年教育改革的利弊得失　(B) 說明皮亞傑認知理論的主要內容　(C) 比較統編制與審定制教科書制度的差異　(D) 舉例說明教學實驗中兩個變項的因果關係

（D）　11. 教師希望教導學生「適切辨識網路資訊的價值性」。針對此一教學目標，下列敘述何者較為適切？　(A) 設計線上標準化測驗題庫，請學生上網練習　(B) 請學生上網蒐集某議題的正反意見，並加以分類　(C) 透過教學平臺，投票表決文章內容的真偽與價值　(D) 提供學生立場不同的網路文章，請其提出比較與評論

（C）　12. 賴老師在教授「登鸛鵲樓」這一首詩時，下列哪一個教學目標屬於布魯姆（B. Bloom）認知目標中的「分析」層次？　(A) 能用自己的話解釋這首詩的意義　(B) 能欣賞這首詩，說出自己的感受　(C) 能指出這首詩的組織結構及修辭技巧　(D) 能運用這首詩的平仄和對仗自行

創作

（D）13. 下列何者較屬於創造性問題？ (A) 臺灣地區新生兒的人數統計結果如何？ (B) 為什麼臺灣地區新生兒的人數逐年減少？ (C) 如果政府提供生育補助，有助於提高生育率嗎？ (D) 臺灣地區新生兒的人數逐年減少，有何解決辦法？

二、問答題

1. 新學期開始，有家長在班親會上提議，組成一個line群組，以方便聯絡班級事務，並請陳老師加入群組。面對家長的提議，陳老師應該如何妥善處理？（請寫出至少三項做法，並說明理由）

※107年以後僅公布示範題，不再公布題目與解答。

國家圖書館出版品預行編目資料

教學原理／林進材、林香河合著. －－二
版.－－臺北市：五南圖書出版股份有限公
司, 2019.09
　　面；　公分
　ISBN 978-957-763-632-4（平裝）

1.教學理論　2.教學設計　3.教學法

521.4　　　　　　　　　　108014370

1IMT

教學原理

作　　者 ― 林進材(134.1)、林香河

發 行 人 ― 楊榮川

總 經 理 ― 楊士清

總 編 輯 ― 楊秀麗

副總編輯 ― 黃文瓊

責任編輯 ― 李敏華

封面設計 ― 王麗娟

出 版 者 ― 五南圖書出版股份有限公司

地　　址：106台北市大安區和平東路二段339號4樓

電　　話：(02)2705-5066　　傳　　真：(02)2706-6100

網　　址：https://www.wunan.com.tw

電子郵件：wunan@wunan.com.tw

劃撥帳號：01068953

戶　　名：五南圖書出版股份有限公司

法律顧問　林勝安律師

出版日期　2004年 2 月初版一刷（共七刷）
　　　　　2019年 9 月二版一刷
　　　　　2024年 3 月二版三刷

定　　價　新臺幣580元

經典永恆·名著常在

五十週年的獻禮——經典名著文庫

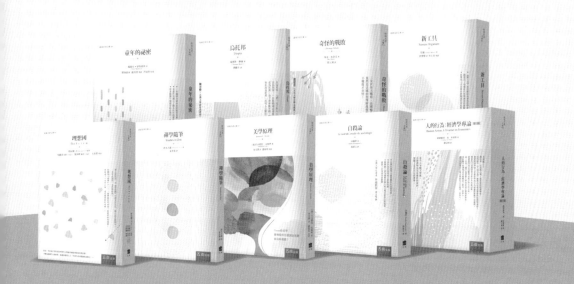

五南，五十年了，半個世紀，人生旅程的一大半，走過來了。

思索著，邁向百年的未來歷程，能為知識界、文化學術界作些什麼？

在速食文化的生態下，有什麼值得讓人雋永品味的？

歷代經典·當今名著，經過時間的洗禮，千錘百鍊，流傳至今，光芒耀人；

不僅使我們能領悟前人的智慧，同時也增深加廣我們思考的深度與視野。

我們決心投入巨資，有計畫的系統梳選，成立「經典名著文庫」，

希望收入古今中外思想性的、充滿睿智與獨見的經典、名著。

這是一項理想性的、永續性的巨大出版工程。

不在意讀者的眾寡，只考慮它的學術價值，力求完整展現先哲思想的軌跡；

為知識界開啟一片智慧之窗，營造一座百花綻放的世界文明公園，

任君遨遊、取菁吸蜜、嘉惠學子！